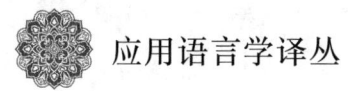 应用语言学译丛

语言规划

——从实践到理论

〔美〕罗伯特·卡普兰 著
　　 理查德·巴尔道夫

郭龙生 译

刘海涛 审订

2019年·北京

©Robert B. Kaplan and Richard B. Baldauf, Jr
This translation of **Language Planning: From Practice to Theory**
is published by arrangement
with Multilingual Matters

《应用语言学译丛》

编委会名单

顾　问	桂诗春　冯志伟　Gabriel Altmann　Richard Hudson
主　编	刘海涛
副主编	何莲珍　赵守辉
编　委	董燕萍　范凤祥　封宗信　冯学锋　郭龙生　蒋景阳
	江铭虎　梁君英　梁茂成　刘美君　马博森　任　伟
	王初明　王　辉　王　永　许家金　许　钧　张治国
	周洪波

导读：语言规划的生态观

刘海涛

一般认为，术语"语言规划"（Language Planning）是由美国语言学家豪根（Einar Haugen）于1959年在一篇题为《在现代挪威规划一种标准语言》的文章中首次使用的。至今为止，也有近60年的历史了。

我们曾经从数十年的语言规划文献中提取了30多种定义，通过分析，认为语言规划领域具有这样一些特征：语言规划是人类有意识地对语言发展的干预，是影响他人语言行为的一种活动；语言规划是为了解决语言问题的，所谓语言问题是由语言的多样性引起的交流问题；语言规划一般是由国家授权的机构进行的一种有组织的活动；语言规划不仅仅对语言本体进行规划，更多的是对语言应用的规划，对语言和人以及社会之间关系的规划；语言规划是一种立足现在、面向未来的活动；语言规划和语言政策是国家或地区社会政策的有机组成部分；语言规划与语言学其他领域的不同在于，它通过明显的、有组织的人工干预在自然语言中引入"人造"成分。这基本上是1980年代中后期之前人们对于语言规划的一些看法。1990年代以来，人们对语言规划又有了更多的认识：语言规划是对语言多样性的一种人工调节；语言规划不是要消灭语言的多样性，而是要保护这种多样性；语言规划的目的不再只是解决交际问题了，而是也应该考虑其他非交际的问题，也应该考虑受众的感受，考虑规划行为对整体语言生态系统的影响；语言规划不仅仅是语言学的一个分支，也和社会学、政治学有着密切的关系；语言规划应该被视为社会规划的一部分等。

由此可以看出在语言规划作为一种研究领域出现后的近 60 年间，学科本身的目标和方法不是一成不变的。对于语言规划的研究者而言，这种变化既是机遇，也是挑战。正如埃金顿（Eggington 2005）所说的那样，为了解决全球化所带来的种种语言问题，语言规划的作用正显得越来越重要。但是，如何在继承语言规划研究者几十年来研究成果的基础上，寻求更适宜的语言规划架构，是摆在研究者面前的一项迫切任务。

单从数量上说，语言规划的研究成果已有不少。这些成果大多散落在社会语言学、应用语言学等各种语言学和其他专业出版物中，这种情况一方面反映了学科的多元性及其生命力，另一方面却不利于学科的整合，不利于初学者进入学科，不利于学科的继承和发展。鲁伊兹（Ruiz）早在 1984 年就提出过语言规划应将现有成果整合为一种综合性的理论架构，但进展甚微。这种状况在您手里拿的这本著作出现之后，得到了一定的改善。尽管此前也有一些语言规划的专著问世，但无论是在深度还是广度方面，均难以与我们现在介绍的这本著作抗衡。这就是由罗伯特·卡普兰（Robert Kaplan）和理查德·巴尔道夫（Richard Baldauf）合著的 *Language Planning: From Practice to Theory*（《语言规划——从实践到理论》），原书由英国的 Multilingual Matters 出版社于 1997 年出版。目前，这本书在谷歌学术的被引已近 1200 次，是语言规划领域最重要的文献之一。

罗伯特·卡普兰为美国南加州大学应用语言学荣休教授。曾任 *Annual Review of Applied Linguistics*（《应用语言学年刊》）主编（1980—1991 年）和编辑部成员（1991—2000 年）。他主编了享誉学界的 *Oxford Handbook of Applied Linguistics*（《牛津应用语言学手册》[第二版]），是 *International Encyclopedia of Linguistics*（《语言学国际百科全书》，首版和第二版）和多种学术刊物的编委会成员。他已著、编了 50 余本著作，在各类学术刊物和文集中发表了近 170 篇文章和上百篇书评，为美国政府等机构编写过 10 部专门报告，出席过 200 多场在世界各地举行的学术会议，并做了演讲。

在应用语言学界，卡普兰的名字是与"比较修辞学"（Contrastive Rhetoric）紧密联系在一起的。但他的学术研究不仅限于这一领域，他在大洋洲、东亚、中东等地的十多个国家进行过语言规划方面的研究。罗伯特·卡普兰教授获得过许多学术奖项，担任过多个学术组织的主席。

本书的另一位作者理查德·巴尔道夫 1943 年生于美国哈特福德，在迪金森学院（Dickinson College）获历史与政治学学士学位（1965 年），并先后在夏威夷大学获得教育学硕士学位（1970 年）和教育心理学博士学位（1975 年）。巴尔道夫于 2014 年 6 月 4 日在澳大利亚布里斯班逝世，生前为澳大利亚昆士兰大学教育学院荣休教授，同时也担任多种学术刊物的编辑与主编，是 International Association of Applied Linguistics（国际应用语言学协会，AILA）的副主席，也曾担任过澳大利亚应用语言学协会会长。他的主要研究领域为语言规划和语言政策、TESOL 以及科学计量学。据不完全统计，巴尔道夫教授一生编著过 22 本书，撰写过 100 多篇学术论文。他培养过 20 多位博士和 40 多位硕士，由于在指导研究生方面的突出表现，2007 年巴尔道夫荣获昆士兰大学的"杰出导师奖"（Research Higher Degree Supervision Excellence Award）。他的博士生中，已有许多人成为国际知名的语言规划与语言政策学者，如赵守辉、克里·泰勒·利奇（Kerry Taylor-Leech）、奥贝德·哈米德（Obaid Hamid）、凯瑟琳·休肯赤（Catherine Siew Kheng Chua）、华提梅源（Hoa Thi Mai Nguyen）等。巴尔道夫去世后，昆士兰大学教育学院设立了"迪克·巴尔道夫奖"（Dick Baldauf Memorial Prize），用来奖励那些在巴尔道夫教授所从事的研究领域有优秀学术发表的（硕）博士生。

卡普兰（2016 年）深情回忆了他与巴尔道夫的友谊与合作。除了现在的这本《语言规划——从实践到理论》外，他们联合编著的著作还有 Language and Language-in-Education Planning in the Pacific Basin（Kluwer, 2003），以及数十本语言规划国别研究著作。除此之外，他们还于 2000 年共同创办并主编了刊物 Current Issues in Language Planning。以上刊物和专

著均由 *Multilingual Matters*（后为 *Routledge*）出版社出版。这些著作所涉及的国家和地区达数十个，更值得一提的是在研究这些语言规划和语言政策的案例中，作者都采用了一种基于语言生态的理论架构，这种架构首先由卡普兰和巴尔道夫于1997年在本书中提出，后又在他们2003年的合著中得到进一步的发展。

采用一种理论架构对多个国家和地区的语言状况及语言政策的研究，此前不能说没有，但涉及的国家和地区如此之多，分析如此深入，却是没有先例的。这一方面说明该理论架构的普适性，另一方面也证明本书用"从实践到理论"作为自己的副标题是有道理的。另外值得注意的是，本书副标题从"实践"到"理论"的先后顺序，也恰好反映了二位作者从自己所熟悉的、务实的应用语言学切入这一领域，然后构拟出符合实践活动理论模型的历程。下面我们转到这本著作内容的介绍。

正如本书开篇所言，语言规划的历史可能如有史记载的人类历史一般古老。如果我们考虑到记载人类历史的语言文字，无一不是人类有意识的产物，作者并未言过其实。我们正处在人类社会最具变化的时代，语言作为人类最重要的交流工具，会随着社会的变化而变化。在这个什么都在变的世界里，人类除了努力使自己适应变化之外，也应该积极采取行动尽量规范和控制这些变化。"语言规划"便是人类有意识影响语言发展的一种努力。

语言规划所涉及的是一个非常复杂的领域。虽然我们不乏这一方面的专著和文集，并且也已有一些主要针对这一领域的专门学术刊物，但仍然缺乏一种建立于各家之言之上的、具有普适意义的语言规划理论。本书的立意就是成为一本这样的著作。英文原书分为四大部分，计11章，403页。

第一部分题为"语言规划的基本概念"（共有三章），这一部分可看作是关于语言规划的入门读物，其中包括术语、几个便于理解语言规划过程的架构以及几种常见的语言规划的目标等内容。在"规划的环境与术语基础"一章里，作者从政府机构、教育机构、非政府组织、其他组织和个人等角度考察了语言规划现象，这有利于读者从更大的范围理解这种活动。我们认为这种全方位的背景考察，较之过去常见的"语言规划"只是一种

"政府"行为，更客观地反映了语言规划的事实。鉴于此，作者给出了语言规划的简要定义："语言规划是某些人出于某些原因修改某些社团语言行为的活动。"视其规模，语言规划可分为宏观和微观规划，二者在复杂程度和主要角色方面均有差异。语言规划的主要对象是语言，然而由于侧重点的不同，各种学科对于语言的分类也有较大的差异。为了便于随后的讨论，作者详细考察了语言在"官方""社会""教育""通俗"方面的定义。

第二章的主标题为"规划的架构"，副标题为"谁为谁做什么"。据此，不难看出，一个语言规划的过程应含有这三要素：规划的制定者，规划的目的，规划的接受者。本章主要介绍了豪根（Haugen）、库珀（Cooper）和哈尔曼（Haarmann）等人的三个互为补充的语言规划理论架构。

在语言规划界，研究者们习惯于把这种活动分为两类，其一主要是对语言本身进行的修改，其二是对语言使用环境的改变。前者为"本体规划"，后者被称之为"地位规划"。本书作者认为如此分类过于简单，因为在具体实践中，二者是难以截然分开的，同时它们之间也是关联的、互动的。对此，费什曼（Fishman）早在80年代初就有过一段精彩的描述："缺乏本体规划的地位规划，就像走进了死胡同；相反，缺乏地位规划的本体规划则类似于文字游戏，是一种没有社会功效的技术实践。"事实上，"任何对语言本身的改变极有可能引起使用环境的变化，使用环境的变化也有可能导致语言特征的改变"。在实施的主体方面，"地位规划一般由官僚机构和政治家来实现，但本体规划只有通过语言学家来完成"。

在此基础上，豪根提出了一种由社会（地位规划）、语言（本体规划）和形式（政策规划）、功能（语言培养）的语言规划模型。这四种因素交织在一起，就形成了以下四类语言规划的主要过程：决策过程、教育传播、规范化过程和功能拓展。这样的细分对于深入理解语言规划活动当然是有益的。但也应该清楚，并不是所有的语言规划过程都包含豪根模型中的地位规划，也不是所有的语言规划活动都含有这四种过程。

接下来，作者结合实例讨论了地位规划中的语言选择问题。在一个具有多种语言的国家，这样的选择是必要的，因为"国家必须有一种语言来和自己的公民进行交流"。语言选择又可分为两个阶段：问题的确立和标准的确定。在这二者之间，前者更为困难。这是因为语言选择不可在真空中进行，而应建立在语言学信息的基础之上，但在大多数情况下，这样的信息又不存在。除此之外，民主、平等也是一个应该考虑的问题，因为母语为国家共同语的人其语言优势是显而易见的。因此，在政治和社会方面具有中立性的语言有时会在选择中更有优势。所谓标准的确定，指的是一旦选定了某种语言，接下来所进行的语言变体的选择，如在香港有英国英语、澳大利亚英语、美国英语、印度英语和香港华人英语，哪一种英语更适宜作为香港的官方语言呢？当然，如果选定的是一种有待于"规范"的方言，那么也需要做相应的规范化。语言选定后，属于地位规划的工作还有"实施"，这一过程又包含两个步骤：一是如何来社会化所制订的规划，二是如何来监控和评估计划的实施。

作者也以豪根的模型为基础，结合其他学者对于本体规划的讨论，对本体规划进行了较详细的论述。本质上，本体规划是针对语言内部的改变。具体来说，文字改革、拼写改革、词汇的扩展、发音的规范、术语现代化、文体的丰富和语言的国际化等，均属于本体规范的范畴。豪根将这些活动分为两类：规范的建立和语言功能的扩展。

每一种语言规划都与其实施环境密切相关，因此可以按照环境的不同将规划分为各种层级。哈尔曼在豪根模型中的"地位规划"和"本体规划"基础之上，增加了第三种维度——"声望规划"（Prestige Planning）。地位和本体规划是一种能产性的活动，而声望规划却是一种接受性（或价值）功能，它会影响地位和本体规划是如何被规划者执行的，又是如何被受众接受的。哈尔曼的理论架构有助于我们对于语言规划层级的理解。政府、机构、团体和个人虽然都可能进行语言规划活动，但由于它们具有不同的声望，因此自然会影响到规划的执行效果。

语言规划活动的规模无论大小，都有可能是有声望或没有声望的，都有可能成功也有可能失败。因此，也许我们可以不从活动的规模及其影响着手来研究规划的层级性。语言规划的传统一般认为规划是一种大规模的活动，即它主要出现在宏观层面。但实际上，语言规划发生在各个层级，尽管在本书成书时鲜有文献研究微观层面的语言规划问题，但它们却在我们的生活中随处可见。意识到这一点尤为重要，因为这样一来语言规划作为一种学科的重要性会得到更进一步的强化。

本章也介绍了库珀提出的一种语言规划行为的分析模式。为了构建这个架构，库珀认为"语言规划，依次是（1）创新的管理；（2）市场化的实例；（3）获得和维护权力的工具；（4）决策的实例"。在此基础上，他考虑可以从以下八个方面去分析语言规划活动：谁是规划的制定者（actors）？针对什么行为（behaviors）？针对哪些人（people）？要达到什么目的（或出于什么动机，ends）？在什么条件下（conditions）？用什么方式（means）？通过什么决策过程（decision making process）？效果如何（effect）？显然这八要素是针对语言规划行为本身的一种分析。应该承认，库珀提出的语言规划行为分析模式是比较完整和全面的，这也是本书作者对其进行详论的理由。具体说来，规划的制定者和推行者既包括精英人士，也包括算不上精英的执行者；就规划欲影响的行为来说，有这样三部分内容：所规划行为的结构（语言学）特点，行为的目的和用途，采用的层次；在规划的对象方面，需要考虑对象的类型，对象学习所规划行为的时机，对象学习/使用所规划行为的动机，对象排斥所规划行为的动机等；在设定规划行为的目标时，不仅要考虑到与语言密切相关的行为，也应顾及一些非语言的行为等；环境方面的考虑更为重要，除了要考虑规划的特殊环境外，也应分析政治、经济、社会、文化、外系统的影响、可用信息等因素；手段方面，也要根据具体情况具体分析，选用最适宜的方法；决策过程也应吸取一般科学决策的方法和程序。由此看来，库珀所提出的语言规划分析模式看似简单，但真要用起来还是有一定的难度。为了便于读者理解，本书作者又对库珀的语言规划八要素进行了详解。

本章的重点之一是豪根的语言规划模型，通过这个模型，我们可以更好地理解语言规划的范围和过程。另外一个值得重视的是库珀所提出的语言规划的八要素，尽管学者认为要理解语言规划的总体影响不能仅考虑这些关系，而且也应该从语言规划的受众角度来分析语言规划问题，但库珀的模式仍然是语言规划领域中最常用和最有用的分析模式之一。

在"语言规划目标"一章里，作者将语言规划的目标分为"语言净化""语言复活""语言改革""语言标准化""语言传播""词汇现代化""术语的统一""风格的简化""语际交流""语言保持"等领域，并且比较详细地讨论了这些问题。作者认为语言规划是一项长期的工作，它的实行远比"从上到下"的命令方式要复杂得多。

第二部分主要讨论了语言规划中一些具有普遍意义的关键性问题（共有三章）。第四章对语言数据的收集、规划方案的制定、实施等均有详细完整的讨论。就方法论而言，虽然作者认为制定规划的基础是社会语言学调查，但历史分析、教育评估、人类语言学、大规模语料库的使用和民族学研究等方法也在规划的过程中有一定的作用。按照本章所提供的方法，读者甚至可以开始自己的语言规划工作。一般而言，制定了规划方案之后，均需要通过教育来实现。第五章的主题就是关于这一方面的。教育方面的语言规划因为要涉及具体的个人，因此可以看作是一种特殊的语言规划。从微观、宏观的角度看，一般的语言规划大多由政府一级的组织来进行，涉及社会的许多领域，因此是一种宏观的规划，而教育领域的语言规划与其相比范围要小得多，因此是一种微观的规划。作者也给出了一种语言教育政策制定、实施、评估的流程图，由此流程可以看到，教育领域语言规划不仅应该考虑和遵循一般语言规划的流程，如：预规划—调查—报告—政策制定—实行—评估，也应该考虑这一过程和教育政策的关系。对于读者而言，作者在本章介绍的这一规划过程非常有意义，因为微观语言政策的制定许多人是有机会参与其中的。如同人类的任何计划和政策一样，语言规划的实施也需要人力物力的支持。第六章讨论了语言规划过程中的经济问题。考虑到没有经济基础的计划，只能是纸上谈兵，没有经济效益的计划，终究不是长久之计，因此这一章所论述的内容对于语言规划的实施有着重要的意义。本章以澳大利亚、新西兰和美国为例，讨论了语言规划和经济的关系。数据显示，语言规划不仅和采用规划的政体内部的经济有关，也有助于增强其与外部的商贸关系。从宏观语言规划的角度看，由于涉及的因素太多，规划和经济的关系难以理得清清楚楚，但许多微观语言规划的例子说明语言规划确实可以得到经济上的好处。

第三部分是案例研究，分三章，共讨论了 15 个语言规划的例子。在讨论过程中，作者有意使用了第二章提及的三种语言规划架构，这样做不但有益于进一步加深对如前所述理论和方法的理解，而且也有益于新的理论架构的发展。第七章讨论了语言规划和权力的关系问题，重点为阶级、国家和机构在语言政策制定和实施中的作用。这一章的讨论分析表明在规划的过程中，威望是至关重要的。按照豪根提出的语言规划架构来看，第七章主要涉及的是语言的地位规划。用库珀模型来看，这一章讨论的重点是语言规划过程中的 WHO 和 HOW。第八章研究了双语制、语言地位和国家认同与发展的问题，强调了语言是为谁（FOR WHOM）、为了什么目标规划的。这一章也属于地位规划的范畴。第九章的主题是特殊用途的语言规划，如科技领域的语言规划、学术机构在术语和词汇发展中的作用、与翻译相关的公司语言问题、大学内部语言政策等。从库珀的语言规划架构来看，这一章要解决的问题是教什么和学什么（WHAT）的问题。在豪根的系统里，这属于本体规划的范围。

前面这三部分的讨论基本上是建立在前人有关语言规划理论研究和具体的语言规划实践基础之上的，这些内容可以看作是本书副标题中的"实践"。通过这些章节，读者对语言规划的一般过程有了更深入的了解，书中大量的语言规划实例也非常益于读者理解构成这一过程的三个主要因素：WHO，WHOM 和 WHAT ENDs。

按照本书副标题的指引，下一步该由实践到理论了。换言之，接下来的第四部分可以说是本书的核心。在这一部分里，作者提出了一种语言规划的生态模型。这一模型较之过去的许多理论和方法而言，具有较好的完整性。因为语言规划不是一种孤立的活动，对于一种语言采取的规划行为不只涉及这种语言本身，而且也会影响到其他语言。作者提出了语言规划（或语言生态系统）的如下变量：语言消亡、语言生存、语言变化、语言复活、语言变化和语言传播、语言融合、语言接触与皮钦语/克里奥尔语的发展、语言能力的发展等。这些变量是描述语言状况时应该考虑的关键因素，是研究语言生态的主要着力点。正是由于这些变量的变化会以不同的方式影响到语言的状况和发展，语言规划的研究者和实施者们更应该对这些因素进行详尽的研究。只有这样，才有可能解决由于这些因素的变化而带来的问题。为了便于读者理解这些变量如何在语言规划过程中起作用，作者用一定的篇幅细说了这些变量。在本书的最后一章里，作者进一步阐述了基于生态理念的语言规划模型，并且认为语言规划的实施者应该清楚地分析、理解所欲进行规划的语言的生态系统，只有这样才能更进一步做好规划工作。作者用生态理论分析了澳大利亚、马来西亚、墨西哥、南非、瑞典、美国的语言生态系统。这对于其他国家语言生态系统的描述，有较大的借鉴意义。我们此前说过，在本书问世后，同一家出版社已出版了多本涉及数十个国家的著作。这套丛书所遵循的主要理论依据和模型，就是本书所建立的生态模型。该模型的最新描述，可参见这两位作者2003年所著《太平洋地区的语言规划和语言教育规划》一书的第十二章以及他们为本书中译本专门撰写的补记。由此可见，这一综合性的语言规划理论是有较强的描写能力的，极有可能发展成一种具有鲁棒能力的语言规划理论。

在题为"政体背景下的语言规划"的附录中，作者列出了世界主要国家和地区有关语言规划的基本情况。特别有用的是相关国家的语言规划参考资料，这对于后来的研究者无疑有着非常重要的文献指引作用。近50页密密麻麻的参考文献更是读者深入这一领域的指路明灯。

埃金顿总结了本书对语言规划领域的几点贡献（Eggington 2005）：

（1）本体规划和地位规划不是独立的活动，二者是相互交织在一起的；

（2）语言政策不仅包括国家层面的宏观的政策，微观的语言规划活动更为常见，其影响也越来越大；

（3）一个国家一种语言的说法是不现实的；

（4）任何语言规划活动都是在一些密切相连的生态系统中进行的；

（5）语言规划是一种需要学术和语言社团共同参与的复杂活动，这里所说的语言社团包括规划活动涉及的所有语言的全部使用者；

（6）语言规划不仅仅是教育部门的事情，这种活动不应该只从教育部门开始。任何语言规划活动均应包含活动所在生态系统的整体；

（7）语言规划应该以民众为中心。换言之，理想的语言规划和政策的实施宜采用自下而上的策略，而不是自上而下的方法；

（8）成功的语言规划是一个实施—评估—修订—实施的循环连续过程。

总的说来，本书综合了各家之言，提出了一种基于生态概念的语言规划理论。较之以前的理论而言，它具有更好的适应性和解释力。但是我们也应该看到，本质上本书强调的仍然是语言规划的社会（语言）学特征。对于本体规划方面的问题，其讨论仍然是过于简单。例如，作者在论述语言规划作为一门独立学科的必要性时，引述了陶里（Tauli 1984）一文的观点。但事实上，陶里的文章所倡导的是要重视从语言评价到本体规划的语言规划理论，并且对于常见的那些只注重社会方面的规划理论给了毫不留情的批评，他说："然而，目的论要重于社会学……语言规划的目标应该是尽可能使得语言成为一种更有效的工具。……我们应该使语言更适宜于现代文化和现代社会。"（Tauli 1984）这话有一定的道理，但语言不仅仅是交际的工具，它也是文化的容器和身份的象征。语言的这三种功能要求不同的政策来保证，这就使得语言政策的制定者在制定语言政策时，不得不均衡考虑各个因素间的相互关系。在不同的历史时期，语言政策的重点也会有不同。对于一个新成（独）立的国家，语言的交际功能和象征功能就要强于文化功能，而在一定时间之后，为了长远的可持续发展，国家内部各民族的均衡发展就显出其重要性了。我们可以将语言政策和语言规划中的这种转变视为社会变化的一种反映，语言政策是社会政策的组成部分，社会发展各个时期重点的不同也要求不同的语言政策和语言规划来适应。从这个意义上说，尽管本书提出的语言规划的生态模型更多的还是一种修辞性的说法，还不是一种严格意义上的（语言）生态模型，但本书所强调的用多因素来分析语言（规划）问题，还是值得肯定和提倡的。由于巴尔道夫教授的过早离世，我们不再能看到本书第二版是如何处理这些问题的，但值得庆幸的是，在巴尔道夫生前发表的最后一篇文章（Baldauf 2012）中，我们可以看到他对语言规划与语言政策学科的回顾与对学科未来发展方向的展望。

如同作者在前言中所说的那样，本书不仅对于语言学、语言、教育等领域的读者有很大的参考价值，同时也对政府、教育机构的相关人员均具有一定的参考意义。尽管本书问世已有20年了，但正如泰勒·利奇（Taylor-Leech 2016）所言，由于其对语言规划领域的奠基性贡献，无论是语言规划和语言政策的新人还是资深学者，本书均应成为他们必备的案头书。

20年前，为了向中国大陆的学者介绍这本书，我通过邮件结识了当时在悉尼大学任职的巴尔道夫教授。期间，我与他通过许多邮件，也与他的博士生赵守辉、李明琳成为了好友。20年后的今天，作为《应用语言学译丛》的主编，我很荣幸有机会在这里向各位推荐这本书的中译本。感谢郭龙生教授，感谢商务印书馆，使我们可以不再等待。

参考文献

Baldauf, R. B., Jr. (2012). Introduction – Language Planning: Where have we been? Where might we be going? *Revista Brasileria de Linguística Aplicada, 12*(2), 233−248.

Eggington, W. G. (2005). Introduction of Part 5. In P. Bruthiaux *et al.* (Eds.), *Directions in Applied Linguistics: Essays in Honor of Robert B. Kaplan*(pp. 223−226). Clevedon: Multilingual Matters Ltd.

Kaplan, R. B. (2016). Dick Baldauf: memories of a friendship and collaboration. *Current Issues in Language Planning, 17*(1), 131−139.

Kaplan, R. B., & Baldauf, R. B., Jr. (2003). *Language and Language-in-Education Planning in the Pacific Basin*. Dordrecht: Kluwer.

Tauli, V. (1984). The failure of language planning research. In Gonzalez, Andrew(ed.), *Panagani: Essays in Honor of Bonifacio P. Sibayan on His Sixty-seventh Birthday* (pp. 85−92). Manila: Linguistic Society of the Philippines.

Taylor-Leech, K. (2016). From practice to theory: the contributions of Richard B. Baldauf Jr. to the field of language policy and planning, *Current Issues in Language Planning, 17*(1), 1−10.

目　　录

中译本序 ··· v
前言 ··· vii

第一部分　语言规划的基本概念

第一章　规划的环境与术语基础 ··· 3
　　一、引言 ··· 3
　　二、定义 ··· 3
　　三、语言规划的环境 ··· 4
　　四、术语定名的困难 ··· 15
　　五、本章总结 ··· 28
第二章　规划的架构：谁为谁做什么？ ······································· 30
　　一、语言规划过程概述 ··· 30
　　二、地位规划 ··· 32
　　三、本体规划 ··· 40
　　四、语言规划的层次 ··· 54
　　五、语言规划的一种解释方案 ··· 58
　　六、本章总结 ··· 62

第三章　语言规划目标 ·· 65
一、语言规划的目标 ·· 66
二、中观规划目标 ·· 90
三、传统语言规划批评 ·· 91
四、本章总结 ·· 93

第二部分　语言规划的关键问题

第四章　语言规划过程 ·· 97
一、数据收集方法 ·· 98
二、社会语言学调查 ·· 114
三、方法的重要性 ·· 128
四、本章总结 ·· 129

第五章　社会目的语言规划：教育与识字 ······························ 131
一、教育语言规划 ·· 132
二、教育语言规划中的识字规划 ···································· 151
三、本章总结 ·· 159

第六章　语言规划的经济学 ·· 162
一、初期经济学观点 ·· 162
二、经济参考框架 ·· 165
三、国际经济与语言 ·· 167
四、经济学与国家语言规划 ·· 171
五、就业与培训实践 ·· 175
六、所需技能的性质 ·· 177
七、成本分析评价 ·· 178
八、澳大利亚：为了经济目的的语言 ································ 182
九、新西兰：经济驱动的规划 ······································ 192

十、美国的经济学与语言规划 197
十一、本章总结 202

第三部分　语言规划个案研究

第七章　语言规划与权力 207
一、谁来做规划：自上而下还是自下而上 208
二、语言规划与阶层 212
三、语言规划与国家 214
四、语言规划与代理权 220
五、语言权利 225
六、本章总结 228

第八章　双语与语言地位 231
一、引言 231
二、民族模式 237
三、多数族群与少数族群语言 241
四、宗教与语言规划 245
五、消极语言规划 248
六、语码借用/语码转换 250
七、本章总结 255

第九章　特定目的的语言规划 259
一、引言 259
二、科学与技术规划 260
三、研究院与词汇的发展 268
四、澳大利亚政府的口译 272
五、北美洲的商务翻译 275
六、澳大利亚大学的语言政策 277
七、本章总结 284

第四部分　建立语言规划理论

第十章　语言规划的概念化：关键元素 ················ 291
 一、引言 ················ 291
 二、语言规划中的变量 ················ 293
 三、语言变化元素举例 ················ 313
 四、语言变化元素与语言系统 ················ 314
 五、语言问题与语言规划 ················ 316

第十一章　语言规划的概念化：关键问题 ················ 320
 一、引言 ················ 320
 二、规划与无规划的语言变化 ················ 322
 三、时间因素：数百年与数十年 ················ 324
 四、描写与规定：一种悖论或只是个问题 ················ 326
 五、参与者：谁有权对谁做什么？ ················ 328
 六、应用语言学与语言学的应用 ················ 330
 七、关键元素与问题的总结 ················ 334
 八、建立语言规划模型 ················ 336
 九、关键问题的重新审视 ················ 348

附录：政体背景下的语言规划 ················ 351
参考文献 ················ 369
索引 ················ 433
中译本补记 ················ 460

中译本序[1]

随着中国对语言政策研究的兴趣越来越浓厚,本书可能会引起一些中国学者的兴趣并对他们有些用处。撰写本书,纯属作者 1983 年在夏威夷大学东西方研究中心举办的"华语社区语文现代化与语言规划会议"上相遇时偶然产生的一个想法,我们参加了该会议的分会"现代化与语言发展研究规划专题研讨会",该会议也为中国大陆学者和台湾学者提供了第一次共聚一堂共商语言与语言规划问题的机会。

写这本书的目的是,我们认为有必要撰写一本专著,以一种前所未有的方式(既从当时理论问题的角度,也从世界各地特定政体中应用的角度[后者可参见本书的附录]),通过将语言政策和规划的不同文献汇集起来而将该领域的学科状态呈现出来。本书中的材料还为我们由八个部分组成的语言政策与规划模型(见书后所附补记)提供了基础,并通过太平洋地区的政体来说明其特性。通过我们在本书中的工作,这一框架试图总结"经典"语言规划观点中的智慧,并成为当前语言政策与规划研究基础的一个组成部分。针对这一框架,我们做了持续的努力,考虑并讨论了规划过程与目标的层级(宏观、中观和微观)、目标意识(显性和隐性)和语言规划参与者或机构的重要性以及在此介绍中随后要讨论的一些问题,在此

---

[1] 本书的全部脚注除注明外均由译者所加,书中不另外注出,特此说明。

基础上更新了一些想法，并使之更适用于当前的日常问题。然而，我们承认，自本书最初写作以来该领域已发生了显著的变化，得到了长足的发展，因此，我们正在写一本新书，继续提供该领域的一个基本综合状况，不过这本书将与当前语言规划实践研究中的不同发现产生密切的联系，引起对域、语言管理理论或关键语言政策的关注。

中国对语言政策与规划产生了兴趣，中国著名的出版社商务印书馆决定翻译出版一些语言规划经典著作，以使更多的中国学者接受语言规划学科。我们很荣幸本书能被选为其中的一本。首先，要感谢郭龙生博士翻译了这本书；其次，感谢浙江大学的刘海涛教授，他是这本书的审订者和丛书的主编；最后，要感谢赵守辉博士为翻译这本书提供的各方面的帮助。没有他们的大量付出，这本书将难以与中国的读者见面。

罗伯特·卡普兰　理查德·巴尔道夫

前　　言

　　从某种意义上讲，语言规划作为人类应用语言的一种活动，它的历史与人类有文字记载的历史一样悠久。在欧洲，当罗马人占领了环地中海地区之后，拉丁语和希腊语成为通用语言。当拉丁语在辽阔的罗马帝国占领区内广为传播时，古罗马的统治者做了大量的语言规划工作（Kahane & Kahane 1988）。例如，当尤利乌斯·恺撒（Julius Caesar）于公元前55年侵入英国时，古罗马军团讲的是拉丁语，期间他们曾试图通过日常交际而非学校教育的方式教当地居民说拉丁语。罗马人用拉丁语的命名规则来绘制地图、标记地点、描述特征；他们用拉丁语的名称来描述建造的防御工事与城市的建筑特色，并给建筑物命名；他们让当地人成为罗马人的家庭奴隶，并迫使他们学习拉丁语以便他们能够理解主人们的旨意。当然，另外肯定还有一些影响凯尔特社会其他方面的"非正式"的语言规划实例。

　　几个世纪以后，当讲阿拉伯语的军队将伊斯兰教和阿拉伯语经文传至整个地中海地区并逐步扩散到欧洲时，类似的情况再一次出现。此后的许多事件都引起了语言规划，如十字军东征[①]、莫卧尔人侵占印度、儒

[①] 十字军东征：指1096—1291年近200年间罗马天主教宗所准许进行的由西欧封建领主与骑士对他们认为的异教徒国家（地中海东岸）先后发动的八次有名的宗教性军事行动。因参加战争的士兵均佩有十字标志，故称"十字军"；因罗马天主教势力旨在收复位于东方的穆斯林统治的西亚地区，故称"东征"。十字军东征对西方基督教世界造成了深远的社会、经济和政治影响。

家官僚体系任命官员以及后来蒙古人对中国的统治、18和19世纪强有力的传教运动、过去500年来欧洲的殖民主义、第二次世界大战之后的商业国际化以及最近大众传媒的国际化和大规模国际旅游的出现等。总之，每当一个地区被实际占领或是名义上的占领之后，如果征服者与该地区居民无法通过语言相互沟通，那就得制定某种语言政策，以便建立与维持民政管理、转变思想或促进贸易。当出现会引起大量人口迁移乱象的自然灾害、内乱和大规模经济移民时，政府如果要接纳这些流离失所的民众，就会开展某种语言规划工作，以保障社会运行和促进商业贸易。事实上，不论何时基于何种原因，只要两群讲着互相无法沟通的语言的人之间产生广泛的接触，某种程度的语言规划就会很自然地出现。最近，在互相能够沟通的语言（如英语的不同变体）（Delbridge 1985）之间所做的语言规划工作也已经很常见了。

在这些早期的事例中，语言决策是否是有意识的还不好说。但从大多数有记载的人类历史中可见，语言规划似乎都是以一种相当审慎的方式来实施的。普通人的生活很可能不会受到语言变化的影响，除非他们碰巧是那些国土被占领或漂泊异乡的不幸之人。事实上，在人际交往过程中，这种事情经常有规律地出现，并被视作是理所应当的。当一个政体中出现了新的人群时，人们会简单地认为他们应该说这个政体的语言；当占领者与被征服者打交道时，占领者会简单地认为他们相对的强权地位会让被征服者使用他们的语言。

各种错综复杂的原因仿佛使得20世纪缩短了，事情发生得好像更快了。大约10年前，《时代》杂志把20世纪称为"难民世纪"。在这段特殊的时期，很多人因天灾人祸而背井离乡、迁居他处。此外，这个世纪还见证了各殖民帝国的不断瓦解以及在那些帝国废墟中新国家的诞生。这些新国家需要建立与维护社会运行并促进贸易活动。语言变化问题的加速出现逐步催生出一门新的学科——"语言规划"。

因此，虽然语言规划可能不是一种新现象，但它是一门新学科。的确，人们对这个方面的关注尚未超过35年[1]，而人们对此表现出极大兴趣也才只有20年。这门新学科与已建立的社会语言学之间的联系最为明显，而社会语言学是研究影响语言变化的社会动力以及由其引起的语言变化类型的。因为语言规划所包含的内容比社会语言学所包含的内容可能多也可能少，这取决于许多变量，而这些变量只有通过一个个的案例才能理解，所以，语言规划是社会语言学的下位学科还是上位学科依然没有形成定论。

"语言政策与语言规划"作为一门崭新而复杂的学科，其奠基性文献零散地出现在许多领域的书刊中。这是因为该学科最近才从几个学科中兴起，而且不是为了提出理论，主要是为了采用跨学科的方法解决当下现实世界的实际问题。重要文献往往湮没在临时性的政府文件中，许多重要论文则出现在同语言政策和语言规划关系不太密切的大量论著中。不过，学术界对这一学科的关注催生了几种专业刊物（即《新语言规划通讯》[New Language Planning Newsletter]、《语言问题与语言规划》[Language Problems & Language Planning]），有关语言规划的表述在其他社会语言学杂志（如《国际语言社会学》[International Journal of the Sociology of Language]杂志、《多语与多文化发展》[Journal of Mutilingual and Multicultural Development]杂志）和一些年鉴（如《应用语言学年度评论》[Annual Review of Applied Linguistic]、《社会语言学》[Sociolinguistica]）中偶尔也会见到。

正是由于文献有时很难查找，所以研究"语言规划"学科的人在术语使用上有时不是很清楚或前后不太一致（见第一章）。特别是关键术语"语言规划"和"语言政策"，在专业文献与通俗文献中常常不是交替使用就是前后连续出现。实际上这两个术语代表了系统语言变化过程中截然不同的两个方面。"语言规划"主要是因为涉及巨大的社会变化，所以它很显然是一项由政府实施的活动，旨在促进一些言语社团的系统的语言变化。

---

[1] 书中所有提到时间的地方，凡是没有注明起讫点的，均计算至1996年作者撰写书稿时。

这是因为政府提出一种网状结构模式，旨在维护社会秩序与交流，并推进整个社会向着政府认为"好的"或"有用的"方向发展。

在语言规划的实施过程中，政府（或其他权威机构或个人）会颁布语言政策，或受其所颁布语言政策的指导。语言政策则是旨在实现社会、群体或系统中规划的语言变化的一系列思想、法律、法规、规章和做法。只有当这样的政策存在时，才会出现那种严谨的规划评估。"语言政策"可在多个层面得到实现，可以是很正式的语言规划文件与声明，也可以是第一眼看上去可能根本就不像语言政策的那些非正式的意向性声明，即语言、政治和社会的话语。正如佩迪（Peddie 1991a）所指出的那样，政策的表述一般分为两种类型：象征性的与实质性的。前者阐明了面对变化的信念，也许是由于太玄乎了而难于理解其中用了什么样的具体语言概念，后者则明确了应采取的具体步骤。

目前所实施的语言规划，主要是经济与社会科学实证范式的产物，该范式于20世纪60年代末和70年代初在世界上占主导地位。语言规划最初被称为"语言工程"，是一种用来说明"语言问题"解决方法的学科。不管怎么说，它通常出现在新独立的"发展中国家"中。然而，到了20世纪70年代中期，人们逐渐发现，语言问题已不再为发展中国家所独有，一些可行的解决方案具有广泛的适用性，远远超出了"社会发展"或民族国家的限制。

随着这种新观念的发展，大多数应用语言学家在某些情况下被看成是语言规划者。然而，语言规划从宏观层面向微观层面的扩展，在文献中并没有得到广泛的反映（例如，参见 Fishman 1981），但应用语言学家的广泛参与则说明语言规划与下列事情有关：

（1）面对多语人群的当地教育机构；

（2）面对越来越多文盲的用人单位；

（3）试图在少数族裔社区进行广告宣传的商业机构；

（4）拥有多语员工的跨国公司；

（5）试图开发自动翻译系统的工程师；

（6）试图建造智能机器的制造商；

（7）各种其他活动。

在人力资源方面，语言教师、教材编写者、课程专家、信息科学家、广告文案人员、人事干部，以及在公共和私营部门的其他各级人力资源发展规划人员都曾从事过微观的语言规划活动，不过他们往往并不知道他们在做的就是微观的语言规划活动。

正是因为这里所列的语言规划活动几乎是遍布本书写作时的整个社会，我们希望专家与普通人都能更容易地接受语言规划这个领域。本书试图汇集较为零散的文献中的关键问题，梳理语言规划的起源与近期发展的进程，指出已有的各种趋势，研究语言规划中的具体问题，并试图形成完整的语言规划理论。为了让读者了解更多的内容，本书附录部分提供了各政体语言规划相关资料概述。

陶里（Tauli 1984）认为，强调纯粹主义的早期语言规划研究与实践未能给语言规划提供一个动态的基础；要使语言规划发展成一门独立的学科，需要提供一种理论基础以补足其在语言描述社会学方面的贡献。本书整合多学科理论之贡献，结合该领域的实践倾向与眼前问题的解决方案，以形成清晰的学科描述，并用实例来说明关键问题。我们认为这是形成语言规划理论所必需的基础。我们还不敢在该领域发展的现阶段就试图公布一种语言规划理论。接下来我们会注意到，由于有些问题尚未得到充分的研讨，这种尝试很可能是徒劳的。不过我们已在尝试通过总结语言政策与语言规划的一些不同组成部分，为语言规划理论提供一个雏形。

为实现这些目标，本书分为四个部分。第一部分的重点是语言规划的基本概念和语言规划介绍，介绍了用于描述实际语言规划情况的术语、概念、过程、框架与目标。第二部分讨论了跨国的主要问题，包括语言规划的方法论、工作场所的语言、教育语言与识字规划以及语言规划的经济学。第三部分通过案例研究考察了选定的 15 个问题，说明语言规划在我们生活的世界中的重要性；并有选择地论述了涉及语言与权力、语言与地位以及具有特定目的的语言等问题。第四部分着眼于语言规划理论，基于前三部分中我们对实践的考察，提出如下问题："语言规划作为一种理论体系，就其本质而言，目前的做法与问题告诉了我们什么？"其关键的组成部分是什么？

在理解语言规划的学科性质并因此而形成理论的过程中，有一个问题就是语言规划也逐渐形成一种类似德·索绪尔（de Saussure 1916/1959）在语言学中区分语言（langue）与言语（parole）的二分方式。正如语言学的学科历史大部分集中于描述形式与分析（语言［langue］）那样，语言规划则集中于语言问题的技术解决方案即语言规划（language planning）上。对两者而言，在建立初步的专业知识并形成学科的实证基础方面，强调二分法无疑是必要的。在过去的十年中，语言学主要是通过研究话语开始探索言语（parole）的。同时，语言规划因其解决语言问题的技术专家政治论方法而受到越来越多的批评（如，Luke *et al.* 1990）。像语言学一样，语言规划应更多地考虑（用索绪尔的术语来说）语言（langue）与言语（parole）的关系。这就要求语言规划须研究语言政治与社会的话语或研究"语言政策（language policy）"的不太正式却有影响力的政治与社会因素。语言规划理论必须包括这两个方面，但对后者的工作才刚刚开始（Jernudd & Neustupný 1987）。

具体而言，文献中的二分法往往意味着政治、社会与经济决策可以作为语言规划的结构框架这一说法只能是口头儿说一说，实际办不到。这些决策往往被视为是由语言规划过程之外的人做出的，而这些人是无法参加学科的严肃讨论的。结果，语言规划作为一个学科主要成了对非判断的、基于技术的系列语言矫正功能的应用。本书探讨了指导语言规划常规方法的假设，明确了其所处的语境以及这些做法对语言规划者和其他社会语言学家所造成的困境。

我们希望本书对专家及普通读者都有所裨益。我们设想本书的读者主要是那些想系统了解语言规划一般领域的语言学系、语言系、教育学院以及类似学术机构内的研究生。不过，我们希望本书对下列人群也能有所帮助：

（1）政府机构中要进行语言选择的人员；

（2）商业组织中想了解内部成文或不成文的语言政策意图的人事干部；

（3）当地教育机构中试图为多语人群设计课程的人员；

（4）各地课堂上需求未得到很好满足且面对多语人群的老师。

我们不会天真地认为本书会回答读者的所有问题。但我们希望本书能帮助这些读者更好地了解所用的术语，明白什么是可能的、什么是不可能的，并在特定现实问题背景下能够找到些许方向。对于那些已经是专家的读者来说，我们希望能提供一次对话以便任何人都敢于从事语言规划。

罗伯特·卡普兰

应用语言学荣休教授

南加州大学

理查德·巴尔道夫

研究经理

澳大利亚国家语言与读写研究所

教育学副教授

詹姆斯·库克大学（休假中）

1996 年 8 月

第一部分
语言规划的基本概念

这一部分向读者介绍语言规划，包括语言规划的术语、理解语言规划过程的框架以及语言规划常常要实现的具体目标。本部分主要是通过介绍语言规划学科，为考察在该学科实践中发现的关键问题做准备。

第一章在较大的语境中介绍语言规划，描述语言规划的主要参与者，并讨论与术语定义相关的问题。

第二章介绍几种概括语言规划过程的框架。豪根（Haugen 1983）的模型从总体上论述了语言政策与规划必须面对的主要任务。哈尔曼（Haarmann 1990）在豪根工作的基础上，建立了理想的类型，增加了声望规划这一概念；库珀（Cooper 1989）的解释方案则着重从过程角度告诉人们做语言规划意味着什么。语言规划的文献主要集中于宏观层面，不过了解语言政策与规划在微观层面上的具体运作也很重要。

第三章描述语言规划要实现的最常见的 11 种目标，并提供了简单的例子。最后，提到了对语言规划这一学科的批评；同时介绍了语言政策制定与规划实践基础的大致情况。

第一章 规划的环境与术语基础

一、引　言

　　语言问题与性的问题有些相似之处——每个人都在做,因此每个人都是专家。不过,大多数青少年的性知识既不是老师教的,也不是家长教的,而是来自同龄人中的一些核心人物,而这些核心人物在这方面的知识很有限。从此以后,就主要是在实践中学习了。一个人成年之后才知道真有专家会教这方面的事情。语言问题也是一样的。社会的每个部分都有语言,人们会为了不同的目的来有效地使用语言。然而,使用者经常讨论语言,但对于语言,他们大多都显得相当无知。

二、定　义

　　什么是语言规划?它是如何实现的?语言规划是一套思想、法律、规章(语言政策)、变化规则、理念和实践,旨在有计划地改变一个或多个社区的语言应用,或者阻止正在发生的变化。换句话讲,语言规划涉及的是在社会语码或话语表达系统中"有意识的"（尽管有时并不公开）"面向未来的"变化（Rubin & Jernudd 1971b）。人们听说的语言规划大部分都是由政府为解决复杂的社会问题而实施的，但是，有大量语言规划发生在其他社会环境中，为了其他目的，作用于中下层。[1]

简而言之，语言规划就是某些人因某种原因而改变某些社区言语行为的一种尝试。原因很复杂，既可以是某人不喜欢一个群体的谈话方式这种无关紧要的想法，也可以是通过保护某一社区的语言来保护其文化这种意义重大的理念。语言规划的实施者很多，不过在宏观层面的多是政府部门。语言的改进也很复杂，从试图使一种语言"现代化"以使其能够适应正在发生的巨大技术变革，到试图使一种语言"规范化"，往往都带有重要的政治动机即"统一"语言，以便使讲不同方言的人群能够互相理解，或为没有文字的语言创制书写符号系统。而微观语言政策与规划常会关注非常具体而有限的语言问题，如当地图书馆是否应收藏外文报纸、当地学校应该教授什么语言、当地商店橱窗中的招牌应该用什么样的语言来吸引顾客、我怎样才能在海外市场有效地使用语言推销自己的产品等。正式的语言规划往往不会这样普通与简单。

现实情况是，现代国家都拥有复杂的动机、取向与大量的人口，而语言政策制定者与规划者则必须经常在这种宏观情况下工作。不过，微观语言规划正受到越来越多的关注，而且在这些领域中也已开始能够看到应用语言学家的身影。

三、语言规划的环境

在我们所生存的这个纷繁复杂、相互依存且日益拥挤的世界中，规划是人类生存的重要特征。从较大范围或宏观角度而言，语言规划是国家资源发展规划的一个方面。这样的规划通常分为两大类：对自然资源如矿产资源、水力资源、渔业资源、森林资源等的开发与保护；对人力资源的开发与保护。这些领域不只是发展目标不一样，它们在规划的时间和可预期结果的类型方面也有明显的差异。

当政府开始实施自然资源开发规划并决定开发比如水资源时，政府可能就要建一座大坝。相对而言，这样一个建筑物的规划与建造所持续的时间比较短。虽然完成这个项目可能需要八年或十年的时间，不过这往往在一个单独的政府任期内就可以完成。在项目结束时，就会有一座现实可见的大坝，通过一定的数字可以测量并报告它在电能、灌溉流量、城市供水方面的输出量。这些好处是显而易见的。每个人都可以看到实实在在的大坝；游客可以参观并惊叹其巨大的发电机；渔民可驾船靠近它；博物学家可以测量其对野生动植物的影响。人们还可以在某政治家为大坝举行揭幕典礼时为其拍照，并将照片刊登在报纸上。不过，有些问题也是显而易见的，例如，因不规则的放水而对下游不断造成侵害、下游获得水供应机会减少、有价值的地区被淹，等等。不过，规划者很少有人会认识到这些问题并寻求解决方法，而政治家也不愿意承认那些效益较好的项目也会有不好的一面。

另一方面，人力资源发展规划和由此在人类行为方面所引起的变化则有很大不同。改变一种行为可能需要几代人的共同努力。这种工程所需时间通常远远超过一届政府的任期。这类工程结束时，也看不到显而易见的结果，而且没有较容易或公认的方法来评估该工程所带来的好处。事实上，可能很难看到有什么结果，因为人们无法猜想如果不实施这种规划或实施了不同的规划可能会发生什么；成本难于计算，因为要将收益与所需成本联系起来几乎是不可能的。

在本书中，我们的目的既不是要讨论自然资源开发规划，也不是要讨论人力资源发展规划的其他领域。这里只关注语言规划。由于语言规划与其他规划领域在寻求政府资金方面存在竞争，所以，将语言政策、语言规划、规划者放在更大的社会政治环境中来考察就显得十分重要且必要。图 1.1 显示了语言规划融入国家资源发展规划这种更大计划的过程。

图 1.1 中提到的那些参与语言规划的人——"谁"或"参与者",主要包括以下四类:(1)相关政府机构,这是最高层次;(2)受上级委派或有时代替上级机构工作的教育机构;(3)按照自己的理念来工作的其他准政府或非政府组织;(4)在日常活动中有意或无意制定了语言政策的各种其他团体或某些有影响力的个人。现在依次简要介绍规划的这些领域。

(一)政府机构

20 世纪后期,大多数政府开始实施语言规划,既有有计划实施的,也有偶然实施的。这类政府规划范围最广,因为政府通常有立法权和建立激励或抑制机制以实施规划决策的能力。

例如,撒哈拉以南非洲地区大多数新独立的国家政府几乎都是在它们一独立(1960 年以后)就开始进行语言规划的(如 Akinnaso 1989;Bokamba 1991;Breton 1991;Djité 1991;Greenberg 1963;A. M. Mazrui 1996;Tucker & Bryan 1966)。殖民地与殖民统治留给这些国家的是:因缺乏良好的教育、识字有限而具有显著语言差异的国民,以及在政府管理中广泛使用的外语,即前殖民地宗主国语言。

他们需要选择一种或几种重要群体使用并能为其他群体所接受的语言,以服务于国家的统一,增强历史认同感。如果选定了一种语言,他们就需要规范其拼写法、词汇与句法。在许多情况下,他们还需要实施一项细化并丰富词汇的计划,以便使该语言能用于现代世界特有的各种行业。然后他们就要在人群中来传播这种语言。几乎在每一种情况下他们都不得不用极为有限的资源来从事大范围的活动,并面临大量需要即时关注的其他问题。

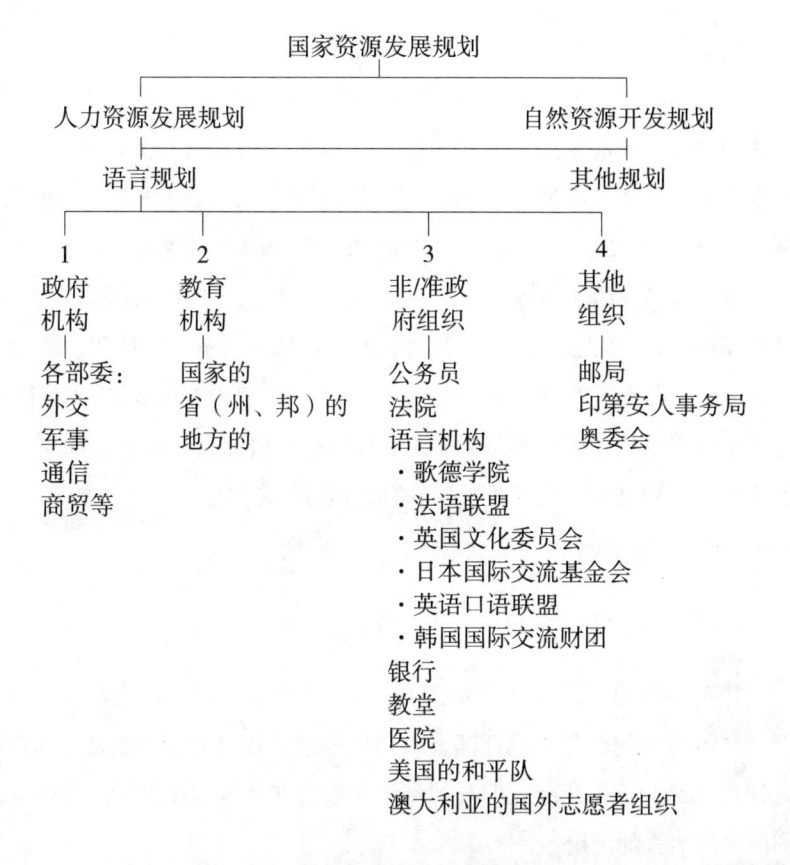

```
                    国家资源发展规划
        ┌──────────────────┴──────────────────┐
   人力资源发展规划                        自然资源开发规划
        ┌──────────┴──────────┐
     语言规划                其他规划
   ┌────┬────┬────┐
   1    2    3    4
  政府  教育  非/准  其他
  机构  机构  府组织  组织

  各部委：  国家的   公务员        邮局
  外交    省（州、  法院         印第安人事务局
  军事    邦）的    语言机构      奥委会
  通信    地方的    ·歌德学院
  商贸等            ·法语联盟
                   ·英国文化委员会
                   ·日本国际交流基金会
                   ·英语口语联盟
                   ·韩国国际交流财团
                   银行
                   教堂
                   医院
                   美国的和平队
                   澳大利亚的国外志愿者组织
```

图1.1　语言规划过程的环境与组成部分

每一种情况都有政府机构参与其中。例如，商贸部门关心的是国家发展国际贸易的能力；军事部门关心的是如何获得并维护尖端武器，不过这些武器的说明书实际上用的往往不是本国语言；外交部门关心的是快速培训外交人员并将他们派往世界上几乎每一个国家；通信部门关心的是进入全球通信网络；劳动部门关心的是培养一支通晓多种语言的劳动力大军，以吸引外国企业来国内投资。

虽然高校在某些国家不算是政府机构，但高校关注的是进入世界上重大的科技信息存储库与检索网络。目前，教育部因只关注国内事务而被排除在外，大多数其他部委则关注的是国外事务。这些部委常常甩开其他部委单干，要么是没有总体规划，要么是总体规划表述含混不清，从而导致规划收效甚微。

这种概况描述了去殖民化的撒哈拉以南非洲地区的情况，然而类似的规划活动也存在于世界其他地方，几乎可以说是全球的每一个地区。例如，在马来西亚、印度尼西亚、新加坡、菲律宾、墨西哥、澳大利亚、新西兰、比利时、以色列、加拿大、南太平洋地区的所有较小的国家或地区（巴布亚新几内亚、波利尼西亚岛等），以及在其他历史悠久但使用的都是"小"语言（如巴斯克语、加泰罗尼亚语、弗里西语、萨米语）的地方或使用土著语言的美洲国家。即使在美国，个别州的立法机关过去也曾愉快地宣称他们管辖的地区是讲双语的，尽管他们并不太了解他们这种行为造成的影响。[2] 这些语言政策与规划决策不仅在政策层面有，在官僚体制中也存在（如 Cloonan & Strine 1991；Sommer 1991）。

（二）教育机构

几乎所有的官方语言政策活动，都会有教育部门的广泛参与。然而实际上有的时候我们苛求教育部来承担规划语言变化的所有职责，却没有考虑到教育部的管辖范围、拥有的资源和权威在某种程度上无法影响到教育部门之外语言的使用。

教育部门主要影响五六岁到十五六岁之间的孩子。教育部门还可以通过技术教育、成人教育、远程教育以及针对其他人群，包括在情绪或心理上受到抑制而脱离了主流人群的群体的"特殊"教育等这类专业教育来发挥其影响。教育部门还必须与来自不同教育体制、具有不同基础和不同语言背景、从学龄前儿童到成人不同年龄段的移民人群打交道。在这种情况下，我们必须承认，不是每个人都会去上学，每个人接受学校教育的时长也不一样，也不是每个人都会在同一时间去上学，也就是说，要实现全民教育，教育部需要在几代人身上付出努力。

教育部门必须制定一系列语言政策与规划。这里介绍其中的六种：

第一，教育部门必须确定在课堂上应教授哪种或哪些语言（因为课程不能无限制地扩展，也就是说，新领域的引进只能通过减少其他领域来实现，因为课程是严格限制在指定的一天几个小时、一周几天、一个学年多少周的时间范围内的），确定课表中的课程何时开始以及教学持续多长时间，确定经过各种教学之后达到什么样的熟练程度才能够满足社会的需要。

第二，教育部门必须明确界定师资，考虑课程中的语言由谁来教，以及这些教师将从教育部门可用人才资源中的哪些地方来抽调，确定培养优秀教师队伍的入职培训和旨在提升业务能力的在职培训的种类，并思考如何通过该系统以及公平的薪酬结构来分配这些教师。

第三，教育部门需要确定哪一部分学生应接受这种或这些语言教育，如何确定这些学生，如何为这些学生提供预备训练，如何让他们接受所提供的教学；教育部门需要制定一些策略以获得家长与社区的支持、落实所推行的所有计划。

第四，教育部门需要确定在教学系统中采用哪种教学法，用什么材料来支撑这些教学法，由谁来准备、如何准备这些材料，以及这些材料如何通过这种教学系统得到传播。

第五，教育部门需要确立评估过程用于初期的分班、课程中期测验和最后课程结束时的（总结性）测验；同时教育部门也需要开发评估系统以评估教师的表现，测验系统的性能，以便语言教学能够适应社会需要。

第六，教育部门需要确定如何从财政与物质上来支持所有这些活动，这些资源从何而来，语言教育系统如何随着时间的推移在整个系统服务的背景下得到延续。

（三）准/非政府组织

在语言政策制定过程中，许多其他部门，一般是准政府或非政府组织也会深入参与其中。这些准政府组织如英国文化委员会（The British Council）（Phillipson 1994）、英语口语联盟（The English-Speaking Union）、法语联盟（The Alliance Française）（Kleineidam 1992）、歌德学院（The Goethe Institute）（Ammon 1992）、日本国际交流基金会（The Japan Foundation）（Hirataka 1992）和韩国国际交流财团（The Korea Foundation），分别在政府一定程度的支持

下从事着面向母语社区之外传播英语、法语、德语、日语和韩国语的工作。也有其他类似的组织关心其他语言的传播，如西班牙语（Sánchez 1992）、葡萄牙语（Lopes 1997；Silva & Gunnewiek 1992）和印地语（Dua 1994）。

还有一种由国家语言研究院和语言规划委员会代表的准政府部门（Joseph 1987：110 以次）。从 17 世纪开始，许多欧洲国家都成立了国家语言研究院，旨在保持将成为国语的那种语言的纯度。例如，意大利（秕糠学会 [Accademia della Crusca]，1582 年）、法国（法兰西语言科学院 [Académie Français]，1635 年）、西班牙（西班牙皇家学院 [亦译 "西班牙皇家语言学院"，Real Academia Española]，1713 年）、葡萄牙（高级文化研究院 [亦译 "高等教育研究所"，Instituto de Alta Cultura]）等都有历史悠久、享有较高声誉的国家语言研究院。这些研究院在编写权威性词典方面是至关重要的，在某些情况下，它们还针对正在讨论的语言标准语法制定一些政策，也会发布一些关于外国术语流入速度以及所允许的各种外来借词的政策。它们一直负责词汇的发展，因为新技术需要新的术语，并且它们还帮助确定词汇规范的国际化程度。

最近这段时期，在孟加拉国、日本、以色列、爱尔兰、印度尼西亚与马来西亚、墨西哥、巴西、莫桑比克、埃及以及其他许多国家已经出现了一些新的语言研究院。西班牙皇家学院在拉丁美洲的每个国家都建立了分支 "附属" 研究院（Joseph 1987）。在很大程度上这些研究院都为了现代化的目的参与了词汇的发展。最近，专业的（例如医学的）学术机构如雨后春笋般涌现出来；其中便有人试图要规范国际渔业用语（Jernudd & Thuan 1984）。随着如国际航空业、公海运输（Strevens & Weeks 1985）与警务交流（E.Johnson 1994）这些国际服务功能的开发，又纷纷出现了一些规范术语的尝试性工作。专业协会不只是通过规定风格的应用，也通过规定什么样的语言可用于出版、什么样的语言可用于会议与杂志等编辑政策来参与语言规划（Jernudd & Baldauf 1987）。

有趣的是，在这场讨论中，英国并没有建立语言研究院，尽管这个问题曾在皇家科学院讨论过，但在 17 世纪就被否决了。美国的情况也是如此，建国伊始，美国的领导者有意地否决了建立语言研究院的想法。约瑟夫（Joseph 1987：112）认为："在英雄创始者的理念中，……1755 年塞缪尔·约翰逊（Samuel Johnson）《英语词典》的问世使人们觉得不再需要建立研究院；也有人认为美国建立研究院这一尝试的失败，与诺亚·韦伯斯特（Noah Webster）的词典有关系。"（见 Baron 1982）这些人在语言风格、标准与用法方面的成果，至今仍在发挥着重要作用。（例如，Fowler 1965；Follet 1966；Safire 1984）。

然而，自 20 世纪 80 年代后期开始，在美国掀起了一场旨在使英语成为国家官方语言的运动；许多州都实施了"唯英语"的地方立法，但是到本书写作时为止，美国还没有一套国家性的语言政策。在 1992 年的国会会议上，有人提出了"政府语言法案"，要求政府的所有活动都使用英语。在 1995 年的国会会议上，有人提出了四项法案，但至今还没有法案获准颁布。这些法案虽然寻求将英语定为全国唯一的官方语言，却并不打算创建一个国家语言研究院。在这场"唯英语"运动中最具影响力的组织就是"美国英语"，其充当了"急先锋"的角色。大量文献参与了这场讨论，它们或者支持或者反对（如，Adams & Brink 1990；Amorose 1989；Bikales 1986；Crawford 1992a，1992b；Daniels 1990；Fishman 1988a，1988b；Marshall 1986；Peña 1991）。

语言规划在宗教领域也很重要。由于新教教会将这一信念作为信仰，并且认为人们得到福音是实现个人拯救的重要部分，他们通过传播福音使得像英语这样的语言得以广泛传播，也通过将福音翻译成各种语言而加速了土著语言正字法的发展。北美洲东北部早期定居点的新教信徒属于历史上最有文化的社区居民。他们以新教神学为基础，在基本生存得到保证之后，他们首先做的便是创建学校。像"暑期语言学院（SIL）"，即"威克里夫（Wycliffe）圣经翻译会"或"后期圣徒教会语言教学代表团"这样的组织，在英语福音传播方面以及将福音翻译成其他语言方面都做了大量的工作。

天主教会和东正教会的情形则与新教教会有所不同，不会识文断字同样也可以参加牧师主持的宗教仪式；不过，他们在保存各种语言（如教会拉丁语、教会希腊语等）方面发挥了重要的作用。伊斯兰宗教团体在阿拉伯语的传播与古典阿拉伯语的保存方面发挥了核心作用，因为他们相信安拉的话语应该用先知的语言来诵读。我们还可以举出一些其他的例子，除了重要的语言政策部门之外，宗教团体，特别是在殖民时期，几乎是教育的唯一执行者。学校往往成了宗教群体的专属活动领域，教会对教育的统治在撒哈拉以南的非洲地区、拉丁美洲与亚洲一直延续到20世纪。

20世纪后半叶，跨国公司扮演了传统上由宗教组织扮演的一些角色。跨国公司制定了明确的语言政策，规定要想在跨国体系中或当地获得成功必须学会哪种语言。他们推动并鼓励双语现象，他们经常在公司内部为雇员们提供语言教育（见 Holden 1990 年关于日本提供此类资助理由的讨论）。例如，日本最早与最成功的语言教学部门之一就是由日本电气公司创办的。在类似 IBM、荷兰皇家石油公司、阿拉伯美国石油公司（ARAMCO）或联合石油公司这样的跨国公司中也有一些语言教育部门。

事实上，一般的商业机构与地方政府往往也会在语言政策制定方面发挥重要作用。例如，在大洛杉矶地区，最近有一家大医院因为禁止母语为他加禄语的护士在休息时间讲这种语言而招来很大的麻烦；一家大银行鼓励讲西班牙语和汉语的双语者在工作中用双语无偿服务，这一做法旨在将上门服务业务推广到这些少数民族社区，但他们不鼓励讲亚美尼亚语、韩国语、夏莫罗语或萨摩亚语的双语者这样做，因为他们不怎么关心对这些少数族群社区的服务；帕萨迪纳市有一项促进并奖励其公务员讲双语的方案，而洛杉矶郡则没有这样的方案。虽然美国联邦法院要求为英语讲得不流利的被告提供翻译，但是，下级法院由主持法官来决定是否需要为被告配备翻译。法律规定，法院应该用被逮捕人能理解的语言向他们解释"米兰达警告"[①]，但当地警方的司法管辖部门只用英语随意地审讯囚犯。这些

---

① 米兰达警告（Miranda Warnings），也称"米兰达告诫"，因美国的米兰达诉亚里桑那州一案而得名。其核心内容为：美国联邦最高法院明确规定，在审讯之前，警察必须明确告诉被讯问者，他（1）有权保持沉默；（2）如果选择回答，那么所说的一切都可能作为对其不利的证据；（3）有权在审讯时要求律师在场；（4）如果没有钱请律师，法庭有义务为其指定律师。又被称为"米兰达权利"（Miranda Rights）。

例子说明了参与语言政策制定的不同方面。请注意,政策可用以实现多语或单语目标。事实上,几乎每个组织(从跨国公司到当地的街角夫妻便利小店)都在从事着某种形式的语言政策的制定工作。

(四)其他组织/个人

作为参与语言政策制定的最后一类组织与机构,语言规划很偶然地成为它们的一种主要功能。例如,美国邮政总局是国际邮政联盟的成员之一。邮政服务的主要活动就是邮件传递,但是,为简化邮件传递程序,国际邮政联盟与美国邮政总局规定,信封上的地址必须用罗马字母书写。若信封上的地址用日文、汉字[①]、阿拉伯文或其他书写系统书写,他们一般不予寄送。美国印第安人事务局(亦译"印第安人事务署")最初并不关心语言,但在过去的 200 年里,它通过语言政策实现了其首要目标,即见证了观念上的逐步改变:从将印第安人视为要消灭的敌人到把他们看成是大致相当于联邦公园系统中的土地一样重要的财产,到最后,也就是最近,才承认他们是有情感的人类。

美国移民归化服务局主要管理非美国公民入境、过境或在美国定居事务,他们定期出版数量众多且非常复杂的只用英语印制的表格,他们把英语的基本书写能力看成是入境的条件之一。国际奥林匹克委员会,显然不是一个语言机构,但它能决定在国际体育比赛中使用哪种语言。这只是这类机构的几个例子,尽管事实上它们的主要任务基本上都与语言没有任何联系,但是它们却制定了语言政策。事实上尽管我们不这样想,但任何人在任何地方为了任何目的而张贴某个标志就可以被认为是在制定语言政策了。

(五)语言规划环境的影响

规划语言的活动必须在语言政策制定的网状结构中进行。这一节考

[①] 2011 年 12 月 22 日,中新社旧金山电,美国邮政总局网站开始推出简体中文服务。

察了多种语言规划环境，即政府机构、教育机构、准/非政府组织和其他组织以及个人，用库珀（Cooper 1989）的话说，他们就是政策制定过程中的一些"参与者"，或者像哈尔曼（Haarmann 1990）那样将其定义为与"语言声望"相关的机构，所谓语言声望是指各类机构组织对于规划过程的影响力。在第二章中我们会看到这些环境，即"参与者"或"语言声望"等不同方面是如何融入到更大的语言规划概念框架中来的。

不过，语言规划不是简单地从政治上声明出于某种原因需要保持、促进或阻碍某些语言的使用，也不仅仅是让教育部门教或不教某些语言的问题。如希夫曼（Schiffman 1992）所指出的那样，土著语言规划往往因为基础架构工作没有做好而失败。相反，这是一个试图在广大的文化、教育、历史、人口、政治、社会结构中通过管理某种语言的语言生态来支持这种语言的问题。在这样的结构中，每天都有语言政策形成。

某个语言群体的存在往往取决于该语言的社会功能而非政府的管理。假设某语言的使用者受城市化的驱使、为了满足自己的经济需求或受其他强大社会力量的影响，该语言在家庭之外领域的功能会被弱化，因为随着多数人的语言或流通范围广的语言在重要的语域内逐步取代较小的语言，某些使用人数少的语言就会消亡，而使用人数较多的语言也只能是稍作挣扎，那么，即使有再多的教育工作者的干预也不可能拯救它们。总之，语言政策的制定是每个人的事情，没有相关社区与更大社区的帮助，就不会产生稳定的语言生态，即使有再多的规划也不会带来可期望的语言变化。

本书我们将详细考察本章第一部分提出的各种问题，试图了解影响语言变化的各种力量之间的相互作用，不管这些变化是规划中的，还是政府与社会结构控制之外的某些情况的结果。我们还将研究语言规划的宏观与微观的案例。不过，为了做到这一点，我们需要熟悉所用的语言，还要明确讨论语言所采取的视角，这些都属于讨论语言规划所使用的"元语言"。

四、术语定名的困难

在语言规划的研究中出现了多重术语和术语使用方面的问题,这也许反映了各种学科在语言规划文献中的影响以及所借入术语原先不同的使用角度（参见 Gupta 1985 关于地位规划问题的论述）。正如我们在前言中指出的那样,虽然术语"语言政策"与"语言规划"指称不同,但是文献中通常将它们当成同义词来使用。这是困扰该领域的一个典型的术语问题。正如在颇受关注的其他领域中一样,该领域的基本问题是,术语的使用人各不相同,术语的意思也随人而异,这与《爱丽丝漫游奇境记》中的特威德尔迪与特威德尔德姆的情形非常相似。为了说明这一术语的迷局,表 1.1 在官方的定义、社会的定义、教育的定义与通俗的定义四个标题下列了一些常用术语,下面我们依次简要考察一下。

表 1.1 术语的使用与问题

官方的定义	社会的定义	教育的定义	通俗的定义
A. 广泛通用语言 泛区域语言	A. 教育语言 （1）多数人语言	A. 外语 B. 第二语言	A. 外语
B. 国语	（2）第一语言	C. 母语	B. 本国语
C. 官方语言	（3）第二语言	（1）非标准变体	C. 外国人的语言
D. 文学语言	（4）克里奥尔语/皮钦语		D. 皮钦语
E. 区域语言	（5）外语		
	B. 社群相承土语	D. 社群语言	
F. 宗教语言	C. 古典/历史（语言）	E. 祖语	

（一）官方的定义

这些术语主要出自政府文件，它们的定义带有立法机构的特性，而不是由语言学家定义的。由于这些术语是由政府定义的，通常作为实际立法的一部分，因此常常不考虑它们是否在社区中发挥了应有的功能。

1. 广泛通用语言。英语和法语在官方文件中被普遍认为是"广泛通用语言"，很大程度上是因为英语和法语在公务中比其他语言更为常用。虽然斯瓦希里语并不是在整个非洲都使用，但因为它是东非许多国家共同拥有的一种语言，且能够沟通那些使用无法互相理解的语言的社区，所以，斯瓦希里语被公认为是"泛非洲语言"。而美拉尼西亚皮钦语则是另一种"泛区域语言"（Pan-regional language，Mühlhäusler 1995）。

2. 国语。国语是官方宪法中公认的语言，例如，1976年的《菲律宾宪法》在官方层面上确定了一种实际上并不存在的国语（1987年《宪法》中未加修订）。菲律宾的语言状况很复杂，该国语言极其庞杂。近年来，菲律宾在全国极力推广他加禄语的一种方言皮利皮诺语（Pilipino），但是，1976年的宪法起草者预计在未来的某一时间，菲律宾所有的语言可能会融汇成一种语言，如果这种语言出现了，应该叫"菲利皮诺语（Filipino）"。这种不存在的语言被官方指定为国语。在这种语言产生之前，该国承认皮利皮诺语和英语为他们的国语。1987年的《宪法》实际上在各种情况下都认可了菲利皮诺语的存在。1988年8月25日的第335号总统行政命令，规定用菲利皮诺语取代英语作为政府沟通的官方语言，但1987年之后的菲利皮诺语实际上还是皮利皮诺语或他加禄语，只不过是起了个新名字而已。

许多国家都指定了国语（参见附录），比如在亚洲和撒哈拉以南非洲地区，情况确实如此。然而，要知道，虽然有时人们认为国语是全国人口中大多数人使用的那种语言，但国语并不一定是这个国家中每个人都使用的语言。更确切地说，国语是国家内部被法律赋予特殊政治地位的那种语言。人们往往认为，一个国家的国语应该是这个政体内被多数人使用的语言，但在现实中，国语更可能是与权力群体相关联的那种语言。这些权力群体包括生活在省会城市及其周边地区的人、传统上组成军队的部落、受教育程度最高或者是控制了最大部分财富的人群等。在许多情况下，国语就是获准通过教育系统教授的那种语言。例如，印度尼西亚语/马来语是印度尼西亚、马来西亚、新加坡与文莱的国语，但在每个国家的国民当中，这种语言却有着完全不同的作用、关系与功能。

3. 官方语言。 官方语言出现在语言极其丰富且多元的国家中，这些国家有使用大量不同语言的人群（例如喀麦隆、印度、印度尼西亚、南非、菲律宾，每个国家都有大约 250 种甚至更多的语言）。联合国与欧盟提供了其他一些拥有官方语言政策的机构的例子。在这样的条件下，指定一系列官方语言实际是对现实的一种政治回应，因为没有一种语言能够被所有的人接受，也没有一种语言能够真的在整个人群中传播开来。官方语言在《宪法》中会有明确规定并经常要求通过教育系统来教授。所有官方文件是否必须同时提供各种官方语言文本和国语文本是一个复杂的问题；因为提供多语种的文件是非常昂贵的，一些比较贫穷的国家就放弃了这种提供各种官方语言文本文件的奢侈做法。官方语言可以有很多，但有一点应明白：某种语言之所以获得官方地位，是出于政治原因，而不是因为它们的用法、可行性与实用性等这些原因。

4. 文学语言。 文学语言通常不是官方指定的，而是在实践中约定俗成的。它多出现在一种语言有几个普遍接受的变体的情况下，例如，在阿拉伯半岛和北非大部分地区人们使用阿拉伯语的几种变体，但是在该区域内阿拉伯语的口语变体之间存在非常大的差异，极端情况就是它们无法互通。而在整个地区出现的古典阿拉伯语，基本上仅限于宗教部门使用，其词汇也不容易适应"现代"社会的需求。这就导致"现代报纸阿拉伯语"作为文学语言开始在该地区广泛使用。没有人讲这种语言，但它却是该地区大多数受过教育的人都可以阅读的一种变体，且与他们通常使用的口语变体无关。虽然该变体被称为"现代报纸阿拉伯语"，但它的实际用途已扩展到报纸之外的其他各种各样的书面体裁当中。英语的情况与此有些类似，实际上没有人讲教学用的书面英语，它也并不能反映整个英语方言的变异范围，但它却被人们普遍接受，通行于整个讲英语的地区。标准汉语的核心在于它是一种共同的汉字书写体系，同时不断吸收一种或多种口语变体的简洁形式。在汉语的口语中有六七种互相很难理解的方言群（Harrell 1993）。

5. 区域语言。区域语言也出现在语言极为多样的社会中，它们往往是一个政体内不同地理分区中占主导地位的语言。例如，在印度，像泰米尔语、孟加拉语、马拉地语等语言就拥有区域语言的地位。许多区域语言被指定为官方语言，但并非总是如此。在一些使用三语或四语教育体制的国家中，区域语言就可能在教育系统获得正式认可，例如，在印度、南非、喀麦隆这样的国家，一个儿童在开始接受教育时可以使用村子里的语言，到小学后半段就需要习得区域语言，到中学时就得学会官方语言或国语，而在高等教育阶段就需要学会一种广泛通用语言。因此，一个印度儿童到了接受高等教育时就会讲村里的语言、泰米尔语、印地语和英语。

6. 宗教语言。宗教语言在那些政教不分的国家内可能会获得官方认可的政治地位，例如，像在文莱与沙特阿拉伯这样的"伊斯兰君主制"国家中，"古典阿拉伯语"作为宗教语言，均被正式指定为国语的一种。

7. 小结。值得注意的是，综上所述，一种语言的地位是通过政治上的认可来实现的，成为国家法律结构的一部分，并通过面向公众的教育系统获得官方的认可与批准。这类官方认定可能很少参考语言现实，如"谁讲这种语言、为了什么目的、在什么情况下、向哪位对话者讲"等基本问题，也很少参考该语言在政体内部使用的自然频率与分布情况。在有些情况下，特别是在非洲，一种欧洲语言，尽管实际上只有一小部分人在讲，并且只有少数人以它为母语，但它仍然被指定为"国语"（或"官方语言"）（Robinson 1993; Greenberg 1963）。香港的情况也是如此，有95%的人讲广东话，但法律与政府部门基本上都是靠英语来运作的。

（二）社会的定义

社会定义与官方从政治层面的颁定没有多大关系，却往往反映了更为广泛的社会价值体系。多数社群能大体上区分几种语言的类别，但它们认为语言主要是教育系统的一种功能，因此，教育系统应该处理这些问题。

1. 教育语言。教育语言的教授是教育系统的职责所在，并应以某种方式包括在课程之中，虽然不一定要面向全体学生。

（1）**多数人语言**。显然，教育系统中首先考虑的应该是"多数人语言"（有时就是指定的母语）的教授。这种语言被认为是"每一个相关者"都讲的那种语言。目前在美国，英语被认为是多数人的语言，因为人们都这样认为，所以整个教育系统中都在教英语；儿童通过英语来学习知识，从小学一年级到大学一年级之间至少有一门英语语言课程；此外，在整个教育系统中，他们从小学到大学教育阶段都在学习经典的英语文学范例。[3] 因此，精通英语的人被认为是得到了"天恩眷顾"。英语被视为权力的语言，作为公民，人们通过英语来行使权利，因此，英语的读写能力就成为加入美国籍的要求。"多数人语言"这个概念表面上理解为代表了最大多数的人，毫无疑问，从统计上讲，确实是这样，但在美国，有一些地区却并非如此。

"母语"这个概念很难界定，从字面上理解，其最简单的意义应该是"母亲的语言"，或与母亲交谈时所用的语言。但在现实中，一个人可以将某种语言作为母语来使用，即使其母亲并不使用这种语言。例如，在马来西亚出生的一个人，他的母亲讲泰米尔语，他可能会在与同伴玩耍时学会海峡马来语或海峡汉语，而在学校里学会马来语或英语作为其第二语言。然后，他可能会到国外去用英语接受高等教育。根据所用语域的不同他可能会有多种母语：例如，在处理家庭事务时或在儿童时期，其母语是泰米尔语；在处理与学校科目有关的事务时或在社区内的一般交际中，其母语为马来语；而在处理学术专业事务时，其母语就是英语。除非是从字面上来看，否则无法确定某个人的母语，而从字面上来确定某个人的母语是没有意义的（Ferguson 1992, xⅲ）。可见，母语不是一个很有用的术语，但是，不管怎样，它仍是一个被广泛使用的术语。

（2/3）**第一/第二语言**。从社会学的观点来看，在被称为"母语"的语言中仍可作出区别，有些被用作第一语言，有些则是第二语言。从社会意义角度来讲，在很大程度上，第一、第二语言的术语往往意味着语言习得的顺序；也就是说，一个人首先学的是英语，然后学第二语言，或者某人可能先学了一些其他的语言，然后才学的英语。这种说法并不意味着英语不重要，而可能只是反映了当事人所处的社会环境。另外，这个术语在教育系统会有一种完全不同的意义。

（4）**克里奥尔语/皮钦语**。社会上承认某些人讲的语言"不正规"，这种不正规的言语通常被定义为"皮钦语（洋泾浜）"。不过它也可能会被认为是一种"克里奥尔语"。在美国，夏威夷使用的当地英语变体被称为"夏威夷皮钦语"，而在新奥尔良使用的法语变体就被确定为"克里奥尔语"，而且还将这种克里奥尔语的概念扩展用来指从海地进入美国的难民所使用的法语。而这些变体可能是社区认同非常重要的标记。这些变体往往被视为"不标准的"，需要进行更广泛的社会矫正。人们一般认为，学校教育的作用就是矫正这些人不恰当的言语。在上述情况下，皮钦语和克里奥尔语是绝对恰当的语言系统，没有任何"不好"的意思，但社会上是排斥它们的。

（5）**外语**。由于有"美国和平队"这样的群体和现代全球通信系统所带来的便捷，使得讲任何一种语言的人都意识到，某一特定的语言对于某些人来说可能就是一种外语。例如，在世界上比较偏远的地方，那里的居民生活条件差，根本不知外语为何物，但是，学校里却将英语（或法语、日语）作为一种外语来教，这种做法不仅有其合法性，而且也是一种政治期望。此外，这也不是教育部门专业人士做的决定，这一点后边将会讨论。

除了教授多数人语言之外，教育系统一般还会关注外语的学习和教育。

外语也可以分成不同层次。通常学校教育系统中的外语多为大众所知。美国教育系统数十年来将法语、德语和西班牙语作为外语来教授。直到第二次世界大战时，德语一直是美国最重要的外语。事实上，在殖民地时期，最早的语言辩论就是围绕实行德语与英语的双语制还是实行英语的单语制而展开的。近年来，有少量其他的语言流行起来，如汉语、日语和俄语。除了欧洲语言，澳大利亚从政治角度意识到需要教授像印度尼西亚语、日语、韩国语和汉语（当提到汉语时，如果没有修饰限定，通常所谈的就是指普通话）这些外语。然而，由于教育的经济因素限制了可教授语言的数量，并且大众都认为语言教育与讲这些语言者的文化密不可分，因此，外语学习的主要目的通常仍然是为了接触这些文化中典范的文学作品，不过，人们越来越多地意识到在旅游与贸易中教授口语的重要性。

2. 本地话/社区/传承。在美国、加拿大和澳大利亚这样的国家里，有大量的土著人口讲本地话（或土著语言、原住民语言）——印第安语言（如纳瓦霍语、霍皮语、苏语）、澳大利亚的土著语言（如密瑞翁语（Miriwoong）、约塔·约塔语（Yorta Yorta）、古古·依密舍语（Guugu Yimithirr））。最近几年，这些语言的合法性得到确认，可在教育系统中向那些学习这些文化的人教授这些语言，不过，向那些讲"多数人语言"的人教授这些语言的情况还不太常见。另一方面，在新西兰，人们对毛利语有着极大的兴趣，他们通过教育系统做出广泛的努力向所有新西兰人传播毛利语。事实上，1987年的《毛利语言法》，就规定毛利语是新西兰唯一的"官方"语言。有时候，本地话被当作口语看待，可能是有些语言还没有发展出它们的书面形式，也可能是这些语言的经典文学作品作为语言学习的目标几乎总是口语形式的。

最近，美国、加拿大和澳大利亚出现了大量来自非英语地区的移民，于是就引进了一些其他地区的语言。这些语言被看成是非通用语言，并分别被认定为社群语言、少数人语言、民族语言、祖语，所有这些委婉的说法都是想让人们知道这些语言不是多数人语言，只不过它们代表了一定数量的公民而已。例如，在澳大利亚，墨尔本是世界上除雅典之外使用希腊语人口最多的一个城市。人们认为这些语言具有一定的合法性，且如果当地经济条件允许的话，他们有时会去教育机构学习语言，不过这些语言的教学常被系统地归入正规教育体系之外的"民族学校"或"周六学校"，而这些学校主要依靠当地社区而非官方教育机构的支持。

宗教语言是一种特殊的非通用语言（如希伯来语、古兰经阿拉伯语、教会希腊语等），常被看成是社群语言，或者说，是一种在官方教育系统之外的特殊情况下来教授的语言。

3. 古典/历史语言。最后，人们公认存在古典语言/历史语言，并允许将这些语言纳入教育系统。这些语言包括诸如古典拉丁语和古典希腊语这样的语言，但在讲英语的国家中，也包括盎格鲁-撒克逊语、中古英语和梵语等。

4. 小结。如此看来，许多语言类别是由社会环境决定的。在很大程度上，这些语言要进入教育系统须经官方批准；如果真能批准的话，毫无疑问也是被称为"多数人语言"的那些，而且必须重点指明的是，这里的分类是从社会意义上做出的，不是前面讲到的官方语言分类；然而，社会意义上的语言分类与学校教育系统中的语言分类关涉并不大。

（三）教育的定义

教育部门负责教授多种语言，也给出了一系列指导语言教学的专业定义。教育部门基本上将语言划分为四类。

1. 外语。首先，教育部门要教授外语。当语言教学在中世纪的大学里被首次引入学术界时，它关心的只是古典（非口语的）语言的教学，如拉丁语、希腊语、希伯来语和梵语。因为无人以这些语言为母语，可用于教学的材料主要是书面文学，且范围有限（因为没有新的文本产生），故计划性的教学方法在这种情况下就显得非常合适。语言教学的目的就是为人们提供接触逝去文明的思想与艺术的机会，因此，有无口语能力并不重要，而且语法翻译法是一种完全可行的教学方法。由于语言学习的目的是接触古老文明的思想与艺术，因此，这项活动是需要高智商的，只有最聪明的学生才能被录取。

然而当数百年后现代语言（如法语、德语、西班牙语）进入高校课程之后，这种早已确定的教学模式就直接从古典语言被移植到现代语言的教学中。因此，现代语言教学一直主要是以语法为核心，旨在接触经典的文学作品，而不十分关心交际能力。外语教学已被定义为一种情境教学，这种情境中没有言语社区这种支持语言学习的关键因素，甚至其书面资源也是有限的，且以语法而不是以交际能力为中心。教育方法也呈现出这样的特性。总之，在美国，将法语作为外语学习的学生认为学习讲法语并不是为了实用，而是希望自己拥有鉴赏法语文明的能力并至少能够阅读一些法语文学作品。在澳大利亚则是这样的：

> 大学认为它们的作用就是鼓励对观念的分析；通过文学来学习一门语言是一种与其他提高学生运用该语言能力的方法一样的方法，都被认为是切实有效的。因为文学提供了许多以文化为背景的词汇与结构的实例；而且人们一般认为大部分学生需要到海外去完成他们的语言教育。(Mann 1992：49)

近年来，虽然小学和中学对语言交际教学法的兴趣很大，但并未培养出能讲好外语的人才，而就在最近，又逐渐开始对高等教育中的教学方法产生影响。

2. 第二语言。最近，由于移民的增多，教育系统被迫开始关注第二语言的教学，如澳大利亚、英国、新西兰与美国的英语第二语言教学，日本的日语第二语言教学。由于目标不同，第二语言教学的方法也不必相同。交际能力是这项活动的核心。虽然历史上的第二语言教学也是植根于语言翻译方法，但最近对语法的关注在减少，而对口语的强调在增加。在这种方法中，对文学的研究不再是中心。当学习者想要掌握一定的写作能力时，与纯文学性相比，实用性则显得更重要。在美国，将英语作为第二语言学习的学生可望在其可理解的范围内能够流畅地谈论任何话题，能够阅读应用文（而非文学作品），且可以在使用该语言的更大的社区中发挥作用。第二语言学习的目的往往是同化，不过，与此同时，以商业与旅游为目的的学习者越来越多了。

3. **母语**。教育系统的首要重点仍然是母语教育。教育系统可望培养出的有读写能力的人，能够在不考虑他们实际语言背景的情况下用多数人语言与人交往。由于以下三种原因，这一目标已变得越来越难以实现。（a）教育基数急剧扩大（全员教育，时间更长）；（b）识字的含义发生了变化（语言技能的范围扩大了）；（c）教育系统依然保持一种关于识字的不健康的比喻。在这个比喻中，"文盲"被认为是邪恶的和应该被消灭的，就好像最近20年中的天花一样，而且识字会自动地在政治上赋予人以权利。所有这三种原因都是不合适的，会阻碍识字的发展，因为它们忽略了人类行为的现实，即千百万不识字的人过着充实而快乐的生活。不识字是人类的自然状态，而识字是一种异常状态（见第五章中的"教育语言规划中的识字规划"一节）。

（1）**非标准变体**。在母语教学中，教育系统承认存在着讲非标准变体的人。该系统大致上承认只会用一种非标准变体会受到一定的限制，这样的人很难从社会中获取相应的物资与服务。因此，教育系统尝试通过提高他们使用标准变体的能力以扩大其能力。例如，在美国，当前这类人被认为包括各种黑人英语的使用者和各种墨裔美国人非标准英语（MANSE，Mexican-American non-standard English）的使用者。之所以这样界定，主要是为了经济省力，也就是说，这两个群体是巨大的，而使用其他非标准变体（如，讲一些美国本地话的人）的群体相对较小。

4. **社群语言**。教育系统还关注各种社群语言。这方面在美国不仅包括大量新移民如亚美尼亚人、中国人、德国人、希腊人、意大利人、日本人、韩国人等的语言，也包括土著美国人的语言和以各种方式在政治上归入美国政治版图的其他语言使用者（如夏莫罗人［关岛人］、萨摩亚人、［讲西班牙语的］波多黎各人）的语言。社群语言还包括那些历史悠久的移民群体如来自东北欧使用芬兰语、挪威语、波兰语、瑞典语、依地语等的人的语言。宗教语言（希伯来语、教会希腊语）不属于社群语言，而属于下位的社会支持的教会教育系统。

5. 祖语。最后，在教育语言中，有两类语言属于历史祖语，因为它们构成了英语传统的一部分：一类是像古拉丁语和古希腊语这样的语言，一类是像盎格鲁—撒克逊语、中古英语、威尔士语、爱尔兰盖尔语、苏格兰盖尔语（可能还有梵语、古斯堪的纳维亚语、古高地德语、古教会斯拉夫语等）这样的语言。这些语言即使要教也通常是在大学里，且在教授时不太关注口语能力，而是作为学科来研究的。

6. 小结。须注意的是，虽然这一类术语与社会定义类术语有明显的重叠，但它们真正的意义是完全不同的。这一类定义是以教育为基础的，包含教学方法的内容。

（四）通俗的定义

与上述三类都很不同的是在大众想象层面所下的定义。从通俗的角度来看，只有四种极为简单的情况。

1. 外语。外语通常被定义为一般不在政体内普遍使用的所有语言。在大政体中，这一定义可能是区域性的。例如，在美国中西部的北部有大量人口使用所谓的"斯堪的纳维亚"语言（如挪威语、瑞典语、芬兰语）。在该地区，这些语言不会被视为外语，不过西班牙语可能会被看成是外语。另一方面，在美国西南部，很大一部分人讲西班牙语，情况就反过来了，也就是说，在这里西班牙语不会被看成是外语，而瑞典语则会被认为是外语。

2. 本国语。本国语言，以历史为基础，常被定义为多数人的语言。因此，在美国，英语被定义为全体国民的本国语，尽管很显然它并不是这样的，一部分原因是人们认为"开国元勋们"是讲英语的，但实际上并非如此，例如，宾夕法尼亚州最初是以一个讲德语的社区加入联邦政府的，而且在讲英语、讲法语和讲西班牙语的地区之间爆发了一系列战争；另一部分原因是核心的政治文件《独立宣言》《人权法案》《宪法》都是用英文写的，还有一部分原因是英语作为该国的实用语言已有两百多年的历史了。英语在教育、宗教以及公民活动中一直占据主导地位。一代又一代的儿童学习了英语的规范文学，并且通过这些文学建立了一种以英语为基础的知识社会学和价值观体系。不过，本国语不是英语世界所特有的一个概念，如法语是法国的本国语、德语是德国的本国语、日语是日本的本国语等。本国语概念与民族国家概念的一体化是个"现代"观念，可能最早也只能追溯到 17 世纪。

3. 外国人的语言。外国人的语言是指人们在社区中遇到的外国人所讲的语言与语言变体。例如，近年来，就有大量的日本游客来到夏威夷和美国的西海岸。日语没有通过美国教育系统被广泛教授，且多被认为不属于正式的"外语"。根据定义，日本游客所讲的任何话语都应该是外国人的语言，无论是在日本所讲的标准日语，还是第二代、第三代日裔美国人所讲的不标准的日语，也无论是在日本或其他地方学校中没有学好的不标准的英语，还是带有日语口音的标准英语（见 Clyne 1981）。

4. 皮钦语。"皮钦语"这个术语在大众的想象中会变得更为复杂，因为它指的是一种已知语言的非标准变体。例如，在巴布亚新几内亚普遍使用的一种语言变体叫"托克皮辛语"（Tok Pisin）（是英语短语"talk pidgin"的一种"皮钦语"形式）。该语言虽然在瓦努阿图被提高到了国语的地位（也有人反对），但这种语言长期被指责为"皮钦语"，被认为不适宜表达重要的思想。类似的情况在南太平洋地区的许多岛国中也有。然而，通俗地讲，这种语言被认为是低标准的，无法用于严肃的思考，且常被认为是没受过多少教育的人使用的，总之，是一种被指责的变体。在美国，各少数群体（如黑人、西班牙裔美国人等）所使用的语言就被认为是"皮钦语"。

5. 小结。在大众想象层面的这些概念是有限的、简单的，往往忽略了语言间的本质差别。它们大多谈的是说话者群体的细节，而非广泛理解的语言问题。这里无意要指责这种看法，将其列出来只是为了区别于此前所述的其他三类术语。

（五）结果

术语丰富的结果必然会带来一定的混乱。我们来看这样一种情况，假设有这么一个人，最近刚从俄罗斯移民过来，现住在以色列，他正在学习希伯来语，那么对他来说，无论从数量角度还是从教育角度来讲，他正在学习的是一种"第二"语言，而这种语言，从政治角度来看既是国语又是多数人语言，实际上还是宗教语言。由于这个人对希伯来语的应用可能会有缺陷，那他所讲的希伯来语就会被视为一种外国人的语言。教育工作者可能会认为他所讲的希伯来语是一种中介语，即一种临时的"皮钦语"。这个人可能会讲依地语和俄语。俄语会被认为是这个人的母语或第一语言，但不是社区的第一语言。俄语在以色列会被认为是一种外语，在这种意义上，那么俄语就会与其他外语一起在教育系统中来教授；但是，由于以色列有大量的俄罗斯移民，俄语也可能会被认为是以色列的一种当地语言/社群语言/少数人语言/民族语言/祖语。依地语也可能会被认为是散居的犹太人的一种民族语言，会被语言学家们认为是一种方言、一种非标准变体或者是一种克里奥尔语（Wexler 1991）。

上边这个例子很好地说明了这一章冗长的关于术语讨论的要点；在特定环境中的任何已知的语言都可能被人们用各种各样的名称来描述，每一个这样的命名都关系到不同的词汇集合，有官方的、社会的、教育的或通俗的。在语言规划领域工作的人需要认清所有这些术语，并应明白同样的现象会以各种各样不同的方式来描述。更重要的是，社会需要认识到这种范围广泛的术语已被应用到同一语言现象上——实际上是被应用至相同语言现象的唯一代表；这些不同的术语代表了不同的现实，就像一块实实在在的土地，在农民、房地产经纪人、军事指挥官与水利工程师的眼中会得到不同的描述一样。戴维·克里斯特尔（David Crystal 1989）的《语言百科全书》和《牛津国际语言学百科全书》（Bright 1992）对一些基本术语和概念提供了很好的解释，可参阅。

五、本章总结

在这一章中，我们给出了语言规划的一个总体框架。在确定了该领域的一般性质之后，我们考察了语言规划是如何与其他类型的规划相联系的，并考察了政府、教育机构、非政府组织以及其他机构与组织在语言规划中的作用。然后，我们讨论了语言规划领域中的术语应用问题，强调指出人们需要仔细考察术语的意义；因为根据术语所用的不同语境，一个术语可能会有好多种意义。这一考察为我们提供了一种基本的元语言工具，从而有助于了解语言规划过程是如何工作的。在第二章中，我们将考察豪根（Haugen 1983）的语言规划模式，即一种关于语言规划的范围与过程顺序的假说，我们还将探讨哈尔曼（Haarmann 1990）关于语言培植与语言规划的理想类型，以及库珀（Cooper 1989）为研究和理解语言规划提出的解释方案与理论框架。

注释

1. 在本书中，我们用"语言规划"作为该学科的通用术语，它涵盖从政府宏观层面的国家规划到群体或个人的微观规划之间的一切规划。语言规划最初是指国家层面的政府规划（Fishman et al. 1968 年，《发展中国家的语言问题》（Language Problems of Developing Nations.），不过该术语一直用于反映语言规划较为广泛的问题与方法，且已使用了许多年，就像我们会在本书中所展示的那样。然而，耶努德（1993：133）等人曾认为由于"语言规划……把决策者（例如政府）关于语言问题的详细说明当成他们的原则的出发点"，因此，需要有一个新的术语"语言管理"来描述"自下而上"的和以话语为基础的规划。为了反映这一论点，语言管理或"语言规划"（aménagement linguistique）已开始在少量文献中出现（Jernudd & Neustupný 1987；也可参看第七章的"语言规划与代理权"一节）。
2. 美国国会的每一届会议，自从 1981 年日裔参议员早川雪（S. I. Hayakawa，亦译"早川一会"）提出第一个"唯英语"法案（参议院联合决议 72 号——修订美国宪法，宣布英语为官方语言）以来，不断收到许多类似的法案。在本书写作时，国会（第 104 届国会，1995～1996 年）面前至少有四项法案旨在将英语确定为法理上的国家唯一的官方语言，或者至少应该将英语确定为政府唯一的官方语言。这些提案中有的主张停止官方对双语教育的支持。直到最近讨论的时候，一些立法者才明白，这样的立法与最近刚颁布的保护与保存（美国本土）土著语言的法律相抵触。这些激进的立法者争先恐后地想寻找一种方法以使美国土著语言免受所提立法的影响，也就是说，他们想在本质上互相矛盾的两个目标之间寻找一种折中方案。

3.（在英国）英语以某种形式作为学校的一门科目早在 16 世纪后期就已出现，但其地位较低，甚至到 1900 年还主要限于小学和女子学校中。其目的主要是提供一些基本的识字功能，而更负盛名的男子公立与文法学校则学习古典语言，认为古典语更具启迪作用。之后，英语应占据课程核心位置的呼声越来越大，到 1921 年教育局官方出版《英国的英语教学》时达到顶峰。《英国的英语教学》声称，对于英国儿童来讲："在任何形式的知识中，应优先学习英语知识；在任何形式的文学中，应优先学习英语文学"。（Thompson *et al.* 1996，102）

第二章 规划的架构：谁为谁做什么？

一、语言规划过程概述

第一章讨论了语言规划环境与复杂的术语应用问题，现在我们需要考察一下语言政策与规划的一些理论框架及相关的重要定义。这些框架能让读者对语言规划学科有一个初步的整体印象，有助于理解后续章节中提到的案例。首先要讨论的是由豪根（Haugen 1983）、哈尔曼（Haarmann 1990）和库珀（Cooper 1989）提出的三个彼此互补的理论框架。这三个理论框架与其他一些关键的定义一起构成了理解语言政策与规划的一个总框架。如果你对其他方法感兴趣，可以关注耶努德（Jernudd 1982）和内乌斯图普尼（Neustupný 1978，1987）曾提出的一种以修正为重点的语言规划范式，最近他们又提出了一种语言管理的方法（见第七章）。

首先，我们来看语言规划的结构框架。在结构框架中我们将考察作为语言规划过程组成部分的不同阶段与活动。语言规划研究者曾试图区分两种不同的活动：一种是以语言本身为修正对象的活动，另一种是以语言的应用环境为修正对象的活动。二者分别被称为"本体规划"与"地位规划"。这种区分显得有点过于简单化，实际上，在实践中这两种活动几乎是很难分开的。事实是语言特征的任何改变都可能会带来其使用环境的变化,反之亦然。

一直以来,有学者曾试图定义构成语言规划过程的相关活动并提供这些过程的描述模式。豪根(Haugen 1983:275)将这方面的许多思考融汇成一种全面的语言规划模式(见表2.1)。表中的"4.c. 国际化"是本书作者添加的,作为对豪根模式的补充。

表 2.1　补充修订后豪根(1983:275)的语言规划模式

	形式(政策规划)	功能(语言培植)
社会(地位规划)	1. 选择(决策的程序) a. 问题的确认 b. 规范的选定	3. 实施(教育的传播) a. 矫正的程序 b. 评估
语言(本体规划)	2. 编典(标准化程序) a. 文字规范化 b. 语法规范化 c. 词汇规范化	4. 细化(功能的发展) a. 术语现代化 b. 风格的发展 c. 国际化

该模式表明,构成语言规划过程的活动既有面向社会的,也有面向语言的。面向社会的活动称为"地位规划",其中包括社会必须选择一定的语言形式并传播所选定的语言;面向语言的活动称为"本体规划",其中包括为整理和细化所选定的语言而做出的语言学决策。这两个面向构成了语言规划过程所有活动的基础。该模式也可从另一个角度来解读:一方面是形式或政策规划,强调语言与政策的基本决策与实施,另一方面是功能或语言培植,强调语言教学及语言的发展与应用。

虽然可以说这些活动描绘了整个语言规划过程,但在有些情况下,规划过程中所列出的某些步骤可能必须得省略。一方面,是因为制定语言规划的特定目标决定了在特定语言规划情境中哪些活动是重要的(见第三章);另一方面,是因为尽管这些模式在理解语言规划过程时在概念上很有用,但语言规划实施者可能不知道上述模式,因而未能遵循这种或其他模式。

按照豪根模式，语言规划过程总是始于地位规划。事实上，情况并非一定如此。但为了便于讨论，且因该模式提供了一种较为理想的语言规划过程，因此，本书将遵循豪根模式所述顺序介绍语言规划活动，并在一定深度上探索其中的每个环节。假设语言规划过程始于地位决策，我们来讨论一个典型案例，即撒哈拉以南非洲国家的语言规划情况，这可能会很好地说明该过程（例如，参见附录中坦桑尼亚与乌干达的情况）。

二、地位规划

地位规划，指语言本体之外主要反映社会问题与社会关切的语言规划。构成该模式的两个地位问题是："语言选择"与"语言实施"（例如，见 Ridge 1996）。

（一）语言选择

语言选择侧重于语言政策的制定，由政治领导者为社会选定语言。这种决定通常是在彼此竞争的多种语言或方言中做出选择，用以建立语言规范并在社会中获取地位。

在我们的论述中，当一个地理区域成为一个政治实体即一个独立国家的时候，就像20世纪60年代初非洲撒哈拉以南许多早期殖民地那样，它马上就会面临一些需要从政治上来解决的认同问题。一个国家必须得有一种或几种语言以便交流。正如本书前边提到的那样，非洲撒哈拉以南新出现的国家中绝大部分都是多语社会，其国民使用着两三百或者好几百种语言。从政治角度来看，一个国家必须有一种或几种语言以便交际，也就是说，为了官方的目的，国家必须选择其中的一种或几种语言。

1990年，纳米比亚独立之后，英语成为该国的官方语言；而德语、阿非利堪斯语和纳米比亚本国的非洲语言，为了教育和其他交际目的，也同样被确认为是国语（Haacke 1994）。南非的后种族隔离局面促使该国重新思考其11种官方语言的具体用途（Webb 1994a；Ridge 1996）。韦布（Webb 1994b：197）认为："如果非洲的原生语言，即不是欧洲人所说的非洲语言，能够实现交际的目的，那就得'重新估价'以创立一种社会环境，使大众认识到这些语言对社会与文化生活的贡献。"

1. 问题的确认。国语的挑选并不像表面看上去那么简单，因为这种选择通常意味着在多种竞争的语言中进行取舍。本地语言提供了建立共同传统、共同历史、统一整体的机会；而另一方面，外源语言则通常提供了通向外部世界的通道。语言选择的理想结果就是使社会混乱最小化，同时避免国家与外部世界隔开。

人们提出了各种各样的语言选择标准，包括政治中立、优势、声望、优良的传统、天然的亲和力等（Kale 1990：185-186）。不过，我们必须清楚，这些标准本身就负载了价值的，不可能被一视同仁、平等对待。也就是说，如果一个关心现代化的国家要选择语言，那么一种外源语言可能更合适。语文现代化是一个耗费时间、资源集约的过程，就像把重要的材料翻译成一种新语言一样。实际上主要的全球存储与检索网络中的绝大部分科技信息都是用非常有限的几种语言如英语、法语、德语和俄语来提供的。由于复杂的历史原因，当前的情况是，绝大部分科技文本是以英语出版并以英语作文摘，且大部分数据库都是按英语习惯来设计的。这些事实就使英语与其他所谓的"世界语言"相比具备更大的竞争力。

那么，有需求的国家就必须在可供选择的方案中来挑选，而选择并非易事。国家上层或精英们所使用的前殖民语言可能提供了能够接触更广大的现代世界的机会，但是，如果选择的目的是促进国家统一，那么，这种前殖民语言可能就不是一种好的选择，因为，它可能会被有些人看成是侵略的标志，也可能不被重要的人群所用。如果不选择外语，那么，选择哪一种本国语言呢？国家可能会选择"优势"语言，即明确的大多数人使用的那种语言，前提是这种选择不会遭到其他重要人物的反对。不过，事实上，在一个真正的多语社会中，任何单独的一种语言都不具有绝对优势（见表8.1提供的南非的数据）。其他一些优势语言包括：首都城市的语言、最有钱的人的语言、最有权力的人的语言（通常是军队，例如，在伊迪·阿明［Idi Amin］统治下的乌干达的语言历史）或政治精英的语言，即一个有魅力的国家元首所讲的或所喜欢的语言，例如，马拉维前总统喜欢的拉丁语。在下面的框架中我们将更具体地讨论语言声望问题。哈尔曼（Haarmann 1990）有效地在地位规划与本体规划之外提出了第三个维度——"声望规划"（见表2.2）。

　　一个国家在选定国语时，通常是选择最不容易引起国家混乱的那种语言。例如，假设法语是前殖民语言，被认为是一种世界语言，且实际上这个国家几乎没有人讲像英语这样的另外一种世界语言；再假如英语教学资源根本不存在，人们在情感上也不是特别喜欢英语，那么，选择英语作为国语的意义就不太大，因为这可能会引起社会结构上的权力混乱。另一方面，在一个先前曾被日本军队占领过的国家或地区，如马来西亚、新加坡、印度尼西亚、中国香港、中国台湾、菲律宾，如果人们由于早期的军事占领而强烈反感日语，那么，即使日语是这里的一个重要的竞争者，年纪大的人会用日语，甚至在其他一些方面日语很快会变得很重要，日语也将是一种糟糕的选择。这些实例说明，一个国家或地区的领导人应当对这里的语言状况有一个基本的社会与语言信息的了解才能做出语言选择的决策。这些信息包括什么人使用什么语言、每一种语言的使用场合、现有语言的作用、每一种语言可利用的资源，也包括人们对主要备选语言的情感态度。

　　为详细描写实际语言状况，即谁在什么情况下为了什么目的对谁说什么，可用于搜集相关信息的方法有很多（见第四章"语言规划过程"），包括以语言态度数据为重点的社会语言学调查。虽然针对某种语言的态度可能会发生变化，但全体国民态度的转变往往需要较长的时间和特别高昂的社会代价。例如，马来西亚于1967年开始实施的国语计划，在多种技术的语言教学和媒体宣传方面均投入了大量精力，以说服那些大量不讲"马来语"的人来学习这种语言。语言的选择不是在真空中进行的，需要依据语言信息来进行。这些信息多数情况下并不是现成的，而需要去发掘和收集。

为了说明这一点，我们来看看菲律宾的情况。在菲律宾，他加禄语被选为国语，是因为据说它是多数人的语言，是首都城市的语言，是早期政治精英的语言，但是尽管有这些充分的理由，选择他加禄语现在已经并仍将继续遭到其他大多数人如宿务人、伊洛卡诺人等的抵制。抵制多是基于平等方面的考虑，因为以官方语言／国语为母语的人具有明显的优势——他们不用在学习这门语言上花太多精力，他们具有与生俱来的语言优势，更容易获得最好的工作。那么，相对地，其他的人群就都没有优势，因此必然会反对这种选择。

相比之下，印度尼西亚语作为贸易者使用的一种泛马来语的变体，于1928年被民族主义者选为印度尼西亚的国语（约20年后印度尼西亚从荷兰殖民统治下独立出来），因为印度尼西亚语在政治上与社会上比爪哇语更中立，而爪哇语是最大与最有权力的民族使用的语言。在印度尼西亚这样文化多元的国家，选择"马来语"作为对抗荷兰殖民主义的语言，并在后来成为国语，这是对"多元中求统一"的呼吁。如果选择了爪哇语，那等于推崇新殖民主义，印度尼西亚不会出现这种情况。

由于语言与人们的情感联系密切，所以，对语言的反感可能会引发暴力事件。如果语言的差别体现在宗教、社会或经济差异上，那么这种反感就会来得更快且更为强烈。例如，印地语与乌尔都语从语言学角度来看基本上是相同的，它们的区别主要体现在书写系统与抽象词汇来源的不同上——印地语用的是梵文字母，乌尔都语用的是阿拉伯文字母。不过，语言的差别也会反映在宗教上，穆斯林讲乌尔都语，而印度教徒讲印地语。这两个群体的某些领导者利用语言差异达到了分别族群的政治目的（Das Gupta 1971）。因此，语言的差异使印度帝国在暴力中瓦解，并分裂成巴基斯坦和印度。随后，巴基斯坦的东部又分裂出了孟加拉国。尽管二者皆为伊斯兰国家，但它们的分裂或多或少与语言（乌尔都语和孟加拉语）和文化的差异有关。

即使选择语言是一个难题，但国家在某一时刻却不得不做出选择。做出选择就会面临一系列问题。如果选中了一种外语，这种语言很可能已经有了标准形式，有了成套的工具书和语法书等。但是，在新国家中广泛使用的殖民语言变体往往与宗主国所使用的变体不一样。在这样的情况下，就会产生选择哪一种变体的问题。大都会的语言变体有很多优势，但使用它的人可能不太多；地方变体可能有许多人使用，但可能会因为受其首选地的限制而在某种程度上难以实现更广泛的交流。在地方语言的选择中，也会面临不同的变体。现在被接受为国语的现代英语与法语就是大约500年前伦敦与巴黎周边的主要变体。

2. 规范的选定。规范的选定也不简单，其与对所要选择的语言进行初始识别一样复杂。假设为了某一特定目的（例如，被选定为国语、外语、区域变体等）所进行的语言选择已经完成，那么下一步工作就是建立规范。假设英语被选为国语之一，那么问题就会变成"是哪一种英语？"。以中国香港的情况为例，在香港至少有五种英语在使用：英国英语（BE）、澳大利亚英语（AuE）、美国英语（AmE）、印度英语（IE）和香港中式英语（CE）。英国英语在这几种变体中可能是声望最高的，但只被少数人所用。在1997年香港回归后，这些人可能会迅速减少。香港中式英语（用卡克鲁 [Kachru]的话说，这是一种本地化了的变体）在这些变体中声望最低，但使用者最多。美国英语可能是这些变体中声望第二高的，使用者数量增长很快。随着大量英国文职人员的离开，英国英语日渐式微，讲美国英语的人数则在迅速增加。早在1986年，香港讲美国英语的人数就超过了讲英国英语的人数。另外，澳大利亚英语也越来越重要。人们认为这种英语变体既不是殖民主义的也不是帝国主义的。这三种变体（即英国英语、美国英语、澳大利亚英语）提供了相对平等的能广泛接触文学与科学技术的机会。而印度英语从使用人数和它所能提供的接触外部世界的机会来看，都显得不怎么重要。不过，印度英语却是印度这个区域性人口大国所使用的一种英语变体。

我们再来看一看中国的语言状况。当前的中华人民共和国趋向于使用美国英语，但情况不稳定，很难预测最终会发生什么事情。也许某些政治原因会导致中国与美国断交，而这可能会使中国转向使用英国英语或澳大利亚英语。商贸则是第二个需要考虑的重要因素。中国香港已经成为世界银行业中心之一，继续保持这种局面对于中国香港和中国都很重要。如果不是由政府命令而是由群众的行为来决定语言变体的选择，那么，哪种英语变体能够提供最大的接触商业世界的机会，哪种变体就可能会被选中。虽然可以在这么多英语变体中设计一种变体，但是，这种人为的规范形式，即于20世纪50年代至60年代之间试图研制的一种介于英国英语与美国英语之间的"中大西洋英语"，好像并不是很成功。

  规范的选定问题在香港的汉语中也存在。传统上，香港以讲广东话为主，但是，一个世纪或更久以来，由于中国香港接收了来自中国各地的移民（最初的移民主要来自华南地区），因此，香港人也讲一些中国南部的其他方言（如客家话）。中华人民共和国以普通话为官方语言，并呼吁香港在1997年之前就开始传播普通话。因此，在诸多汉语变体中，规范的选定就成了一个特别棘手的问题。当前，香港的英语情况是，逐渐发展出了并行不悖的两个变体，即一个高层变体和一个低层变体（双言情况）①。英国英语是高层变体，香港中式英语是低层变体，而这与每种变体的使用人数没什么关系。也可能普通话会逐渐发展成汉语的高层变体，而广东话会发展成低层变体。语言规划者必须得决定能否接受这种发展趋势，如果不能，那么就需要考虑采用什么样的战略来扭转这种趋势。

  另一方面，如果某一地方话被选中，而这种地方话可能还没有被标

---

① 也叫双（重）语体。社会语言学术语，指一种语言的两种很不一样的变体在整个言语社区中共现并各有其社会功能的情形。两种变体都达到某种程度的标准化，操本族语者觉得可以任意选择，一般还各有自己的名称。社会语言学家通常以高层（H）和低层（L）变体称之，大致相当于正式性的差别：高层变体在学校里学习，一般用于教堂、广播节目、严肃文学等，因此享有较高的社会声望；低层变体用于家庭谈话和其他不太正式的场合。双重语体的例子有希腊语（高层：纯正希腊语；低层：通俗希腊语），阿拉伯语（高层：古典阿拉伯语；低层：阿拉伯白话），德语的某些方言（高层：标准德语；低层：瑞士的瑞士德语）。参见《现代语言学词典》，〔英〕戴维·克里斯特尔编，沈家煊译，商务印书馆，2000年，第109页。

准化，那么，就需要在考虑到地方方言多样性的基础上来决策如何使其"官方化"。甚至还有可能这种地方话都没有标准化的词汇与语法。实际上，这种地方变体可能连标准化的正字法也没有，其词汇量也不能很好地满足日益现代化的社会的需要，这就需要创造新词语以提升这种语言表达（尤其是教育领域的）现代概念的能力。例如，菲律宾的皮利皮诺语（Pilipino，1987年之后改称菲利皮诺语［Filipino］）作为"国语化了"的他加禄语，在整个教育系统中通行，但在科学与数学的教学中依然使用英语，这主要是因为皮利皮诺语中缺乏相应的技术术语。

不过，即便在很完善的语言中也可能会出现同样的问题。美国最近10年爆发了一场强有力的运动，要求修改联邦宪法以将英语确定为国家的官方语言。实际上，有些州（到1996年，50个州中有22个州）已经有了所谓的"唯英语"的立法。当然，这些行动背后有其政治诉求，不过，其中也涉及一个重要的语言学问题，即如果"英语"被确定为美国的官方语言，那么，它应该是哪一种"英语"呢？要用具体例证来说明一种官方语言，就需要明确哪一种语言变体将成为正式标准。美国英语有不少区域与社会经济变体，这些变体之间发音差异明显，而且有几种变体之间存在着很大的词汇差异，甚至还有句法上的差异。从逻辑上讲，如果美国希望采用英语作为官方语言，那就可能需要创建一所国家语言研究院来定义这种"标准"变体，并维持这种变体的标准。

（二）语言实施

决定了采用哪种语言、哪种变体或规范，就必须将其落实到位。实施一项语言规划，重点体现在对所选择并"规范了"的语言形式的采用与传播上。这通常是依靠教育系统和其他法律、规章来实现的。这些法律、规章鼓励使用标准语言，这也许会减少对其他语言或方言的使用。当教育是少数人的特权时，传播标准相对比较容易。例如，"牛桥"英语通过在英国"公立学校"系统的传播而成为19世纪的标准英语（见萧伯纳［G. B. Shaw］的《卖花女》［原名《皮格马利翁》］和音乐剧《窈窕淑女》）。不过，面向多数人的大众教育使语言实施成为一个重要的问题。民族国家在语言上多是异质的，对任何标准的选择都一定会伤害到这个异质社会中其他成员的利益。

1. 矫正。 "矫正"是语言规划者用以描述在社会上实施语言规划具体措施的一个术语。我们应采取措施以促进语言传播并阻止无法触及语言变化的贫困阶层的扩大，以使他们充分认识并接受语言的改变。虽然正式的教育系统在实施矫正程序时经常发挥重要的作用（见第五章"教育语言规划"），但是，很显然，光靠教育部门是无法完成语言矫正的。一方面是因为教育系统传播语言往往需要几代人的时间，另一方面，教育部门又缺乏影响社会其他部门的权威性。

教育部门所关心的事情很繁杂，其中包括：必须储备并推广已有的教学材料，如字典词典、语法书等；必须决定在什么层级的学校中的哪一个教学时段开展语言教育；必须决定各层级教育的目标是什么；必须决定哪些人可以作教师，教师需要在何时接受何种培训；必须决定如何引导学生认真学习、如何说服家长们相信语言学习是个好主意。在做出这些决定的过程中，人们可能会发现，在先前本体规划努力中所准备的教材等不完全适用，而必须得让它们适应学校现实教学的需要（见第五章）。

政府的其他部门可能会通过调整税收的方式而加强对某一变体的使用，如加拿大魁北克省法语的规划情况。此外，其他部门也可将双语能力作为公务员的录用条件。例如，20世纪60年代马来西亚开始实行这种办法。这种战略会极大地推动人们学习某种语言或变体。只有政府才能利用各种资源发动一场大范围的运动来改变广大民众的语言态度。多年前，澳大利亚政府为改变国民酗酒和久坐的不良习惯，支持媒体发起了一场名为"融入生活（Life be in it）"的运动。很显然人们可能会实施类似的运动来支持某种语言变体，不过，更重要的是应该支持人们的语言宽容。

2. 评估。 要改变某种语言的状况，只靠采取并实施战略还不够，还应重视监测并评估战略的成功与实施方面的进步。评估必须持续进行，并向战略的实施提供持续不断的反馈，以便根据评价阶段的信息流来不断矫正战略的实施。评估必须在两个层面展开，即规划自身层面和针对不同人群的规划效果评估层面。我们知道，语言规划及其结果涉及复杂的社会变革，因此，当务之急是在规划和其社会效果两个层面对这种社会变革进行监测，以便适时调整语言规划与传播机制，从而使战略的实施具有适当的社会目标。第四章将介绍评估的相关内容，但实际情况是在语言规划中评估常常被忽视。

（三）地位规划小结

地位规划反映了社会对语言规划的关注度和实施情况。我们通过语言的选择过程，可以确定用于教学、学习和标准制定的语言。然而卢克等（Luke *et al.* 1990）曾指出，语言规划在该过程中可能只起到一定的作用，语言的选择通常是基于其他理由（种族、阶级、社会经济地位）而做出的；又如萨默（Sommor 1991）所言，这种选择可能会遭到官僚机构或其他社会保守势力的阻挠。语言实施是教育语言规划的重要组成部分，不过我们随后将会看到，教育语言规划常会给语言规划带来问题。这说明正式教育只代表了语言应用的一个部分。当付诸实施后，评估常常成为政府报告的一部分内容，且不对外部公开。

三、本体规划[1]

本体规划可被定义为语言规划中针对语言的以及语言内部的规划。与语言有关的方面包括：(1)拼写法创新，包括设计、协调、书写符号系统的改变与拼写的改革；(2)发音方法；(3)语言结构的改变；(4)词汇的扩展；(5)语域的简化；(6)风格；(7)语言材料的准备（Bamgbose 1989）。耶努德（Jernudd 1988）对语言规划的上述方面进行了比较深入的研究。豪根则把这些过程分成两类：一类与"规范"的建立有关，一类与语言"功能"的扩展有关。豪根模式中将前一类命名为"编典"（或标准化程序），而将后者命名为"细化"（或语言功能发展）。

维科尔（Vikør 1988，1993）曾列举了一套可决定本体规划方式的基本原则，并用印度尼西亚人/马来西亚人所用语言的拼写法改革来阐释这些原则。这些原则说明了从事语言本体规划的语言规划者不只应用语言知识，他们还参与到带有社会性的语言选择当中，而要使本体语言规划获得成功，这些问题不可忽视。这些原则可归入下列四个方面：

（1）"内在语言原则"：音位表示法、形态音位表示法、简单性、词源研究、恒定与稳定性；

（2）"对其他语言的态度原则"："和解"或适应、保守[纯洁主义]；

（3）"语言与使用者关系原则"：多数、宽容、声望、反声望、惯用法、唯美主义、理性主义；

（4）"社会意识形态原则"：民族主义、自由主义、传统主义、民主/平均主义、现代性、权威性。

有很多文献讨论语言本体规划。由哈斯（Haas 1982）、吕迪（Lüdi 1994）、斯卡廖内（Scaglione 1984）和伍兹（Woods 1985）编辑的四本论文集都将不同语言个案的标准化历史作为首要关注重点。相比之下，福多尔和阿热日（Fodor and Hegège 1983-1984，1989-1990）编辑的五本书关注的则是当前欧洲、非洲、亚洲、太平洋地区"主要"语言及全世界濒危语言的语言本体规划。《社会语言学（2）》（Ammon, Mattheier & Nelde 1988）中有八篇讨论罗曼与日耳曼[①]欧洲国语标准化的文章，而《社会语

---

① 印欧语系的两个语族。罗曼语族分东西两个语支。东罗曼语支包括意大利语、罗马尼亚语、摩尔达维亚语、撒丁语、罗曼什语；西罗曼语支包括西班牙语、葡萄牙语、法语、普罗旺斯语、加泰隆语。罗曼语族诸语言主要分布在欧洲、非洲、南美洲和北美洲。日耳曼语族分东、西、北三个语支。东日耳曼语支包括哥特语，西日耳曼语支包括英语、德语、荷兰语、佛兰芒语、依地语、阿非利堪斯语、卢森堡语和弗里西亚语，北日耳曼语支包括瑞典语、丹麦语、挪威语、冰岛语、法罗斯语，也叫斯堪的纳维亚语支。日耳曼语族诸语言主要分布在北欧、中欧和西欧以及欧洲之外的英语国家和地区。

言学（6）》（Mattheier & Panzer 1992）中则有十篇介绍东欧语言标准化的文章。这十本书一共描述了 85 个以上国家的语言本体规划。

（一）编典

语言编典的重点是标准化程序，即制定语言文字的一套规则并使之规范化。编典工作通常是由接受过语言训练的人士来实施的，他们明确了所要编典语言的形式。约瑟夫（Joseph 1987）曾探讨了"什么是标准语言"这个问题，并点明了该问题的欧洲中心论的本质。他举了法语、格陵兰语和依努皮亚语（Inupiaq）的例子。勒佩奇（LePage 1988）把标准化看成是语言使用者的刻板行为。弗格森（Ferguson 1988）提出了一个对比鲜明的观点，认为标准化是指利于语言传播的一种超方言的规范。

对于许多语言来说，编典工作工程浩大，必须成立专门机构来从事必需的语言本体规划工作（见 Rubin 1979；Domínguez & López 1995）。例如，恰克拉德（Chaklader 1987）介绍了印度的潘欣班加孟加拉学院（Panshimbanga Bangala Akademy）对孟加拉语所做的工作，而托维（Tovey 1988）则介绍了爱尔兰语委员会（Bord na Gaeilge [Irish Language Board]）在爱尔兰语发展过程中所发挥的作用。当然，这些语言机构不一定是正式的语言规划机构。波因顿（Pointon 1988）介绍了英国广播公司（BBC）过去 60 年是如何处理发音标准的，辛克莱等（Sinclair et al. 1992）还为此编纂了发音词典。

然而，语言本体规划者越来越清楚地意识到，标准化会对语言规划者、语言使用者和少数人语言社区产生社会、文化与政治的影响（Luke et al. 1990）。语言本体规划是在社会语境里普遍存在的利益冲突中进行的（Jernudd & Neustupný 1987）。费什曼（Fishman 1988b）指出，为经济与政治目的而进行的国家语言标准化不应成为消除社区语言的理由，社区语言为许多语言少数派提供了社会与人际结构关系方面的服务。

豪根（Haugen 1983）认为，编典包括三个方面的工作：即文字、语法与词汇，这里几乎忽略了口语（见 Thomas 1987）。编典工作的典型成果就是规范性的正字法、语法与字词典。有些研究（如，Óbaoill 1988 对爱尔兰语的研究）提供了以上每一个领域的具体细节，不过大多数研究只涉及其中一个领域，因此，我们可以分别独立考察。

1. 文字规范化。文字规范化是语言标准化的第一步。文字系统（不管是字母文字、音节文字还是表意文字系统）是读写材料存在的基础，并有可能减少语言变异（参见，如 Wurm 1994a）。暑期语言学院（威克里夫圣经翻译会）做了大量的文字规范化工作，为许多先前没有文字的语言提供了不止一种来源的正字法。不过，文字规范化工作也不是没有争论的。例如，有时为了追求"规范的"文字（例如盖丘亚语 [亦译"凯楚亚语"]）就可能会牺牲掉方言的变异。如想了解暑期语言学院在墨西哥土著语言中所发挥的作用，请参见帕泰-沙韦的作品（Patthey-Chavez 1994）；要讨论安第斯山脉居民语言的文字规范化方面的工作，请参见霍恩伯格的作品（Hornberger 1992，1993，1994，1995b）。

文字规范化活动常与口语向书面语的转化有关，不过这种类型的标准化问题同样适用于经过"现代化了的"书面语言（如 Coulmas 1989b）。包括泰米尔语在内的许多语言都曾考虑过进行文字改革（见 James 1985）。字母或字符文字的选择问题是许多东亚语言持续讨论的内容之一（如汉语 [《国际语言社会学杂志》1986，第 59 页；朝鲜语 [Hannas 1995]），而拼写法改革，例如日语的假名（Neustupný 1986）、托克皮辛语与澳大利亚克里奥尔语（Yule 1988）、荷兰语（de Rooij & Verhoeven 1988，1994）、德语（Augst & Ammon 1993，1996 开始关注最近的多中心的变化）、葡萄牙语（de Silva & Gunneweik 1992）与用英语拼写外语词（Abbot 1988）的问题则是持续性的问题。[2] 不过，拼写的标准化并非放之四海而皆准的。像澳大利亚克里奥尔语这种正处于发展中的交际媒介就不太适合进行拼写标准化（Black 1990）。

对于一种没有标准正字法或完全没有文字的地方话来说，要增强读写能力就必须得开展文字方面的工作，必须设计一种能反映该语言语音体系的正字法系统。印第安语（如，纳瓦霍语）、澳大利亚土著语言（如，古古·依密舍语）或像越南语与柬埔寨语这些亚洲语言所拥有的文字通常是由传教士制定的，而这些传教士根本不了解这些语言语音体系之间的差异。霍恩伯格（Hornberger 1992：192）曾在书中写道："传教士中的行乞修士与祭司们按照自己的习惯记录了许多土著语言，所以每种土著语言采用的都是西班牙语或葡萄牙语的正字法。"讲西班牙语或讲英语的传教士为有声调的语言制定的正字法常常无法表现这些语言的声调系统，这些正字法必须随着时间的推移而不断修正以反映语言的声调特点。而在文字规范化过程中，也应解决地方方言的差异问题，以求达到语言的标准化。

2. 语法规范化。语法规范化是指对语言构造组织规则的提取与公式化。大部分成熟的语法都是规范性的，并以教学中使用的或为发展读写能力所用的那些语言标准化变体为基础。不过，辛格（Singh 1987）认为，在过去的 100 年中，印度英语语法的敏感性与适应性已经随印度情况的变化而发生了改变，印度人因此认为英语既是一种强加于人的／殖民的语言，也是一种民族自我表达的语言。索（Soh 1985）认为应该跳出语法的欧洲中心论来思考问题。在韩国，工业化及其所引发的社会变革改变了敬语及相关代词系统，从而使该语言的礼貌性减弱而具有了民主化倾向（参照 Masagala 1991 年讨论基隆迪语［Kirundi］因城市化与基督教化而发生的类似变化）。

另外，有一点是公认的，即任何一种语言的语法都相当复杂，无法以简单的方式在一本书中完全地呈现出来。再者，一种活的语言是千变万化的，会不断地改变其形式以适应交际的需求，因此，最好的语法书在其出版的那一刻应该是一部能反映过去的历史性文献。出于教学目的考虑，还应在以下问题上仔细斟酌，即应该教什么语法（或教语法的什么部分）？怎样教语法最有效？如何给使用其他地方话（这些语言的语法与目标语言的语法可能比较容易兼容也可能有很大的不同）的人教授语法？

众所周知，一种语言的语法太复杂了，无法简单地表述，而一种语言的语用问题则几乎无从下手。尤曼斯（Youmans 1995）曾比较研究了标准学术美国英语与墨裔美国年轻人言语中认识类情态动词的使用情况。她发现，两者在某些情态动词的使用条件上有显著的差异。对德语（海德堡项目 1975，1976，1977，1979）和其他语言的研究则充分证明了语法虽然可以保持相对的稳定，但语法特征的出现频率与分布情况在言语行为中会因对话者、有关权力地位、社会经济等级及相关教育程度等社会语言学因素的不同而发生变化。这些变化在个人、群体和跨群体的言语作品中都会出现。例如，当母语为英语的人与母语非英语的人（也包括两者母语都不是英语的情况）交流时即是如此。因此，哪怕一种语言的语法无比精细，也几乎不会触碰语用问题（见，Collins CoBuild① 的《英语用法词典》[1992]，伦敦：哈珀柯林斯）。

一旦出现了教学语法，那么国家就会面临另外三个非语言学问题：（1）如何编写语法并向人们介绍；（2）如何培训教师使用新的语法书；（3）如何可持续地更新、再版与重新宣传这些语法书。其中至少有两个问题具有重要的经济意义。出版与发放语法书成本很高，有些较贫穷国家的财力根本无法支持语法书的出版与普及。即使现有的财政资源能支持出版并发放一次语法书，但很可能无法随着时间的推移而坚持下去。

3. 词汇规范化。词汇规范化是指选择与发展语言的适当词汇。如豪根所言："原则上这（词汇化）也涉及语言风格与语言词汇使用范围的界定"（1983：271）。最初，词汇规范化可能是指对特定领域词汇用法的详细说明，如泰卢固语中有关本土职业词汇的用法（Krishnamurti 1985）。巴尔道夫与埃金顿（Baldauf and Eggington 1990）在一次对澳大利亚土著语言的考察中，证明了词汇规范化是一个存在于口头演讲与书面材料中的持续不断的过程。对词汇规范化的研究不仅仅局限于对与词汇发展相关问题的考察，也涉及与词汇用法相关的问题。例如，尼科尔斯（Nichols 1988）曾明确指出美国许多词典的定义与手册都是如何植根于以欧洲为中心的美国男性文

---

① CoBuild 是 Collins Birmingham University International Language Database（柯林斯伯明翰大学国际语料库）的缩写，因此有人将 Collins COBUILD English Dictionary 译为《柯林斯合作英语词典》，表明"柯林斯公司与伯明翰大学通力合作"之意，也有的译为《柯伯英语词典》。

化世界之中的,并敦促语言规划者应该认真对待与性别和种族相关的语言问题。

从传统上来讲,词典编纂是词典编纂者的工作,他们选择词条并撰写许多释义,不过,现在在计算机的帮助下可以从一种语言的大量语言资料中编纂出机编词典,例如《美国地区英语词典》(Cassidy 1987)、柯伯词典(Collins CoBuild 1987)或用计算机处理以光盘形式存储的词典(电子词典),如《新牛津英语词典》(Weiner 1987)。《BBC 英语词典》是另外一本电子数据词典,它是从 700 万词语的广播语料中开发编纂出来的。这些语料包括伦敦英国广播公司(BBC)的广播与在华盛顿的美国国家公共广播电台(NPR)中的新闻、当前时事与体育广播语料(Sinclair et al. 1992)。电子形式的专业词典现在已经切实可用了(Heather & Rossiter 1988)。

43　　一种地方话若被选定成为国语,那么它的词汇资源量首先应能满足所有传统领域交际的需要,尽管它在现代化所必需的科技术语方面可能还不够丰富,而这就需要创造新词汇,通常会采取以下四种不同的原则:(1)直接从其他语言中借入词汇,可以从音系学角度直接或改造后将词汇借入(参见,例如李霞[Heah Lee Hsia]讨论英语对马来语影响的文章);(2)从其他语言中借入词根来创造新词,这在英语命名过程中很常见。英语从拉丁语和希腊语中借用词根来创造新词语,如 plastic(塑料的)、solar(太阳的)等等;(3)可以复活语言中的历史词汇(如英语的"广播"一词曾一度仅用于描述农业上的一种播种方式,但是现在这个词已完全在广播电视业广泛使用了);(4)重新组合已有词语以反映新的概念(如迂回说法的、形态句法学的或仿造词的方法)。这四种原则在皮利皮诺语和许多规划程度不同的其他语言中都曾发挥过作用。

文字、语法与词汇,都是语言本体规划的问题。尽管上面描述的地位决策被认为主要是政治问题,但这里所讨论的语言本体规划基本上是语言的问题。语言地位规划通常由官僚与政治家来完成,语言本体规划活动则必须由语言学家来进行。

（二）细化

细化一种语言，主要集中于对该语言功能的开发。也就是说，一旦一种语言已经被编典了，那么就需要继续"实施该规范以适应现代化世界的功能需求。"（Haugen 1983：373）这样一种现代化的语言必须能够满足相应的各类术语学与风格方面的文化需求，包括从科学技术、知识与人文科方面的需求到日常生活与大众方面的文化需求（Haugen 1983）。豪根将"细化"定义为："术语现代化"与"风格的发展"。不过，还有一个最后但新兴的范畴需要添加到这些已有的功能发展方面，即"国际化"。

细化的目的不只是增进词汇的丰富性，而这个问题在词汇规范化部分已经讨论过了，但需要进一步的细化。例如，一种语言的读写能力，如果除了识字材料之外再没有任何的阅读资料，那么某种语言的读写能力就很难或者说不可能得到维持。于是，政府就必须积极地鼓励用他们所选定的语言来出版报纸、杂志、漫画和农业小册子；政府必须鼓励建立以这种语言进行宣传的无线电和电视广播；政府必须鼓励在国内事务中、宗教方面，实际上在各行各业都要使用这种语言；政府必须鼓励文学艺术家用这种语言来创作诗歌与小说；政府必须鼓励出版图书——大量的书籍——这样才能让那些识字的人有书可读。如此周而复始地进行下去，政府就必须继续进行术语现代化工作；政府应该通过建立一整套的出版资源来鼓励发展这种语言的风格；政府应该鼓励尽可能在各个方面都使用这种语言，从而使该语言在所有人中以教育部门所不能及的速度快速内化。20世纪40年代后期到80年代后期中国台湾所进行的"国语"努力就是一个典型的实例（Tse 1986）。

细化是一个复杂且持续不断的过程。所有的语言都有一定的细化机制。语言是会发生变化的：随着新技术的出现，语言承担了新的功能；但随着旧技术的废弃，语言也失去了一些功能。通过移民或者通过商业活动的扩展，它们与使用其他语言的新人群建立了联系，并且这些变化都需要对官方语言进一步细化。在我们所生存的世界中，语言的变化在快速且持续地发生着。因此，语言社团就需要一种机制使他们的语言不断现代化以满足他们日益增长的需求。当然，这不是一个新问题了。耶努德（Jernudd 1971）曾假设澳大利亚土著社会在一些正式集会中就会讨论语言及其使用问题。当然，现在不同了，技术更新迅速，因此语言也必须快速变化以满足新的社会需求。

1. 术语现代化。术语现代化涉及一种语言新的词条或术语的开发。毫无疑问，它是语言本体规划中讨论最多的领域之一。文化、技术与经济正不断发展变化，如一种语言想保持住其在各个领域的表现力的话，那么每年必须得产出数千个新术语。术语的发展是语言职能部门/学院以及专门化的国际组织的当务之急。每一种语言都必须得决定如何创造出新术语。通用的策略包括从其他相联系的语言或国际性的语言中借用术语（如，Cannon 1990［汉语］；De Vries 1988［印度尼西亚语］；Ennaji 1988［阿拉伯语］；Fisherman 1990［希伯来语］；Kay 1986［日语］；Malischewski 1987［汉语］；Morrow 1987［日语］；Stanlaw 1987［日语］；Takashi 1992［日语］），也包括音译以使术语能够适应本国语言（参见接近全世界通用的英语术语 TV［电视］）；将借来的术语翻译成本国语言；还有创新的词汇构造方法，通常涉及对本土语言根词的利用，或者重新启用那些过时的术语。有些语言，像高棉语（Jacob 1986）更倾向于从外语中借用术语。不过，像安德森（Anderson 1987）所指出的印度尼西亚语的情况那样，创造新术语的基础问题常带有情感性和争议性，尤其当涉及是用本土语言词根还是通过国际借用的问题时（也请参见 Daoust 1991 关于魁北克省法语—英语选择的讨论）。

2. 风格的发展。风格的发展意味着一种语言的内容不只是词汇、语法及句法（Gee 1992）。每一种语言都会配有相应的不同话语体系以顺应各种语用领域。风格的发展说明，在一些重要的语用领域中，如果某种语言未能发展出与之相应的风格，那么它便很难满足社会需求。尼克·萨菲亚（Nik Safiah 1987：68）赞成在发展风格过程中"自下而上"活动的重要性，她建议："应在学校中加速和增强马来语的培植。"相比之下，冈萨雷斯（Gonzalez 1990：330）对菲律宾皮利皮诺语与英语双语计划的分析则表明："一种语言的培植状态决定了其作为学习工具的效用。"他得出的结论是，教育的普及必须与一种发展中的语言培植和扩张协同进行。内尔德（Nelde 1988）则认为，即使在像荷兰语这样现代化了的语言当中也需要在科学领域中维持与运用，因为，在科学领域中英语的滥用会逐步损害该语言的活力。拉津基纳（Razinkina 个人通信）曾经讲过俄罗斯一种类似的现象：在俄语中，即使存在合适的俄语术语，人们仍然倾向于使用英语科技术语。

很少有文献谈及某种语言在获取书面形式后对新风格类型的需求。例如，埃金顿（Eggington 1992；本书表 5.1）曾论证澳大利亚土著人掌握自身命运的能力中明显缺乏马丁（Martin 1990）所说的那种"权力语言"意识。口语为了实现不同的功能而衍生出一套不同的特征体系，并随着读写能力地位的上升而不断变化。但须注意，书面语言不只是口语的转写，书面语言具有口语所不具备的功能。这个问题在本书第五章教育语言规划当中的识字规划部分（第 146 页）将详细讨论；该部分提出：有些风格类型（例如，那些在决策、谈判和合同签订当中所涉及的风格类型），会区分口语与书面语体。风格发展必须得考虑发展适当的修辞结构以便处理风格变化及语法、词汇问题。

风格发展的关键之一就是要在媒体与文化表达中运用这种语言。尽管这种发展常常被视作语言规划过程的最终产品，但是，冈萨雷斯（Gonzalez 1990：328）论证道：

> 当要将一种后殖民时期的土著语言发展成国语和一种学术话语的语言要形成课堂用的特定语域时，那么就不能从底层开始实施，如小学阶段，而应该从高等教育层面开始，比如说，大学。那里聚集了富有创造力的精英学者，他们既在语言学方面才华横溢又拥有渊博的专业学识，他们可以在翻译与研究皮利皮诺语方面做一些必要的开创性工作，以创造出一种高智优能的语言变体。

在这方面,可以说,如果在像政治、科技和文化这类"较高"的语言领域中没有诞生强而有力的语言范本,那么想要通过语言发展规划项目来建立一套系统的语言技能几乎是不可能的。因此,人们可能会被问到这样一个问题:"这个国家的诗歌、散文、小说是用什么语言写的:是用国语写的,还是用地方语言写的?是用前殖民时期的语言写的,还是用世界语言写的?"为了说明这一问题,克鲁兹(Cruz 1986)详述了菲律宾的一场关于"用本地话、他加禄语还是英语来写作"的大讨论。然而很多人可能会认为语言的选择是菲律宾文学民族主义运动的一个显著特征,是作家社会意识的体现,虽然在其他语境中还会见到使用英语的情况,而对英语的使用会疏远作家与人民群众的关系。克鲁兹(Cruz 1986:167)认为,讲菲利皮诺语的双语诗歌作家使用英语主要是因为:一是为了捕捉他加禄语词汇(诗歌用语)所未能覆盖到的某些现实;二是为了巧用外语的乐律美感。但在另一方面,他加禄语都能较好地表达菲利皮诺语世界的社会与政治现实(参见 Tinio 1990;也请参见 Kaplan 1993b)。不过,在能够表达所有社会现实的"现代化了的"语言中建立一种经久不衰的文学传统并非一日之功,还有很长的路要走。

3. 国际化。国际化可以被看成是影响语言本体的一种特殊的语言传播方式。当一种语言不再只作为一个国家的或其内部的标准而是也成为国际交流的媒介时,与前面所讨论的范畴类似的标准化问题就被提出来了。这些标准化问题在区域或国际性的语境中有些不一样,比如斯堪的纳维亚语(Loman 1988)和阿拉伯语标准化工作(Mitchell 1985)的差异。此外,由于没有完全贯彻跨文化的话语与语用策略,所以即便存在共同使用的语言媒介,也可能会产生一些交际问题(Smith 1987)。毛拉宁(Mauranen)在其所进行的关于芬兰语与英语的篇章语言学对比研究中作了如下总结:

……(作者)由于文化背景不同往往会进行不同的修辞实践。而这些差异在典型的篇章特征中也会得到体现。写作练习者似乎并没有意识到这些篇章特征或潜在的修辞实践。这种意识的缺乏,部分是因为传统学校语言教育中不重视篇章语言学特征。虽然母语的篇章策略有时会教一些，但是，几乎从未单独教过外语的篇章策略。这种现象就没有引起写作者的重视……尽管如此，这些写作文化之间的差异往往偶然而微妙，因此非语言学专业的人群很难注意到，这就导致在（其他语言的）读者眼中，那些使用（各种各样的）母语写作的语言学习者在修辞上处于不利位置……这种不利的地位已不是审美能力高低的问题了。因为，这可能不仅会让读者们感到缺乏修辞上的高雅，还会让读者感觉到缺乏连贯性甚至是思考能力，而这将严重地影响到非母语作者的声誉。（1993：1-2；着重号为作者所加）

关于这一点，英语的国际语言（Görlich 1988）作用以及不同的英语变体的发展（Kachru 1988，1996）催生出了大量语言本体规划方面的研究。前文提及了以下具体问题和相关话题：语法规范化（Greenbaum 1986，1988）、词汇规范化（Lowenberg 1986；Goke-Pariola 1987；Pemagbi 1989）、术语学（Stanlaw 1987；Zhou & Feng 1987）和风格发展（Widdowson 1988）。

还有一点，英语文献的增长既反映了英语的国际化，也反映了英语的本土化。太平洋沿岸、南亚和非洲的一些本土作家用英语写作，但是他们却认为：

英语能够承载我作为一个非洲人的历史印记。但我们使用的英语应是一种新的变体，虽然保持着与其源头间全方位的沟通，但经过改变后更能适应新的非洲环境。（Achebe 1965；引自 Thumboo 1986：253）

如苏布（Thumboo 1986：252）所言，当有好几种语言可供选择时，那么选择就不是件容易的事。不过，对于大多数人来说，是"语言选择作家，而非作家选择语言"，因为"通常只有当一个人得到某种语言的真谛之后，他才能决定如何进行写作创作"。因此，作者如何使用与塑造像英语这样的语言或者任何其他国际性语言来反映本国的语言与文化，就变得很重要。苏布（Thumboo 1986：263）举了一个例子，通过对奥卡拉（Okara）的小说《声音》（*The Voice*）的详细分析，"论证了英语所能表现出近乎无限的可能性，并因此而建议新文学作品的作家们可以重新塑造英语，并让英语在当地落户，为英语起一个当地的名字"。

在许多国家，风格发展问题与国际化问题慢慢结合起来了（就是说，以一种文化上能够适应的方式来满足学习英语的实际需求）。而这又引出了下列新的问题："文学与语言和文化之间是一种什么样的关系？"（例如，Hasan 1996）"学校中教什么样的英语文学会有什么影响？"例如，在马来西亚，扎维亚·叶海亚（Zawiah Yahaya 1996）认为，需要在方法论与观点上改变一下，以便在马来西亚国家建设的语境下重新解释英语的经典。许黛安（Koh Tai Ann）建议，应重新评价英语文学教学在新加坡学校中的作用，因为"国家语言政策与文学教学专业既定的目标之间是彼此分离的"。（1996：27）。因此，虽然英语正在不断地国际化，但是，英语在学校中也面临着越来越大的压力，它需要为促进地方文化与国家的发展做出贡献。

最后，尽管（或许是因为）英语以及阿拉伯语、法语、德语、普通话、葡萄牙语、西班牙语越来越国际化，但有人相信这种建构的或规划的语言的持续发展能够满足日益增长的国际交流需求，而且更加具有文化上的中立性，这一点得到了广泛的讨论（Dasgupta 1987；也请参见 Ashby 1985；Large 1988；Harry 1989；Tonkin 1987）。

（三）本体规划小结

从此次本体规划的文献综述中，我们可以发现多种趋势。首先，费什曼（Fishman 1983）提到的语言的传统用法与现代化之间的语言张力仍将持续，而本体规划者也仍旧需要与其公开但亟须完善的语言模型之间保持协调一致。不过，似乎越来越多的人意识到本体规划不只是处理语言问题。而这反映了一个事实，即很多时候，在某一特定的语言中，很难将本体规划与地位规划问题区分开以便完美地契合豪根的模型。最终，本体规划在现实世界的语境中是与社会、历史、文化和政治的力量一起发挥作用的。其次，当术语依然作为人们关注的主要焦点时，各类英语、西班牙语和法语的传播就成为本体规划日益关注的领域。这些领域的发展对于现代社会运行所必需的信息存取与传播而言是非常重要的。第三，计算机开始在本体规划尤其是在字词典开发领域发挥重要作用。其中每种趋势都表明：单纯地关注语言技巧本身已不是本体规划的重要基础，人们已开始重新评估现代主义者的语言规划假设。

不过，通过这次讨论大家应该明白，本体规划与地位规划的变化不能孤立地实现，这两个系统是互相依存的。另外，我们还应该清楚，一项规划活动不一定在一开始就启动，相反，处于语言与经济发展不同阶段的国家，可以随时进入规划范式。一个国家进入规划模式的那一点将决定第一阶段的起始。

例如，新西兰只是最近才进入规划模式。该国只有两种官方语言：英语与毛利语。英语发展得很好，而毛利语则相对差一些。虽然如此，新西兰依然必须要考虑规范的配置问题。英语与毛利语都建立了正字法系统，因此，文字规划应该不成问题，但这两种语言在语法与词汇方面却是不平等的。英语的传播通过教育机构得到了长足发展，而毛利语的传播仍处于一种相对原始的阶段。当然，英语在英语的世界得到了广泛的细化，毛利语的细化则比英语要差一些。虽然毛利语拥有丰富的口语传统，但毛利语书面文献的开发仍然需要强有力的支持与鼓励。因此，新西兰的两种主要语言是在不同的发展状态下进入规划过程的。不过，除了这两种主要语言之外，在新西兰还存在讲其他语言的群体，而这些语言在规划过程中也是不可忽视的（Kaplan 1993a, 1993b；Peddie 1991a, 1991b, 1996；Waite 1992）。

通过豪根的模型与新西兰的例子大家应该明白，尽管为了讨论的目的，豪根（图 2.1）所建议的 2×2 矩阵在概念上是很有用的，但是，现实中这种模型所论及的所有阶段可能会同时出现在一个复杂的网状结构之中。规划既涉及语言本身，也涉及语言正处于或将被置于其中的语用环境。规划范式的这两个部分实际上是无法分开的。事实上语言中的变化必然会影响到语言正被用于或可能会被用于的部门或使用域；而这些变化反过来又会以一种新的方式来定义语言状况。同时，人们也应该清楚，规划不会简单地出自一个精心设置的独立部门之手，而必须依靠所有部门的通力合作。这一点此后的章节中将详细讨论。

四、语言规划的层次

如第一章所指，语言规划出现于多种语境和多个层面。任何一种特定语言规划的影响都取决于其开发与实施的层面与语境。关于此问题，有两种方法将其视作总体框架的一部分，在接下来的两节中，我们会分别论述。

（一）语言规划的理想类型

哈尔曼（Haarmann 1990）在豪根模型的基础上又提出了地位规划与本体规划之外的第三类语言规划活动——"声望规划"。他认为："声望规划"代表了单独的一类规划活动。鉴于本体规划与地位规划是产出性的活动，那么，声望规划则是一种易于接受的或评价性的功能。这种功能会影响到本体规划与地位规划如何由"参与者"实施并被"人们"接受（"人们"用的是库珀的术语，见下一节）。如表2.2所示，声望规划与第一章（表1.1）中所讨论的那四种语言规划语境之间的关系十分密切。

哈尔曼的分类很有用，它强调了规划会出现在不同层面并且有多种目的。他认为这些层面，即政府活动、机构活动、群体活动与个人活动，代表了组织影响层面的不同声望与效率，而这可能会影响到语言规划的成功与否。哈尔曼给出了下列有关语言规划与语言培植范围的例子（Haarmann 1990：120-121，增加了更多实例），并提供了一些具体的情况以说明推广活动在地位规划与本体规划上的影响：

表 2.2　语言培植与语言规划的理想类型（Haarmann 1990：120-121）

	语言规划类型		语言培植类型	
	政府活动	机构活动	群体活动	个人活动
地位规划	4.1	3.1	2.1	1.1
	↑	↑	↑	↑
声望规划	官方推广	机构推广	压力集团推广	个人推广
	↓	↓	↓	↓
本体规划	4.2	3.2	2.2	1.2
	第 4 层级	第 3 层级	第 2 层级	第 1 层级

最大值　　　　　　　组织影响的效率　　　　　　　最小值

注：1. 该表经过重新定位与少量改写以便使其与本书中所用的术语相一致。

1.1　16世纪新教主教米卡埃尔·阿格里科拉（Mikael Agricola）为促进芬兰语作为学校的教学语言而做的努力（见 Haarmann 1974：44）；美国参议员早川雪（S. I. Hayakawa）旨在使英语成为美国官方语言所做的努力；

1.2　坎普（J. H. Campe）、菲希特（J. G. Fichte）、阿恩特（E. M. Arndt）和其他人所做的与德语语言纯粹主义有关的努力（German Sprachreinigung[德语纯粹主义]）（见 Kirkness 1975）；萧伯纳所做的改革英语拼写法的努力（见本章尾注2）；

2.1　自1893年以来盖尔语联盟所从事的旨在促进保护爱尔兰语作为母语与口语变体的活动（见 Ó hAilin 1969：91）；土著与托雷斯海峡岛民语言联盟所从事的旨在促进澳大利亚土著语言与托雷斯海峡岛民语言的复活、保持与生存的活动（Baldauf 1995a；McKay 1996）。

2.2　自1854年建立以来，"菲列布里什派"① 运动中作家与语言学家所做的旨在细化现代奥克西坦语书面标准的尝试（见 Kremnitz 1974：178）；毛利语言委员会出版"标准"毛利语词典的努力；

---

① 亦译"普罗旺斯作家学会"，其宗旨是维护奥克西坦语（亦译"普罗旺斯语"）作为文学语言的纯洁性并促进法国南部地区的文学事业。

3.1 挪威为了稳定"尼诺斯克语"(*nynorsk*)[①]和"博克马尔语"(*bokmål*)[②]这两种语言变体的功能而进行的一系列活动(见 Haugen 1966);旨在纯化法语的《图邦法》(亦译《杜邦法》)所做的努力(见第十章的介绍);

3.2 旨在为北欧国家国语的术语现代化提供标准所做的努力(见 Språk i Norden 1986);印度尼西亚语(见 Alisjahbana 1984;Vikør 1993)和马来语(Omar 1984)中新词条的创造;

4.1 针对比利时法语、荷兰语和德语的地位而开展的政府立法工作(见 Falch 1973:9 及以后各页,125 及以后各页);瓦努阿图的宪法宣布国语为比斯拉马语(亦译"西南太平洋诸岛土腔英语")(见 Thomas 1990);

4.2 1920 年以来苏联细化诸标准语言书写符号系统(字母表)的工作(见 Isaev 1979)或中国近期为少数民族所做的文字创制、改进与改革的工作(Harrel 1993)。

尽管以上示例很好地阐释了这八种规划类型(四个声望层级的地位规划与本体规划),但是,在很多时候,影响语言规划成功实施的因素有很多,而且,语言声望层级之间的界限往往不清晰。

(二)宏观与微观语言规划

除此之外,还有一种观察语境与层级问题的方法,而该方法并不是从活动规模与预期影响角度来着手的。大规模和小规模的活动都可能有(或没有)声望,并会(或不会)对它们特定的语言规划情境产生预期的影响。不过,最普遍的框架(即豪根的本体规划与地位规划模型和库珀的解释方案)与其经典文献,都认为语言规划是一场大规模的活动,也就是认为它主要出现在宏观层面。可是,语言规划实际上可出现于许多

---

① 以口语为基础的挪威书面语。
② 由逐渐改革的丹麦书面语发展而成的挪威书面语。

不同的层面，尽管微观层面的语言规划在文献中没有被详细记载，也许是因为它们看上去并不是那么有声望。对于为了满足大众需求而进行的大规模语言规划而言，为了保证它能够成功，其必须要在语言与社会的各个层级产生影响。威廉斯（Williams 1994：102）在他所列举的促进现代威尔士语英语化的影响因素清单中对这一点解释得很清楚（表2.3），他考察了规划影响的宏观、中观与微观层面。

表 2.3 促进现代威尔士语英语化的因素（Williams 1994：102）

政　策	经　济	文化/社会
宏观层面		
·爱德华七世的征服； ·通过1536年和1542年的合并法案而进行的国家联合； ·国家教会的建立； ·1867年改革法案之后的议会代理； ·投票权的扩张； ·1870年教育法案； ·战争与征兵制度。	·土地转让； ·早期的城市化； ·农业的萧条； ·城市资产阶级的提升； ·城市化与工业化； ·融入世界经济； ·威尔士人向外移民与区域的变化； ·非威尔士人向选定区域的移民入境。	·外来的贵族； ·取缔威尔士语言； ·士绅阶层的隔阂； ·1588年圣经的翻译； ·教育改革与价值的重新定位； ·代际间的语言流失。
中观层面		
·地方政府改革； ·政治激进主义； ·宪章运动、政党政治选举代表。	·官僚制与经济责任制的发展； ·工联主义； ·运输与通信； ·基础设施的改善； ·出版现代化。	·教派的宗教多样性； ·流行的大众娱乐； ·社会运动； ·成人教育。
微观层面		
·投票者的参与； ·政治党派成员； ·英国的认同； ·战时的国家支持； ·对国家机构的依赖； ·通过英语媒介的教育机会。	·进入工资经济； ·居住流动性； ·社会经济与阶级意识； ·个人资料的改进； ·福利国家政策的好处。	·民族间的婚姻模式； ·语言转用与语言流失； ·增加的双语现象； ·世俗化与价值体系的重新定位； ·被动接受的娱乐。

另一方面，有些语言政策的目标很有限，可能只会影响一家单独的公司或机构内的微观政策与规划。语言规划专业的学生在阅读了相关文献之后常会评论说这一切都非常有趣，但是，他们自己无法真正看清楚中国、俄罗斯、纳米比亚或巴西语言变化的规划。不过，正像许多人一开始意识到的那样，社会的语言规划的确很有趣，但微观的语言规划每天都发生在我们身边，为了使这些规划成功，就需要收集许多相同的观点与技巧以便使其更有成效（例如，见 Kuo & Jernudd 1993 年对新加坡情况的介绍，应用宏观规划于微观情境之中，在本书第 117-118 页，经济的例子在本书第 187-189 页）。

五、语言规划的一种解释方案

语言规划总体框架发展的另一种方法是库珀（Cooper 1989）提出来的。他引入并评价了来自其他学科的四种理论框架，从而为语言规划过程框架的确立打下了基础。为了开发这种理论框架（表 2.4），他认为：

语言规划依次是：(1) 对创新的管理；(2) 营销的实例；(3) 权力获得与维护的工具；(4) 决策的实例（1989：58）

由此产生了有八个组成部分的解释方案：

（1）什么样的"参与者"；(2) 试图影响什么"行为"；(3) 关于什么"人"的；(4) 为了什么"目的"；(5) 在什么样的"条件"下；(6) 通过什么"手段"；(7) 通过什么样的"决策过程"；(8) 要达到什么"效果"。(1989：98)

表 2.4　语言规划研究的一种解释方案（Cooper 1989∶98）

Ⅰ　什么样的"参与者"（如，正统的精英、有势力的人、敌对精英、非精英政策执行者）

Ⅱ　试图影响什么"行为"
　　A. 规划行为的结构（语言学）特性（如，均质性、相似性）
　　B. 为了什么目的/功能来使用规划的行为
　　C. 预期的采纳程度（意识、评估、精通、用法）

Ⅲ　关于什么"人"的
　　A. 对象的类型（如，个人与组织、小学与初中的）
　　B. 对象学习规划行为的机会
　　C. 对象学习/使用规划行为的诱因
　　D. 对象抵制规划行为的诱因

Ⅳ　为了什么"目的"
　　A. 明显的（与语言相关的行为）
　　B. 潜在的（与语言无关的行为、兴趣的满足）

Ⅴ　在什么样的"条件"下
　　A. 情境的（事件、临时条件）
　　B. 结构的
　　　1. 政治的
　　　2. 经济的
　　　3. 社会的/人口统计学的/生态学的
　　C. 文化的
　　　1. 政治制度的规范
　　　2. 文化的规范
　　　3. 机构的社会化
　　D. 环境的（来自系统之外的影响）
　　E. 信息的（优秀决策所需的数据）

Ⅵ　通过什么"手段"（如，权威、影响力、推广、说服力）

Ⅶ　通过什么样的"决策过程"（决策规则）
　　A. 对问题/目标的界定
　　B. 对方法的说明

Ⅷ　要达到什么"效果"

现在，简要考察一下这八个组成部分。

（1）语言政策与规划的"参与者"或传统的参与者来自卡普兰（Kaplan 1989）所称的"自上而下"的语言规划情境。这是一群拥有权力与权威的人，他们代表群体做出语言的相关决策，而在决策过程中，他们常常很少或根本就不征求语言的最终学习者与使用者的意见。严格地讲，"这些规划者是谁"常常说得比较笼统。在对语言规划经典文献的介绍中，鲁宾与耶努德（Rubin & Jernudd 1971：xvi）这样表达道：

> 作为一个学科，语言规划需要调动大量各种各样的学科知识，语言的规划往往意味着将问题和价值观交给或交由具备决策能力的机构来处理。

语言规划通常被描绘成是客观的，在意识形态上是中立的、纯技术的，语言规划者是谁似乎无足轻重，只要他们有必需的技术专长即可。巴尔道夫（Baldauf 1982）是较早明确指出"规划者是谁"在语言政策与规划情境中是一个重要变量的学者之一。

许多作者（Luke *et al.* 1990；Mey 1989；Watson-Gegeo & Gegeo 1995）已开始质疑传统的语言规划者或"参与者"的作用，他们主张建立一个更广泛的参与基础。也就是说，语言正在被规划的那些"人"在实际的规划与实施中也应该有发言权。卡普兰（Kaplan 1989）曾把这种情况描写为"自下而上"的语言规划。社会语言学调查技巧（见第四章）或其他类似方法的应用，说明传统规划者有办法了解宏观层面上潜在的已规划语言的变化所产生的影响。至于是否有政治的和社会的意愿要这样做，则是另外一回事。

（2）语言政策与规划就是要以多种方式来影响语言"行为"，包括结构的、目的的或功能的以及预期的采纳程度。例如，英语中性别歧视语言的使用问题，就导致了英语语言本质上的结构性变化。最近20年来，使用有性别标志的代词（她［she］、他［he］）或名词（女演员［actress］、主席［chairman］）显得不合时宜，而没有性别标志的替换词则已进入了语言

（即，用他们来表示他/她；演员不考虑性别；用 chair 或 chairperson 替代 chairman［主席］）。最初，这种用法的目的或功能来自女权主义者的作品，她们认为英语建立了一个男性性别偏向的世界。这种用法的改变率先出现在专业演讲与写作中。不过，其确实具有广泛的群众基础，而且这种变化正逐渐发展为一种规约，在所有书面英语中固定下来，而在口语中也慢慢成为一种常态。（见 Pauwels 待出作品）。

（3）什么"人"是语言变化的规划对象？他们创造这些必需的语言变化的机会、激励机制与惩罚措施是什么？然而不幸的是，创造这些必需的语言变化的激励机制常常是消极的。19 世纪后期与 20 世纪初期，在威尔士，1870 年的教育法案规定，威尔士的孩子们不仅需要在学校学习英语，而且在学校不得讲威尔士语。不管是由于什么原因，只要使用了威尔士语，孩子们就会受到"禁用威尔士语"的惩罚。犯错的孩子脖子上会被用皮带挂上一个牌子，牌子上写着"禁用威尔士语"。这个孩子要一直挂着这个牌子，直到有另外一个犯错的孩子将其从这种负担中解脱出来。因此，在这里，目的就是不要讲威尔士语，而"激励机制"则是一种相当屈辱的惩罚。看似抑制因素源于威尔士人的民族自豪感，但更像是年幼的无知、粗心甚至是来自同伴的压力。事实上，使用威尔士语可能只是尝试对英语结构无知的一种规避。在美国印第安人、澳大利亚土著人和新西兰毛利人的儿童教育中也会有类似的情况出现。

（4）实施语言规划的"目的"或目标可以是多样的。这些目标是下一章讨论的焦点，包括语言的净化、语言复活、语言改革、语言标准化、语言传播、词汇发展、术语的统一、风格的简化、语言间的交际、语言保持以及辅助语码标准化。库珀曾指出这些目的可以是显性的，即改变与语言相关的行为，也可以是隐性的，即改变与语言无关的行为。马来西亚使用"马来语"的需求，除了为寻求一个共同的交际语言之外，还有一个目的就是建立共同的理解以便缓和社会中的种族和其他紧张状态。

（5）语言变化出现的"条件"是多样的。库珀认为情境的、结构的（政治的、经济的和社会的/人口统计学的/生态学的）、文化的、环境的和信息的条件可能会影响到任何特定的语言规划。在本书第三部分对一些个案研究的考察中，这些条件的本质与效果将会重点介绍。

（6）语言规划决策的"手段"（如，权威、影响力、推广、说服力）随情况改变而改变。如哈尔曼（Haarmann 1990）声望规划概念所认为的那样，在任何语言规划决策背后，总有一些权威存在，而这些权威可能处于不同的层级上（也请参见本书第七章）。

（7）"决策过程"指打算进行的语言规划的决策规则，既包括对问题/目标的界定，也包括对达到这个目标的方法的说明。鉴于达到目标行为的激励机制常常是消极的，决策过程常常将那些最易受影响的人排除在外，以免受其控制。例如在新西兰，关于学校里教哪些语言、什么时候教、教多长时间、谁来教、教给谁、怎么教、成绩应该如何评估，这些当前几乎完全由教育部长决定。尽管有的时候部长会与教师们商量，但是，实际上教师和学生是被完全排除在决策过程之外的。部长决策的基础毫无疑问地有一部分是出于政治考虑的，此外，这些决策还可能是基于"人们希望应该做什么"这样的理论观念。实际上部长已经远离了这些决策将实施于其中的生活环境。

新西兰的情况并不例外。在墨西哥，土著语言教育问题的决策也来自首都。决策的实施远离于做出决策的地点，实施的指令在到达较远省份的学校之前会经过很多手的传递，沿途各级官僚也都会对这些指令做出解释。任何反对这种决策的官员，他只需要单纯地不作为就会让实施无限期地推迟（Patthey-Chavez 1989，1994）。

（8）前面一章中讨论的任何特定语言规划项目的"效果"都不太好确定，因为很难预测，如果不实施语言规划会发生什么事情。在本书第三部分，我们会在语言规划效果的语境下来考察一些特别的问题与个案研究。

六、本章总结

这一章我们考察了豪根的语言规划模型，这是可以清楚地了解语言规划过程范围与顺序的一种方法。我们通过考察本体规划与地位规划它们各自在语言与社会上的关注焦点阐释了该模型的原理。然后我们考察了微观规划与宏观规划的问题，发现后者吸引了更多的关注。最后我们考察了传统意义上谁应该与不应该包括在语言规划之中。不过，随着整本书中对语言规划实例的考察，这一点会得到解释。前两章概述了该领域和该学科所面临的主要问题，以及一些术语和最初的框架，而通过这个框架我们可以考察实践中的语言规划。

注释

1. 这一部分有些材料首见于巴尔道夫（Baldauf 1990b）的作品。
2. "……英语有些特征令人难以接受。'*th*' 对于那些发现在句子 'What's this?' 中 '*th*' 很难发音的外国人来说尤其难。有些罕见与较难的元音，如：'*bird*'（鸟）、'*nurse*'（护士）两个词中的元音发音在其他语言中根本就没有。仅 '*sh*' 在英语中就有多达 13 种不同的拼写法：*shoe*（鞋子）、*sugar*（糖果）、*issue*（问题）、*mansion*（豪华宅第，公馆）、*nation*（国民，国家，民族）、*suspicion*（怀疑，猜疑）、*ocean*（大洋、海洋）、*conscious*（自觉的，故意的）、*chaperon*（年长的伴，监护人；陪伴）、*schist*（片岩）、*fuchsia*（倒挂金钟属植物，紫红色）和 *pshaw*（啐，哼，啐声，哼声）。一首给外国学生的古打油诗说：

    谨防 heard（听到），这是一个可怕的 word（单词）；
    它看上去像 beard（胡子），听起来像 bird（鸟）；
    还有一个词 dead（死亡），它说起来像 bed（床），而不是 bead（玻璃球）；
    看在老天爷的面子上，别叫它 deed（行为，功业；证书，契据）。

很多名人都想解决这个难题。广播中的英语口语越标准化，对简化拼写系统的需求就越强烈。在两次世界大战期间，常有人提出这种建议。1930 年，一名瑞典语言学家萨克里松（R. E. Zachrisson）提出本质上还是英语的一种国际语言叫 Anglic（一种拼法简化的英语，拟作为国际通用的辅助语言）。按照他的逻辑，一句名言用 Anglic 来讲，缺点就会很明显。这个句子是：*Forscor and sevn yeerz agoe our faadherz braut forth on this continent a nuw naeshon, konseeved in liberti……*（原英语句子为：Four score and seven years ago our fathers brought forth upon this continent a new nation, conceived in liberty,……中译文为：87 年前，我们的先辈在这个大陆上创建了一个新国家。她孕育于自由之中,……)。1940 年,**英国简化拼写协会**发起了一场创造新拼写法的运动,并努力游说政府,希望获得批准。也许拥护简化拼写最著名的是**乔治·萧伯纳**(George Bernard Shaw)。他将其庞大遗产的一部分赠给了一个旨在使英语拼写法更加规则的事业……"(字体加粗是麦克拉姆等[McCrum *et al.* 1986:46-47]加的)。

第三章　语言规划目标

　　第二章中考察了三个理论框架，它们提供了语言规划过程的一个概况。了解了语言规划工作的过程，现在我们来考察一下语言规划的目标或"目的"。实施语言规划可以有各种各样的目的或者总体目标，语言规划者（"参与者"）实施规划就是为了达到这些目标。本章中我们会考察一些宏观层面的目标，并提供一些简单的实例。不过我们也得承认，语言规划很少是为了单一目标来进行的。例如，加拿大魁北克省语言规划的主要目标可能是要保持法语，而语言的净化与传播则是次要目标。语言规划也可能是基于完全相反的目标来进行的——如，在发展与推广印度尼西亚语作为国语（语言传播）的同时，又支持地方语言权利（语言保持）。哈尔曼（Haarmann 1990：123）指出：

　　　　在实际工作中，要让所有的关系都达到平衡状态几乎是不可能的。在实际语言规划中，绝大多数的不一致源于利益冲突。众所周知，语言规划的目标常常是矛盾的。

　　此外，实现这些目标是为了达到某些更为抽象的目的，而这些目的与普遍意义上的国家政策目标相关。在本书第五章与第六章中，我们将会考察语言规划主要目标中的三个目标：（1）教育语言规划；（2）教育语言识字规划;(3)语言经济学。这些是现代或现代化社会试图达到的与语言有关的总体目标,它们对社会中的个体具有直接的影响。

一、语言规划的目标

许多作者(Annamalai & Rubin 1980；Bentahila & Davies 1993；Eastman 1983；Jahr 1993；Kaplan 1990a；Karam 1974；Nahir 1984；Paulston, Paw & Connerty 1993)都讨论过语言规划目标的类型。尽管在豪根的模型中语言规划过程被描述为四个组成部分,即选择、编典、实施、细化(见表2.1),而且可以说这一框架定义了语言规划的实现过程,但它却并没有真正回答"这个过程打算要达到什么目标?"。哈尔曼(Haarmann 1990)的分类增加了"声望规划"这个维度,但这依然没有回答"为了什么目的?"这个问题。最后,库珀(Cooper 1989)的解释方案虽然提到了重视目标的方法中所需要的大部分相关的普遍问题,即何种参与者、什么行为、哪类人、为了什么目的、在什么条件下、通过什么手段、通过什么决策过程,但是,大部分语言规划实际上还是为了实现特定的目标。雅尔(Jahr)认为语言规划的总体目标可能是减少语言冲突,不过,请注意"语言规划活动本身最终可能就是导致严重问题与重大冲突的原因"(Jahr 1993：1)。

以已经出版的分析语言规划机构活动的研究论文为基础,纳希尔(Nahir 1984)提出了可与语言规划实践相联系的11种特定的目标或功能,其中有些还有子目标或子功能。表3.1中列举了这些目标和其他作者提出的一些相关目标。该表概括了语言规划中可见到的一些目的、目标或功能的类型。在下面几节中,我们会讨论宏观层面的每一种目标,并发现在许多实例中,规划机构与规划者可能同时会为了这些目标中的几个而努力。

表 3.1　语言规划目标小结

宏观层面[1]	替代的说法	例子
"语言净化"		
外部净化		
内部净化		法语[5]
"语言复活"	语言复活[3]	希伯来语[5]
	恢复	
	转换	
	语言再生[4]	
	语言复活	
	复兴	
	逆转	
"语言改革"		土耳其语[5]
"语言标准化"	拼音与书写标准化[2]	斯瓦希里语[5]
"语言传播"		
"词汇现代化"	术语规划[2]	瑞典语[5]
"术语的统一"	话语规划[2]	
"风格的简化"		
"语际交流"		
全球的语际交流		
辅助语言		
英语作为广泛沟通的语言		
区域性语际交流	区域认同[2]	
区域性广泛沟通的语言	国家认同[2]	
同语系语言语际交流		
"语言保持"		
主要语言保持		
民族语言保持		
"辅助语码标准化"		
中观层面规划的目标[2]		
管理：官员与专业人员的培训与认证		
管理：应用的法律规定		

续表

法律领域
教育公平：教学法问题
教育公平：语言权利/认同
教育精英形成/控制
大众传播
教育的公平：语言障碍[6]
社会的公平：接受少数人语言[6]
语际翻译：专业、商务、法律等的培训[6]

注：(1) Nahir 1984；(2) Annamalai & Rubin 1980；(3) Bentahila & Davies 1993；(4) Paulston *et al.* 1993；(5) Eastman 1983；(6) 本书。

（一）语言净化

语言净化（language purification）（例如，Jernudd & Shapiro 1989）的核心就是保持语言的一致性与标准。这可以从两个方面来讨论，首先，"外部净化"旨在摒弃外来的影响，并保护语言免受其扰。第一次世界大战后，日语经历了这一过程，而法兰西学院自建立之日起也一直持续不断地致力于这一目标（Thody 1995）。该过程通常围绕着规定语法与词典的开发来进行，而规定语法与词典的任务就是禁止某些外语的用法或降低借用某些外语用法的比例。外部净化常常是基于这样一种担忧，即担心语言会被外语（当前主要是英语）所淹没，或者担心不加选择地借用会伤害到拼音与语法的规则（Alisjahbana 1984；Omar 1984）。

其次，"内部净化"与语言内部正确用法标准的执行有关。像许多写给报社编辑的信件所表明的那样，他们对语言使用进行了评论，广泛关注内部标准。不过，也存在更正式的机制。像英国广播公司（BBC），就曾经在许多年里间接地发挥了为英国英语口语树立内部标准的作用，不过，像在日本、以色列、瑞典、马来西亚和波兰，报纸上的风格指导、非性别歧视者语言指导与语言学习专栏也是内部净化的手段。在澳大利亚，一本澳大利亚英语词典——《麦夸里词典》的发行，就提供了外部净化与内部净化的双料指南，它定义了何为可接受的澳大利亚英语。尽管没有法律上的强制执行措施，这本词典还是为正确的澳大利亚英语确立了标准，提供了参考，并坚决地将明确是英国英语、美国英语、移民者英语以及土著英语的用法拒之门外。英国的《牛津英语词典》和美国的《韦氏词典》具有同样的目的。

（二）语言复活

语言复活（language revival）是语言规划的一个目标，对语言复活过程的分析比它初看起来要更为复杂。保尔斯顿等（Paulston et al. 1993）认为，该领域应该被重新概念化为"语言再生"（language regenesis），包括三个次范畴：语言复活（language revival）、语言复兴（language revitalisation）与语言逆转（language reversal）。而另一方面，本·塔希拉与戴维斯（Bentahila & Davies 1993）则认为语言复活包括恢复（向后看）与转换（向前看）两个方面的努力。由于语言复活是一个常用的术语，我们用它来表示总体的现象，但我们在考察语言复活时使用的却是语言恢复（language restoration）、语言复兴（或转换）（language revitalisation [or transformation]）和语言逆转（Language reversal）这些术语。

语言复活，顾名思义，出现在以下情况当中，即一种语言要么完全消亡了，要么正处于濒临灭绝的边缘。语言死亡的原因复杂多变（见第十章），简言之，即没有讲这种语言的人了。语言的死亡率正在攀升（Mühlhäusler 1995b；第十章），特别是对所谓的"少数人"的语言而言，这种现象更加普遍。当讲一种语言的人群被淹没于讲另一种语言的一个更大的人群中时，这种情况就可能会出现。如果这两种语言在功能及服务的领域上完全相同，那么，讲的人少的那种语言的说话者常常会被拉向讲的人多的这种语言。这是因为讲的人多的这种语言能够提供更多获得物质报酬、就业与经济机会的可能性。也可能因为与多数人群体在语言与文化方面联合可以获得某种待遇。此外，在城市化环境中，少数语言群体被拉向城市中心——本质上还是由于相同的就业与经济回报——他们被要求学习与使用多数人的语言。随着时间的推移，这些条件就会带来这样一种环境：

年轻的一代人没有动力，也许是很少有机会，来学习少数群体的语言。结果，三四代之后，很少有人再将这种少数群体语言作为母语了，或者那些能讲的人也只能在一种有限的语域中来使用这种语言了——如宗教实践的语域，或其他相对有限的情况当中。而官方也可能会有关于一种语言如何使用和在哪里使用的限制，这些都可能会导致语言活力的减弱或者语言死亡。

有许多正在死亡或已经死亡的语言。例如，有充分的证据证明美国印第安人语言（Boseker 1994；Shonerd 1990）或澳大利亚土著语言（Baldauf 1995a；McKay 1996；Fesl 1982，1987）的数量正在快速减少。狄克逊（Dixon 1989：30）声称："澳大利亚的每一种土著语言当前都处于危险之中。"克罗科姆（Crocombe 1989：47）估计太平洋地区的1200多种语言当中，只有12种语言能够存活下来。除非语言生态能够变得更有利于那些濒危语言，否则，据专家估计，全世界所有语言当中的90%将会在几代之内不复存在（Mühlhäusler 1995c）。

像日本的阿伊努语（见 Coulmas 1989a；DeChicchis 1995）或台湾高山族的语言（Kaplan & Tse 1982）都濒于消亡，这是因为支持这些语言所必需的语言生态已不复存在了。阿伊努语在许多语域中都被日语所取代，而台湾高山族的语言也正在受到闽南话与"国语"的威胁（Young 1988；Tse 1982）。不过，也有一些实例显示，语言是可以通过语言恢复、语言复兴（或转换）和语言逆转而复活的。

1. 语言恢复

"语言恢复"（language restoration）最富有戏剧性的例子就是将一种死亡的语言重新引入生活中。这毫无疑问就是指希伯来语（例如，Dagut 1985；Nahir 1988；Spolsky 1995；参见 Fellman 1993），一种曾经只用于犹太教祭祀仪式的语言变成了以色列的国语。1948年，以色列独立。这种具有象征意义的政治行动极大地激励国民要将希伯来语变为一种不仅能适用于科学与技术语域，而且也能适用于政府和政治学、商业与经济学以及像汽车维修这样一些领域的现代语言。这种努力不仅需要注入大量资金以及开展广泛的语言学工作以修改和扩展词汇、形态学与语法，而且也需要暗示生活在以色列的民众这个多语人群愿意接受希伯来语为国语，并尽可能地在各个领域中来使用它（Rabin 1976；Fisherman 1990）。不过，并非所有的努力都是成功的。例如，汽车维修领域就抵制学习推荐的希伯来语词汇，因为，该领域已经有广为流传且高效的英语与德语词汇，其结果就是拒绝使用精心设计的希伯来语术语（Alloni-Fainberg 1974）。

2. 语言复兴

"语言复兴"（language revitalisation）的目标是让仍在使用的一种濒危语言焕发出新的活力。现在，除希伯来语外，也有许多其他已经复兴或正在进行复兴努力的语言。包括像美国的纳瓦霍语（Leap 1975, 1983；St. Clair & Leap 1982）或新西兰的毛利语（Benton 1980；Spolsky 1995），但在澳大利亚土著人幸存的语言（Eggington 1992）和美国印第安人幸存的语言（Grenoble & Whaley 1996）中也有一些其他的实例。在欧洲也可以找到一些相关的实例：18世纪的芬兰语（Baulston et al. 1993）、布列塔尼语（Trimm 1973, 1980, 1982）、加泰罗尼亚语（Neugaard 1995）、威尔士语（Ball 1988）、爱尔兰语（Ó Baoill 1988；Ó Laoire 1995）和苏格兰盖尔语（Dorian 1981；Withers 1988）。在拉丁美洲印第安人当中也有一些有趣的例子，例如，在墨西哥（参见 Heath 1972；Patthey 1989）或安第斯山脉的盖丘亚语（Hornberger & King 1996）。这些努力并不是都能够获得成功的，不过，那些经过努力得以复兴的语言好像都具有民族主义这一重要特征。然而，本·塔希拉与戴维斯（Bentahila & Davies 1993：355）指出，成功不需要极端的方法，"尽管复活主义者常常梦想着恢复，但是，他们更可能仅是在语言转换方面取得了一些成功。"

要想实现语言复兴或语言转换，就需要在被影响的语言社团和少数人淹没于其中的主要语言社团两个部分都付出非凡的努力才行。美国印第安人事务局已经花了大量的经费来复活纳瓦霍语，新西兰政府也以同样的投入来复活毛利语。但是，除了所需要的资金之外，这些社团的成员必须具备复兴的动机和能够推进事业发展的动力。一种语言和文化的代言人和关键倡导者如果对该语言和文化没有这样的奉献精神，那么语言复兴就不太可能获得成功。

3. 语言逆转

"语言逆转"（language reversal）指完全改变现有语言用法的现有趋势，关注的是某种语言在某个国家开始得到更显著应用的情况（Paulston et al. 1993）。语言逆转可能得有一个"合法的"基础，如加泰罗尼亚语于1984年获得官方地位，但在此之前它在技术上是不合法的；语言逆转可能是"移位逆转"，像毛利语，从使用的逐步减少变成逐步增多；语言逆转可能就是"一种外层语言①的回升"，比如在新加坡与马来西亚，英语作为殖民语言，在经历了一段消沉之后再次变得更重要了。

（三）语言改革

语言改革一般出现在"语言的活力足够，却无法充分反映文化中新的范围与语域"这样一种场景下。一般来讲，语言改革会经历短时期的拼写法、拼音、词汇或语法的改变或简化，才能促进语言使用。尽管人们可能会认为语言改革是所有语言都要经历的一个过程，但迅速发展的技术为传统语言改革提供了极大的动力。人们最常提到的语言改革的例子也许就是20世纪20年代发生在土耳其的语言改革。当时凯末尔·阿塔蒂克（亦译"阿塔图尔克"，Kemal Atatürk）成功地将书写系统改变成罗马化的书写系统，摒弃了土耳其语中波斯语的许多影响，并从欧洲语言中借用术语以使其现代化成为可能（Doğançay-Aktuna 1995；Gallagher 1971；Eastman 1983）。书写符号改革罗马化的其他几个例子包括汉语的拼音书写系统、希伯来语的罗马化尝试（Rabin 1971）以及越南语的罗马化（Lo Bianco 即刊文章 [2001]）等。

---

① exoglossic language 相对于 endoglossic language（内核语言）而言。社会语言学术语，一个地理区域内大多数（或所有）人口用作本族语的语言叫内核语言；与之对立的叫外层语言。例如英语对大多数澳大利亚人和英国人而言是内核语，但对加拿大魁北克省人和新加坡人而言是外层语言。参见《现代语言学词典》，[英]戴维·克里斯特尔编，沈家煊译，商务印书馆，2000年，第127，134页。

土耳其语的例子告诉人们语言改革有许多种形式。人们常会将希伯来语与语言复活（语言恢复）联系在一起，在 20 世纪 60 年代语言复活也是拼音改革的议题（Rabin 1971，1976）。马来西亚与印度尼西亚于 1972 年开始进行拼音改革，试图在印度尼西亚语／马来语的方言之间实现拼音、语法与词汇的标准化（Alisjahbana 1984；Omar 1975；Vikør 1993）。为了提高识字能力，中华人民共和国在 20 世纪的绝大部分时间（从 1911 至 1948 年大事件发生前后）为标准的书面汉语而修正汉字系统做出了很大的努力（Bo & Baldauf 1990；Tse 1982）。由于政治运动的影响，汉语的改革在中国大陆、台湾和香港（1997 年 7 月份以前是英国的殖民地）的发展方向有点不太一样。文字改革常常需要多方面的决策，詹姆斯（James 1985）讨论了一些斯里兰卡的泰米尔语文字改革问题。

（四）语言标准化

民族国家的发展与单一语言的需求是平行的。因此，标准化就成为语言规划与政策的主要目标。我们在前一章中了解到，语言标准化是本体规划的一个重要方面，也是用来描写语言规划过程的语言规划理论框架的一个重要方面。在某些方面，语言在持续不断地进行着标准化。在法国（Joseph 1987）或马来西亚（Omar 1984），语言标准化借助语言规划机构得以正式实现，或者像在讲英语的世界里，通过个人的努力得以实现。因此，每一部新的词典或语法书的出版，都可能会被认为是一次新的标准化尝试。

标准化是个连续不断的过程，但是，当一个国家试图确定一种国语或为了特定用途而确定区域语言时，标准化就会以其最戏剧化的方式出现。从历史角度看，欧洲标准化的兴起是源于印刷机的出现以及扩张的中央政府官僚机构与人们交流需要一种共同语言。例如，在英语中，伦敦标准的书面语标准化基本上在 1450 年[1] 就出现了。作为标准化的一个标志，如果不是以明确的北方文本来书写的，那就说不清楚一个文本是在什么地方写的。1476 年现代印刷的出现，使伦敦成为英国的图书出版中心，加速了伦敦标准的传播。卡克斯顿（Caxton），英国第一位出版商，使用伦敦话作为其翻译作品的语言基础,最大程度加速了伦敦标准的采用(Baugh & Cable 1993:190)。当时的情况与现代相类似,人们都需要标准语言实现交流,也防止相关人员间的误传,但当时的发展需求要求标准化在短时间内完成。因此,这成为正式语言规划的目标之一。

标准化工作主要的语言学工具是教学语法与词典。然而,为了短期需求而编纂出任何一种现存语言的完备的语法或完备的词典都很难做到,因为它们都需要很多年才能完成。[2] 语言在任何情况下都是复杂的,因此,就必须要选择那些对于接受过学校培训的学生来说最为基础的语法规则与词汇条目,因为这些手段必须以学生的读写技能为前提来加以定义。此外,还需要编纂一些特别词典,如科学家用的词典、对商业与经济感兴趣者用的词典、有关健康科学的词典等。而这些词典再一次提出了类似的限制与选择问题(参见 Cowie 1990)。

不过,如前面所述,标准化不仅限于选择国语(或区域语言)的情况,它是一个连续不断的过程。词典出版商大约每 10 年就会推出新版本的词典,因为语言及其用法在不断变化,因此,需要定期(有规则的时间间隔)尝试对实践进行标准化。随着新词典的出版(例如,参见 Collins CoBuild 1987),新的语法书也会更新(例如,Quick *et al.* 1985)。除了这些出版物之外,知识分子当中有大量自封的批评家会撰写通俗读物,旨在为普通市民指出矫正语言用法错误的方法(例如,Safire 1984)。

国家的语言研究院也从事某些标准化保障服务工作。因为它们通常负责出版词典,有时也负责出版标准语法。像本章一开始所提到的那样,此类组织总是关心语言的纯正与标准化,也就是说,它们试图保持语言的标准(公认的)文本免受外语的影响或者将外语的这些用法有选择地融入自己的语言当中。例如,法兰西学院曾长期致力于消除英语借词的可怕影响,而墨西哥研究院最近几年则特别关注美国英语词汇的泛滥与来源混合的新造词语(例如,墨西哥语中的"groceria"一词,就是美国英语中的"grocery[食品杂货店]"一词与西班牙语中意为"批发销售"的同形异义词的混合新造词)。语言研究院在标准化中的作用将在第九章"研究院与词汇的发展"部分详加论述。

虽然标准化是维持有效交流的一个重要功能,如果信息提供者变得过分专注于对方所说的是否正确,那么交际很可能会受到严重的影响。正确性在交际中具有至关重要的作用,不过交际中的正确性可以或往往是有限的。从语言规划角度来看,标准化并不是为了自身的正确性,而是为了获得有效交际的基础。由于语言是一个动态的过程,从历史角度来看,正确性只是瞬间的事。自封的批评家、语言教师,或语言学者,有时会将标准化工作做成过度纠错,从而损害了标准化的基本目的,并因而也损害了交际的基本目的。

(五)语言传播

笼统地讲,语言传播贯穿人类的历史,每当两个人群接触,而他们的语言互相无法理解时就会出现语言传播。人们可以援引罗马帝国时期拉丁语、伊斯兰教扩张时期阿拉伯语以及17世纪法语的传播作为例证。语言传播的原因多种多样,有的时候是军事侵略(例如,罗马),有时是宗教传教士的活动(例如,伊斯兰教、基督教、佛教),有时候是经济因素(例如,20世纪的英语)。的确,人们可以说有生命力的语言总是在变化的,语言历史就像脉搏的跳动,因此,在任何特定的时间内,总有一些语言得到传播,而其他语言则萎缩了。

尽管语言传播是自然地反复出现的现象,但是,语言政策的制定者和语言规划者仍把它作为一个明确的目标。从语言规划角度来看,语言传播就是尝试增加这种语言使用者的数量。而这常常是以其他语言的转用为代价的(例如,Wardhaugh 1987)。如纳希尔(Nahir 1984)所言,规划的语言传播常常与标准化工作结合进行,如以色列的希伯来语(Dagut 1985)、坦桑尼亚的斯瓦希里语(Whiteley 1971)、魁北克的法语(d'Anglejan 1984)、印度尼西亚(Alisjahbana 1984)与马来西亚(Omar 1984)的印度尼西亚语/马来语以及中国的"普通话"(Bo & Baldauf 1990; Tse 1982)。

不过，语言传播也可被看成是在语言接触环境中的一种"无规划的"语言规划（Baldauf 1994）现象。人们之间以一种比较和平的且较少经过规划的方式接触。例如，在一种接触的环境中，很有可能一种贸易皮钦语将会在两个社团之间发展成长起来，这种皮钦语由来自两个社团语言中的词汇与语法要素组成，但其实质上在词汇与语法两个方面都减少了，通常缺少形容词，并大量使用临时造的词。随着时间的推移，很有可能这样一种语言将获得地位，并实际上变成边界地区人群中某些人的第一语言，并进而变成克里奥尔语。如果这种克里奥尔语继续坚持，那么它就有可能向着去克里奥尔化的方向发展成主要的语言。这样一种形式可以得到非常高的地位。比斯拉马语的出现就是这样一个有趣的例子，比斯拉马语现在是瓦努阿图的国语。巴布亚新几内亚的托克皮辛语、主要由澳大利亚北部土著人讲的克里奥尔语（Kriol）和托雷斯海峡克里奥尔语（Torres Strait Broken）（例子见 Baldauf & Luke 1990）是另外三种稳定并正在扩张的克里奥尔语的例子。从某种程度上来讲，美国黑人英语也是这样的例子，它通过去克里奥尔化而向英语的方向发展，并在成为英语的进程中已经取得了很大的进步（参见 Dillard 1977）。

英语在世界范围内的应用是另一个语言传播的例子。本书第九章"科学与技术规划"这一节讨论了英语传播的原因。在这一点上，只要说世界上将英语作为第一语言与第二语言学习的人比世界历史上讲任何其他单一语言的人都要多这就足够了。类似的但较为有限的语言传播现象，尽管一般是出于不同的原因，但在其他语言当中可以看到，如阿拉伯语、汉语、法语、德语与西班牙语。英语的这种传播引发了许多相关的现象，例如，像卡克鲁（Kachru 1982，1992）所称的在许多前殖民地区中的"英语本国语化"。这种本国语化过程的一个成果就是越来越有名的第二语言文学的发展；也就是说，大量用英语写作文学作品的作者，英语并不是他们的本国语，他们使用的并不是大都市的英语，而是用于特定的语域（也请参见第二章，在小标题"细化"之下的内容）。能说明这种现象的两个例子有阿莫斯·图托拉（Amos Tutola）创作的小说《棕榈酒鬼》(The Palm Wine Drunkard)(纽约：格罗夫出版社)和由艾伯特·文特(Albert Wendt)创作的小说《还乡游子》(Sons for the Return Home)(奥克兰：朗曼保罗，1973)(也请参见 Cruz 1986 和 Thumboo 1986 就这个问题的讨论)。

(六)词汇现代化

前边一节语言标准化部分已经提到，语言需要不断与时俱进以便处理那些超越自然发展速度的新概念。纳希尔(Nahir 1984)认为术语工作的结果可以归属于下列两种范畴之一：(1)词汇的发展与语言现代化过程（即，标准化、丰富一种语言和扩大其活动范围）有关；(2)术语的创造与改造是所有标准化的语言都得做的术语增加的过程，以表达词汇中无法表示的新思想、新概念与新技术。纳希尔(Nahir 1984：307)提出词汇的发展是一种"过程或活动"，而术语的创造与改造是一种"目的与功能"。词汇现代化的两个方面可以同时出现在那些既是标准化又是现代化的语言中。耶努德(Jernudd 1977)讨论了术语创新的一些来源。

在这一点上，考察一下当一个语言社团有一系列手段可用来创造新词语时词汇现代化会怎样出现可能是个有趣的问题。这些创造新词语的方法包括：(1)完全重新创造的词语；(2)赋予新义后再利用的旧词；(3)从另一种语言中借来的词语；(4)在常见词根与词缀基础上创造的词语，这些词根与词缀要么是源于该语言的历史基础，要么是源于共同的外部来源。词汇现代化与术语的统一或规划也有联系，而术语的统一与规划常在国际层面来进行，因此技术术语的意义需要在几种语言之间形成普遍的共识。

1.除了商品名称和缩略语之外，完全创造的新词语实际上是比较少见的。就我们所知，自18世纪中叶以来只有一个绝对独特的词被加入到英语中来了。这个词就是由伊斯门(Eastman)创造的用来拟声地表示相机快门开关声音的词："柯达"(Kadak)。英语中这样增加的新词语比率很低，不过其他语言中的增加比率可能会不一样。例如，在汉语、皮利皮诺语、冰岛语和印度尼西亚语当中，由于快速引进新技术或此前在文化领域一致表现出的拒绝借用外语词而使新词语创造的速度非常快。

2. 比较常见的是通过新方法再利用那些功能不复存在的词语。例如，英语中的"广播"（broadcast）一词曾指一种手动播种方式。随着机械农场经营的出现以及大规模农场经营的发展，手工播种方式被取代。20世纪20年代，该词被无线电工业接收过来。到20世纪末，该词语完全丢失了其原来的意义并获得了一种新的生命，用来描述通过电子手段在空中传播信息。在本世纪初，"烤架"（grid iron）一词指用于做饭或烘烤的烧木柴的炉子。现在做饭与烘烤大都改用电的或煤气设备了。随着技术的变革，一位富有想象力的体育作家将该术语作为一个贴切的隐喻用于描写美国橄榄球场。几年下来，橄榄球的比喻已经广为人知，而该术语最初的意义却消失了，大部分50岁以下讲英语的成年人都不太知道这个隐喻的来源。

3. 词语常常从一种语言借入另一种语言。当一种技术由一种文化传递到另一种文化中或当一种语言重新扎根于一种新的环境中（像在殖民情况中那样）时，这种借用就会很自然地出现。例如，英语术语 TV（电视）事实上已进入了每一个应用了该技术的社区。在很多情况下，该词已适应了借入语言的语音系统，不过情况并不都是这样的。原来的语音可作为一种很有声望的标记仔细保留下来，从法语借入英语的"声望"（prestige）一词就是一个很好的例子。

大量的英语词汇被借入到其他语言中。例如，有关棒球的一系列词汇都被借入到日语中，并进行了适当的语音调整。英语的 ball（棒球）在日语中叫 balu，bat（棒球球棒）在日语中叫 batu，base（垒）在日语中叫 basu，甚至连棒球体育场中提供的传统的 hot dog（热狗）在日语中也叫 hotudogu。不过，英语本身也是一种常常借入词汇的语言。英语词汇中的大部分音乐词汇借自意大利语，而大部分的基本军事术语则借自法语与德语，并在语音方面进行了适当的调整（如法语词 colonel /kòlònèl/ 等于英语的 /kě'n´l/）；从美国印第安人语言中借用的动植物名称，也从语音方面进行了适应性调整（如，奇帕瓦语[①]的 shikag 在英语中叫 skunk［臭鼬］；克里语的 otchek 在英语中叫 woodchuck［美洲旱獭］；德拉瓦尔语的 pasimenan 在英语中叫 persimmon［柿子树］）。当然，还有大量词汇是直接借自拉丁语和希腊语的，如拉丁语的 skeletós 在英语中叫 skeleton（骨骼），希腊语的 skeptikos 在英语中叫 skeptic（怀疑论者）。有的时候借词过程中会出现重要的"连环借用"现象，如，西班牙语的 cucaracha 借入英语后变成了 cockroach（蟑螂）。后来被省略缩短为 roach（蟑螂），再后来作为一个术语用来隐喻地指大麻卷烟的烟蒂。

缩略是一种常见现象。prof, doc 和 math 是常用词汇，分别来自 professor（教授）、doctor（博士、医生）与 mathematics（数学）三个词。英语中的 mob（乱民）一词是拉丁语词 mobile vulgus（流动的民众）的缩略形式。在澳大利亚英语口语中，许多词语（包括名字）被缩略并被增加了一个元音，如 garbo=garbage collector（清洁工）；smoko=a smoking break（供抽烟的休息时间；比较普遍的一种工间休息）；Jacko=Jackson（杰克逊）。有时候，借来的词后来意思发生了变化，如，bratt 一词意思是"口水兜、围嘴"，从威尔士语借入英语中变成 brat，指调皮捣蛋的孩子（即，弄脏他［或她］的围嘴的孩子）。法语研究院努力抗拒从英语中借词并采取了立法行为来禁止像 le weekend（周末）这样的表达式（参见 Thody 1995）。尽管有法兰西学院的限制，但词语借用依然普遍存在。有些借用情况的结果就是逐字翻译（如，英语的 honeymoon［蜜月］等于法语的 lune de miel［蜜月］）或一种接近的翻译（如，英语的 hot dog［热狗］等于法语的 saucisse chaude［热香肠，热狗］）。

4. 以现在共享的本属于另外一种语言的词根与词缀为基础创造新词语以表达新功能。英语以希腊语和拉丁语的借词为基础创造了数千词语。有时候新词语中会创造出一些奇怪的词语。大量的新技术术语都有这样一

---

① 亦译"奇珀瓦语""齐佩瓦语""契帕瓦语"，又称 Ojibwa，译为"奥吉布瓦语"或"奥杰布瓦语"。

个源头,广告会明显强化这个过程,如,rayon(人造丝)、nylon(尼龙)、microscope(显微镜)、telescope(望远镜)、telephone(电话)、sonar(声纳)、solar(太阳的)。有趣的"连环借用"现象再次出现:solar(太阳的)一词新造成一个形容词,意思是"太阳的或与太阳有关的"。因此,我们讲 solar(太阳能),指直接从太阳那里产生的能量。可是,最近科学家有能力捕捉到地面反射的太阳的能量,术语 solar(其拉丁形式为 solaris)不能用来指这种能源,因为这种能源不是直接从太阳得来的,因此,就不得不再创造一个新词 solic。过程基本上是相同的,只是用了拉丁语的形容词后缀[-ic]。现有的词根与词缀不一定都是希腊语与拉丁语的,如上面所提到的那样,在讨论新造词时,比如说在像汉语、皮利皮诺语、印度尼西亚语等语言中,新词是从历史词根中创造出来的,这部分是因为在文化领域有一种一致的运动,表现为拒绝借用外语词。新词也可以通过词语的移入方式创造出来。例如,在英语中,人名可能会变成普通名词。英语中的 mackintosh(防水胶布雨衣)是为了纪念 Charles Mackintosh(查尔斯·麦金托什,1766-1843)而命名的一种雨衣,他是这种雨衣的发明者。其他的例子包括 macadam(碎石)铺路①与 gladstone bag(由大小相等的两部分组成的铰链式手提旅行包)②。此外,商品名称也可能会变成通名。如,frigidaire(电冰箱)③在美国英语中是 refrigerator(电冰箱)的替换形式;xerox(施乐)④是 photocopy(静电复印、照相复制)的替换形式。有了名词,其他词类的词也可能会出现。因此,有了名词 xerox(n.,静电复印),它通过动词形式的 xeroxing(v.,用静电复印法复印),产生了形容词形式的 xerox(adj.,用静电复印法复印的)。

---

① 为了纪念苏格兰工程师 McAdam(1756-1836),他首创碎石路面。
② 为了纪念格兰斯顿(William Ewart Galdstone,1809-1898),英国自由党领袖(1867-1875),曾四次任首相:1868-1874,1880-1885,1886,1892-1894。实行无记名投票(1872),通过爱尔兰土地法案(1881),进行议会改革(1884),对外推行殖民扩张政策,出兵侵占埃及(1882),著有《荷马和荷马时代研究》等。
③ Frigid+Air 商标名。
④ 商标名,是 xerography 的缩略变体。

关于这些过程和其他问题的讨论在迪拉德（Dillard 1992）的文献中还可以看到，而奥尼恩斯（Onions 1966）的文献则很好地总体讨论了英语语源学的问题。词汇现代化催生出这些创造新词条目的多种选择方式。

菲律宾有一个有关词汇现代化的有趣的例子。他们在 70 多种语言中采用其中一种作为国语（参见 Gonzalez 1990；McFarland 1981；Sibayan 1984）。这种语言主要以他加禄语的马尼拉变体为基础，首先被称为皮利皮诺语，但是最近又被命名为菲利皮诺语以显示其准备从其他菲律宾语言中广泛借用词语的意向。该语言是自 1936 年开始准备发展成为国语的，并能够令人满意地服务于该语言社团的讨论。不过，特别是自第二次世界大战之后独立以来，大量的技术不断涌入菲律宾，同时经济持续增长，需要这种新国语将大部分技术本地化以使技术创新能够成为新的经济扩张的基础。皮利皮诺语从一开始就缺乏能够使技术本地化的术语，政府投入了相当大的努力来扩张并使皮利皮诺语/菲利皮诺语词汇"现代化"以促进技术与技术增长（Gonzalez 1989，1990）。

这包括几个阶段：从其他语言（主要是英语）中大规模地借入术语；根据他加禄语的音系规则对借入词语加以改造；从传统的他加禄语词根创造新词；改造旧的他加禄语词并赋予新的功能。尽管这种过程复杂并基本上与本体规划关注相联系，不过，其中也包括了一些地位规划的考虑。例如尽管从音系学角度来看，从日语中向菲利皮诺语中借入词语是可以理解的，也就是说，这两种语言都有辅音元音结构，但是，从情感上有一种很强大的阻力，反对从日语中借词。这是语言学历史中的一个奇怪的脚注，即尽管西班牙曾占领菲律宾将近 400 年的时间，但是，除了人名之外，如安德鲁·冈萨雷斯（Andrew Gonzalez），西班牙语对菲律宾语言的影响非常小。同样，尽管日本曾占领菲律宾一段时间，但是，实际上日语几乎对菲律宾语言没有什么影响。不过，尽管美国也曾在相对比较短的一段时间内占领了菲律宾，但是，英语却对一些菲律宾语言产生了巨大的影响。

马来西亚以前是个讲英语的地区，通过他们的语言规划机构"语言与文学委员会"(Dewan Bahasa dan Pustaka),马来西亚发动了一场扩大马来西亚语词汇的群众运动,以便使马来西亚语能够处理技术和先前该语言中无法成熟表达的语域。该组织不仅负责为技术与科学领域创造新词,也负责形态学上的修饰,还负责为在新加坡与印度尼西亚讲的不同变体之间能够互相理解做一些工作。这样的努力会碰到很多问题。例如,新词汇的创造应以什么为基础?借外语词,那么,从哪些语言中借:英语、阿拉伯语、梵语?借来的词要能够适应马来西亚语的音系学与形态学规则。也可以是旧术语的重新定义和从该语言的历史词根中创造新术语吗?由于需要大量的词语(1972 年以来有 400 000 个以上),这些工作必须快点做,因为人们需要立即使用(要不然他们就会创造出他们自己的),并且经费预算拮据。

如今的词汇现代化主要是一个经济驱动的过程,旨在丰富一种语言的词族。该语言的词族在各个方面为讲这种语言的人服务得都很好,只有在技术语域这方面差一些。如我们所见,有许多种方式来丰富词库,但目的是为了提供处理对社会有重要影响的新的技术方面的手段,因此,词库需要丰富的领域是特别有限的。尽管我们已相当详尽地讨论了菲律宾(与马来西亚)的情况,在下列语言中也还可以看到一些例子。如,普通话(中华人民共和国通用语言)、日语、希伯来语(以色列官方语言)以及撒哈拉以南地区的许多非洲语言(如斯瓦希里语)。阿利斯亚巴纳(Alisjahbana 1984:87)进一步说明了词汇现代化过程的规模之大,他说:"到目前为止,印度尼西亚语已经创造或接受了 500 000 个现代术语以表达现代国际化的概念……"当一个人在书店里考虑买一本包含了大约 100 000 个词的好词典时,我们就会深切地感受到这是一项伟大的事业。

(七)术语的统一

随着技术变得越来越普遍,20 世纪下半叶人们需要跨地理区域与跨语言的术语规范化或术语的统一以促进对共同拥有的技术的讨论。该需求扩展到大量的学术与实践领域,从医学、化学、药学术语的统一到渔业(例如,Baldauf & Jernudd 1983;Jernudd & Thuan 1984;Kaplan & Medgyes

1992)、航海业（Strevens & Weeks 1985；Weeks et al. 1988）或关于海峡航道管理的警方通告（E. Johnson 1994）这样一些领域的术语的统一。这个过程也被称为术语规划。它与词汇现代化有密切的联系。

术语统一的核心就是为了科学技术的目的而特别界定术语的功能与语义范围。许多政体在术语发展方面很积极，包括魁北克（Boulanger 1986，1989）和瑞典。瑞典技术术语中心（Centre for Technical Terminology，TNC）成立于1941年，"在不同的技术与科学领域细化术语"，然后，以专门用语词典（或词表）的形式出版（Bucher 1991：1）。不过，术语规划不只是从国家层面来考虑的，也进行一些国际性的合作（如，Stoberski 1990）。现在它也变成了学者和教学比较关注的一个领域（Sager 1975，1990）。随着技术越来越重要，跨越语言边界的严格等值术语的发展也变得越来越重要了。

（八）风格的简化

语言的复杂性可能会对日常情况下应用的语言变体造成一些问题，使用该语言的人的读写能力可能不能完全读懂用这种语言书写的文本。特别是需要理解如买车、买房、买保险等的合同或其他协议的语言时，或者在接受政府部门的服务如填写退税单、申领驾照、申领护照等时，情况更是如此。在这两种情况当中，文本应该以法律行话和公文术语这样的语言变体来书写。这些术语通常包括这样一些特征：不受上下文影响、以作者为中心、使用复杂的条件句、大量使用被动句、使用复杂的名词串、使用多重否定、使用行话、使用多余的同义词等。

在美国的司法实践中，法院一再重申语言必须得解释成明白易懂、普通老百姓都能理解的语言；换句话说，词义是约定俗成的。例如，在美西银行诉高等法院的案子中，美国联邦最高法院写道：

概括地讲，当法院面对……因据说是模糊不清的合同语言而引起的争论时，必须首先得试图确定［语言］是否与其……客观合理的预期相一致。为此，法院就必须得结合上下文及打算达到什么功能来解释语言……这是因为合同语言必须得在法律文书这个整体语境中来解释，情况如果真是这样的话，那么合同中的语言就不会出现歧义了。（1992，2C，4th，1264-1265）

换句话说，语言不仅必须解释得让普通老百姓能够理解，而且必须结合上下文来解释。

在政府文件中，问题同样很复杂。卡特总统在其执政期间于1978年颁发了一个行政命令，要求政府文件必须用"平实的英语"写作。为了回应总统的行政命令，政府就与美国研究所签订了一份合同，开发"文件设计项目"。该项目的目的就是与政府部门的工作人员一起工作，"……帮助他们简化规定、表格、备忘录与小册子……"（Charrow 1982：173；也请参见 Battison 1980）。"文件设计项目"确认在官方文件中有四个方面的问题：

（1）语用问题；

（2）组织问题（书面话语结构方面的）；

（3）句法/语法问题；

（4）语义问题。

最近10年，法律语言学变得有点儿更复杂了（例如，见 French & Coulthard 1994— ；Shuy 1993）。要列出少量具有开创性的处理文本设计的作品有点儿困难。

不过，不只是文件设计语言与法律语言是风格简化的焦点，与医疗卫生服务、广告、就业和公共服务领域的语言应用有关的工作也必须得做。澳大利亚在这些方面做了大量重要的工作（例如，见 Clyne 1994；Clyne et al. 1991；Marriott 1990；Paulwels 1991，1992；Wierzbicka 1993）。

通常，风格简化是试图使文本更具可读性，能向必须接受它的广大受众更清楚地表达，并减少词汇与句法方面令人费解的情况。尽管美国做了大量的努力来实现这些目标，但结果并不很漂亮。斯科尤姆-尼尔森（Skyum-Nielson 1978）在报告中认为，丹麦也通过了相同的立法，但人们不明白这种语言简化的尝试将会达到一个怎样广泛的程度。尽管风格简化是一种值得称赞的目标，但可能没有"平实的语言"[3]这种风格。

这也不是一个没有争议的语言规划目标。也有一些人说，如果目的是促进交流的话，那么平实的英语（即风格简化）就不是所要的答案。澳大利亚交际研究所的戴维·斯莱斯（David Sless）认为，良好交际的原则出自会话，因此：

> 良好的交际需要合作、双方约定、交流与对话。[此外]我们必须质疑那种建议使用某些正式的文体规则来解决交际问题的策略。我们应该抵制从形式上将用户的文本变成一种密码的行为。(1995：3)

斯莱斯（Sless 1995）的说法基本上包括四个方面的意思：

（1）没有证据可以证明平实的英语材料对于读者（即实际上能正确"使用"文本者）来说更容易或更清楚；

（2）语言只是良好交际的一个组成部分（即其他的因素在创作一个可理解的文本时都需要花很多时间来发展，如排版、现场测试文本和利益相关者之间的谈判等）；

（3）简化的平实英语原则常常不能够处理解决交际问题的复杂性（即简单词语——像 get 或 run——常会有复杂的意义）；

（4）平实的英语文本可能会给人提供一种以为能够理解文件的虚假的安全感（即当人们不能理解信息时，人们更多地是责怪自己而不是责怪"简单书写"的文本）。

显然风格简化是一件复杂的事情，需要关注所交流的信息、受众与语言风格。

（九）语际交流

纳希尔（Nahir 1984：312）认为语际交流的焦点是"通过加强应用作为辅助语言的人工（'辅助'）语言或'广泛通用语言'来促进'不同'言

语社团成员之间的交际"。这可能包括修改某些同语系语言的语言学特征以促进更好的交际。纳希尔在这个语境中没有提到口译与笔译，可能是因为口译与笔译在最近 10 年作为一个政策领域的增长以及在早期很多实践中所表现出的精英与个人主义的性质。有三种与语际交流有关的语言规划目标。

1. 世界范围内的语际交流

"世界范围内的语际交流"重点关注的是作为通用语的辅助语言或英语。尽管人们在学术上对辅助语言／国际语言／人工语言特别是世界语（Esperanto）很感兴趣（如，Ashby 1985；Corsetti & La Torrie 1995；Harry 1989；Large 1988；Tonkin 1987），但当像英语这样广泛沟通的语言变得越来越普遍时，人们对上述这些语言的兴趣通常会越来越低。像所有的小语言一样，它们面临着越来越多的竞争。因为它们没有文化与社会的家园——它们最令人称赞的好处就是政治上是中立的——它们没有所赖以生长的自然基础。由于教育维持语言的基础不够充分，这些语言不太可能为世界范围内的语际交流做出什么贡献。另一方面，英语作为通用语或国际辅助语的发展十分惊人。本书第九章中的"科学与技术规划"部分将会考察这种现象的原因（也请参见 Eggington & Wren 1997）。

2. 区域语际交流

"区域语际交流"的重点是发展区域通用语，像拉丁美洲的西班牙语、东非的斯瓦希里语那样，或者是提高讲同语系语言的人群之间的相互理解。后者的一些例子包括所有斯堪的纳维亚语言委员会成员，他们试图消除他们语言之间的新的与不必要的差异（Molde 1975），包括马来西亚与印度尼西亚在拼写法改革和其他改革中的合作（Omar 1984；Alisjahbana 1984），也包括荷兰的荷兰语与比利时的荷兰语在拼写法与其他方面的改革（Van de Crean & Willemyns 1988；Van der Plank 1988）。在每一种情况当中，语言规划者都旨在促进不同语言／变体之间的交流。

3. 口译与笔译

"口译与笔译"是个不断增长的语际交流领域。该领域包括许多考虑，不过核心是关于翻译的问题（Roberts 1992）。有些专家将"笔译"与"口译"区分开来，认为前者主要关注从一种语言到另外一种语言的书面翻译以及各种各样如合同、法律协议、条约等的商务交流，后者主要处理从一种语言向另外一种语言的同步言语翻译，就像在各种学术与商务领域的国际会议上和联合国机构中那样。在法律环境中（即在警察局、法院），为了获得健康服务与政府信息，在工厂，社区口译也在不断壮大（见第九章中"澳大利亚政府的口译"部分）。20 世纪，随着全球交往的增长，这种语际交流的需求快速增加。尽管笔译与口译专业性很强，但有时会因缺乏理论框架而受到批评。像语言规划自身一样，该领域主要需要的是立竿见影的答案。最近几年，笔译与口译的需求激增，这些领域有点供不应求（参见 Bühler 1987）。

尽管以前笔译与口译在很大程度上绝大部分都是人工的，但现在至少笔译已开始利用机器了。20 世纪 50 年代以来，各种各样的机构（如贝尔实验室、IBM、CIA[①]）都致力于机器翻译的完善。各种基于计算机的技术得到开发，但到现在还没有开发出能绝对准确翻译的翻译处理装置。相对便宜一些的个人计算机程序（如，Globalink Power Translators[②]、Microtac Assistants[③]）现在可以应用于"简单文本"的"翻译"，宣称在主要的欧洲语言（即英语、法语、德语、意大利语和西班牙语）之间可以达到 80%—90% 的准确率。日本科学家正在研发第五代计算机。他们希望第五代计算机能将所给出的文本通过翻译处理可达到 95% 的准确率。除了与机器翻译

---

① Central Intelligence Agency 美国中央情报局。
② Globalink Power Translator（GPT）不像"金山词霸""东方快车"那样能中英互译或全文翻译。它是以英语为母语，翻译德语、意大利语、西班牙语、法语，并且可以进行英德 / 德英、英意 / 意英、英西 / 西英、英法 / 法英全文互译或逐词、逐句即时翻译的"另类"翻译软件。它并不适合于一般的用户，而适合那些学习法、德、意、西四国外语的用户，或有较强英语能力并经常要查看一些法、德、意、西等语言资料的用户。
③ 一套语言助理系列产品。该系列产品名为"语文助理"，在 DOS 与 Windows 系统基础上，主要通过一个双向的批处理句子翻译模式的双语词典为使用外语写作的人提供服务。目前有西班牙语、法语、德语和意大利语版本的语文助理。

特别相关的工作之外，人们在人工智能研究这种更普遍的领域方面投入了相当多的努力，人工智能研究也关注不同语言文本之间是否有相互翻译的可能。

（十）语言保持

"语言保持"（Language maintenance，LM）是一个上位范畴，它包括前边讨论过的"语言复兴""语言改革""语言转用""语言标准化"以及"术语现代化"等。语言保持有下列两种类型："社区语言保持"与"优势语言保持"。一方面，当一种社区语言面临灭绝的威胁时，就明确地需要语言保持；另一方面，甚至优势语言也需要进行一些保持方面的努力，以防止对规范模式的严重的语言偏离。语言保持的目的是保护北美洲、南美洲、非洲、欧洲和大洋洲的那些大量的使用者不太多的土著语言。在这种语境下的语言保护通常是一种以语言复兴为先导的过程。在很多情况下，要实施语言复兴之前，现存的变体必须得稳定下来并且需要创造一种条件即讲这种语言的人数的减少可以由新的学习者的增加来补偿。例如，在传统社会里，如果年长者都认为群体中的青少年脱离开传统方式太远了以至于他们"不愿意"学习这种语言，那么，这种理想的情况就可能会被削弱。有这样的观点存在，如果讲这种语言的人数的减少不能通过新的学习者的进入达到平衡，那么，该语言就得不到保持。

在第二种情况下，每一种语言都需要得到保持以防止其自身过度偏离共同约定的规范，英语就是一个合适的例子。很明显，在一些将英语作为国语或官方语言的国家，事实上都有一个偏离规范的本国变体的明显趋向。这种现象可能部分是语言学方面的，如英语中的辅音丛对有些语言的使用者可能很困难，有些结构在有些语言中可能不太常用，但也可能是教育系统方面的，很可能会产生一种螺旋式的偏离规范的趋势。也就是说，发音与语法看上去都不太标准的那些不是以这种语言为母语的人来教孩子们，而那些孩子们当中有些人会成为教师，他们的发音与语法会更加不标准等。随着时间的推移，在这些条件下，当地变体与大都市变体之间的隔阂会加深。在此期间，大都市变体并非保持静止不变，它本身也在变化，也可能会加深这种隔阂，甚至会出现这样一种情况，即当地变体偏离规范太远以至于这两种变体之间可能互相无法理解。为了避免出现这种类型的语言漂移，就需要进行语言保持以减缓漂移的速度，需要努力定期地去消除这种隔阂。这些问题在第八章"双语与语言地位"中将详加讨论。

（十一）辅助语码标准化

与规范化与生俱来的语言规划在许多层面都会出现，这里需要修正一下：

  语言的不怎么重要的、辅助的方面，如盲文符号、地名、音译与转译的规划，不是要减少歧义以促进交流就是要面对变化的社会、政治或其他的需求或渴望。（Nahir 1984：318）

在语言规划文献中，对于教聋哑人使用的手势语符号的开发相对关注较少，但是，重要的是要记住，这是一个团体和一种文化，就跟其他语言群体一样。佩恩与里根（Penn & Reagan 1990）曾考察南非的这个问题，里根（Reagan 1995）也考察了美国的手势语符号设计问题，而贝哈雷斯与马索内（Behares and Massone 1996）曾考察阿根廷与乌拉圭的手势语。

需要有一种规范的方式来指称像地名、地理特征这类事物。美国地质勘探局从1890年以来就做了这项工作。其他许多国家也做了适当的类似的工作。例如，在有些城市，有些街道名称相同但是所指不同，即街道、地点、新月形地带、大街，这就为邮政和基本的服务带来了困难。随着1972年印度尼西亚采取的拼写法改革，需要对所有的地名（如 Djakarta=Jakarta〔雅加达〕）进行规范化。不过允许个人用旧拼写法拼写他们的姓氏。

名称也可能会由于政治或社会的原因而改变。当土地被归还到土著所有者手里时，澳大利亚中部的"艾尔斯罗克"（Ayres Rock）就变成了"乌卢鲁"（Uluru）。"沙巴州"（Sabah）的首府"亚庇"（Jesselton，由欧洲的创立者命名）在沙巴州（英国统治之下叫"北婆罗洲"）加入马来西亚之后马上就更名为"哥打基纳巴卢"(Kota Kinabalu)。美国佛罗里达州的"卡纳维拉尔角"(Cape Canaveral)在肯尼迪总统被暗杂之后改名为"肯尼迪角"(Cape Kennedy)。不过，在过了大约20年[1]之后又恢复了原来的名字。洛杉矶市的理查德·M. 尼克松(Richard M. Nixon)免费高速公路在尼克松卸任美国总统之后马上改了名。在最近80年当中，中部欧洲的许多城市根据该地作为哪个国家的组成部分而曾数易其名（如但泽［Danzig］=格但斯克［Gdansk］）。纳希尔(Nahir 1984)曾提出加拿大萨斯喀彻温省(Saskatchewan)的首府里贾纳(Regina，英国女王之后定的名)在它刚建立的时候被称作"骨头堆"。澳大利亚的有些州仔细考虑地质特征是像"中国人的帽子"还是像"布莱克曼的小河"，给它们起了较少争议的名字。有些地名能够保留下来是因为社会上其他部门的人对语言学不了解。在加利福尼亚中部，有一个地方根据自然特征在官方地图上标为"Putah Creek"（阴道河）。Putah（即 cunt，阴道）是一个低俗的墨西哥西班牙语词，该地名是因为此处是早期卖淫处所的所在地。

1972 年，印度尼西亚拼写法的改革导致一些地名与人名成系统地重新拼写，也就是说，Djakarta（雅加达）变成了 Jakarta（雅加达），Soekarno（苏加诺）变成了 Sukarno（苏加诺）。尽管人们被迫使用新的拼写法来书写他们的名字，但是，这一点与欧洲有些国家实行的禁用"外国语"的人名与地名的禁令还是很不相同的（例如，Jernudd 1994b；Neustupný 1984）。

二、中观规划目标

如表 3.1 所示，安纳马莱与鲁宾(Annamalai and Rubin 1980)在一次语言规划会议上曾明确提出，还有许多中观层面的语言规划目标应成为语

---

[1] 实际上只有10年多的时间，"卡纳维拉尔角"在1963—1973年期间叫"肯尼迪角"，是空军与航天基地。

言规划者考虑的问题。这些目标包括：
- 管理：官员与专业人员的培训与认证。
- 管理：应用的法律规定。
- 法律领域。
- 教育公平：教学法问题。
- 教育公平：语言权利/认同。
- 教育精英形成/控制。
- 大众传播。

应该加入到这个清单中的其他目标包括：
- 教育的公平：语言障碍。
- 社会的公平：接受少数人语言。
- 语际翻译：专业、商务、法律等的培训。

由于这些是语言规划活动，而不是因为源于对语言规划目标的分析，这些活动在它们所出现的一定语言规划语境中得到了最好的考察。其中许多内容将在第四章至第九章中进行讨论。

三、传统语言规划批评

在本书第一部分中，我们考察了语言规划的环境、理论框架与目标。我们应该记住，该学科如果没有批评的话将不成其为学科（如，Luke *et al.* 1990；Tollefson 1991）。根据费什曼（Fishman 1994：91）的观点，按照语言规划者的说法，新马克思主义者与后结构主义者对传统语言规划的批评可归纳为以下五点：

（1）语言规划是由那些受个人兴趣所支配的精英来实施的；
（2）语言规划将重演而不是克服社会文化与经济技术上的不平等；
（3）语言规划抑制或阻碍了多元文化主义；
（4）语言规划支持全世界的西化与现代化，导致新的社会文化、经济技术与概念上的殖民主义；

（5）只有民族志的方法能够将语言规划研究从上述弊病中拯救出来。

不过，费什曼认为，这些批评主要是针对语言规划理论而非针对实践的分析，"即使如此，很少有语言规划实践真正是接受了语言规划理论指导的"。（Fishman 1994：97）这里有道鸿沟，而且在某种程度上语言规划者忽视了少数人的语言权利，因此他们就面临着正当的批评。同时，人们必须小心，不要用另一种对少数人的利用来代替目前的对少数人的利用，或通过一种纠正不公正的过程而创造出新的少数群体来代替现有的少数人（如，参见 Eckert 1983）。实际上这就是弗里埃（Friere 1979，1985）、弗里埃与马塞多（Friere & Macedo 1987）在他们赋予少数人权利的方法中所推荐的。他们建议将少数人放入多数人之中并从现在的多数人中创造出新的少数群体，这样，这个新的少数群体就会被老的少数人所利用。语言规划者需要赋予生活条件差的人以权利并为生活条件差的人提供教育。

不过，语言规划理论与受理论指导的语言规划研究一定还有其他的目标。它们两者都必然与霸权的、原始霸权的以及反霸权的努力有关。二者一定拼命努力追求多元方法论的技巧，并培训新手以便他们能够选择并实施最适合特定问题与研究环境的研究方法。语言规划专家一定知道如何选择方法而不会被局限于任何一种多用途的方法当中。最后，语言规划专家必须认识到，尽管多数针对他们的来自后结构主义者与新马克思主义者的批评曾经并将继续得到完全改正，甚至整个社会都被推翻或得以重建，但是，绝大多数由这种批评所提出的问题并不能完全得到改正。利己主义将继续成为激发当局的动机。新的结构上的不平等将不可避免地出现以代替旧的结构上的不平等。社会上比较有权的部门将很少愿意改变他们自己，他们更愿意改变他人。西化与现代化将继续促进解决大部分人类的问题并让他们满意。最终，不管社会政治气候怎么样，那些支持与反对语言规划的人都将会利用语言规划。这是个事实,即新马克思主义者与后结构主义者对语言规划的批评看来从来就没有抓住实质,因此,他们似乎从来就没有超越他们的批评,不像他们对批评的陈述那样是决定性的或有效的。(Fishman 1994:98)

人们逐步认识到公司、团体与个人可能会对语言状况有所影响,认识到在社会中应该为少数人语言留有空间,认识到"改变语言转用"是可能的(见 Fishman 1991b)。尽管在宏观语言规划中后一种认识正在不断增强,一些政府与社区已经开始处理,但是,上述的微观语言规划语境却没有得到多少研究,甚至有许多参与者可能连他们自己参与到语言规划中来了也意识不到。不过,他们参与或抵抗与语言相关的决策,可以影响到对语言学习与使用的决策。由此看来,较大的宏观的国家语言规划模式已经主宰了语言规划文献,微观情况被忽视,而对参与者或在这样的情况下是如何做出决策的则知道得更少。

四、本章总结

在本章中,我们考察了语言规划的一些宏观目标。许多目标涉及豪根模型的一些方面,豪根的模型定义了构成语言规划过程的语言规划活动的基本目标。这一章也考察了为什么一定要进行语言规划。

目标中已考察的有:
(1)语言净化
(2)语言改革
(3)语言传播
(4)语言复活
(5)语言标准化
(6)词汇现代化

（7）风格的简化

（8）语言保持

（9）术语的统一

（10）语际交流

（11）辅助语码标准化

本章建议，语言规划不应当随意实施。规划有可能是一项耗时与昂贵的工作。语言规划不是一项一次性的活动，但是必须去做，而且实施起来需要一系列自上而下的决策。一些语言需要进行规划，作某种形式的调整，这时人们必须得接受所推荐的修改，这确实是基于他们的最大利益考虑的。那些实施语言规划的人，需要理解，他们的建议不仅必须"兜售"给那些接受改变的人，而且要"推销给"所有的人。下一章我们将转而考察费什曼文献中前边那部分所提出的方法论问题。鉴于我们关注的是社会语言学的调查，语言规划专业工作者需要有广泛的技巧以便能"选择并实施研究方法。这些方法对于特定问题与研究环境来讲是最合适的"。（Fishman 1994：98）

注释

1. 奥姆的《奥姆拉》（亦译《奥姆卢姆》），创作自13世纪上半叶的一首10,000行诗歌片段，是早期的一种标准化努力。奥姆发明了自己的拼写系统。他的工作清楚地说明了英语的演进并启发了人们对标准化的渴望。
2. 例如《牛津英语词典》自1880年开始编纂，直到1935年才完成。10卷本的最新版与修订版又花了50年时间才完成。尽管计算机的问世可以大大地缩短词典编纂的时间范围，但是，其中的工作仍然意味着在它们的开始与完成之间需要相当长一段时间。基于语料库的词典研发使词典编纂变得更为容易了——只要有语料库——这样的词典会变得对语言更具有描写性而非规定性。
3. 无论如何，报纸中有长年不断的提醒者呼吁政府应该提出这种语言问题，例如，1996年中期，安大略省/多伦多消费者与商业关系部正在研究"语言平实的"汽车租赁协议，如果合适的话，它就会被授权作为所有这些合同的范本。

第二部分
语言规划的关键问题

  本书第二部分向读者介绍属于语言规划领域核心的关键的跨国问题。第四章讨论数据收集与方法论问题，特别关注社会语言学调查。这一章概述语言规划的数据需求，并介绍了收集数据的方法。

  第五章则通过教育语言规划与识字教育规划讨论语言规划的主要实施方式。第六章讨论影响规划语言方式的数据的性质与经济环境。这一部分的目的就是介绍一些在语言规划实践中发现的重要的跨国问题，作为在特定语境中考察语言规划的基础。第三部分将通过一系列个案研究来说明这些问题。

第四章　语言规划过程

如果一个人想参与到语言规划中来，而不只是研究它，那么，理解这种规划出现的过程就很重要。第一章中将语言规划定义为：为了某个特定目的向着一个特定方向来试图改变语言社群的语言行为。如果语言行为改变了，那么重要的是不仅应明确要达到的目标（见第三章），也要明确政体内当前的语言状况是什么样子的，以便使过程可以达到这些目标。在第二章中，豪根（Haugen）的模型提供了一个语言规划过程的总体观点，而库珀（Cooper）的解释方案则指出了规划过程中需要认真对待的一些变量，不过二者其实都没有描述是如何看待语言规划过程的。当然，人们可以采取许多种方法来收集信息，并在这些信息的基础上来决定语言规划的目标以及达到这些目标的手段，不过我们决定集中讨论两种可能的信息收集方式：(1) 在宏观语言规划语境下的社会语言学调查；(2) 常用以代替语言规划的更为特别的教育语言规划过程。首先，我们也想研发一些工具以便能给所收集的信息增加内容，而这些信息是语言规划项目的一部分。

语言规划作为一个研究领域，汇聚了各种不同学科的专业知识，每一个领域都为收集作为语言规划基础的数据贡献了其独特的方法与技巧。尽管在整体概述语言规划的背景下不太可能详细描述所有这些独特的贡献，特别是由于使用的方法比较依赖于研究的具体情境，但是，概述一些主要的技巧并为有兴趣的读者指出一些已经出版的作品则是可以做到的。尽管下面要讨论的方法被认为主要与制定语言规划的背景有关，但这些方法也可用于规划实施与评估的不同阶段。

对方法的概述表明，要了解某一特定社区当前的语言状况可以有许多不同的方法。下面我们简要考察一些数据收集的方法。虽然本章大部分细节关注的是社会语言学调查过程，但重要的是，还知道有其他的手段也可以用。正像费什曼（Fishman 1994）指出的那样，不同的学术传统偏爱不同的方法。这里提出的社会语言学调查模型在宏观层面实施时，是既耗时又费钱的。但是，之所以不顾及这些缺点而提出这种模型，是因为人们相信它能够提供实施规划所需要的最完备的数据库。当然，也可以按比例利用较少资源或进行微观规划研究。

一、数据收集方法

如费什曼（Fishman 1994）在其反驳上一章引用的对语言规划的批评中所指出的那样，有许多有用的方法可以为语言规划收集资料，语言规划者需要成为多面手，这样他们就可以利用适宜的最好的方法。鉴于在大规模项目中语言规划队伍的构成应确保能提供项目必需的技巧，在微观规划或在适度资助的情况下，如果语言规划者要想有效地收集调查语言问题所需要的资料，那么他们就需要成为多面手。下面讨论语言规划所需要的技巧与方法，提供了一些参考实例，以及进一步阅读的关于各种技巧的材料。

（一）历史的分析

许多语言规划问题的根源就存在于特定政体或场所内语言的作用及其历史发展中。尽管历史学家自己通常拒绝将他们的工作直接应用于解决实际问题，但对历史情况的了解可以使规划者与决策者更好地了解为什么会存在某一特定语言问题，了解关于这一语言问题的过去、现在与未来的趋势（Aksornkool 1985），更好地了解随着时间的推移语言与其他文化元素之间的相互作用（Baker & Mühlhäusler 1990），了解问题背后一些假设的基础与性质的迹象。还应该允许对特定假设的数据进行重新评估（如，Keesing 1990）。通过从外部了解来源是否可靠、从内部了解其中信息的准确性与价值，适当关注来源的真实性，重视事实的历史重构，可以提供这样的信息。这种分析也可为语言规划或随着时间的推移而出现的语言变化提供一种文献评估（例如，Ozolins 1991，1993）。

作为如何用历史分析来揭示语言问题本质的一个实例，格林等人（Green et al. 1994）分析了澳大利亚的识字危机。根据历史资料，他们认为：

> 识字危机不只是学校与教育的问题。第二次世界大战结束以来，澳大利亚识字危机以一种几乎可预见的规律性出现，即都与大的经济与政治的、社会与文化的、人口统计学与技术的运动有关。识字不是一个"孤立"的问题，它从来都不是孤立的。识字"危机"什么时候和以什么方式出现依赖于其他较大的社会问题。（概述部分，第1页）

他们认为不同的识字教学模型会产生不同的结果，有利于不同的群体、社区或经济利益。如果我们想评估这些模型，"我们就需要了解更广泛的教育变革的历史背景。"（概述部分，第1页）

> ［他们的］文献记载的历史中没有展示有关识字者与不识字者或有关识字教育与学习的"真相"与"事实"。相反，它倒成了有关语言与识字教育公开的政治辩论的可见记录。历史记录了有关教育系统的方向与发展以及教育与更广阔社会之间的关系的辩论……这段历史表明，识字能不能以及如何变成一个公共问题常常依赖于教师与学生控制力之外的力量与兴趣。（概述部分，第2页）

以文本中提供的历史文献为基础，他们假定了与识字危机有关的四个关键领域，即经济变革、政治与地缘政治的变化、人口统计学的变化与多元文化主义、技术与大众文化的变革,然后还提供了一种教师们用以分析新闻中识字危机的理论框架,即他们提供了一些文献批评的内外部标准。

基辛(Keesing 1990)提供了另一个例子,说明历史证据对于语言规划与发展的检验假设是有用的;在所罗门皮钦语(Pijin)变成所罗门城市文化中的基本通用语已成事实的情况下,他考察了为什么所罗门皮钦语在巴布亚新几内亚(或瓦努阿图)从来都没有被承认、被认为是合法的情况。他认为这是因为:

> 支配性的意识形态依然把皮钦语看成是英语的一种不规范形式。英语是欧洲人创造的一种占据支配地位的形式,被一种地位稍低且不太低俗的语言尽可能快而有效地取代,并随着年轻人的想法与习惯而与"正确的"英语展开了直接的竞争。(Keesing 1990:164)

尽管现实是,历史的证据证明从 1870 年以来所罗门岛居民就成为能够流利地讲所罗门皮钦语的人,而大部分欧洲人则不太能够很好地掌握该语言,但是,上述这种意识形态仍然占主导地位。这种情况导致欧洲人把所罗门皮钦语看成是一种"与野蛮人就上等文化与技术进行交流时的一种简单而离奇古怪的媒介。野蛮人语言学方面的愚蠢无能反映了他们文化的落后与较低的智力"。(Keesing 1990:153)由于后一种观点成为关于所罗门皮钦语的主要意识形态,所罗门皮钦语"就从来没有一种标准的拼写法,也不能写作,也没有通过一本出版的词典或语法书来修饰"。(Keesing 1990:155)因此,历史的分析常能为了解社会语言学环境提供一种重要的基础,语言规划者就是在这种环境中工作的。

(二)语言规划评估

鲁宾在 25 年① 前写的对评估与语言规划的介绍中指出:

---

① 作者撰写书稿时,即 1996 年之前的 25 年。

由于缺乏在特定环境中描述语言规划评估实际过程的数据，因此，任何评估与语言规划的方法在这一点上都必须保持相当的学术与理论化。（Rubin 1971：217）

那时，评估与语言规划这两个领域相对都比较新，也许这种对情况的总结只能是一种期待。不过，她指出：看上去"在语言学界对于评估的所有问题都持消极的态度"。（1971：235）然而，10年之后，尽管鲁宾依然坚信好的规划在语言规划过程的实施阶段，必须有持续不断的评估与对规划的修正，但是，她在实践中发现"只是很少有人这样做"（1983：338）。情况并没有因为鲁宾的评论而发生显著的改变。语言规划活动的评估很少能实施和出版（如，Eggington & Baldauf 1990；Doğançay-Aktuna 1995；Gonzalez 1990；Noss 1985；Thomas 1981），尽管实施了针对有限受众的一系列评估方案，但这并没有因此而得以出版（如，Riley-Mundine 1990；Baldauf 1995a）。

要正确地看待语言规划评估，考察一下更具体的语言教育课程评价也许会有用。虽然像课程评价与教育评估这些比较一般的概念是专业机构（如美国评估协会）的主要领域，但是，贝雷塔（Beretta 1992：5）指出，除了看上去永无休止的有关研究"方法"的辩论之外，很少有第二语言教育评估研究成果出版。贝雷塔（Beretta 1992）与布朗（Brown 1995）曾回顾过第二语言评估研究，布朗只列举了1963年至1994年间出版的60篇研究成果，平均约一年两篇。奥尔德森与贝雷塔（Alderson & Beretta 1992）提供了也许是唯一的与第二语言教育评估相关的文本。尽管有许多书讨论了语言教育研究方法（如，Brown 1988；Hatch & Lazaraton 1991；Nunan 1992；Scholfield 1994；Seliger & Shohamy 1989）或语言测试问题（如，Bachman 1990；Bachman & Palmer 1996；Davies 1990；Henning 1987；McNamara 1996），这些书为可能在语言规划评估中出现的特别问题提供了很好的参考，但它们并没有说明语言规划评估的过程。如前面指出的那样，语言规划文献在评估问题上也保持了沉默。[1]

然而，需要指出的是，在评估语言教育计划问题时，如果要用更为有限且集中的教育语言结果来回答更大的语言规划问题（如，Eggington & Baldauf 1990），那么，使用（语言）教育评估来收集语言规划数据就可能会面临误解的危险。也就是说，通常语言课程只是语言规划的一个方面，这种课程的评估结果只对理解大部分语言规划想达到的更大的社会文化目标有帮助。甚至在语言规划的范围特别集中的情况下，就像在真正的双语课程中那样，教育评估将集中在语言学习的效果上，而语言规划评估则一定会超出学校的范围来考察当初确立该课程的社会文化目的。诺斯（Noss 1985）提供了教育课程中语言评估的一些特例，而冈萨雷斯（Gonzalez 1990）则说明，在某些情况下，以一个国家为样本，对语言规划的评估，实质上就是对教育语言规划的评估。

具体考虑到语言规划的评估与教育语言规划，如图4.2与图4.5所示，从最初的规划到发现事实阶段，反馈、判断与评估对于收集资料做出合适的选择决定来讲，对于规划的实施与执行来讲，都是很重要的。评估应出现在语言规划过程的每一个阶段。它应自政策研发阶段开始，规划的各种不同的阶段应受到现实的监督与检验。没有正式的评估，证据是道听途说的，那么人们就难以确定目标是否已经达到了。最终，要实施一项语言规划政策，下列问题就会提出来，即：该政策应该怎样较好地得以实施？达到什么程度？这种实施有多成功？这些问题表明，需要一些手段对该政策进行正式评估或判断。

布朗（Brown 1995：228-234）建议当第二语言评估者规划他们的工作时，应该考虑以下六种决定，并且语言规划者考虑一下这些决定也是有用的。

（1）"结论性还是过程性？"在某些方面，宏观语言规划评估几乎总是过程性的，由于项目要经历长时间的研发，因此，任何评估，根据定义，都旨在改进该项目。不过，结论性的评估可在特定时间节点上出现，而这可能会导致重点的转移或一些目标的改变。在微观语言规划情况下，人们可能会用过程性的评估来决定是否继续某些特定的语言活动。

（2）"外部专家还是参与型模型？"就其性质而言，大部分宏观语言规划情况都会用到外部专门知识，但是，这些项目的真正成功依赖于语言规划利益相关者的合作与参与，由他们达成可行性的语言规划。

（3）"田野调查还是实验室研究？"尽管大部分语言规划评估需要以田野工作、历史数据收集或一个调查委员会为基础，但是，主要以收集意见和分析报告与手段为基础则意味着一些语言规划评估中可能会有大量的"案头"评估成分。

（4）"项目实施期间还是之后来评估？"像许多其他社会方案一样，某一特定的语言规划过程可能没有清晰的截止时间，而只需考虑需要作出资金或政治决策的阶段。受命进行的评估工作可能会出现在这些时间节点上，而评估者则不得不通过其部分成果方面来考察这项工作。

（5）"定量还是定性？"大部分语言规划活动的规模意味着几乎总是需要一些定量的结果，不过，这些常常只能通过个案研究或其他的定性数据被理解为它们的社会影响。

（6）"过程还是结果？"语言规划的评估主要是关于过程的。特定的结果和以讲话人数量为目标等都很难衡量，在任何情况下，它们都主要是过程成功的指标。

总之，由于许多（潜在的）语言规划评估的规模较大且复杂，评估者并不能真正面对如何来收集他们的评估数据这样的选择。语言状况的需求常常主宰应该采取什么样的决定，并且常常需要考虑两种评估方案。

像布朗（Brown 1995）所指出的那样，作为评估研究的一部分，还有一些问题需要解决。对于语言规划者来说，这些问题主要包括抽样问题，即人们以什么样的时空间隔来收集资料？样本如何汇集？每天抽什么时间，每周抽几天？样本有多大？和方法问题，即所用的数据收集方法类型——调查、测试等，可靠性、偏差与误差的问题，即样本是否有偏差、测试的问题是否可靠等以及政治问题，即语言选择与应用从来就不是一个政治上中立的问题。当在一个团队工作时，召集评估者一起讨论评估信息并试图规避这些问题是很重要的。

那么比较合适的就是问一下"应该用什么方法为语言规划评估提供资料"。鉴于这部分的性质，回应必须简短、有代表性，因为读者可能已从前边提到的有关方法的参考文献中发现了有用的信息。戴维斯（Davis 1995）与拉扎拉顿（Lazaraton 1995）进一步讨论了定性方法的问题。一些有用的程序包括实施有关语言应用与语言态度的各种类型的调查。不过，一项纵向调查可能需要大约10年的时间才能看出结果。个案研究可以提供与语言规划有关的特殊类型变化的信息。对不同情境下语言使用的直接观察与记录可以为不同目的的语言使用提供信息。对青少年的语言测试可以帮助确立正式的语言熟练程度的变化。还有许多不强加于人的方法可以使用。例如，人们可以通过下列手段获得语言应用的一些指标：图书的销售额、图书馆的应用、电视、收音机、录像店的应用、文化活动、广告、涂鸦的语言、粘贴在汽车保险杠上的小标语，或者在公共交通工具上直接观察/倾听人们的交谈。所使用的方法与所从事的评估的性质必须与评估的性质和阶段相匹配。

最后，奥尔德森（Alderson 1992：298-299）在其关于语言教育评估的指导方针中总结了评估的目的与重要性：

> ……它们打算服务于实用的目的，告诉决策者们作为行动的适当的过程，首先应该是"有用的"，并且是"可以使用的"。未被使用的评估在某种意义上来讲是一种失败……。评估者主要关心的必须是获得可用的结果，提出可以听从的建议，……为了增加使用的机会，评估不仅应该是有关系的，也必须是一开始时利益相关者之间谈判过程的结果；它需要有足够的资源并得到充分的实施；最后的期限和可交付的成果需要保持；结果与建议必须被充分地解释成教育（即语言规划）政策并得到充分的报道。

我们在第十一章中认为语言规划是应用语言学的终极范例。在语言规划评估中这是毋庸置疑的事实。

（三）成本分析

人的语言技能与行为被定义为一个国家的资源。像任何资源一样，语言可以开发利用以达到可以量化的某些结果。由于语言规划常常是要在不同的可能的目标与选择中来挑选以达到那些目标，这就可以用一些成本分析法为决策者提供信息以对比所做不同选择的成本与经济效益（Thorburn 1971）。在成本分析法中，会以一种明确和系统的方式来确定目标、选择量化手段、预测并评估结果。伦丁与桑德里（Lundin & Sandery 1993）认为有五种形式的成本分析法可以实施，包括：

1. "成本效益分析法"（*cost-benefit analysis*）：是这种分析的常用术语，实际指从金钱角度来比较成本（投入）与效益（结果）。

2. "成本效果分析法"（*cost-effectiveness analysis*）：指对实现一系列目标的成本的考量。

3. "成本效用或结果分析法"（*cost utility or outcomes analysis*）：指在成本与所评估结果的效用或价值之间进行比较。

4. "成本可行性分析法"（*cost-feasibility analysis*）：指考察在项目所提出的预算范围内该项目是否能够得以实施。

5. "分配成本分析（成本效率分析）法"（*partitioning costs analysis* [*cost efficiency analysis*]）：指考察与个别方案目标相关的具体成本。

语言规划者可能会对这些分析当中的每一种都感兴趣，但是，常常对它们不加区分。例如，法佐尔德（Fasold 1984）曾指出"成本效益分析法"有局限性，因为这种方法常常难于用金钱来衡量一项计划中语言活动的结果，特别是当该活动的影响在很长时间内不能完全显而易见时，也就是说，用一种国语出版一本诗集的成本可以计算，但是，做这件事情在民族精神方面的收益则很难计算，特别是当这种影响长期发挥时。大部分讨论"成本分析法"的文献都用"成本效益分析法"这种说法，但是，语言规划活动可能更适合于用"成本结果分析法"来考察。

法佐尔德（Fasold 1984）与爱德华兹（Edwards 1985）表示，成本效益分析法很少有完成并可供审查的。此外，评估语言规划所做的经济分析看来常常是关注教育语言规划努力或关注其他微观问题。基于局部分析（即用教育语言规划的数据来评估整个语言规划）来评估语言规划具有危险性。埃金顿与巴尔道夫（Eggington & Baldauf 1990）认为，这些部分结果可能会提供一种有关语言规划影响的非常偏颇的观点。瓦扬古（Vaillancourt）在总结经济分析对语言规划的影响时说道：

> 文献表明，尽管经济学家开发出了对理解公司或个人语言规划效果有用的分析工具，但是，并未开发出对理解整个社会语言规划效果有用的分析工具。（1983：178）

成本效益分析法是被社会许多方面都认可的一种规划技巧（例如，见财政部，1992），政府常常在自然资源开发方面采用这种方法。例如，在第一章中使用的说明建造大坝的例子，政府在建造这样一个工程之前会仔细评估建造成本与大坝建成之后产生的效益。尽管这不是一项容易完成的任务，但是，它是一项可能的任务。因为，建造一座大坝的成本可以精确地概算出来，而通过水力发电、灌溉、娱乐等提高的财政效益则可以以一种合理的精确度概算出来：该工程提供的就业岗位的数量及其各种结果都可以精确地概算出来，实际产品的增加（用于娱乐的船只销售增加的功能，作为可用水力发电增加结果的新家园的建设，等等）都可以明确地指出来。

由于前边所指出的原因，很难将成本效益分析作为人文资源开发的一部分加以实施。尽管在语言规划运作过程中也是如此，但是，人们还是愿意这样做。例如，索伯恩（Thorburn 1971：259）曾概述，如果一个国家要采用一种"广泛沟通的语言（LWC）而非……'国语中的一种'（NL）"作为国语的话（见图4.1），那么就需要分析相关信息。一旦这两种语言（广泛沟通的语言与国语中的一种）的投入成本计算出来，潜在的效益也就算出来了，那么就可以比较成本与其他潜在的不同和结果的量化数据之间的实际差异。结果将是一种成本结果分析法，因为这种结果是不能以特定的

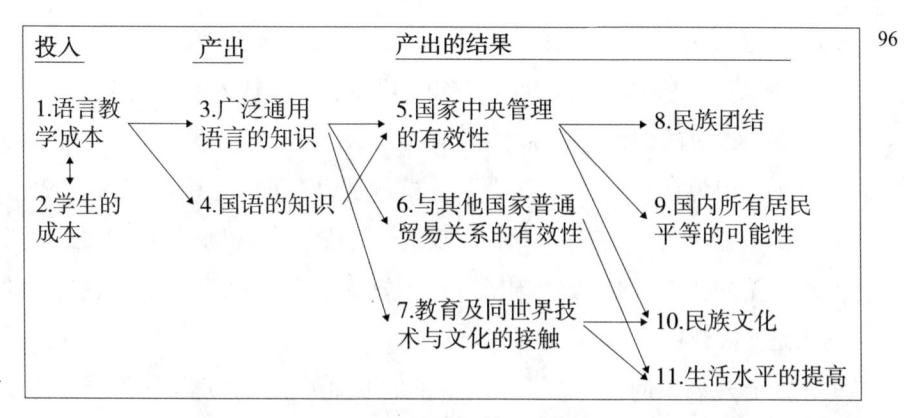

投入	产出	产出的结果	
1.语言教学成本	3.广泛通用语言的知识	5.国家中央管理的有效性	8.民族团结
2.学生的成本	4.国语的知识	6.与其他国家普通贸易关系的有效性	9.国内所有居民平等的可能性
		7.教育及同世界技术与文化的接触	10.民族文化
			11.生活水平的提高

图 4.1　国家成本效益分析略图

货币形式来量化的。不过，这种分析对于支持政治家的语言选择是有用的。

看一个具体的例子。一项社会语言学调查的真正成本是可以相当精确地计算出来的，实际上这是语言规划活动中唯一一个可以仔细追踪其中直接货币支出的部分。真正的成本包括：

- 调查团队的工资；
- 现场调查员与他们的主管的工资；
- 与该项目有关的交通成本；
- 计算机分析成本（上网时间、人力、纸张）；
- 调查报告的印制与散发；
- 参与决策的工时；
- 实施规划研发所需工时；等等。

这些都很容易确定。不过，不幸的是，实施一项规划的价值很难计算。各种不同部分的实施成本都可以同样相对高的精确度来确定，但是，从实施中产生的效益价值的增值则非常难以确定。[2]

然后，在可能的程度上，任何一个调查团队工作的一个重要部分就是启动成本结果分析。据了解，团队不可能为效益分配美元数字，但是，在一定程度上可以遵循表 4.1 中提出的模型在成本结果分析报告中至少可以把它们列举出来。尽管在效益方面不可能列出直接的美元数字，但列出预期的效益至少可以表明有所期盼。

表 4.1 清楚地展示了问题。左侧是需要直接花钱才能完成的活动，而右侧是对改进的设备、资源与结果的笼统表述，这些是无法标上具体美元数字的，因为难于分解出直接原因（这就是说，可能有其他因素也会产生相同的效益），由于不知道保持"现状"的成本是多少，由于不知道如果采取了不同的决策将会发生什么，由于效益（不管它们是什么）在遥远的将来是要被删除的，而成本是直接的。

所有规划中的一个主要问题就是，不知道如果"现状"得到保持或如果实施了一个完全不同的规划，结果将会是什么。同时，一旦用具体例子来说明一项规划，真正的问题就是不可能再回头。如果规划被中止了，将不可能测定它应该达到什么样的结果。由于产出的效益是在遥远的未来，从任何有用的意义上来看，人们不可能知道该规划是不是切实可行的，除非到了最后阶段。例如，如果少数族群接触较大的语言是自愿的并且达到了目的，但是，接触较大语言并没有给社会带来预期的稳定，相反倒引起了更大的不安，因为人们开始认识到他们真正到了更加劣势的地位。等到结果变得明显的时候，时间已经太晚了，已经无法扭转发展的趋势了。

表 4.1　成本结果分析报告

成本	效益
调查成本	决策所需更好的数据
工资	更多国内语言情况的知识
附加福利	更好地理解需求
材料与供应	更好地理解现存政策的效果
设备	政府部门间更广泛的协调
设备维护	
交通	
出版	
数据处理	
决策成本	更有效的政策

续表

工时 × 美元	政府部门间更广泛的相互作用
交通	对语言问题广泛理解的发展
报告印制与散发	许多部门之间的协调
与政府部门沟通	政府与私人之间更广泛的合作
实施规划	
工时 × 美元	
交通	
报告的制作	
散发	
监控	
教育语言规划	更多的孩子受到更好的服务
从业前的教师培训	更好的教师培训
在职教师培训	更有效的教师队伍
教材的生产	更好的教材
教学大纲的研制	改进教学大纲
评估工具的生产	更好的评估
交通	
工时 × 美元	
散发	
剩余物的维护与储存	

  最后，重要的是要了解语言规划不是一种一次性的活动。它倾向于产生它自己的需要。由于人类社会总是处于变化之中，因此，规划过程就应随社会的变化而变化。规划一旦实施，就成为一个不间断的过程。由于很难预测从特定规划活动中产生的什么样的效益将会增值，或提供变化的近似原因，因此，就难于预见什么样的额外问题会导致规划活动的开展，下一个关心的领域会在哪里出现。

  成本分析是更大问题的一个部分。这个大问题就是语言与经济学和语言在经济表现中的作用之间的关系问题。在第六章，成本分析将得到更广泛的阐释。

(四) 语料分析

20世纪60年代初期,计算机中已经可以存储大量的自然语料,这带来了计算机语料库,即机读集合文本的日益快速增长(见 Johansson 1995; Leech & Fligelstone 1992; Meijs 1966; Murison-Bowie 1996 近期有关该领域的评论)。建立了许多大型语料库,当时有些已发展为拥有五千万至两亿个词语的规模,如布朗语料库、兰开斯特-奥斯陆/卑尔根语料库、伦敦-伦德语料库、伯明翰英语文本汇集、朗曼/伯克贝克学习者英语语料库、英语国际语料库。有些语料库可通过"现代英语国际计算机档案" (International Computer Archive of Modern English, ICAME)[3]和《现代英语国际计算机档案》杂志的出版商来服务于学术研究,不过,利用这种资源从事的研究相对比较有限。版权与商业上的考虑限制了人们对语料库的使用,要使它们成为公共资源,还需要采取一些方法。由于许多语料库主要是搜集书面资料,而不是口语的,因此,许多通过语料库进行的语言研究都局限于书面语的话题(例如,Biber 1993)。尽管许多语料库都是基于英语的,但是,在英语之外,有16种不同语言的主要语料库正在开发之中 (Leech & Fligelstone 1992)。因此,对于那些兴趣点在于本体规划或语言教学的语言规划者来说,语料库分析已成为一个日渐重要的领域,因为,它可以提供一种语言及其使用的准确信息,而这些材料可以满足不同用户群体的需求。

电子词典编纂(Logan 1991; Meijs 1992; 还有埃克塞特大学词典研究中心)是与语料库研究平行的一个主要发展领域(也就是说,并非所有的电子词典都是从语料库或词典编纂语料库开发来的,但是,现在大部分电子词典都是以计算机为工具编纂的)。基于语料库的最早与最全面的一个作品就是从伯明翰英语文本汇集中开发出的《柯林斯合作英语词典》(*Collins CoBuild English Language Dictionary*) (Sinclair et al. 1987)。在该项目开发过程中,辛克莱(Sinclair 1987)和他的同事们证明了大型语言语料库工作在很大程度上就是一项语言规划活动。大约在1961年,该词典项目以语料库建设活动开始，一开始主语料库只有 700 万词语的长度。到 1987 年，总的语料库包括了大约 2000 万词语，还有 2000 万附加的更为专业的文本的词语。该词典不只是以语料库为基础，连词条的选择、词条的解释与词条的排列都是通过计算机实现的。计算机标注语法形式与发音的方法也得到开发。这一重要的本体规划活动也产生了一整套教学法材料，包括《词汇教学大纲》(*The Lexical Syllabus*)（Willis 1990）与《柯林斯合作英语教程》(*Collins CoBuild English Course*)（Willis & Willis 1988）。这种材料有些对于以英语为第二语言的学习者来说特别有用，因为它包括了实际使用的英语（如，"well" 最常用的用法就是停顿标志）。该项目证明了基于语料库的工作可以为语言规划所做的贡献。尽管大部分人可能永远也不会参加到一项重要的语料库项目中来，但是，用来检查文本的检索软件（这是词典开发的一种重要工具）随时可以作为语言教学中一种有用的教学工具（例如，参见 Tribble & Jones 1990）。

（五）人类语言学

任何实施语言规划建议的一个重要组成部分，就是必须知道所关注的那种（或几种）语言基本的语言学工作即本体规划做到了什么程度。"人类语言学"或语言人类学的下一级学科关注的是在社会文化人类学理论框架指导下对一种语言的田野研究（如，Healey 1975）。该理论框架可以通过威廉斯（Williams）在北婆罗洲杜尚社会的一系列以学生为中心的个案研究加以说明。威廉斯首先出版《文化研究中的田野方法》(*Field Methods in the Study of Culture*)（1967），之后考察了《婆罗洲的童年：杜尚的社会文化适应》(*A Borneo Childhood: Enculturation in Dusan Society*)（1969），并在《杜尚：北婆罗洲社会》(*The Dusan: A North Borneo Society*)（1966）一书中提供了对该社会一个村庄的概览。这种与所研究的语言相关的社会文化背景显示了一种（或几种）语言的哪些方面用于什么目的。从历史角度看，人类语言学处理的是无文字记载社会非西方语言的描述。许多人类语言学家并非学者，而是在政府部门工作或是加入到像"暑期语言学院"这样的传教士组织中的人。有些情况下，像澳大利亚北部地区所开发的双语项目（见 Russo & Baldauf 1986；Sommer 1991），这些工作可能提供开设语言课程所需要的唯一的语言材料。耶努德（Jernudd 1971）在澳大利亚土著人当中利用田野工作提出了一种有关这些人是如何在传统环境中发展并实施语言变化的假设。

语言人类学的一个组成部分更多地是强调了该领域的认知方面而非社会方面的研究。就对习惯生成行为的文化感兴趣本身而言，民族语义学传统认为，对特定语言应用领域的结构分析可以为那些文化习惯提供证据。

> 他们关注并因此观察到的是，"说话的方式"能够揭示广泛的文化领域中文化知识的表现：这种表现是如何组织的，它们是如何部署与复制的，其多样性的限制可能是什么。（J. H. Hill 1992：66）

对于语言规划者来说，在术语一致性方面，在理解语言在文化范围内的广泛基础作用间的重要关系方面，这样的理解是有用的。语言人类学中另一个重要的组成部分是"言语民族志"，有人可能会认为它是收集语言规划信息的一种重要方法。

（六）交际民族志

"交际民族志"最初在德尔·海姆斯（Dell Hymes）于20世纪60年代出版的系列论文中被设想为"言语民族志"（见 Hymes 1974 的一个全面概述）。海姆斯呼吁对语言（特别是言语）进行分析，这种分析处理的是人类学、语言学、社会学正常关心范围之外的那些方面。他感兴趣的是关于各种交际行为的母语者理论以及母语者在各种不同情境中所采取的交际行为的方式。

他介绍的"言语行为"概念是民族志研究的重要内容，因此，对这些行为的分析就需要研究许多因素之间的相互关系，这些因素包括：场景、体裁、所用语言变体、讲话方式、参与者、目的等。这些分析将描绘出每一个语言社团中在文化、语言与交际方面比较独特的东西。在他看来，民族志方法至少关注了语言的下列四个方面：

1. 在特定言语社团中有什么可用的社会语言学资源？也就是说，这些资源远远超出了传统语法的范围并包括社会应用与意义（词语、风格与参考的术语之间的联系）的潜在的复杂性。

2. 在话语与社会互动中开发这些资源的手段是什么？如同意、不同意、打招呼、表示尊敬的不同程度、嘲笑等。

3. 它们前后一致的相仿的相互关系是在不同的话语中吗？

4. 在社团中，这些样式与文化的其他方面，如经济学、政治学、宗教、社会组织等之间的相互关系是什么？尽管大多数现存的研究处理的是上述所列举的集合的某一特定方面，但是，一种完整的民族志将处理其所有方面。

20世纪60年代到70年代之间出版的论文集帮助确立了这种方法（如，Gumperz & Hymes 1964, 1972；Bauman & Sherzer 1974）。这些论文集中的有些论文详细考察了像"婴儿话""语码转换""会话开始时的顺序"等领域。20世纪70年代，一批新学者开始运用民族志方法关注特定的社团，这些研究中最著名的就是斯科隆与斯科隆（Scollon and Scollon 1979）对讲阿萨巴斯卡语社团语言实践的特别关注和希思（Heath 1983）对两个讲英语社团的话语与书写模型的比较。这两项研究也认真考察了口头话语与书面话语之间的差异，考察了教育环境中语言的作用。自此之后，交际民族志的文献就大量出现并且变得很丰富了（最近关注教育的调查，参见 Poole 1991；Hornberger 1995a）。

这种方法的一个重要特征就是它必然是以话语为中心的，因此，避开了大部分语言学研究特别是自主语言学中以句子为焦点的现象。它不仅让人们注意"文本"，而且还要注意"上下文"与"前文"。它证明了世界上不同社会中的语言实践有统一的模型，这些模型在不同的社会中是不一样的。它已引起了大量的特别是针对书面文本的"对比修辞"与"体裁分析"

研究。

它在语言政策与规划方面的重要性显而易见。如果社会语言学的调查（见下面）能够从民族志角度来实施，那么，所产生的数据将有助于理解什么人在什么情况下为了什么目的向谁说什么话。

二、社会语言学调查

本章的主要关注点是讨论社会语言学调查。这可以采取多种形式，包括："全国或区域调查"（Anderson 1985［新加坡］; Bolton & Luke 1985［中国香港］; Gonzalez 1985［菲律宾］; Mehrotra 1985［南亚］; Ohannessian & Ansre 1975［东非的教育］; Ó Riagáin 1988［爱尔兰］; Reyburn 1975［洪都拉斯、尼加拉瓜］; Whiteley 1974［肯尼亚］）、"人口普查数据"（Fasold 1984; Clyne 1982, 1985b［澳大利亚］）和"地方调查"（Ansre 1975［马迪纳、加纳］; Benton 1975［新西兰的毛利语］; Calvet et al. 1992［非洲的市场］; Krishnamurti 1985［印度的泰卢固语］; Ogino et al. 1985［日语的敬语］; Swan & Lewis 1990［巴布亚新几内亚的托克皮辛语］; Veltman & Denis 1988［阿尔萨斯的态度］）。此外，在有些地方，政府或议会也会做一些调查，这些调查与社会语言学调查具有相同的特征与功能（如，Lo Bianco 1987a［澳大利亚］）。我们首先来看一个小例子，看这些数据是如何收集起来的。

如库珀（Cooper 1989）的解释方案所建议的那样，从对一系列复杂问题的回答中可以形成对语言状况的了解：谁在什么条件下为了什么目的对什么人讲什么？在一个多语国家，一个人可能会为了不同的目的而使用不同的语言。许多年前当卡普兰（Kaplan）为菲律宾政府部门工作时，美国大使馆给他配备了一辆汽车和一名司机以利于他在大马尼拉市这样一个很大又非常拥挤的地区活动。由于他与司机一起在路上花了不少时间，他就借机向司机做了一个小型的非正式的语言调查。司机出生于宿务市，母语是宿务语（Cebuano）。成年后，他娶了一位母语为瓦莱语（Waray，亦译"瓦雷语"）的女人为妻。为了与他妻子的家人交流，他学习了这种语言。他们的家安置在马尼拉，孩子要到讲他加禄语的学校去上学。他为美国大使馆工作，那里的工作语言是英语。他确信他会讲的语言包括：

• "宿务语"：他在与家庭直系成员或在许多非正式场合与朋友讲宿务语；

• "瓦莱语"：他在与他妻子的家人和她的密友交往时讲瓦莱语；

• "他加禄语"：他在马尼拉的非正式场合，在大马尼拉市与新相识交往时，当他出差到菲律宾的既不讲宿务语也不讲瓦莱语的其他地方时，在购买生活必需品时，在到他孩子们的学校时，他讲他加禄语；

• "英语"：他在与工作主管，与同事们（他们的母语是菲律宾各种语言）交往时，在购买奢侈品时，当他要与朋友一起喝酒时，他会讲英语。因为他说，英语是一种优秀的可以用于宣誓的语言。

尽管该研究是肤浅的且不能推广的，因为它只是基于一个人的样本规模，但它却说明了一系列问题的答案："谁在什么条件下为了什么目的向什么人讲什么？"这种轶事调查表明，一个人可以掌握几种语言，并能理解在什么时候为了达到相当具体的目标向明确认定的对象来使用这些语言当中的每一种语言。被调查者没有受过高等教育，从来没有学习过语言学课程，然而，他却对这样的事实很敏感，即可以向不同的对话者用不同的语言以达到不同的目的。他看上去了解社会语言学的规则，这些规则会控制对适当语言以及该语言中适当语域的选择。

本章所讨论的这种社会语言学调查旨在回答下列研究范围内每个言语社团的特别的问题。一个人用什么语言做了下列工作：

（1）结婚/离婚？

（2）选举（在民主国家）？

（3）祈祷？

（4）理发？

（5）通过收音机/电视收听音乐？

（6）如果识字的话，读报纸／杂志／连环漫画？

（7）假设这个人识字，阅读技术材料？

（8）假设这个人识字，阅读诗歌／故事／小说？

（9）听不管什么来源的新闻／流言？

（10）购买蔬菜与其他日常必需品？

（11）购买奢侈品？

（12）上学？

（13）与父母／同辈人／兄弟姐妹／孩子／被抚养者／其他亲戚／婚姻伴侣／上级／工友等说话？

（14）做爱？

（15）购买住房？

这份问题清单并不详尽，它的目的只是提供大部分人活动所涉及的不同领域（见 Ansre 1975；Nyembwe *et al.* 1992；Reyburn 1975；Sreedhar *et al.* 1984；Swan & Lewis 1990；Veltman & Denis 1988 所做的问卷样例）。在一个社区里，将这些问题的答案累积起来就可以勾勒出该社区语言状况的画面。社会语言学调查主要就是想提供一张精确的由许多社区构成的全国现存语言状况图。本部分第一段中的例子表明，社会语言学调查可以为了不同的目的在各种层面来实施。我们要讨论的是大规模的国家调查，因为它最复杂，并且提出的问题也最多。尽管大部分读者不太可能会参与到这种大规模的调查中来，但是，这里提出的许多问题也适用于由独立研究者在研制公司语言策略时所进行的公司层面的社会语言学调查。

（一）预调查规划

大规模的社会语言学调查是复杂的过程，通常需要一个政体做出如下决定，即这样的活动得到保证并最好邀请一些有资格的人士来安排或实施该项调查。在参与此事之前，受邀共襄此事者希望应尽可能地确定政府采取这种研究努力的目的应该起码是"受人尊敬的"，也就是说，人们一定不希望他所协同努力做的事情的目的很明确地比如说是灭绝语言的。受邀参与此事的人也需要尽可能地确定政府是否理解所要投入的时间与成本，也就是说，一个人想必不希望自己所从事的努力由于缺乏充足的资源或充足的时间而注定是要失败的。

确信对这些问题多少有些积极的答案了，统筹者就需要组织一支队伍，因为这样的工作非一个人的能力所能完成。这支队伍至少应该包括：一位历史学家、一位人类学家、一位经济学家、一位专业规划师、一位数据处理专家、一位政治学家、一位语言学家，他们都对要调查的目标国家非常熟悉。这支队伍的成员应尽可能来自目标国家。不过，如果当地没有合适的专家人选，可能就有必要寻求外籍人士的帮助。队员不需要参与活动的全过程，他们最重的工作负担是在调查过程的开头与结束的时候。尽管他们不用亲临调查全程，但是，他们必须明白他们所参与的项目有可能会持续三年之久。这取决于所实施调查规模的大小、目标国家的大小以及可用的资源。

队员通常应遵循图 4.2 所列出的步骤。遵循这个模型，调查被认为是一个比较复杂过程的第一步。"调查"产生"调查报告"，"调查报告"又依次形成一系列"政策决定"。政策决定导致产生一项"实施计划"。实施计划是通过最后对一项计划的"执行"来实现的。除非队伍中有几个人受邀在政策决定阶段给以指点，否则调查队的作用将随着调查报告向政府的提交而结束。在该模型的每一个阶段都规定要有反馈。例如，调查报告可能会解释清楚调查中的一些隔阂，或者政策决定阶段可能会发现需要一些在原始调查报告中不包含的信息。

调查之前必须进行一系列精心设计的预调查活动，如图 4.3 所示。预调查阶段的不同步骤关注的是，一方面，要组建一支较大的田野工作者队伍，他们将在不同的言语社团中从事实际数据的收集工作；另一方面，对初步数据的汇集将会为调查工具的设计与开发提供信息。在这个阶段，关键的是应该决定什么是最有效的调查方式，如直接的面对面访谈、电话访谈、邮寄式调查，或者是一些或所有这些调查形式的组合。现在简要讨论一下预调查阶段的每一个阶段。

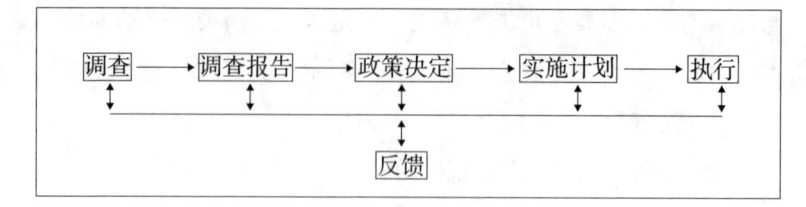

118　第二部分　语言规划的关键问题

调查 → 调查报告 → 政策决定 → 实施计划 → 执行

反馈

图 4.2　语言规划基本模型

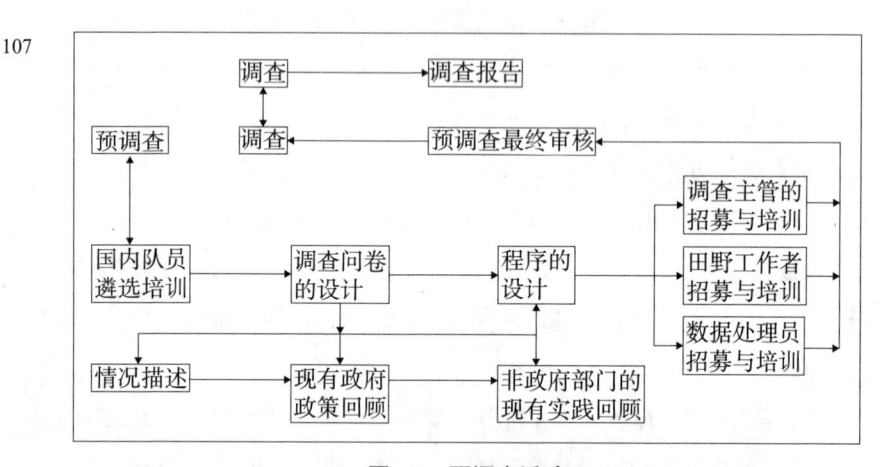

图 4.3　预调查活动

　　调查队的遴选前边已经谈到了，不过，在组织调查队伍之前，更多的精力应放在公平上。例如，调查队的国外成员与国内队员的工作报酬不能够明显地不一致，国内队员也必须得到与国内工资水平相一致的补偿。如果调查队要想精确地收集并分析数据，性别问题与种族背景问题也必须得考虑到。这种公平的考虑对于那些召进调查队中的队员种类来说会产生一定的影响。

　　一旦加入调查队，队员们就需要认真地面对这个项目，应明确了解政府所确定的调查目标，必须弄清楚调查队的职责界限以及项目的不同阶段。所有的项目参与者都必须明白项目最终的结束日期。只有当这些准备工作都做好了，调查队才能开始做这个项目。

　　当调查队组成并经培训之后，就需要同时做两件事情。两项活动同时进行就需要在调查队内进行一下劳动分工。历史学家、经济学家、政治学家与人类学家可以考察国家的情况,并对较大社区的民族构成、国家的历史形成一些概念化的东西,并对正在发挥作用的政治与经济力量有个基本概念。同时,语言学家、专业规划人员以及数据处理专家可以开始设计调查工具并考虑调查程序。在这一点上,数据处理专家特别重要。他要设计一种数据提取与输入计算机都非常快速有效的工具。在每个方面的准备工作都做好了之后,各分队就可以互换位置,于是语言学家就开始考察历史语言学情况,而其他小组则可以进一步完善调查工具。

此时,重要的是要决定调查队需要从调查中知道什么,哪些人有可能成为从他们当中可获得这些数据的代表性样本,调查问卷是单语的(用什么语言)还是多语的(用哪些语言)。如果数据收集工具是多语的,那么几个语种文本的严格平行问题这个时候就必须得考虑到。(有许多技巧,例如"回译",可用以确保最大的可比性)但是,也有一个问题,就是有些调查技术人们可能对它们太不熟悉而觉得不值得用,如,在收集态度数据时,语义鉴别法是一种特别有用的技术,但是在不同的语言中构建一个平行的形容词集合或让村民们回答是很难办到的。

这时,调查的方式也需要确定下来。调查工具是书面的,是希望被调查者接到并填写完之后归还回来,还是处于识字率不高的语言环境中?这些都要考虑。如果调查工具是需要识字者才能回答的,那么,什么样的人不能参与到调查中来?更重要的是,发放与回收调查问卷的最有效的方式是什么?邮寄方式是完全可行的还是必须通过其他渠道如学校、工厂、教堂等来发放?是邮寄发放还是个人当面发放最有可能保证回收?用什么技术可以保证回收比例最大化?如果调查工具是不需要识字也能做的话,那么要想收集充足的数据得需要多少现场调查员?现场调查员需要用什么语言并掌握什么技巧才能收集到合适的数据?访谈需要多长时间?进行这样的访谈最可行的地方是哪里?(如学校、工厂、理发店、教堂、村庄广场、市场等)每种类型的访谈统计上的有效数量是多少?一个人如何保证每一种需要的参数如性别、城乡等都覆盖了所有人口?在目标社会中有意义的区分会比在发达国家的那种区分更有意义吗?如城乡区分是一种有意义的区别呢，还是乡村、郊区、城市的区分更有意义？

在做出这些决定的同时，调查队还需要了解现有的教育语言政策，了解现有的其他政府部门的语言政策，了解现有的信息产业方面的语言政策，了解现有的商业方面的语言政策。这些政策并不总是很清楚，也不太容易找得到。它们常常被淹没在备忘录或其他短暂而不重要的资料中，人们需要做出各种努力才能发现它们。因为它们与通过调查要收集的各种信息有关系。例如，可能有一种全国高中毕业考试，其中包括某种语言的评估。这样的一种考试可能会产生一种与官方教育政策相当不符而且比官方教育政策更强有力的做法。

最后，调查队需要招募并培训调查员主管（根据情况所需看哪种有用，负责地理或种族部门的工作）、现场调查员（他们通过某种访谈过程实际分发问卷并实际参与到直接回收问卷的工作中）、数据处理人员（他负责输入收集来的数据，按照预先设定的路线来核定数据，并对数据进行各种统计）。特别重要的是数据处理人员应了解他们要处理的数据的性质，了解所希望的结果的性质。因为，数据处理不当，很容易引起数据被涂抹掉、数据丢失或输入不正确。在招募研究队伍过程中的公正问题也同样会在这里出现。做不同工作的人员应该与社区中其他做类似工作的人拿相同的报酬。由于目标社区不同，对项目的忠诚度和单个工作人员的可靠性可能是个问题。在工资水准比较低的社会，特别是对那些比如说兼职的工作人员来说，工作人员的可靠性与可用性就会成为压倒一切的问题。

在原计划的预调查结束时，需要进行最后的检查以确信规划的每一部分都毫无遗漏地考虑到了。例如，如果需要利用邮政服务，那么重要的是要确信邮政部门已经为处理这种工具所可能带来的异常繁重的工作做好了准备。如果现场调查员必须在国内走很远的距离，适当的旅行预订就必须做好并得到确认才行，这样调查人员才不会被中途耽搁在某处。这种最后的检查是项目协调员的主要职责，但是，如果这个项目协调员是个外国人或者他对整个物流细节所用的语言不太熟练的时候，他（或她）可能会需要大量地方上的帮助。承包该项目的机构应有能力不只是提供关键的帮助，也应该能提供对这样的物流安排比较熟悉的关键人员。

（二）调查

此时，真正的调查过程就要开始了。现场调查员现在会被派往不同的地点去收集数据。重要的是要确保现场调查的主管们能够与他所负责管理的小组之间保持密切的联系。各调查组应定期（也许一周一次）向主管汇报情况，以便主管能够确定调查过程确实在进行。有些现场调查员可能会被证明不适合此项任务，重要的是现场调查员不能冒犯被调查者，现场调查员应实际深入到社会的各个部门来收集数据。当出现问题时，主管应该能自由地更换调查人员，而且调查队必须能随时了解到现场的活动情况。

当现场调查员在收集数据时，调查队的成员也许就驻扎在首都城市，会安排与关键部门的领导者面谈，如图 4.4 所示。该模型中明确的部门有教育、外事、商业、通信、劳动、企业，不过，确定关键部门对于了解当地情况是非常重要的。面谈既希望能够弥补调查队对现有情况了解上的不足，也希望能试图了解最渴望见到的变化方向，了解可用的资源或在实施变化时可能变得可用的资源，了解政治的敏感性。

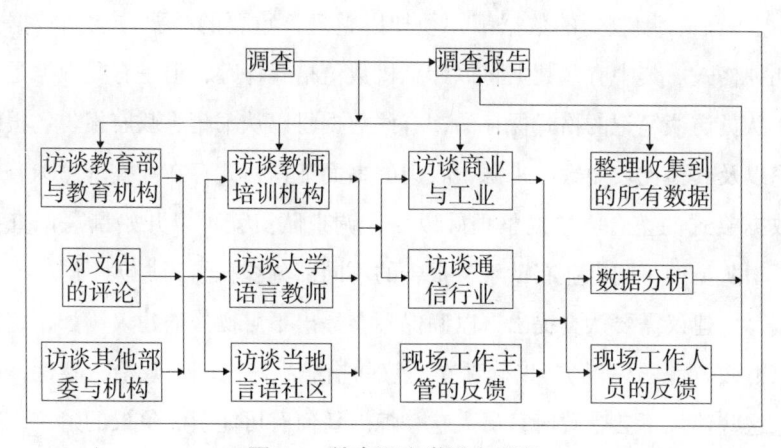

图 4.4 社会语言学调查过程

在收集处理的整个过程中，数据应该每天持续不断地提供给数据处理器。持续不断地提供数据，会比等所有的数据都收集齐了再提供要节省时间。定期输入常常可以随时进行精确度检查，有助于将数据丢失与不准确的输入降到最低点。中间的数据分析会帮助调查队员开始得出结论。这些初步的结论应该得到承担该项目部门的关键人物的定期检查，以确保结论能够被接受，正在形成的建议具有可行性。例如，一场国家高中毕业考试已经准备就绪，结果发现了与这场考试有关的问题，那么是建议考试进行一些变化可行呢，还是整个取消这种考试可行呢？或者因为考试的"名声"太响了，重大的变化确实不可能做。如果是最后这种情况，那么，采用什么样的替换措施才能规避考试中潜在的问题呢？

当田野数据收集接近尾声时，对于调查队员来讲重要的就是要与所有的现场调查员主管单独进行面谈，现场调查员作为一个重要的统计样本，他们应该了解在收集数据过程中可能出现的困难。例如，现场调查员可能会汇报被调查者经常拒绝回答的某些特定问题，或者汇报问卷中某一特定项目的定位不正确。例如，一次调查的发起者是位研究人员，他确信在工厂的绝大多数人都是男性。在这种假设的基础上，他就会设计出"你同你的妻子说什么话？"这样的问题。实际上，真实的情况是绝大多数工人是女性，那么，这个问题定位就定错了。

最后，接收到的数据都必须加以整理，重要的是要注意到数据会有几种格式。其中有些数据将以计算机数值格式保存，但是有些数据是以调查队员访谈笔记的格式保存的，有些数据将以从书籍、政府报告、报纸社论以及其他比较短暂的来源中收集的书面证据格式存在。整理意味着各种数据格式的整合。数据整理好以后，调查队员就可以开始撰写调查报告了。队员的不同专业有助于将报告的不同部分委托给调查队不同的成员来撰写。建议需要认真提出，以确保不会提出不可操作的建议（如，超出国家财政资源的建议），以确保在建议的措辞中考虑到了政治敏感性，以确保这些建议不会令政府官员大吃一惊。任何有可能引起争议的建议，事先都应与相应的政府部门官员一起讨论。调查建议可以被看作是一个超级市场，里面的商品就是一个个的好主意，可供政府各部门采购。这意味着，每一个问题应该有一个以上的处理建议，而每一种建议的影响都应该在尽可能考虑到调查队对环境了解的情况下进行讨论。如果调查队中包括相当数量的局外人的话，可能无法预见其建议都能得到预期的效果，这也是可以理解的。

调查报告完成之后，比较好的就是建议召开一次国际专家会议以审查报告，并对此发表评论。这种广泛的（国际）接触可能有助于从理论角度凸显报告中的长处与短处，而不受目标国家所运行的政治限制的束缚；[4]它也有助于扩大报告的知名度，增加报告的可接受度。最后完成的包含了原始数据与技术数据分析附录的报告，会以一种吸引人的形式"出版"多个版本，并被送往承包该项目的机构。这个时候，工作组解散，队员们将恢复正常工作，该活动的调查阶段就算完成了。显然，承包机构可能会要求调查队的一部分人或一些小分队继续参与工作，但这一点完全是由该机构自主决定的。

接下来的过程中合乎逻辑的步骤就是仔细审查报告，另外组织一个组认真筛选报告，并从报告的建议中提出决策建议。这些决策如果被普遍接受的话，就需要创制一个实施规划。而该实施规划在某一时刻将得到实施。调查队无论是在政策制定过程中还是在规划实施的衔接过程中都不会发挥什么作用，当然，队员们在实际实施过程中也不会发挥什么作用。（不过，有些队员可能会对政策制定提供一些咨询建议）

（三）教育语言规划[5]

由于教育部门很少有机会或有可用的资源来影响学校之外的其他部门，因此，将整个实施活动都分配给学校是不明智的，尽管情况常常如此。如图4.5所示，教育语言规划只有当活动过程到了决策阶段才能真正进行。教育语言规划必然会有一套完全不同的限制条件。

教育语言规划有六个主要目标。首先，它必须得决定在校学生中谁将接受哪种（哪些）语言教育。这里的关键是需要"确定"学生中将接受语言教育的"目标人群"。哪些孩子？他们处在国家的什么地方？他们主要集中在城市中心还是不均衡地分布在全体人口中？他们在哪些方面准备好了？有多少人？需要学多长时间？参加的孩子是怎样被选中的？谁来做这

114

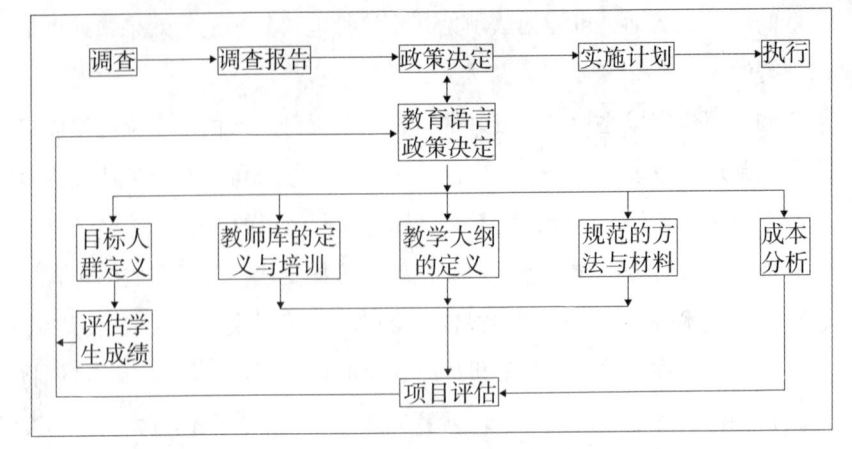

```
调查 → 调查报告 → 政策决定 → 实施计划 → 执行
                        ↓
                    教育语言
                    政策决定
                        ↓
目标人    教师库的定   教学大纲   规范的方   成本
群定义    义与培训     的定义    法与材料   分析
  ↓
评估学
生成绩
                    项目评估
```

图 4.5　教育语言规划

115　种选择？选择是基于才能、态度还是动机？是否有计划保持源源不断的儿童来选择学习多年来设立的语言课程？新的语言会随现实世界政治与经济形势需求的变化而定期推出以满足大众需求吗？父母们觉得语言教育怎么样？他们会支持还是反对他们的孩子注册学习语言？这些是与目标人群的确定有关系的必须回答的问题。

　　教育部门的第二个问题是"教师供应问题"。从整个潜在教师库的什么部门可以找到语言教师？他们将接受什么样的教育以武装自己、用于教学？这种培训与各种其他教师培训有什么不同？培训需要多长时间？谁来做培训师？这些未来的教师需要知道什么？这不只是就业前培训的问题，也是在职培训的问题。使用的语言不是母语的人需要在该语言所使用的环境中定期接触该语言。不是说教师可能会忘记语法或词汇，相反，保持一种像母语者那样的发音才是一个问题，但更重要的是，在持续变化的母语讲话者的环境中对该语言的语用的、副语言的、身体接触的以及社会语言学的限制都要很敏感。因此，必须安排足够多而有效的在职教育以保证语言能力不会丢失。

　　第三，一旦学生队伍与教师队伍确定以后，就需要关注"教学大纲"了。由于学校的课程不能无限追加，因此，课程不只是受时间限制（在学日/学周/学年中只有这么多小时），也受该系统价值的限制。很显然，科学教育被认为比语言教育更重要；实际上语言教育在很多情况下在重要性的标尺上都是很靠下的。因此，当语言教育需要扩大教学时数或延长教学年限，或者要增加一种新语言时，那么，就必须得从课程中减少或删除一些其他的东西。该问题到目前为止都被描述为在课程中可用的时间，但是，教学大纲问题也牵涉到培训的设置与培训时长的问题。语言教育应该什么时候——在哪个年级水平上开始？如果一个人希望接受第二语言教育，那应该从什么时候开始？这样的教育可能要持续多长时间？通常分配给语言学习的时间是否充足？所有的学生都需要达到同样的水平吗？进入或退出有调整的可能性吗？

　　第四，如果没有同时考虑"方法与材料"问题，人们很难以一种令人满意的方式来讨论教学大纲问题。用什么（哪些）方法来教授语言？在整个语言教育持续过程中，是采用同样的方法，还是根据具体课程目标和（或）学生最初的能力水平和（或）开始接触教学的年龄来采用不同的教学方法？用推荐的教学方法，教师培训应该在何时及如何进行？教师们年龄不同，不同年龄的教师应接受不同的培训，那些自然的差异如何得到弥补？在选择的方法与材料之间会达到一种什么样的契合程度？谁来准备材料？准备材料需要多长时间？每名学生需要什么样的材料密度才能保持一个可行的课程？需要什么样的视听支持？如果有的话，讲母语者将发挥什么作用（如雇用作老师的助手或在周期性语言训练营中服务）？这些教师助手对于所选择的方法与材料应达到什么样的熟练程度？从社区中可以得到什么补充材料（电影、图书、杂志、电视）？

　　教育语言规划关注的第五个主要领域就是对支持语言教育课程的"可用资源的界定"。要为开设一门可行的课程提供必需的教室、教师和材料（包括补充材料），对于每个学生/每个学年来说其成本是多少？这些资源从哪儿得来？由于课程不能无限追加，因此，预算也不能无限追加。如果资源被用于这样的活动范围，那么，什么样的其他活动会得到更少的资源？对空间有什么影响？可以用配有电脑与视听实验室的专用教室吗？这些必要的设备的平均寿命是多长？是否能在合理的时间内来购买、维护和替换这些设备？要回答这一系列问题，就需要进行一些成本/收益分析。

考核与评价问题虽然是个直接影响所有其他领域的问题，但是一直放到最后才讨论。这里明确区分了"考核"（以方案规定的时间间隔测量学生的成功）与"评估"（测量整个课程的相对成功）。这里要解决的问题是，一个学生在每一次学习增量结束时有望达到什么样的能力水平？如何决定学生是否实际上达到了那个能力水平？评估工具与认证的方法和材料之间会达到什么样的契合程度？谁来准备评估的工具？准备这些工具需要多长时间？这些评估工具如何管理？多长时间管理一次？需要采取哪些预防性措施以保持测试的完整性与安全性？谁来为这些评估工具打分？这个结果会用来做什么？考核结果会成为评估老师的标准吗？

同时，需要对整个系统进行评估。方法有多有效？材料有多有用？补充材料有什么作用？简言之，教育课程有效吗？它是否满足了将教育课程放在第一位的社会需要了呢？教育课程培养出来的学生是否能够找到工作？雇主对这些学生是否满意？

这些都是通过教育语言规划可以处理的问题。图 4.5 所提出的框架以及本次讨论应能证明这样的事实，即整个语言规划活动不能委托给教育部门。教育部门不能促使商业、工业和公务员奖励双语能力；教育部门也不能为在外事服务或其他复杂部门所需要的高度专业化的语言技能负责；教育部门也不能负责对全民（包括超出正常学龄段的那部分人和罹患各种生理与心理疾病的那部分人）的语文教育。更重要的是，教育部门不能为影响整个人口与社会各界的决策负责。

（四）从宏观语境到微观语境

在过去的二三十年间，许多关于语言政策与语言规划实践的知识都应用到了大规模的情况，即应用到国家级或超国家级层面的宏观结构环境当中了。在过去的最近几年中，这些知识也被应用于微观结构环境当中，即应用于个别城市、特定的经济部门或社会活动了。现在人们对有限组织内的语言规划的功能与目的越来越有兴趣。已经进行的研究包括在商业语境下的研究（例如，见 Klersey 1989；Touchstone 1996；Touchstone *et al.* 1995 和即出作品；Ulijn & Strother 1995；Wijst & Ulijn 1991），利用特定风格类型的研究（例如，见 Bruthiaux 1996），以及利用特定言语社区中特定句法结构的研究（例如，见 Youmans 1995）。

在一系列较小的语境中已经确定了有许多"问题"，这些语境包括：

• 在通行多数人语言的医院中，护士和其他员工使用当地少数人语言；在通行多数人语言的医院中，医院的病人使用少数人语言；在医患交流的情况中，参与者是母语为不同变体或不同语言的人；在卫生服务领域中的其他应用。

• 在银行业务中使用少数人语言，包括基本的业务（像建立支票账户）或更为复杂的业务（比如获得住房贷款）。

• 讲多数人语言的执法人员使用少数人语言；在法院使用少数人语言；在律师与客户交流过程中，参与者是母语为不同变体或不同语言的人。

• 在公用事业行业（如电力、天然气、电话）提供服务时使用少数人语言。

• 在地方一级的媒体行业（如报纸、广播和电视等）当中使用少数人语言。

• 边缘社区中多数人语言与少数人语言之间的社会语言学差异以及由此产生的交流摩擦。

这个清单还可进一步扩展，不过，这几个问题应该能够表明学界对微观结构下语言问题的兴趣。事情已经逐渐明朗，虽然可提出的建议与实施战略必然有所不同，但在微观结构与宏观结构环境中，问题基本上保持一致，数据收集程序基本上相同。在微观结构环境中，决策者更接近问题的根源，可以更详细地考察话语并能更加自由地采取行动。此外，在微观结构环境中，更容易感知到变化。

三、方法的重要性

　　方法的重要性与对基础规划数据的需要在现实生活的语言规划过程中常常被忽视或忽略。事实上，许多政治家和其他提出"语言规划"的人着手语言规划，好像语言规划能够并应该只以他们的直观感受为基础就可以完成，也就是说，就图 4.2 所示的语言规划模型而言，语言规划被看成是开始于第三步，即决策阶段。例如，澳大利亚通过其"国家语言政策"（Lo Bianco 1987a）和许多深思熟虑的国家与地区教育语言政策而在语言规划方面获得了当之无愧的声誉，就所收集的基本数据而言，也有许多以不支持的政策为基础做出的语言决定。"1971 年北方领地土著双语教育计划"（见 Russo 1983；Russo & Baldauf 1986）很显然就是联邦政府在很少或没有咨询真正将在北方地区（Sommer 1991）运行这种计划的官员而在几天之内提出并开发出来的。结果，土著居民与官员对该计划的承诺（"一种真正的'双向'双语教育"与"由双语过渡到学习英语"）各有不同的看法。关于应该向什么人教授什么样的语言，也有一些不够充足的数据。这种规划的失败或未能达成预期的结果，意味着在计划的发展过程中，在确立其成功的程度方面出现了重大问题甚至是困难（Eggington & Baldauf 1990）。

　　另一个较近的澳大利亚的例子是来自国家总理与联邦政府年度会议上澳大利亚政府理事会的报告，在 1994 年通过的决议案中，声明宣称基本上从经济角度考虑，国家急需大幅度提升语言教育，特别是对汉语、日语、印度尼西亚语与韩国语的教育（Mackerras 1995）。随后设立了一个四年投资为 6800 万澳大利亚元的项目，以提高学校中亚洲语言的教育与意识。没有任何教育语言规划，这种突如其来的推动亚洲语言的教学行为，当它与各州所表达的希望增加教学语言数量的意图结合起来考虑时，就意味着教育系统尚未就语言教育中被要求突然增加的数量而做好准备。没有任何教育语言规划，没有合格的老师，课程教材供不应求，有序开展的语言教育课程不够引人注目。事实上，有一种危险，该计划可能会得到与预期相反的效果，当澳大利亚正努力与其亚洲邻国更紧密地联系在一起时，反倒是逐步削弱而非促进了亚洲语言的书写能力与意识。

  这些例子不是要贬低政策措施，其中每一项政策措施都有其值得称赞的政治目的与意图。相反，我们要讨论方法的重要性，需要收集构成政策基础的正确数据，从而使创新的政治理念将有可能修成正果。这些例子也显示语言应该得到规划，无论什么语言规划实际上都会有助于决策过程。这意味着，任何语言规划尝试只可能出现在实施阶段，这个时候那些人面临着执行决策，他们一定会尽全力解决问题。

四、本章总结

  本章从一个被认为可能会参与制定语言规划的人的观点出发，考察了语言规划过程。从方法角度来看，重点一直是将社会语言学调查作为收集制定规划所需信息的首选方法。本章还考察了历史分析、教育评估、人类语言学、成本分析、大规模语言学语料的应用以及交际民族志的作用。我们注意到，需要为调查的每一种情况选用适当的方法，大部分技巧都可以应用于宏观与微观语言规划情况当中。无论是在语言规划中还是在教育语言规划中，我们看到许多潜在的问题，因此，问题的选择就有可能会对所提出的语言规划的性质产生显著的影响。

  因此，很显然，需要用以制定语言决策的数据类型必须仔细界定。同样很明确的是，数据收集手段必须精心设计，以确保收集到适用的信息。重要的是不仅应有一个供决策用的充足的语料库，但同样重要的是不能强迫数据以满足所需的先验的解决方案。解决方案必须是真正来自数据的。同时，解决方案必须对其将应用于其中的环境的文化、社会与历史条件很敏感。在任何语言规划工作中，重要的是要与决策者保持联系以确保所提出的解决方案在情境与经济方面的可行性。这样在工作结束时，决策者就不会感到意外。进一步的需求是建立一个反馈回路机制，以便在实施过程中遇到困难时，可以将"矫正"引入到过程中来。最后，重要的是应该记住，所提出的解决方案必须"兜售"给人们。人们并不一定会很容易地接受语言变化，因为语言问题是最常见的充满情感的问题。数据收集与解释需要时间与耐心，而实施则需要更多的时间与耐心。

注释

1. 也许除了菲律宾对他们语言规划的教育方面有广泛的评估之外（如，Gonzalez 1990），许多语言规划的评估都出现在社会政治层面（如，Fishman 1994；Luke et al. 1990；Tollefson 1991，1993，1995），而不是出现在考察语言课程效果的语境中（参见,第七章至第十一章对这些问题的讨论）。
2. 格林（Grin 1995：231）指出："就我们所知，无论是在教育经济学领域还是在语言经济学领域，当前还没有一种令人满意的'社会效益'模型可以用。当然，问题是要找出其中外语教育可以有利于整个社会的'途径'，……"
3. 地址：International Computer Archive of Modern English，ICAME 现代英语国际计算机档案，挪威人文学科计算中心，53 邮箱，卑尔根大学，N-5027 卑尔根，挪威。
4. 调查可能会非常有限，但仍可能会产生有用的一般信息。例如，见卡普兰（Kaplan 1979，1982）；卡普兰与谢国平（Kaplan & Tse，1982）。
5. 库珀（Cooper 1988）把教育语言规划称为"习得规划"，并声称它是本体规划与地位规划之外的第三个范畴，而不是"实施（教育传播）"的主要活动，像我们在豪根的模型中所提到的那样（表 2.1）。如下一章中所提出的那样，这是一个重要的区别。"习得规划"概念提出了一个独立的过程。虽然这可能反映了实践中常常发生的事情，但是，未能在更广的本体规划/地位规划框架中嵌入"习得规划"是独立实施"习得规划"失败的主要原因。因此，豪根的描述提供了更好的总体规划模型。英格拉姆（Ingram 1990）和保尔斯顿与麦克劳克林（Paulston and McLaughlin 1994）对教育语言规划做了重要的评论。

第五章　社会目的语言规划：教育与识字

第三章中，我们概述了语言规划的主要目的或目标。不过，我们也认识到，这许多目标的实现是为了相当抽象的目的，而这些抽象的目的在某种意义上常常与国家政策的目的联系在一起。本章中我们在两个相互关联的社会目标（教育语言规划与教育识字规划）语境中来考察语言政策与规划。这两个方面代表了语言规划的公众形象，因为它们对社会中的个人具有直接的影响。

到目前为止，对语言规划的讨论主要是从宏观规划的角度来谈的。现在应该回头看看第一章中的语言规划概述（图1.1），看看语言规划能够实施的四种方式：政府的、教育的、非正式的和其他的（也就是表2.1所示豪根［Haugen 1983］模型中的"实施"方面）。教育语言规划，或库珀（Cooper 1989）所说的"习得规划"，这些往往被视为有关语言变化的最有说服力的资源。由于教育语言规划代表了语言政策与规划过程中的关键实施步骤，这里将对其进行详细讨论。肯尼迪（Kennedy 1984, 1989）汇集了与该领域相关的一些文章，英格拉姆（Ingram 1990）和保尔斯顿与麦克劳克林（Paulston and McLaughlin 1994）回顾了与该话题相关的文献，但是过程本身并没有得到详细讨论。教育语言规划中的识字规划既是教育语言规划的一个子规划，同时又是对教育语言规划范围的一种拓展。

一、教育语言规划

教育语言规划与语言规划有着本质的不同。正如已经指出的那样，语言规划明显地是政府的一种职能，因为它必须渗透到社会的许多领域。相反，教育语言规划只影响社会的一个部门——教育部门。像在过去20年左右的时间中许多国家已经进行的教育语言规划那样，它大幅度介入的只是正规的教育机构，也就是说，它并没有将教育活动渗透进其他领域，如军事、旅游、银行业与经济领域，也没有对非正规的教育机构，如各种各样的学徒制度、校外的教会学校或社区学校（"星期六学校"，如雅尼克 Janik [1996]），以及在某些情况下的学前教育活动等产生太多的影响。

不过，有一个明显的原因能够说明为什么教育部门常常会被选作语言规划活动的场所。教育部门必须使用语言的"标准"版本——不管是官方的"国语"还是官方的"外语"。一般说来，一种"标准"语言是从旨在确立标准的一系列复杂历史过程中产生出来的（例如，参见 Bartsch 1987；Joseph 1987 年讨论法语的文献；Milroy & Milroy 1991 年讨论英语的文献）。实际上，一种"标准"语言可能会被定义为一套话语、文化与历史的实践、一套被普遍接受的解决话语问题的公共方案。此外，一种标准语言是国家统一的强有力的象征。假设这种"标准"的定义是可行的，那么，这种"标准"语言就确实不是任何人的"第一"语言。相反，"标准"语言必须通过个人参与的规范使用而获得，这些规范通过教育部门，借助规范文献与印刷媒体的强有力的帮助而得到普遍传播。[1]

但是，大部分语言社区的现实是，在日常交往中以对各种各样的变体即俚语、行话、非标准形式、特殊代码甚至是不同的语言的规范使用为标志。结果标准语言就构成了一种纯意识形态建构。这种建构的存在可能会给人一种印象，认为存在语言的统一，而现实却体现为语言的多样性。"标准"变体的存在与分散这种观念通过社区让人们以为语言统一是一种社会规范，以为这也可能表明了社会经济与社会政治统一的水平，而这完全违背了语言多样性的现实。

因此，这并不奇怪，教育部门——文化的传播者与永久保存者——会

第五章　社会目的语言规划：教育与识字　　133

被选作语言规划的场所。在这种情况下，语言规划就被看成是只与"标准"有关。为什么有人会想要规划非标准变体呢（参照 Black 1990）？

（一）教育语言规划模型

语言政策与规划

1= **预规划**阶段：历史研究、成本估算；
2= **调查**阶段：设计、测试、传播收集数据；
3= **报告**阶段：撰写报告，测试建议；
4= **政策**阶段：设计并测试政策策略；
5= **实施**阶段：制定、实施策略；
6= **评估**阶段：评估所有阶段并反馈到系统中。

规划反馈回路

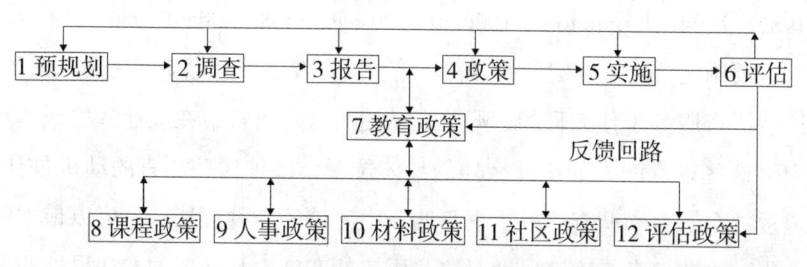

```
1 预规划 → 2 调查 → 3 报告 → 4 政策 → 5 实施 → 6 评估
                         ↓
                      7 教育政策         反馈回路
        ↓        ↓        ↓         ↓         ↓
   8 课程政策 9 人事政策 10 材料政策 11 社区政策 12 评估政策
```

教育语言政策

7= **教育**政策：区别于一般政策；
8= **课程**政策：教什么语言、什么时候教；
9= **人事**政策：在职培训/就业前培训；
10= **材料**政策：有什么材料，有多少，多久到位；
11= **社区**政策：家长的态度、资金来源、招聘教师/学生；
12= **评估**政策：对课程、学生所学、老师的成绩及利益、成本效益、社会变化以及基本政策的评估。

图 5.1　教育语言政策发展模式

　　图 5.1 的上半部分所提供的图表总结了语言规划工作中可能会出现的各种不同的阶段。它表明，通常会出现六个阶段：预规划阶段、调查（或数据收集）阶段、报告撰写阶段、政策形成阶段、实施阶段和在不同的点上反馈到系统中来的定期评估阶段。教育语言规划需要与该模式有所不同。

常常是在报告撰写与政策形成阶段之间的一些点上出现了分支，产生教育语言规划。如果要出现分支，那么它一定是出现在它可能出现的最符合逻辑的那个点上，因为从数据收集阶段得来的数据和在报告撰写阶段提出的建议对于语言规划者来说是最有用的。

然而，教育语言规划一启动，它就会产生图 5.1 下半部分所示的一系列附属阶段。在语言总体规划中，需要数据作为解释环境的基础，需要一系列建议作为规划可能出现的基础。在更普遍的语言规划活动中，需要一个政策形成阶段与评估阶段。如果教育语言规划作为国家活动的一部分来进行，那么一些政策形成与评估工作就可以作为政府总体规划过程的一部分来进行，而不需要特地在教育部门来做（见图 4.5）。不过，应该指出，大量教育语言规划的出现与语言规划的总体阶段并无关系（如，Baldauf 1982，1994；Eggington & Baldauf 1990；Russo & Baldauf 1986）。

要制定一套基础健全的语言政策，就需要了解社会中在使用什么语言，这些语言服务于什么目的，哪些人在使用这些语言，在该社区的地理环境中讲这些语言的人处于什么样的具体位置，维护这些语言的动机是什么。通过社会语言学调查——本书第四章中讨论的一种方法——可以最方便地收集到这些信息。确定民众对这些语言的态度也是必要的，如果这些语言只能带来耻辱，例如，讲这种语言标志着人的社会经济水平较低，或者教育程度较低，或者种姓地位较低，那么规划就意味着需要结合学校的语言教学做很多态度转变的工作。另一方面，如果这些语言被认为有较高的声望或经济价值，那就需要使这种印象正常化，以防止在要学习这些语言的人中产生严重的不平衡，也消除那些子女们未被选中的家长的怨恨与痛苦。简言之，积极或消极的极端态度都会适得其反。[2]

（二）教育语言政策

语言规划通常被认为是人力资源发展规划的一部分，而人力资源发展规划本身又被认为是为了现代化与社会发展的利益而进行的。教育语言规划作为国家语言规划的一个下位规划，也是人力资源发展规划的一个部分。

因此，教育部门就需要了解社会上讲话人的语言库中哪些语言是急需的，这些语言将用于什么目的。例如，可能会有一个国家有意扩大与某个特定国家或地区的商业联系，从长远来看，这个国家就可能会觉得需要建立一个大量会讲新的商业合作伙伴语言的个人资源库。于是国家就可能期待教育部门来建设这样的个人资源库。教育部门不仅需要知道什么语言是急需的，而且还必须知道要多长时间就会需要这些人，在多长一段时间内还可能会再需要这样的人。通过深度访谈商业部门领导人和那些负责发展商业关系的政府机构的领导人可以最方便地获得这些信息。例如，在美国就是商务部门，但在其他环境中可以想象成是旅游部门、军事部门——因为军方可能是一个设备大买家、农业部门——因为这样一个机构不仅负责剩余产品的销售，而且还负责了解短缺领域等。

例如，在澳大利亚的"国家语言政策"中，他们确定澳大利亚的主要贸易伙伴与旅游观光客源最有可能来自中国大陆和中国台湾、韩国、日本、印度尼西亚和新加坡（Lo Bianco 1987a，1987b）。这就表明对讲汉语（普通话）、韩语、日语和印度尼西亚语者有潜在的需求。可预见的贸易状况在不确定的未来要继续下去，这种需求是非常直接的。在这种情况下，教育部门就考虑在初中、高中与大学层面引入这些语言。他们认为，在水平较高的人群中可在短期内培养出使用这些语言的人，而这些语言的教学可以在较长时间内帮助社会建立一个讲这些语言的资源库。

可能就是在这个点上教育语言规划与更普遍的语言规划之间需要有一个重要的衔接。政府所处的位置使它能够提供教育部门根本无法提供的激励机制。例如，一个国家如果希望扩大讲某种语言的人的数量，它就可以通过提供一系列有推动作用的奖励措施鼓励年轻人去学习这些语言。这些动机增强手段可能包括对聘用了讲这些语言的人的商业机构实行税收优惠，在国内服务和外事服务中为熟练掌握这些语言的人安排职位，分配资金给教育部门以促进这些语言的教学，包括对合格教师的特殊薪酬激励、修改移民法规以鼓励这些语言的教师和以这些语言为母语者移民进来、授予海外语言学习奖学金等，还可以发起一场或多场媒体宣传以提高公众对这些语言价值的态度。

（三）教育语言实施

一旦教育政策已经确定，那么就会有许多问题需要考虑，以作为教育语言实施方案的一部分。为语言政策实施而制定政策的每一个领域在不同的国家可能会发展得不一样，这取决于其国内教育系统的运行机制。不过，每一个政策领域都会提到并会在其自身语境中来考虑。

1. 课程政策

一旦教育部门决定了需要教哪些语言，那么他们就会把注意力转向课程问题。有些语言不需要教学，是因为传播这些语言的其他机构或已存在[如私立"星期六学校"]，或者因为这些语言对于社会来说没有什么价值了，或者因为根本就没有学生对这些语言感兴趣了，或者因为在合理时间内发展这些语言的教学实力不太可行了。

首要的一个问题关心的是分配给语言教学的课程空间有多大。由于一个学年和学生在校日是有限的，课程不可能无限地追加，也就是说，一般只要有东西加进课程中来，那么就必然会牺牲课程中已经存在的某些内容。需要减少或消除什么学科以便为语言教学腾出空间？这是一个高度政治化的问题。课程中的大部分学科是因为社会压力而存在的。实际上课程中大部分学科领域里有些人觉得他们的学科已经不具有代表性了。在以现代科学为导向的国家中，数学与基础科学是神圣不可侵犯的，不能有任何大的改变。出于同样的原因，社会需要国语/官方语言及其文学应该在课程设置中得到显著表现。能使毕业生找到工作的实用学科也必须得纳入课程中。如果人们认为课程的内容与数量不可改变，那么语言教学的加入就成了一个大问题。尽管双语内容的语言课程能使课程具有两种服务功能，可以有效提高语言教学可用时间的效率，但是，这些课程一开始就需要额外的资源和课程设置，并且不会得到广泛的实施。

其次就是于什么时候开始进行语言教学，提供的语言教学需要多长时间，对语言教学的管理应该达到什么强度。这些是同样重要的课程问题。一方面，语言教育越早引入课程中来，那么它成功的可能性就越大。[3] 同时，语言教学越早引入，它就需要更大的课程空间与持续更长的时间。20世纪 60 年代的研究认为，需要有 750 个到 2800 个小时[4]的教学才能引起语言行为上的重大变化。教学需要一段时间的管理，这段时间既不能太长，以免遗忘速度超过了学习速度，也不能太短，以免学习者受到严重的心理压力。当前世界各地大部分的外语教育是这样安排的，即一共学习 50 个到 75 个课时，每周三次，每次 50 分钟。

有这些数字在心中，并记住有些语言的阅读与写作比较难学，那么，做一点简单的算术可能有助于澄清这类教学的价值。世界各地的平均水平每学年大致有 38 个教学周，学校里每周平均有 5 天，学校里每天平均有 6 个 50 分钟的有效学习时间（扣除吃饭时间与课间休息时间）。这意味着每学年可用的总的教学时间为 57,000 分钟或 950 个小时（38 周 ×5 天 ×6 次会面 ×50 分钟 =57,000 分钟 /60 分钟 =950 小时）。由于大家都认为语言教学应涉及交际应用，课堂授课只是有限的应用，特别是当授课用的是土著语言而非目标语言时，这种应用就更有限。我们假设一个班有 25 名学生，一个学时 50 分钟，那么一节课可为每名学生提供大约两分钟接触目标语言的个人交流教学时间。每学年 38 周中每周有三个这样的时间段，因此，每名学生每学年将接受 228 分钟交际语言教学，而这只占每名学生应接受教学时间的 0.004%。尽管在语言班中一年总共有 95 个小时的面对面接触时间，但是很少有学生能够有机会在 12 年学习时间中持续不断地学习同一种语言。如果一个讲英语的人花费 800 到 1000 个小时的时间去认真学习另一种欧洲语言，那么即使在最好的情况下，一个学生在他（她）上学期间也不太可能获得足够的普遍接触第二语言的时间。鉴于这种学习中的交流接触很有限，在此基础上就很难获得真正的语言能力。虽然在与美国和澳大利亚学校教育模式相关的这个特殊例子中有非连续性，但是，他们强调了成功的语言学习需要更为密集一些，需要有外部练习这种语言的机会（例如，像在欧洲许多学校里那样）。对于大多数学生来说，学习一种语言的次数与时间意味着仅在上学期间是不能够收获令人满意的学习成果的。

这些计算表明，对大多数学生来讲，传统的外语教学对于所有的实用目的是无用的，这些活动不能被定义为具有成本效益，学生的学习动机可能因为非常难于取得显著成就而被摧毁。尽管这些数字可能会夸大问题，我们只需要看看世界上许多地方第二语言学习课程中的辍学率（如，Baldauf & Lawrence 1991）就会明白，大量的资源被分配用于培训相对较少的讲第二语言的人。规划问题的一个方面就是在课程中发现空间以接纳更有效的教学并在教学开始的时间点和整个教学持续的时间上设置切实可行的限制。如果交际活动对于语言学习来说是必不可少的这一点是真实的话，那么，就需要设计一些允许每周课上交流活动在一定程度上超过6分钟的教学模式：课堂规模必须压缩，学习者真正的交流机会需要增加。

传统的语言教学大课讲授方法现在有许多替代品。实行小班化教学，可通过小组和成对的形式创造更多的交流情境，通过采用目标语言在课堂上进行大部分的交流。另一种试验过的方法就是采用沉浸课程的方式，在目标语言之外的一个或者多个科目都用该语言讲授。虽然这需要专业的教师与教材，但是，这种方法可以让学生广泛接触交际语言，学生真正需要使用这种语言以便通过该科目的考试。对课堂时间的这种双重目的的应用，有效地延长了语言学习的时间。[5]

但是，如果规划者认真对待语言学习，他们可能需要横向思考利用课外时间的方案。例如，学校夏令营已被证明可提供极好的密集交流的机会。也许三个密集的假期班即每个夏季大约有300个小时的授课时间（6周×7天×7个小时/天=294个小时），加上中间插入的学术年期间开展的非密集维持方案即每年大约30个小时的教学时间（一天50分钟×每周一天×38周=31.67小时），可能会比现在的模式即三年提供882个小时教学与目前每学年提供95个一般小时或者3.8个交流小时相比，分析起来成本更为有效。[6] 如果这种模式在初中水平（7、8、9年级）的时候引入，学习者在他们到10年级和11年级的时候就会成为相当精通的交流者，他们可能会利用高中最后的两三年时间来完善他们目标语言的阅读与书写能力。这样的结果会更好，长期的成本会更低，整个课程的压力也可能会大大减轻。

2. 人事政策

不管教学持续的时间是多长，需要解决的一个规划问题就是，教师中的骨干分子将从事教学。这就需要一组接受过语言教学培训并且目标语言相当流畅的教师。在这方面有三个基本问题：教师来源、教师培训和对教师的奖励。

很显然，当一个政体承诺引入一门新的语言课程时，就会面临缺乏称职教师的问题，可能会被迫启用未经训练和能力有限的教师作为一种权宜之计。有几种不同的战略可用以扩大合格教师队伍——有些是长期的，有些是短期的。例如，市场力量可能会迫使接受过一种语言培训的教师重新接受一种新的"更通俗"的语言的培训以保留他们自己的教学岗位。这种情况在 20 世纪 60 年代的中国大陆从俄语转向英语的时候出现过，也在 20 世纪 90 年代澳大利亚的法语与德语教师重新培训来教日语或印度尼西亚语的时候出现过。不幸的是，这可能很容易出现既没有具体的语言技能也没有可用的教学方法，而且对某种语言来讲，称职的教师对一种新的语言来讲可能会变得不称职（Bo & Baldauf 1990）。

另一种战略就是从目标语言为母语的国家进口教师。日本会定期聘请合格的教师和母语为英语的人以满足语言教学的需要。澳大利亚正在考虑使用母语为亚洲语言的人作为学校的带薪专职助教。多年来他们在学校，尤其是在小学，一直在利用免费讲社区语言的人来提供一些语言工作。有的时候教师就是从目标语言为母语的国家进口来的，美国的和平队、澳大利亚海外志愿者等就是如此，他们将母语为英语者以较少或零成本的形式引入受援国。不过由于这组教师大部分都是志愿者，只需要支付给他们一些生活津贴，因此，参与者大部分都是没有经过培训的。海外的教师可能是极好的说该语言的人，但是他们可能不具有适合到另外一个国家工作的语言教学或课堂技巧，因此，这可能就需要在职课程以提高他们的技能并使他们能够适应新的环境。

这个问题的另一面就是，在一个相对较小的国家大量引进这些教师可能会引起人口的不稳定。当教学电视于 20 世纪 60 年代中期引入美属萨摩亚时，这是一个重要的社会问题（Baldauf 1982，1990）；这也是中国大陆关注的一个问题，中国聘请了大量以英语为母语的人，但是不允许他们停留过长时间。

还有一个问题涉及工会的态度与用人机关的认证。没有人会希望班里的教师按照当地标准来看是不会"教课"的，而认为学科问题只是教师能力的一个组成部分。即使教师符合认证要求了，当社区中还有失业的教师时，工会看到进口大量教师也未必会高兴。这里没有提到这样的事实，即科目的分布可能是一个因素。也就是说，那些失业的教师只是可能不太适合教目标语言。输入教师的基础可能意味着这些教师都没有资格无限期地留在该国，因为这可能会产生移民问题。这些平衡特征在可能极为情绪化的环境中不怎么容易感觉到。然而，教师的进口可能成为一个重要而可行的短期策略。

这样的战略只有当国家同时培训本土教师以取代进口教师时才会发挥作用。有两个问题构成教师培训的基础：一是必须获得并保持目标语言的能力；二是必须有激励机制能够使教师们自己愿意作为其中的一员。

第一个问题很复杂，因为这种语言对于这个国家来讲是新的，不太可能有大量的人能够讲这种语言。在上述建议的模式中，获得该语言最起码的能力也得需要大约三年的时间。如果将时间增加成大多数国家培养合格教师所需要的时间长度，那么这就成了个人一笔重要的时间投资。除非政府愿意提供奖励给有关的个人，否则不太可能会有所需要的那么多的人愿意选择进入这个教师队伍。

奖励可以有两种形式：一种是初步的奖励，用以支付语言培训与普通教育培训的成本费用；一种是长期的奖励，既为语言教师提供满意的职业生涯，又鼓励他们保持语言能力。初步奖励的性质是十分清楚的，不需要进一步讨论。虽然提供奖学金以支付教学成本与生活津贴没有问题，但是这可能会成为政府大量财政投资的一部分。此外，使用奖学金和其他财政奖励也包含研发一些筛选机制，以便选择那些最有可能成功并且最有可能以该领域为终生职业的人。

长期的奖励也需要留住该领域的人。一般来讲，语言教师在教学专业里没有太高的地位。这可能是语言教育历史的作用。中世纪的西方学院首次引入语言教学，教给学生拉丁语、希腊语、希伯来语与梵语。教学这些古典语言除作为学者间的"内部"语言之外，不是为了获得交际能力，而是为了获得一种手段以接近已经逝去的文明的思想与艺术。学习的材料是经典文本，学生接触这些文本来练习智力。18世纪末和19世纪初当现代语言引入学院时，他们遵循了相同的模式。也就是说，学习的目的是为了学习最好的文学，而不一定是要获得交际能力。因此，语言教学主要强调的就是语法与词汇，在古典语言之中很少有什么其他可以学习的。只有最好的学生被鼓励继续进行语言教育，因为那是一种复杂的智力练习。学院开发的一种模式是，实习教师讲授开始的语言课程。但是他们和他们较年长的同事们渴望回到过去，即学徒制和被承认为"真正"学者（那些教文学的人）的行列。这些历史现象的结果就是，现在教语言的教师仍然被看成是学徒，而地位仍然是留给教文学的教师的。这种局面需要改变，语言教师需要被承认为教授严肃题材的认真的学者。

虽然语言教师需要给予严肃的地位，但是，仅这一点还不太能够说明问题。语言教师需要明白职业生涯的路径不只是通向教文学，他们应该受到比平时更大程度上的奖励。特别是当所教授的语言是社会中有价值的语言时，对语言教师的奖励就应该不只是与他们的同事们看齐，而应该超过他们同事们平时的待遇。因为，熟练掌握另一种语言应该被看成是一种有价值的能力。

教育系统除了提供就业前培训资助与足够的奖励之外，还需要提供高品质的在职培训以允许教师们保持他们的熟练程度。有证据表明，当语言不是用于交际目的时，或者当教师除了教授介绍性的语言课程之外而很少有机会使用这种语言时，随着时间的推移，他的语言能力就会衰退。因此，在职培训的机会必须包括到目标语言为母语的地区去旅行以便教师们更新他们的语言技能。虽然教师们可以随时随地学习语法与词汇，但是，像母语一样的发音与语用方面的知识却需要到当地去"更新"。这种在职培训也必须得由政府来资助。因此，教育语言规划中一个主要的目标就是确定、培训并保持一支技能熟练的语言教师骨干队伍。

3. 材料政策

语言教育必须得有某种内容，语言本身可能是教学的目标，但是，教学必须得借助一些内容来进行。这实际上包括两个方面的问题：一方面，语言教学教什么内容，另一方面，用什么教学方法来教语言。特定目的语言教学的发展提供了有关内容问题的一种方法，但在某种意义上这只是一个极为片面的答案。语言教学的目标不是为了将学习者限制在一个狭小的语域中来发挥目标语言的功能，而是为了给学习者提供一种尽可能广阔的语域基础。正像"跨课程语言"变成母语教学中一种时髦的方法一样，因此，通过部分的沉浸模式，它也可能成为第二语言教学中一种合适的方法。至于在沉浸环境中传授内容的教学方法，有效的教学一定是互动的，即让学生用这种语言。卡明斯（Cummins 1989：25）指出：

> 在像加拿大、爱尔兰和威尔士这些国家和地区中，传统的第二语言教学课程的经验证明，当交互式教学法的原则被忽略时，通常得到的结果会令人失望。大部分传统的第二语言教学课程倾向于在课堂上以教师为中心，而缺少真正互动或让学生主动使用目标语言。他们顺应了教学法的"传输"模式而非互动模式。许多国家的情况与威尔士的情况类似。
>
> 直言不讳地说，这种政策直到最近一直是一种灾难性的失败。甚至在这些第二语言学校中讲威尔士语的那些人……常常不能保持他们自然的双语而变成讲英语的单语人。（Evans 1976：54—55）

内容的相对"现实性"是该领域长期争论的一个问题。有人认为，语言应该简化以利于学习者学习，其他人则认为呈献给学习者的语言应该是可信的。如果目标确实是要让学习者能够最大限度地接触尽可能多的不同语域，那么真实性就必须是目标。尽管简化的语言可能比较容易接触，但简化了的教材会面临削弱学生学习兴趣的危险，因为简化后的内容不太有趣。

但是，教材也必须与教学所用的教学法相配套，而培训教师所用的教学法得与这二者相配套。20世纪60年代，有许多国家花费大量资金试图确定是否有一种教学法确实比其他方法更有效，答案是，与目标相关的教学法就是成功的。如果课程希望培养有能力的讲话者和听话者，那么交际法就是合适的方法，但是该方法在完成阅读与写作技能的学习方面无法获得同样的成功。现在很多人都了解了在第二语言习得中的社会语言学与心理语言学过程。教学法需要从已知的语言学习内容与课程目标两个方面来选择。

同时，教学法的选择还得考虑到能为从事语言教学的教师队伍提供什么样的技能。语言教育的历史中充满了介绍新的教学法与失败的实验——常常会遭到那些不了解这些教学法优点的教师们的拒绝。教师们可能对一种新的教学法感到不舒服，因为他们不明白它赖以成立的理论假设；因为构成这种教学法基础的假设与他们接受培训的方式相矛盾；因为该方法与他们学习目标语言的方式不同；或者仅仅是因为新教学法的典型教材编写得不够好。教育语言规划必须选择一种合适的教学法，必须保证使用的教材与该教学法相一致，提供真实可信的语言，并与教师们的预期相一致。

4. 社区政策

语言教育不是发生在真空中的。学生与教师生活在教室之外的社区中，学生的父母关心着学生们接触的教育。教育系统的支持资金来自较大的社区，可能来自税收，也可能由立法机关同意拨付或直接是由官方公民服务部门给的。这里有两个主要问题：一方面，是社区对总体语言教育的态度，社区对教师这个群体的态度，社区对特定目标语言的态度，社区对先前讨论过的"取舍"（即牺牲一些其他学科以腾出课程空间来进行语言教学）的态度；另一方面，是对于那些通过资金和潜在的师生资源控制课程行为的态度的影响。有证据表明，如果态度是消极的，学习语言教育的人就会很少。"如果我不喜欢你，我不会学习你的语言"是语言教育的一个真理。因此，教育语言规划的一个重要方面就是开发各种各样了解社区态度的方法。第四章中详细讨论过的社会语言学调查，可以提供一些有关社区态度的证据。不过可能有必要尝试修正态度以消除某些语言或变体的不好的名声，以便说服家长们在美国语言教育至少与足球一样有价值并值得资助，以说服学习者语言学习不是"柔弱的"，以说服其他学者语言教育不是一项简单的活动，或者说服所有的人多语现象对于国家统一不是一种威胁。教育语言规划，像所有人力资源发展规划一样，目的是产生有效和高效的计划以达到某种特定的行为变化，但是，它还有一个目标就是必须清除那些阻碍建议变化的障碍。

在成功规划的障碍中，有无充足的资源可用特别重要。从前面的讨论中应该能够明白，任何教育语言规划的实施，就像任何人力资源发展规划的实施一样，都是需要花钱的。因此，语言教育与课程中的其他科目不只是在时间方面有竞争，往往还要共享相对固定的资源。语言教育棘手的问题之一，从历史上来看一直就是教育机构想阐明复杂而有效的规划，但是，在实施层面往往由于不能提供实现规划所必需的资源而失败。

5. 评估政策

为了证明开支是必要的，与教育部门所有其他部分的开支相比较，应该有证据能够证明所建议的规划及其实施是符合成本效益的。这一概念立即引发了一个问题，即是否任何面向所有人的教育规划都有很多成功的机会。过去，语言教育只提供给世界上最聪明的学生，而对于语言教育课程来讲，这已经被证明是一种无效的录取标准。事实上肯定不是所有人都需要去接受语言教育的。针对社会的需求，必须得有一种清醒的决定。如果一个社会项目需要十万个讲某种特定语言的人，那么培训一百万学生以保证提供十万名能够胜任的说话人这样的效率就很低。

在讨论这个问题之前，我们需要先来看一下双语的定义（也请参见第八章）。学校语言教育的一个显著的目标就是在学习阶段结束时，能够使目标人群在目标语言中实现某种程度的双语。在政策制定中很少解决的一个关键问题就是:"在目标语言的哪些语域中可以实现什么程度的双语?"有一些不成文的相关假设构成了双语教育概念的基础,即:(1)双语环境中的两种语言应该是地位相等、影响力相等、吸引力相等;(2)双语教育意味着两种语言在所有语域中都接近母语能力水平。(Kaplan 1991)在学校环境中这两种假设都是没有意义的:(1)这两种语言不可能正好地位、影响力与吸引力都相等,因为学习者作为初学者在来到这个环境之前他们的第一语言已经"完全"得到开发了。最初,第一语言总是拥有更高的地位、更大的影响力与更强的吸引力,那恰恰是因为学生们可以通过第一语言做他们需要做的任何事情,而他们不能通过第二语言来做这些事情。[7] (2)达不到接近母语的能力水平是因为教学的时间不够,不足以达到这样的能力水平;因为学校的大纲根本不可能允许把所有的语域都包括进来。由于在学校里的学习普遍忽略了第二语言的语用特征,因此,在任何实际语域中的能力都不太可能达到(达不到接近母语能力水平的情况也是如此,因为这是难得的真正的目标,由于经常教的是第二语言的语法,而极少有接触第二语言规范文学的机会)。

  教学大纲设计的是教授那些学校能够教的东西,但是,评估工具设计的是用来衡量完全不同的东西的。结果,评估工具总是证明教学大纲是不足的。当然,在现实中双语的获得应该是从第一语言完全的单语能力逐步过渡到第二语言完全的单语能力。如果不考虑所提供的教学的数量与质量,一些人肯定会在这个连续统的某些点上掉下来,因为他们有的动机不同,对第二语言的态度不同,进入这个环境时的准备情况(天资)也不同。图5.2大致能说明这种情况。这种说明是估算的,因为不可能考虑到数千人的所有的变量,因此必须容忍某些学习者严重的不实陈述。

  如果能够达到平衡双语,这需要多年的接触。甚至"平均双语"都是非常罕见的现象(与该名称所建议的相比),这种平均是在双语者当中来计算的,而不是以整个学生人数来计算的。一般来讲,已经知道接触的时间与教学的性质,那么最好的学校希望的也只是最小的双语——一种肯定不包括大部分第二语言语域的双语现象。不过,即使最小的双语现象也只能由一部分人获得，其余的将会获得对第二语言一定的认知，但是如果有什么能力的话，在任何语域中都很少会用到这种能力。

第一语言：单语现象	第二语言：单语现象
最小的双语：第一语言为主	最小的双语：第二语言为主
平均双语：第一语言为主	平均双语：第二语言为主
平衡的双语：没有明显的主次之分	

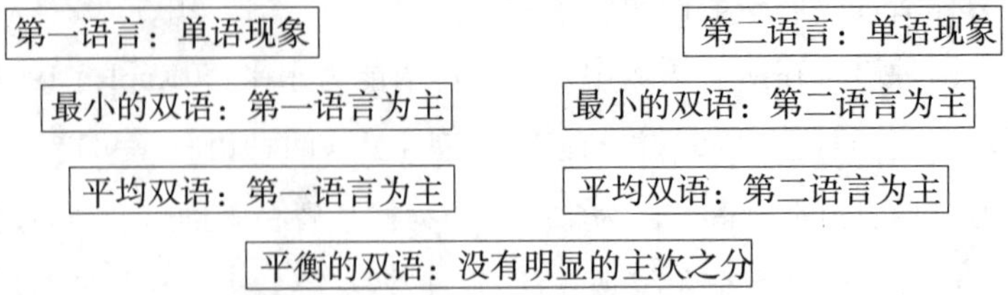

注：由镜像组成的该图表明一种假设，即一个人可由任一方向进入这个学习环境，在这种情况下，被标记的第二语言实际上是第一语言。

图 5.2　双语能力程度

此外，没有证据能够证明任何形式的双语现象是一个预期的目标。由于双语教育希望的只是在数量有限的语域中获得极小的能力，结果就总是形成一种双言情况，其中总有一种语言（第一语言）居于主导地位，在最大的范围内交际，总是代表最大的权力，总是显示最大的吸引力。因此，一个获得最小双语能力的人总是容易受到第一语言的影响而倾向于使用第一语言。

评估必须考虑在教学环境中能够达到什么程度的双语能力。在许多教育政策尝试中的一个严肃的问题就是，实际上人们设置的期望是完全不现实的（如，Genesee 1994；Thomas 1981）。结果，评估常常显示目标没有达到。这种失败的后果就是，那些决定资金与教师资源分配的人会认为这种活动不值得继续支持了。

从某种意义上来讲，一个社会能够提供尽可能多的多语者或者更现实一点的双语者，那么这个社会一定是健康的，简单的理由是双语能力能为个人提供更多的方式来看世界。从长远来看，一个社会具有显著的个人双语水平，那么这个社会在进行可持续的语言教育方面就不会有什么困难。但是，想要让所有人都具备普遍的高水平的双语能力，那肯定会招致那些不太想获得高水平技能的人的反感，肯定会招致那些虽然有这种能力却因为在社区中这样的人太多而没有机会发挥作用的人的反感。此外，如果我们看一下自然出现的双语或多语的例子就会发现，能力是随着个人的需求与对语言的使用而变化的。在澳大利亚，不是每个人都需要接受培训以便能够与日本人进行高水平的煤炭交易谈判的，但是，许多人会发现日语有用，可用来与日本旅游者交流。

总之，某种语言的双语人的培养数量必须从社会需求角度来估计，得充分考虑到必要的双语水平。这种估计意味着需要不断地评估整个系统，评估的结果需要通过系统反馈回来以便在适当的点上来调整，这样该系统就会变得更有效。特别是，学生必须接受评估，以确定他们是否达到了系统设定的目标；教师必须接受评估，以确定他们是否具备了系统所需的进行合格教学应具备的语言技能；整个系统必须接受评估，以确定设定的目标是否与人们的需求、能力与愿望相称。

作为这个复杂评估体系的一部分，必须评估该规划的成本效益。一项规划本身可能很优秀，但是如果实施规划所需要的资源导致了系统的破产，那就很难被看成是符合成本效益的。像在其他任何被资助的领域中那样，在教育中必须得有一些合理的投资回报。同样，规划在实施层面失利，这是因为系统没有提供必需的经费；情况也可能是这样的，规划受到了慷慨的资助，但是系统中其他方面都没有经费来完成这一目标。评估的设计必须能够实现竞争需求之间的某种平衡，而不需要通过不充分的资源分配来确保任何部分都不会出问题。

对学生的评估意味着系统设定的目标能被确定为可衡量的，意味着存在或者可以开发出与教学系统兼容的衡量成果的方法，意味着评估方法本身是可行的，例如，教师牺牲了教学而致力于考试矫正的大量时间是非生产性的。同样的道理，对教师的评估也需要与可衡量目标之间的衔接，合适的评估方法的开发与程序的实施本身并不会破坏系统。

也许最重要的是，应该研发出评估机制，以便确定在政策制定阶段所预想的社会变化是否会发生，以及它们是不是在时间允许的必要范围内发生。当然，评估需要设计成这个样子，即评估结果可反馈到系统中来以便对系统做出调整。后一个目标是困难的，因为系统很快就会变得不受变化影响，因为在实施与可察觉的变化之间的时间可能很长。

（四）成本分析与资源定义

回到第二章中讨论过的豪根模型的四个阶段，制定语言规划能够准确反映形势的需要，是基于能够建议应该做什么的调查工作（如，Kaplan et al. 台湾语言调查）的资金。像在第四章"成本效益分析"一节中建议的那样，在这个阶段至少应进行一个粗略的成本效益分析，以确定可能的成本和可能带来的好处。下一个阶段，需要有大量的材料、工具书、读本等，教师则需要接受培训以便能够开展该规划。在实施阶段，需要提供开发识字技能所必需的大量的生产材料与设备。最后，如果不能提供充足的资源以维持和促进语言的发展，那么，语言在某一个方向上的变化可以轻松地恢复到其他方向上去。

语言规划者面临的真正问题是，大部分成本都是实时产生的。从纯经济角度来预测未来的成本也相对比较容易。不过，好处是发展缓慢且难以衡量。首先至少它们的价值常常看上去对个人比对社会要更大一些。需要不断评估并报告语言规划项目的进展情况，以使决策者可随时掌握进展信息。政治家们习惯于从物理效果方面来看待规划——澳大利亚的大雪山项目、埃及的阿斯旺大坝项目或者美国的胡佛大坝项目。政治家们和公众可以看到、欣赏这些遗迹，它们所带来的经济效益（有时候是意外的问题）就在那里，所有人都可以看到。语言规划者能够用什么办法来推销他们的产品呢？

可建议的一些指标包括：

（1）教语言，有多少好处，在什么层面上？

（2）喀麦隆的大型项目；

（3）与被逮捕／蹲监狱的时间有关的就业不足／失业；在这里升级语言可带来就业；

（4）少数族群语言技能的升级，可能会减少健康与福利成本；

（5）语言技能可作为军队某一群体的入门途径，入伍的情况可能会有所改善；

（6）产量增加；随着人口的识字率与语言技能的增长，生产力增加；

（7）传教活动；参与教会活动，暑期语言学院着眼于成本效益分析；

（8）传播科学信息是不是很有效？

（五）教育语言规划标准：个案研究

因教育语言规划政策的制定看上去很复杂，我们来看一下美国三个专业协会所做的"标准声明"的近期发展情况可能会受到些启发。这里，由于没有针对语言的国家政策或者是明确的指导方针，教育部门就根据他们自己的需要来制定政策了。制定这一政策的推动力起源于布什（Bush）政府（1988—1992年）任内，全国的州长们聚在一起，他们每年都聚，随后就发表了一份声明，题目为"2000年美国教育倡议"。因为布什先生希望被称为"教育总统"。这份"倡议"的存在就鼓励美国教育部门同意参与有些活动，而许多其他的公众和私人机构为国家标准的研发提供了资金。例如，历史教育标准的发布，引起了特别是保守政治家们的激烈反对。

其中部分是在"教育倡议"和可用资金的资助下，部分是作为一种防御策略，以防止其他机构对标准施加影响，三个不同群体的专业协会共同致力于语言领域国家标准的研制：

（1）国家英语教师理事会（NCTE）与国际阅读协会（IRA）制定出了一份"国家英语语言艺术标准"文件。

（2）美国外语教学理事会（ACTFL）与美国法语教师协会（AATF）、美国德语教师协会（AATG）、美国西班牙语与葡萄牙语教师协会（AATSP）一起，制定出了国家外语标准。

（3）像"对外英语教学教师"（TESOL）这样的协会制定了一系列英语作为第二语言的国家标准。

所有这些文件都是在1996年期间公开发布的，旨在适用于从幼儿园前到12年级（pre-K-12）的所有孩子。

虽然不同产品的草案得到了广泛应用，但是，这些团体并没有向其他任何团体正式咨询过。所有这三个团体都认真地指出，标准文件"……

不是一种课程架构、专业设置手册或评估工具。它是要建立一种学习目标……，有增值能力或需掌握的领域。指导方针是，旨在帮助教育工作者培养学生在美国学校中获得成功并成为社会的有创造力的成员"。(Short & Gómez 1996：5)

这项活动代表了一种新的和非常具体的语言规划与政策制定。这些专业团体，在没有国家级强有力的领导下，开展了一种不寻常的语言规划活动。虽然这个过程可能会有不少问题，但是，对于一个政体而言，有这样的标准当然是很有用的。

首先，有必要区分"标准"的存在与"标准化"运动。其次，要开展标准制定，每个群体都不得不做出一些基本的假设：也就是说，国家英语教师理事会（NCTE）与国际阅读协会（IRA）决定英语是事实上的美国第一语言；而美国外语教学理事会（ACTFL）和它的合作机构实际上决定了哪些语言将成为官方外语（附注：日本、中国、俄罗斯等国家的教师组织没有参加，也不清楚他们之间是否进行了磋商），对外英语教学教师协会（TESOL）决定英语作为第二语言是为了同化。双语教育没有国家标准，也没有得到规划。

第三，每个群体都认真地声明所建议的标准都是自愿的，也就是说，没有人是被迫参加的，每个教师都有最大的自由来接受或拒绝这些标准。人们可能以为这些标准在这几个国家将会引起相当不同的政治反应。

第四，由于标准是按照规范的方式研制出来的，它们必然会得到相当普遍的应用——因为它们体现了最小公分母。

第五，也是最后，标准往往在很大程度上延续了"现状"，例如，它们不解决外语教学课程的时间根本不够这样的现实问题，它们没有讨论对那些可能成为语言教师的人员队伍的确定，教师培训的目的也留在未来的某些时间进行阐述。

但是，美国的实例说明了在没有任何语言规划经验时在从事大众化语言规划与政策制定过程中所固有的困难。尽管工作肯定被设计成按照自下而上的方式来运行的，也就是说，工作不是自上而下进行的，因为政府显然没有参与进来，但是，不清楚是否与学生、家长和雇主们进行过重要的磋商，在这个意义上，它也不是真正自下而上的，也不清楚以下方面：

1. 在经济上受到制约的当地教育机构中，建议是如何在不考虑它们重要性的情况下得到实施的，谁来决定实施的优先顺序；

2. 从长远来看，这些对于教师就业前培训和在职培训以及教师的遴选会有何影响；

3. 从长远来看，这种影响将会得到工会、家长、像雇主这样的学生消费者以及学生们怎样的解释；

4. 从长远来看，如何利用考核与评估来决定学生是否成功、系统是否有效。

（六）小结

本节所概述的五个步骤是教育语言政策与规划必须考虑的主要因素。从更普遍的语言规划工作角度考虑，它们没有截然的不同，但是，在教育部门预期发生的变化方面，它们是独立的，并可能在教育中被认为是符合成本效益的。这些变化的影响会扩大到更大的社会上，他们做的计划在一定程度上会被认为是实施更普遍的语言规划活动的一部分。问题常常是政府希望教育部门能够脱离开社会其他部门单独实施整个语言规划，但那是不可能的（参照 Hornberger & King 1996）。

二、教育语言规划中的识字规划

20世纪后期，识字问题变得特别重要。在人类的大部分历史中，识字不是个问题。有三个对人类社会影响最为深刻的后生物进化事件。所有的人类都能说话；能说话成为该物种的典型特征，人类这一物种就是靠说话能力来界定的。从定义角度来讲，任何不能说话的人，都是在这个规范范围之外的。任何社会能够强加于人的最残酷的刑罚就是割舌，因为这样可以将人从人类中剔除出去。[8] 所有人类的后代都是天生具有自然的和基因调节的倾向可以习得口语，口语的早期习得看上去像是自我的欲求与自我奖励，需要的只是环境中存在一种语言可以激发这种倾向，它甚至是不用教的。但是，书面语言则很不一样。识字（如果人们理解"识字"就是处理书面文本的能力，即编码与解码）不是人类遗传装备的一个部分，相反，每一代、每个人都必须得学习。在人们不识字之前，千百万人过着充实而快乐的生活。

（一）文字的发明

大约一万年以前，三个后生物进化事件中的第一个开始出现——一些人类社区模模糊糊地形成一种概念，认为人类的言语可以直观地表示，于是他们发明了书写技巧。有趣的是保留的对书写最早的应用出现在会计与宗教领域。最早的记录是事物的明细账（例如，一个富有的人拥有多少东西）与记录下来的祝福与诅咒。从这些记录中就能看得很清楚，有识字能力的人并不多，相反，它成了特殊群体（会计师与祭司）独有的能力。普通人不识字，而且他们对识字有点持怀疑态度，因为识字看上去好像给了一些人权力。人们试图阻止写他们的名字，至今在有些社会中人们还拥有两个名字——一个不能用于书写的私人名字和一个公开的、充分中性的、书面表现不会有任何威胁的名字。甚至在这些最早的书面表现中，很显然书写是一种技术，不过，是一种像发明车轮与对火的控制一样不朽的技术（Havelock 1976）。

写作的出现使原来没有它而不能做的某些事情成为现实。有了写作，人们就"可以超越时空以同样的方式任意发送一个信息"。有了必要的语言学技能，本书的作者就可以阅读柏拉图于2000多年前在完全不同的地理环境中写作出来的作品。写作使保存大量信息的档案馆的发展成为可能。但是技术有些原始，文本的复制是一个长期艰苦的过程。抄写员誊写一本书的"一个"副本可能要花上许多年的时间。由于任何一本书的副本供应都非常有限，因此，拥有图书的人往往是很富有的人，而且是很富有的人当中相对比较少数的一些人。

不过，这项技术极大地改变了拥有该技术的社会。在写作出现之前，信息是保存在人们的记忆中的。信息的每次检索都会因观众或记忆所有者的身体状况而有些不一样。信息所有者在社会中居于重要的位置。当写作成为现实之后，记忆所有者的功能就减弱了。信息可以准确地以相同的方式任意检索。事实可以参考书面记录来核查。所有那些需要以大量不变信息为基础的人类活动成为可能。例如，像过去300年已经理解的科学一样。人类的大脑并没有改变，在识字的人与不识字的人之间没有"巨大的心理鸿沟"，但是，社会改变了。

（二）印刷的发展

大约一千年以前，当某些社会发明了印刷术之后，技术的重大改进成为可能。印刷加快了图书的生产过程，并能以更合适的价格提供多个副本。但接触书面材料仍然是有限的，只有一部分人能够有这样的接触机会。17世纪早期任何一年英国出版的图书总量都比现在最普通的单本图书的印数还要小很多。在都德英格兰时期，识字被定义为一个人能够签署自己名字的能力，且几乎都是男性，只占总人口的一小部分（Cressy 1980）。皇家印信的存在有力地说明了甚至皇帝与皇后都是不识字的，也就是说，他们只做标记，但是他们不签名字。

印刷技术的改善与西欧新教兴起之间的巧合构成了识字传播的重要元素。大多数新教教徒相信，通过直接接触福音书可以完成个人的救赎。17世纪后半叶殖民统治北美洲海岸的英国定居者成了历史上最有文化的人。在他们的生存得到保证后的第一项活动就是建立学校教识字。识字的定义改变了，不再满足于仅仅能够签署一个人的名字，识字被定义为能够大声朗读福音书的能力。

这种定义与理解毫无关系，只与从声音角度对拼写法进行解码与编码有关系。比如说，在古兰经学校中，这种仪式性的识字概念依然在坚持孩子们在学校中学习阅读并背诵古兰经，而对已阅读文本的含义一点儿也不理解。来自不讲阿拉伯语国家的孩子，没有关于阿拉伯语的知识，他们只能"阅读"古兰经。印刷技术使更多的人能够拥有图书。书面文本的大量提供逐步改变了识字的定义与分布。

（三）文本处理的发展

在后来的几个世纪中，印刷技术逐步完善，但是，在本书大多数读者的一生之中，第三次后生物进化事件出现了，即发明了文字的自动处理技术。这项新技术大大提高了文本生产的速度，降低了文本的成本，并使识字的人数增加了。在识字的传播过程中，它也降低了"中间商"的作用，降低了出版商、印刷商、图书销售商以及图书馆的作用，因为新的电子技术的参与者可以直接给对方传输大量文本。"识字"一词的意义也发生了变化。现在人们逐渐认识到，在任何一个社会中，识字是由个人想维持生计水平所需要的一系列技能组成的。识字教学明确地转给了专业教育部门。的确，教育部门的主要职能是确保在人群中传播适当的识字能力。现在识字不仅仅是指大声朗读的能力，也包括理解所阅读文本并能够按照理解采取行动的能力。

（四）现代识字规划

由于20世纪入学人口的基数急剧变大，由于对多数人来说学校教育持续的时间更长了，由于经济结构需要一定的识字能力，因此，越来越多的人认为，教育系统没有为足够多的人口提供充足的识字能力（如，Green *et al.* 1994）。20世纪后期，社会上产生了一种隐喻，认为不识字是一种疾病应该被"消灭"，认为识字的成就是一种天恩眷顾。那么，识字教育就变得像医疗那样，像接种了一种能够根除该疾病的疫苗。

这种认识伴随着许多问题。首先，按照上述建议，识字不是一个单独的点，而是构成了一个连续统。在这个连续统中，个人可能会沿着这个连续统滑动，也可能会沿着这个连续统而被困在某个地方。一个社会中必要的识字量都是由社会来定义的，它不是一个明确的数量。随着社会摆脱自给经济，并深度步入商业经济社会，识字的需求增加了。不识字不是一种邪恶的状态，它是人类的一种自然状态。个人不可能接种文盲疫苗。能识字也不是解决所有社会问题的灵丹妙药。研究表明，识字的多少与许多问题没有关系，这些问题只是大众的想象。

第二个问题涉及的事实是，识字往往只考虑的是一种语言的情况。例如，美国的"1992年全国识字法"只定义了英语中的识字。对美国少数民族人口的研究表明，如果一个人不懂英语而只懂得其他语言，那么他就会被认为是文盲。当然，识字——撰写和阅读理解书面文本的能力——不应仅局限于一种语言。认为识字局限于一种单一语言的假设特别有害，因为，像我们在第七章中注意到的，它是具有政治含义、社会含义与教育含义的。

（五）识字作为一种秘密代码

教育语言规划常包括的一个重要组成部分就是识字。在识字定义依然模糊不清的情况下，在识字只以一种单一语言来定义的情况下，这些规划都不太可能成功。但是，一种语言的识字问题还有另外一套有关口语能力的含义。梅西尼奥与赖特（Messineo and Wright 1989）在有关阿根廷查科省托瓦语（Toba）口语能力与识字的有趣文章中，证明了几个很重要的论点，即西班牙语的识字与托瓦语的口语能力不符合，托瓦语的现象在社会、文化与政治方面的丰富性在西班牙语里可能无法表达，而西班牙语识字的丰富性对于讲托瓦语的人来说也可能没有什么意义。为了证明这些论点，作者集中讨论了居于语言规划核心位置与位于制定语言政策与识字政策中心的一个问题。在一群人中引入一种不相干的识字对于解决这群人的社会问题没有任何作用。人们一致认为，识字能够赋予权力，在某些情况下可能是这样的，但是，如果这种识字与学习者之间没什么关系，那么它对社会相对权力的影响就不大，对于这个社会与文化就是不赋权的。在一篇讨论拉丁美洲语言政策与规划的文章中，卡普兰（Kaplan 1990b）声称，西班牙语必须实现政治公平，这对于托瓦语来说是不可能的，也就是说，正式的书面西班牙语对于那些没有掌握这种语言的讲托瓦语的人来说就是一种"天书"。

但是，认识"天书"不只是一种跨文化的问题。约翰·福尔斯（John Fowles），他还写了《法国中尉的女人》。他在一部题为《乌木塔》（1974）的短篇小说集中，讲述了一个耐人寻味的故事——《穷人科科》。故事讲述了一个不愿透露姓名的叙述者，是一个学者，正致力于"……托马斯·洛夫·皮科克（Thomas Love Peacock，英国一位生活于1785—1866年间的小说家）的一个权威性的传记和批评性的描述……"（139）。叙述者从朋友那里在北多塞特（位于英格兰南部）租了一座遥远的别墅，准备单独一人花点时间赶他的手稿。他在"冬青别墅"的第二个晚上，被一个夜间盗贼惊醒了。盗贼惊奇地发现别墅被占了，他对学者非常有礼貌，并保证他无意伤害学者。同时，他跑这么远来盗窃，他是不会被吓倒的。盗贼说服学者，他必须把学者绑起来以便他能够逃脱。不喜欢身体暴力的学者同意了。但是一旦学者被绑起来之后，盗贼就开始拿他想要的东西了，当他收集他的战利品时，他们两个竟亲切地聊起天儿来。不过，在离开之前，盗贼故意当着学者的面一页一页地烧毁了学者的手稿——四年的心血。盗贼离开之后，学者很难受了一段时间，不过，第二天早上，他就从困境中解脱出来了。故事的其余部分描绘了学者心理状态的不同阶段，从对盗贼的愤恨到强烈的复仇愿望，再到一个比较能够接受的状态，再到需要理解"为什么"盗贼一定要烧毁手稿。学者说：

> 在这个男孩眼中，我可能成为了一个剥夺他掌握神秘能力的人，而他是极力想拥有这种神秘能力的。我曾非常愤怒地宣称，应该对书籍保持至少的敬意；我也曾表露出有自己写作一本书的愿望；当他在房间中抄掠时，我仍与他礼貌地闲谈，在这种情况下，真是惊人的讽刺；在他的意识中，这种有悖常理的行为肯定不是无意识的；我婉转地表达异议，他拒绝听从，看起来甚至不理解；我们从一事谈到另外的事；……所有这些使得烧毁我的书只是一种象征，至少在他眼中如此。真正被烧毁的是我们这代人拒绝将这种魔力"天书"传授下去的行为。

表 5.1　口头文化与读写文化权力价值的变化倾向

口头文化	读写文化
决策	
人们只知道他们能够记住的东西。	一旦信息被记录下来，人们就可以接触到所有信息。
权力话语只能由那些有权说话与有权做决定的人说出来。	权力话语由那些代表了权力机构的人书写下来。决定由机构而非个人做出。
谈判	
谈判中说出来的话是经过仔细考虑的。它构成了唯一的信息。它必须有一种高度感知的真值。马萨加拉（Masagara 1991）已经表明有些文化是通过"传统誓言形式"来验证一段口语信息的真值的。社区中的每个人都会有一种接受死刑的"终极誓言形式"。	说出来的话不像书面语词那样被仔细阐释。它不是最终信息。它不需要有一种高度感知的真值。话语的真值只有当信息被记录下来并且该书面文本受到审查之后才会有真值。（讲英语的人说"把它写下来！"或者"让我看你写下来的东西！"）唯一可核查的真相存在于书面文本之中。
由于谈判规模上的实际限制，问题会通过个人间的当面谈判很快得到解决。	没有谈判规模的实际限制，问题是通过不受个人情感影响的委员会与合法的结构慢慢得到解决的。
签订合同	
一旦商定好之后，一份口头合同就被锁定在那些有权说话者的记忆中了。	一旦商定好之后，口头合同只有通过书面合同的重新谈判才能生效。合同或需求经过机构的"出版"并保存在机构的档案记录中会变得更加有力。
权力话语必须得记住。因此，它的结构方式应该是能够很容易被记住并很容易被回忆起来的。因此，在这样的话语中比较青睐累积关系与重复。	权力话语中充满了复杂的从句与名词化的语言，其中的过程、质量、数量、逻辑关系与评估都用名词或形容词来表示。（Martin 1990）
话语普遍定向于"过去或现在"。	话语关注的主要焦点（承诺的焦点）是"未来"。

在一篇重要的论文中，澳大利亚语言学家马丁（Martin 1990）阐明了一个观点，即澳大利亚的土著人把英语的正式书面变体看成是一种正如他所说的"天书"代码——一种神奇的语言，可以赋予会说这种语言的人以

权力，并隔离不会说这种语言的人。埃金顿（Eggington 1992）通过一份图表（表5.1采纳了卡普兰的修改意见，1990b）对比了读写文化中的正式书面语言与演说文化中的一般口头语言的功能并更进一步论证了这个观点。托瓦语的例子与埃金顿的图表显示，尽管人类的思想不会受到有无识字的影响，但是，人类社会因为识字的存在而得到改变。这样的社会与无文字社会的行为方式完全不同，进化成完全不同的社会结构，将权力委托于社会中完全不同的人群。识字是一种非常强有力的技术，重塑人类相互交往的方式，重新阐释在社会中获得权力的机制。

（六）识字小结

在制定识字政策过程中，对于规划者来讲重要的是要认识到识字是一种什么样的技术，认识到识字含义的方式，理解含义会随着社会的变化而变化，昨天的识字含义对于今天的社会来讲可能就没什么用，认识到教育部门在通过社会传播适当的识字过程中的作用。

重要的是要明白只有适当的识字才有意义，例如，城市犯罪团伙成员可能非常熟悉贫民窟墙壁上装饰的胡乱涂鸦的代码，但是这种识字在更大的社会中没有什么用。同样重要的是要明白，识字能力是会丢失的。例如，在除了识字教学材料之外没有任何可以阅读的东西的情况下，新习得的识字能力很快就会丢掉。在像汉语这样的语言中，识字行为需要掌握大量的"汉字"，如果不练习，识字能力就会丢失。约翰·德范克（John De Francis 个人通信）认为保持认识汉字就像战斗训练一样。此外，重要的是应该认识到识字学习不只是年轻人的特权，只要有合适的动机存在，任何年龄段的人都应该并且可以学习识字，不过这种动机总是内在的需求，不能是外部强加来的。如韩礼德（Halliday）所观察的那样：

> 什么是学习阅读与写作？从根本上来讲，它是语言功能潜力的一种延伸。那些没学习阅读与写作的孩子，一般来讲，阅读与写作对他们来说可能没有任何意义，提供的这些媒介的功能延伸不明确或者与

他们自己对该语言的预期不匹配……从根本上来讲,像在人类历史中那样,阅读与写作是语言功能的延伸……这是他们要为孩子们同样做的事情……(Halliday 1978:57)

识字,尽管肯定是教育语言规划的一个重要元素,但是,它的重要性可能有点被高估了。首先,不识字,语言的多元绝对是有可能的。其次,识字本身是否能够加强语言这一点是值得商榷的。第三,识字本身并不解决社会问题;被剥夺了权利的人群,即使为他们提供了识字教育,他们依然是被剥夺权利的。仅仅识字本身不是通向权力的道路。第四,主要语言的识字可能不符合重口头的少数民族人群的现象,以至于少数民族现象中社会、文化与政治方面的丰富性在主导语言的识字形式中找不到痕迹;而主导语言识字形式的丰富性可能对于少数民族人口来讲相对没有什么意义。第五,识字没有一个固定的数量与绝对值,相反,它是富于变化的,随着社会环境的变化而变化。最后,不识字不是一种异常情况——就像最近被"消灭"的疾病天花一样,相反,不识字是自然的人类状态。只有当识字能够与人群中关于语言是干什么的这种心理预期相匹配的时候,识字才可以代替不识字。把重口语的语言看成是"有缺陷的",如缺乏读写能力,把识字项目看成是通过提供正字法并因而提供识字的方式来拯救这些语言的看法是荒谬的。

三、本章总结

本章研究了值得进行语言规划的两种主要原因。由于太多的语言规划是分配给教育部门的,本章考察了教育语言规划,并特别关注了以下几点:
1. 教育环境中政策的制定与实施;
2. 成本分析与资源的定义;
3. 识字规划。

在教育语境中,课程政策、人事政策、方法的规范、材料政策、社区政策与评估政策得到了较为详细的考察。在每一个实例中，本章都试图说明这几个政策制定领域比它们当初显现得要复杂得多。全面的政策总是遥遥领先于教育部门对付它们的能力，因为政策的影响与实施的现实延伸到社会的各个领域。

　　本章建议语言规划不能随意进行，因为规划是既费时又昂贵的，而且规划的实施需要远超一套自上而下的决策。那些语言要在某种程度上进行修改的人就必须得接受修改建议，并认为这些修改是真正为了他们最好的利益的；而那些实施语言改变的人需要认识到他们的建议一定不能仅仅"兜售"给接受改变的人，而是要推销给所有的人。

注释

1. 人们可能会证明电视也可能是该过程中的一个主要参与者，因为通过电视传送的口头语言主要就是以一种"标准"语言为基础而形成的脚本，因为电视还在屏幕上、在广告中、在标题和其他文本（这些文本预计使用的都是标准变体）中也提供了大量的书面文本。当然，这种标准可能与地方标准有所不同（如澳大利亚电视上的美国英语）。在拼写与语法方面偏离标准常会引起公众大声且反复的抗议，现在到处都在引用的星际旅行节目与电影的开场白"……'大胆地去'以前没有'（男）人'去过的地方……"，同时包含性别歧视者的暗示与分裂不定式，并在这两个方面遭到了广泛的批评，但是，文本的作者依然坚持在保持这种偏差。
2. 《语言与发展》（Crooks & Crewes 1995）一书提供了一个考虑这些因素以及如何开展教育语言规划的反面例子。与题目相反，该书中的文章并没有考虑语言在发展中的作用，相反倒是集中关注了在表面上允许发展中国家进入现代部门的英语教学（English Language Teaching，ELT）的作用。作者看来是以这样的假设为前提的，即英语教学项目对于采用该项目的社区来说是"有好处的"，而忽略了英语对少数民族语言、土著文化以及可能引起语言死亡的影响。虽然有几篇文章讨论了在语言发展过程中需要有"业内人士"与实际"利益相关者"的参与，但是，本书的21位作者都是局外人（除两名土著共同作者之外），他们在很大程度上代表了像英国海外开发署、英国文化委员会、美国国际开发机构、澳大利亚国际开发署、加拿大国际发展机构等境外发展机构的观点。文章谴责这个方面的文献比较缺乏，其实忽略了30年来的语言规划工作已经讨论了这些问题。（也参见Kenny & Savage 1997）

3. 一个让人困惑的问题是，一种语言课程开始得越早，它一定发展得就越好。也就是说，这种课程无法设想并基于语言和书写技能来建造第一语言学校，但是，一定会帮助将那些技能发展成为总体课程的一部分。因此，一种发展的课程就需要不同的而非建立在事先已经存在的语言与识字技能之上的教师培训与材料。克莱因等（Clyne et al. 1994）估算，学生在三年级开始学习一种语言，在小学毕业时会发展出像较早开始学习这种语言的人一样良好的第二语言技能。同时，语言教学越早引入，它就需要越大的课程空间与更长的持续时间。
4. 语言能力研究表明，像法语、德语、意大利语等语言需要学习 700 到 800 个小时才能在四种主要技能（听、说、读、写）方面在美国外交事务学院或澳大利亚第二语言能力评定量表中达到三级水平，而像阿拉伯语、汉语、日语和韩国语则需要学习 2700 到 2900 个小时才能达到同样的技能水平。三级水平被认为是反映了普遍的社会能力。（例如，"我可以谈我自己与其他人的态度与活动。我可以根据需要调整我的语言，虽然有时我需要搜索词汇。"）这两组语言要达到接近本地人的水平将分别需要学习 1800 或 4800 个小时（ALLC［Australian Language and Literacy Council］1994：6，130—131）。三级水平也是澳大利亚现代语言教师协会联合会建议的教师在高校任教必须要取得的任职资格能力标准。
5. 这一节的讨论旨在提高语言规划问题与课程政策之间的联系。可能的解决方案超出了本书的范围，因为沉浸式教学这个话题特别是基于加拿大（如，Genesee 1995）和欧洲（如，Baetens Beardsmore 1993a，1993b）的经验已经产生了大量的文献，但是包括来自其他国家的材料越来越多了（Berthold 1995；Clyne et al. 1994——澳大利亚）。
6. 吉本斯（Gibbons 1994）提出了另一种可能性，即推迟小学学习语言的时间直到五年级才开始，然后利用这种累加的时间也许每周有六个小时进行密集的语言学习。他还指出，在孩子们可以学习什么语言这样的问题上，小学与中学之间往往很少有连续性，在那里课程之间是不衔接的。因此，即使与一种语言的总体接触时间的数字是乐观的，那么，作为学生在学校里以前后衔接的方式持续学习一种语言的机会也是非常罕见的。
7. 对于大多数学生来说，这种情况仍会维持不变，也就是说第一语言比第二语言将拥有更高的地位与更大的权力。不过，对于某些学生来讲，像英语这样国际性的第二语言或者像印地语这样一种强有力的民族/宗教语言，可能会改变这种平衡。第七章进一步提供了一些有关语言与权力的例子。
8. 从历史角度看，当识字在人口中没有得到很好的分布时，这是特别真实的。

第六章　语言规划的经济学

一、初期经济学观点

语言规划早期的许多思想根源都可以在实证主义思想中找到，实证主义思想在 20 世纪 50 年代和 60 年代非常流行，政府常常以经济规划模型为基础并采用经济术语，通过合理的规划来克服之前几十年一直困扰他们的许多问题如大萧条、第二次世界大战等。语言规划部分是从这一传统中、部分是从语言学的互补结构主义传统中产生的。在语言学的互补结构主义传统中，以教学内在语言结构为基础的听说教学法被看成是语言学习的一种突破。可创造有序的语言变化信仰符合语言规划环境与时代的需要，符合新独立国家做出适合他们新获独立地位的语言选择的需求。

因此，在 20 世纪 60 年代和 70 年代，语言规划作为一个学科发展的初期，许多是出于对社会政治与国家建设的考虑，主要采用的是 19 世纪欧洲的"一个国家、一种语言、一种文化"的模式，尽管这种模式对于新出现的多语种政体来讲并不十分合适。虽然早期的语言规划者创造这一学科的背景很广泛,但是,许多最初的术语和概念,如在一般规划中那样,都是从基本的经济概念中借来的。例如,语言被视为一种消费品,语言的供应与需求,成本效益分析与资源的有效配置等。耶努德与乔(Jernudd and Jo 1985)引用这些经济论点来讨论政府机构实施的语言规划。他们使用了边际分析的概念,他们认为:

> 私人边际价值与成本,即个人在决定学习或在保持某种语言技能时所考虑的内容,不等于社会边际价值与成本。个人价值与成本和社会价值与成本之间的这种分歧形成了一个真实的公众(政府)参与的案例……(1985:12)

语言也曾被视为国家与国际发展和交往所必需的一种特殊商品。例如,作为"澳大利亚国家语言政策"(Lo Bianco 1987a,1990)的四大社会目标(平等、经济、丰富、向外)的结果,有人认为,必须增加学校学习语言的数量并提高其质量,这样,国家就可以在经济上从该地区的发展中受益,国家就会更多地参与到旅游及其他人类交往活动中来。耶努德与乔认为:

> 在日益独立的世界中,有大批的土著语言和愈发重要的通用语言(西班牙语、斯瓦希里语、阿拉伯语、印地语、俄罗斯语、汉语及其他语言)得到了更多的(尽管是本地化的)关注,以及出现了多种语言呈现的文学(Jernudd 1981;Baldauf & Jernudd 1983;Swales 1985b),因此,为了国际交流而开展语言学习的决策越来越重要。(1985:14)

第九章中更为全面地讨论了与科学技术发展有关的信息获取问题。相对于科学家致力于顶尖科技的美好愿望,仍需强调,因不充足的语言资源而无法走进科学世界所带来的经济影响。世界上大多数国家都意识到了，若不具备足够高水平的科学技术信息，就不具备竞争力，就无法获得还算不错的生活水平。由于现在许多重要文献均使用英语撰写，这对于个人和国家经济来讲，对英语的精通，就成为一种有价值的商品。

不过，如果决策者准备重新审视语言的作用，那么，人们可以认为，语言规划与经济学之间的关系正处在一个关键的转折点上。在过去，无论是在国内还是作为殖民扩张的一个部分，社会政治的当务之急已经普遍强调了国语与国家经济发展（参照印度和三种语言方案，如，Aggarwal 1988）。而这就对国家"殖民"环境中的少数族群语言构成了压力。此外，国际语言特别是英语的增长以及通过英语获取信息和进行国际贸易的趋势为少数族群语言带来了额外的压力，因为它们在优先选择方面被推得更靠后了。帝国主义与殖民政策、民族国家建设与国际政治经济对于世界上小语种的破坏是巨大的，这一点在其他地方也有描述（如，Mühlhäusler 1994a，1995；Wurm 1994b）。

但格林（Grin 1993）指出，在欧洲范围内，这种经济语言力量的冲突可能被证明为至少是一些濒危语言的救世主。如果少数族群语言的商品与活动在欧洲经济一体化的框架下变得便宜了，那么，用那些语言所从事的活动就有可能会增加。而如果这些活动变得相对较为昂贵，那么就会有一种压力要求放弃这些少数族群语言商品与活动而赞成使用多数人语言的替代品。格林（Grin）假设，像布列塔尼语、爱尔兰语、奥克西坦语、苏格兰盖尔语以及威尔士语等语言可能会更多地感到来自欧洲一体化与收入增加的巨大压力，而其他语言像巴斯克语、卡特兰语、加泰罗尼亚语、弗里西亚语以及撒丁语则可能会受益。在澳大利亚，洛比安科（Lo Bianco 1996，个人通信）认为，经济发展的首要任务就是创造就业机会以便澳大利亚人能够满足日益增长的全球化经济需求，这就需要重新评估曾被许多保守派看成是国家问题的移民群体的语言与文化技能，并把它们看成是一种重要的国家资产。如果这些真的发生了，那么这将为澳大利亚近 20 年来一直宣扬的多元文化与多语种的理念提供一种强有力的支持。

因此,经济与语言规划间的联系不只是表现在说辞上。在过去的 20 年中,出现了一个全新的语言规划重点。在一个以可感知规模在不断缩小的世界(至少在其中比较富裕的部分是这样的)中,个人与国家在经济上的联系日益密切,获取信息成为经济发展的关键,商业日益国际化,经济上的考虑往往成为语言规划的原动力。一个简单的事实是,社区的语言活动,稍有差错便代价高昂。无论是从国际还是从国内来看,对语言资源管理不当,就会增加社会成本,因此文献中对这个领域的关注越来越多(如,ALLC 1994;Bruthiaux 1993;Chaudenson & Robillard 1989,1991;Coulmas 1991b,1991c;Grin 1994c,1995,1996;Grin & Vaillancourt 1997;《语言问题与语言规划》第 7 期,1983)。

二、经济参考框架

在讨论语言在国际和国内经济与社会发展以及在一些国家个案研究中可发挥的诸多作用之前,应首先从经济学家的角度来研究语言。虽然语言与贸易之间的关系已经超越了严格的经济思考,但是,对于商业与工业来说,他们倾向于主要考虑语言的经济价值。从经济角度来看,语言的价值不是语言本身的一种属性,而是相关社会对语言的赞赏指数。因此,语言或任何其他产品从经济方面来看本身都是不值钱的,它们都拥有一种由社会(在这种情况下就是由商业与工业)决定的价值。有些社会(如德国、沙特阿拉伯、日本)比其他社会(如澳大利亚与美国)更重视语言,这通过在那些社会中为拥有语言技能者提供更高的薪酬(见 Hagen 1992)或者从人们愿意花费时间、精力与金钱来获得这种技能这些事实就可以看出来。

为描述这种关系,瓦扬古(Vaillancourt 1991)制作了语言经济学的一

图 6.1 中的框图展示了语言经济学分析框架中的各要素（此图无法以纯文本完整呈现）：

1 语言习得说话人数量
2 工人数量
3 业主/管理者数量
4 企业数量
5 所有权
6 管理
7 技术
8 内部市场
9 外部市场
10 劳动收入
11 投资收入
12 总收入
13 市场力量
14 购买者的语言偏好
15 消费语言
16 工作产品语言
17 语言应用/价值
18 语言习得成本

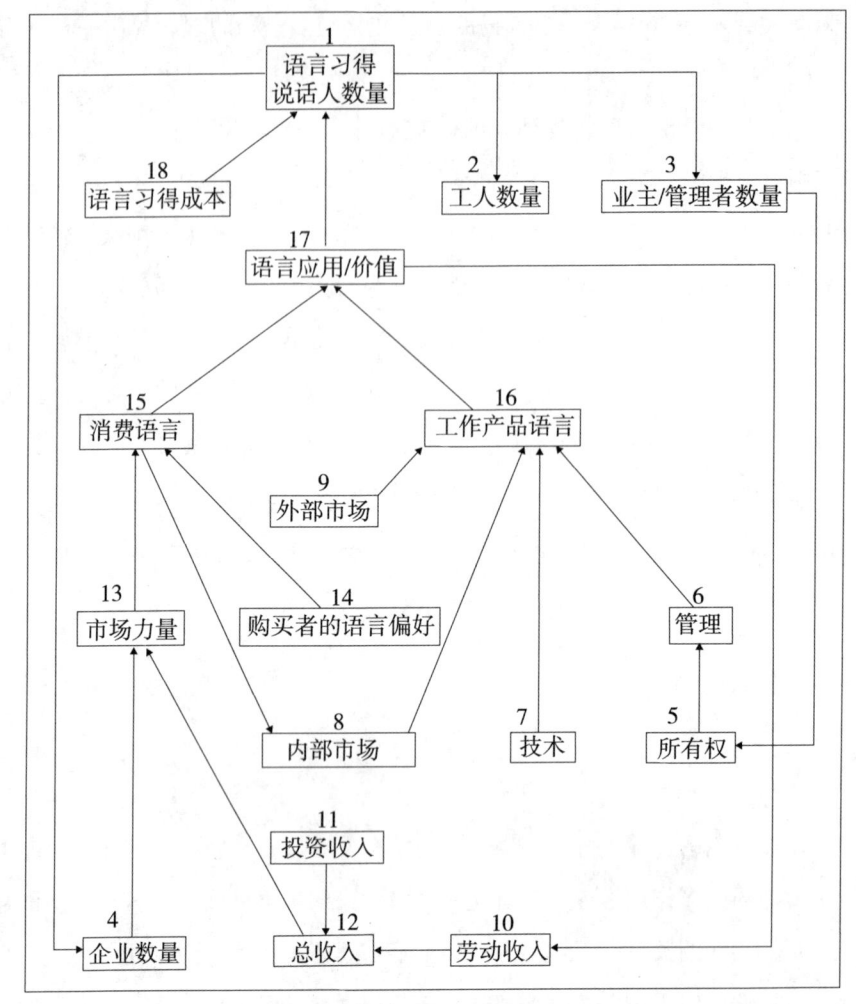

图 6.1　语言经济学分析框架：语言习得、语言应用与社会经济因素之间的关系（Vaillancourt 1991：32）

个整体框架，其中列出了因消费、工作以及它们之间的相互作用而应用语言的 18 种相关因素（见图 6.1）。有人认为，由于这些因素会在供求模式下改变，那么个人与群体的语言习得模式也会改变。也就是说，如果语言在消费和工作的经济活动中被感觉到是有效益与有价值的，并结合对习得一种语言的成本的考虑，那么社会成员很可能会学习这种语言。因此，如果社区领导（政治的、社会的、商业的）重视语言技能并积极促进语言技能发展的方式，那么，这个社区内的第二语言的能力就会增加。瓦扬古认为这会涉及以下几种因素：(1) 语言习得；(2) 工人数量；(3) 业主/管理者的数量；(4) 购买者的数量；(5) 所有权；(6) 管理；(7) 技术；(8) 内部市场；(9) 外部市场；(10) 劳动收入；(11) 投资收入；(12) 总收入；(13) 市场力量；(14) 购买者的偏好；(15) 消费语言；(16) 工作语言；(17) 语言效益/价值；(18) 语言习得成本。

瓦扬古（Vaillancourt 1991）曾详细讨论了这些因素，因此，这里便不再展开描述。瓦扬古提出模型的目的包括三个方面。首先，要明白语言习得、商业与贸易之间是如何联系起来的是一件复杂的事情，不同的因素在不同时期的各商业及各经济部门中可能多多少少都是重要的。由此得出第二点：一个政体在商业与贸易方面对语言的需求不太可能有什么简单的解决方案。这些需求是对社区拥有的语言需求和语言价值以及他们所从事商业性质的更广泛看法不可分割的组成部分。鉴于之间的相互关系是复杂的，同时这些方面对于商业来说十分重要，该模型认为，现在需要的是能够全面提高第二语言学习的多层次长期性政策，如此才能确保一个国家长期的经济未来。简单的解决方案，如在学校引入更多的语言教学，则不会有太大的影响，因为它们本身并未处理大部分相关的变量。

第三，该模型倾向于重点关注工业与语言直接关系的复杂性，但很少考虑语言的间接效果。在最有竞争力的世界市场上，存在对产品的选择问题。购买者越来越习惯于通过各种设计、质量、服务和价格等来选择产品。因此，如果要出售的话[1]，产品不仅需要质量好，而且还要以语言与文化敏感的方式进行设计与销售。[2]因此，便需要从国家与国际层面来研究语言与商业间的直接与间接的关系。

三、国际经济与语言

正如哈根（Hagen）在下列两段引文中所指出的那样，国际市场上的经济发展导致了语言政策与规划的二分性。一方面表现为：

> 在本世纪①最后 25 年，英语加快了其上升为拥有主导地位的世界领先语言的速度，使法语在国际外交领域黯然失色，并在作为科学与技术第一语言方面将德语远远地抛在后面。（Hagen 1988）

但是，另一方面，又有以下表现：

> 尽管英语有此优势……欧洲除了以英语为母语者以外，很少有人认为英语是当今欧洲成功运转所必需的唯一的第二语言。确实，世界一直在向语言更为多样化发展……（Hagen 1992：111）

上述引文指明了当今世界上国际语言应用的两个方向。首先，一个无可否认的事实就是英语正在成长为通用语。信息特别是科学与技术信息，主要是用英语提供的（参见第九章中有关科学与技术的讨论），国际交流（如．空中交通管制、海通语②[Strevens & Weeks 1985]、警通语③[E. Johnson 1994]）具有强烈的英语倾向。当讲英语的人作为消费者在海外旅行时，他们发现几乎各地都在讲英语。因此，许多讲英语的人认为学习另

---

① 指 20 世纪。
② 海通语（Seaspeak）是一种专为海事通信和海洋国际合作与交流而设计的通信系统。它与相关的空通语（Airspeak，专为飞行员和空中交通管制员开发的一种通信系统）和警通语一样，都是 20 世纪 80 年代由爱德华·约翰逊设计的以有限词汇为基础的一种交流工具，旨在帮助和促进特定领域的国际合作与沟通。此外，还有一种用于海峡隧道的"隧通语"（Tunnelspeak，一种专为跨国海峡中国际合作与交往事务而开发设计的通信系统，此处专指用于英法间英吉利海峡的通信系统）。
③ 警通语（Policespeak）是一种专为警务国际合作与交流而设计的通信系统。该系统可共享国际空中交通与港口业务的某些特点，不依赖语调来表达交际功能，避免使用俚语和任意缩写词。该系统便于学习掌握，可根据无线电交换台能操纵的简短标准措词的程序运行，以使警察通信更为简练与稳定，更少歧义，更好预测。（参见薛向君、马爱国《欧洲警务合作中的语言工程和业务通信》，《江苏警官学院学报》2008 年第 2 期，第 126—130 页）。

外一种语言没有什么用处（ALLC 1994），也是可以理解的。

不过，在英语使用增长的同时，其他语言的应用与自信在各种不同的领域也出现了增长（见 Kaplan 1987），或许，在某种程度上这是对英语作为愈发受欢迎的通用语的一种反应。例如，西班牙语、阿拉伯语、印地语与葡萄牙语作为第一语言的增长速度比英语还快。据估计，到 2000 年讲西班牙语的人数将超过全世界以英语为母语的人数。此外，法国、葡萄牙和西班牙的欧洲语言中每种语言的语言基础在欧洲之外的要远远大于在欧洲之内的，且数量上的增长许多都是出现在非欧洲领域。如果考虑到印度尼西亚语/马来语和规模庞大的汉语的增长，那么，很难理解怎么会把英语作为通用语的非凡实力看成是对学习其他语言的一种威慑。

随着使用英语的经济体主导地位的相对下降，在适当情况下，如讲英语的人想要向不讲英语的人兜售商品和服务时或者在两个不讲英语的群体之间（见第九章中加拿大魁北克水电公司的例子），使用和坚持使用英语之外的其他语言的信心越来越大。在这种情况下，德语与日语变得更为强大，它们凭借自己本身的实力而成为东欧、西欧与亚洲的通用语。由于这些都是正在迅速增长并拥有强大贸易潜力的领域，因此需要适应这些发展中的语言规范。这种经济增长因素提供了语言学习的外部理由。

若将澳大利亚的情况作为考察供需两种语言影响的例子，其看上去在语言需求方面是一种自相矛盾的发展。迅速拓展海外市场的潜力意味着愈发需要应用英语之外的语言，但是，澳大利亚企业中对于使用客户语言的必要性的认识发展缓慢。[3] 也许这是因为英语作为一种功能强大的通用语所发挥的作用已经盖过了外语在企业成功中所发挥的重要作用，特别是在南亚和东亚传统上不讲英语的"老虎"市场[①]上（如越南、泰国、韩国）。更为明显的是，第二语言教学设施的缺乏，使得澳大利亚多元的文化资源未

---

① 经济学中一般用来指环太平洋地区四个最重要的市场（即"亚洲四小龙"新加坡、韩国、中国香港、中国台湾）之外的市场，即泰国、马来西亚、印度尼西亚和菲律宾四国，人称"亚洲四小虎"。

得到充分开发利用，澳大利亚的工业未能认识到语言能力的重要性，同时也未对语言能力形成激励之举。

由于其相对较小的经济和传统上对初级出口产品的依赖，澳大利亚企业的复苏与生存取决于其在国际范围内认清自己的能力，其中出口，特别是对那些快速增长且不讲英语的市场的出口，应是总体战略的一部分。这样一种视角同样能够迎合旅游产业所带来的巨大潜力。然而，澳大利亚需要继续改善并利用其已经拥有的较好的国家语言技能，否则澳大利亚的企业就不可能利用世界经济的发展以改善国家的贸易平衡或最终保持国家的生活水平。

此外，仍需考虑语言与文化对工业的间接贡献，这些虽不易量化，但其重要性不言而喻，因为这些活动能够确保国际贸易的"产品"适用于特定的市场。这种灵活性和跨文化的创造性思考能力与多维关注产品的能力，有助于为海外市场与澳大利亚国内市场开发出更好的产品。这些技能尤为重要，因为总体上澳大利亚公司并没有从成本上主宰市场的经济实力。因此就需要开发基于个人接触与长期合作相适应的市场与贸易，这通常需要一种更具创造性的方法并要求某种语言与文化技能能够在其中发挥重要作用。因此就需要培养更多具有语言与文化技能、更为熟悉国际贸易与国际市场并能够利用这些贸易与市场的外向型人才。其中许多这类人才需要在产品设计阶段或产品全面推广阶段参与进来（如活羊贸易）。

营销不仅需要直接的语言技能，而且需要更为间接的能够适应不同语言市场的文化技能。例如，哈根（Hagen 1992：120）举了一个西部肥皂制造商的例子，他在中东推出的产品上有"先后"顺序的图示（即"肮脏变干净"），结果发现广告效果与销售意图正好相反。因为阿拉伯语文本是从右向左阅读的，那么，这就意味着图案的序列被解释成"将干净的衣服弄脏"了。格林（Grin 1994b：288）举了一个通用汽车雪佛兰新星（General Motors Chevrolet Nova）销售不佳的例子（no va在西班牙语中是"不走"的意思），当该型号的车子被重新命名为Caribe

("可力比")之后，销量马上回升。由于这样的语言与文化技能是间接关系并且隐性存在，因此，就很容易忽视或低估对语言和文化技能的间接需求。

尽管这个例子是从澳大利亚的角度来看的，但大多数政府都认识到，商业、贸易和旅游业作为经济繁荣的重要领域，这些领域的成功蕴含了语言与文化的知识。因此，经济动机刺激了以国际经济为目标的语言政策规划的努力。

四、经济学与国家语言规划

事实上，经济学不仅影响国际关系与贸易往来，还影响多语社会的国家政策，这越来越多地涉及世界上大多数政体。社会都是用沉重的财政与人力资源支出来衡量社会成本的。我们可以举一些例子，不过值得注意的是不能将问题过于简单化或者认为语言处理是解决所有这些问题所涉及的唯一因素。在多文化与多语言的社会中，少数族群人口往往会有与就业、健康、犯罪和教育相关的下列数据量表：

（1）少数族群往往就业机会不平等：
  （a）结果是少数族群往往享有的福利资源也不成比例；
  （b）结果是少数族群往往生活在简陋的房屋中。
（2）少数族群往往获得医疗保健的机会不平等：
  （a）结果是少数族群往往会有较高的婴儿死亡率；
  （b）结果是少数族群往往具有不成比例的高出生率；
  （c）结果是少数族群特别是儿童和母亲们往往会遭受很大程度的营养不良；
  （d）结果是少数族群往往传染病发病率较高；
  （e）结果是少数族群往往会有不成比例的较高的药物滥用率；
  （f）结果是少数族群往往会有不成比例的较高的意外发生率；
  （g）结果是少数族群往往会有不成比例的较高的公共医疗设施使用率；

（h）结果是少数族群往往寿命较短。
（3）少数族群往往有不成比例的高犯罪率：
（a）结果是少数族群往往与刑事司法系统的接触较多，相对比例较高；
（b）结果是致使更多的少数族群个人被逮捕；
（c）结果是致使更多的少数族群个人往往会受审；
（d）结果是致使更多的少数族群个人往往会蹲监狱。
（4）少数族群在教育系统往往做不好：
（a）结果是少数族群个人往往很少受到雇用；
（b）结果是少数族群往往需要生存援助；
（c）结果是少数族群儿童往往不成比例地享受教育支持服务，往往会有纪律问题，往往辍学较早。

这个简短且并非详尽的清单，列举了少数族群人口影响的四个社会部门和可能会受到语言接触性质影响的17种可能的直接后果。所有这些后果的代价对于一个社会来说都是极为昂贵的。该清单从少数族群人口角度来呈现，其后果的严重性很容易在不同国家大量的数据中得到证实。虽然情况并非总是如此，但在绝大多数情况下，少数族群之所以是少数族群，是因为他们所讲的语言在社会中没有被广泛接受（见第九章中澳大利亚口译与笔译的例子）。人们可能会非常谨慎地估计，所列举问题中的一部分能够通过改善针对语言少数族群的语言教学或改变针对多数人讲话者的语言教学而得到克服。谨慎的态度主要是源于（1）"经济问题很少是由单一原因引起的"这样的事实；还有（2）"语言处理必须小心翼翼地对待"这样的事实。下面将进一步讨论以上两点。

（1）经济问题不是由单一原因引起的。大量的证据证明（Bruthiaux 1992）语言处理与发展之间的联系是相当微妙的。相反，大多数实际情况是经济发展走在了成功的语言处理之前（Cooper 1989：171）。例如，妇女们知道用水冲奶粉代替乳汁喂孩子之前水必须烧开，但是由于没有清洁水源，烧水所用的容器不干净，奶粉不干净，或者由于实际情况的确很糟且无法稍加改变以使之得到缓解，因此，妈妈们不得不继续使用受污染的水并导致她们的孩子传染疾病。社会和经济的劣势问题需靠他们自己解决，只有当社会与经济不景气的情况得到改善时，并且只有在这个时候，语言处理才可能成为一种重要的因素。

正如第一章所描述的那样，在"自然资源开发"与"人力资源开发"之间有显著性的差异。在国家资源开发的背景下，我们认为：

> 当一个政府……决定开发（比如说）水资源时，它可能会建造一座大坝。规划和建造这样一个大建筑物相对来讲持续时间还比较短。虽然可能需要八到十年的时间完成这个项目，但是它常常在单一政府任期内就可以完成。项目结束时，矗立的大坝，其输出的电量、灌溉流量、城市供水均可用确切的数字来衡量和报道，回报是可经证实的。每个人都能看到实际存在的大坝，游客可以参观大坝，并惊叹于它巨大的发电机，渔民可以在船上接近它，博物学家可以衡量它对野生动物的影响。人们可以拍摄政治家开启大坝的照片并将其印在报纸上（第4页）。

但是，即使人们能够确切证明（实际上人们永远无法证明）不同的语言处理对本节开始时提出的一长串问题会产生有益的影响，但在计算由此产生利益的相对成本方面也很难会令人满意。

（2）需要相当谨慎地来处理语言问题。其目的不是为了培养一群讲同一语言的人，而是为了培养一些了解语言与文化差异并对其敏感的人。"双语教育"明确指出是对所有人都用两种（或多种）语言进行教育，而不是指对不讲这种语言的少数族群用强势语言进行教育。当前世界上现行的大部分双语教育确实并不比过渡性双语现象要好，例如，在教育中允许少数族群讲一些过渡性的语言并将该语言用于教育目的直到他们能够用强势语言接受教育的时候为止。甚至维护双语教育（一种在少数族群人口能用强势语言接受双语教育之外允许保留和维护少数族群语言的双语教育）都很罕见。当前有关民族国家性质的观点意味着，所有社会成员都讲一种以上的语言是非常有用的观念并没有被广泛接受；相反，双语现象往往不被高度重视。

当1984年在洛杉矶举行奥林匹克运动会时，有人提议，也许这个世界上最会讲多种语言的城市的语言资源可以捆绑起来以提高全世界人口出席与接近奥运会的机会。提案被当地组委会否决，理由是世界奥委会只承认某些官方语言，不需要向公众提供多语种资源，一方面因为奥运会是在一个讲英语的城市举行，另一方面他们认为如果游客有意愿，是能够为自己找到其他语言资源的。这段趣闻说明了多语现象缺乏存在价值，也说明了政治团体常常表现出来有些排外的观点。

有关多语设施的这些论点在讨论2000年悉尼奥运会时有所进步（Lo Bianco 1995），评论家认为悉尼之所以能够获胜部分原因是由于其多元的文化环境。截至1996年年中，澳大利亚的奥运会组织者对语言问题并没有表现出有什么兴趣，在开发多语设施方面也没有采取任何措施，这些设施在迎合奥运会前后产生的国际旅游方面的价值是非常宝贵的。1997年，澳大利亚成立了一个语言工作委员会，但它是否意味着语言终将在2000年的奥运会中发挥重要作用，或许语言再次被忽略，这也是非常有趣的期待。

总之，尽管允许少数族群人口用强势语言接受语言教学十分重要，但不强求语言一致同样重要。双语机会应该提供给每一个人。有足够的历史证据能够证明，语言行为立法很少发挥作用并往往会成为冲突的原因。而有人会认为国家语言的多样性会带来竞争（Cobarrubias 1983a；Wardhaugh 1988），如果不导致冲突，人们很容易忘记讲同样语言的人之间曾经发生过的最血腥的战争（如美国内战、红色高棉统治下的柬埔寨）。不过，杜瓦（Dua 1996：1）指出："语言规划与政治理论还没有发展到使我们可以理解语言冲突的性质与范围的阶段，我们也不善于防这些冲突于未然。"虽然语言可能会作为权力与统治的思想武器被滥用（也请参见Das Gupta 1971），但是，它也可能会成为产生就业、发展与种族和谐的一股力量。

五、就业与培训实践

瓦扬古的模型表明,就业在外语学习的过程中发挥了重要作用。一旦要讲贸易伙伴所说语言的需求确定下来,则需要考虑个人学习者是否值得经历这样痛苦的机械式学习过程。特别是当学习者的主要兴趣是在其他领域或者学习者本身母语未掌握好时,这可能将是一个冗长而乏味的过程。但根据瓦扬古的模型,这种情况只有当语言技能在社会中具有实用价值和交换价值的时候才会出现。

例如,语言技能在德国倍受重视,雇主在招聘广告中明确表示,会为拥有语言技能的人提供高于平均工资水平的薪水及其他优待。一个没有语言技能的秘书要比同一岗位掌握至少一门外语的秘书少挣上千德国马克。雇主们认识到这样的现实,即如果没有语言技能他们就可能会失去商机。即使不是必需语言技能者,大公司仍然会雇用这样的技能型人才以备"不时之需",他们往往为这些员工提供旅游的机会和国外管理职位的选择机会。企业必须认识到,拥有具备语言技能的工作人员,并采取激励机制以鼓励他们学习语言并提供培训机会,才能符合企业的最佳利益。

在日本,库尔马斯(Coulmas 1991c:19)表示:

> 每当日本企业进入一个市场时,大家总会看到他们有足够精通当地语言的工作人员。例如,东京银行的一位高管指出,为了避免产生不必要的误解,在德国650家日本子公司的日本工作人员必须精通德语(Watanabe 1989)。相比之下,英国和美国商人依靠英语这种所谓普遍的商业语言,在日本的发展并非尽如人意,而事实上,他们不会说日语,不能阅读日本报纸和贸易杂志是一种有害的障碍。

然而,在一项有关日本公司的调查中,霍尔登(Holden 1990)发现他们在英语和其他外语培训方面投入了大量的资金,这样未必是要使他们能够讲他们海外客户的语言，而是要提高其全球市场营销情报工作的效率。因此，外语培训与知识技能可能同时具有战略与战术的双重重要性。

在对许多英国企业进行的调查中发现，被调查者都高度重视非正式性的谈话能力。基于这样的假设，即英语是世界范围内所有重要交易与合同文件所用的语言，在与外国打交道时，英国公司严重依赖于当地的口译人员与翻译机构。不过，出于对产品本身及公司战略的考虑，工程与制造部门似乎比其他部门需要更多的语言培训（Hagen 1988）。

许多像 ICI[①] 这样的英国大公司已经实施了语言培训并鼓励他们的员工参与到项目中来。这些公司的主要目标是：

（1）增加与扩大国外市场；

（2）在国外发现新产品并扩大自己的范围；

（3）更好地与在国外的子公司/总部沟通。

虽然英国公司提供了各种语言培训课程，但多数意见认为，与工作相关的长期培训比密集的短期培训效率要高得多，也更符合成本效益。由于这通常是一个只能由大公司提供的"奢侈品"，因此，如果雇用的是不用接受培训的技能型人才或者他们想只依靠英语"过活"，在这种情况下，小型和中型的公司做得最好。在开拓市场的过程中，大公司意识到了语言的必要性并倾向于会通过提供语言培训而投资于员工的发展。可参考下面的比较：

> 了解我们的［英国］伙伴做了什么是有益的。像汤姆森、赫斯特、拜耳、西门子这些主要的欧洲工业集团都拥有良好的内部语言培训中心。例如，西门子一年投入将近 150 万英镑（占他们培训总预算的近一半）用于外语培训，其中 40% 用于英语之外的其他外语的培训。在法国，商会在全国各地通过网络运营着 150 个"语言学习中心"，并且每年会有一万家公司使用这种服务，用 22 种语言培训六万多名员工。（Wales 1990：1）

---

① ICI 是英国帝国化学工业集团（Imperial Chemical Industries）的简称，总部设在英国。

六、所需技能的性质

很自然，对于拥有不同水平语言能力的个人来讲，机会在很大程度上依赖于其他技能。例如，一位双语秘书、技师或工程师同样需要额外的专业技能。因为语言技能通常不属于法律、工程或建筑专业领域的一部分，虽然现在有很多语言与专业结合的学位，但是，在大多数情况下都是到最后阶段专业人士才被迫学习语言，这样的过程极不方便并且不一定总能达到预期的结果。瓦本霍斯特（Wabenhorst 1989）举了一个例子，其中一位很有才华的经理人即将被分配到德国的母公司任职，但他担心他和他的家人可能无法在一种外语的环境中生活，因此在出发前突然辞职并离开了公司。由此看来，语言与文化技能的缺乏不仅会导致公司业务的丧失，而且还会使员工的生产力下降。

考虑到一个人语言越流畅越好这个事实，那么就要了解是"谁"，通过什么样的培训使语言达到怎样的"熟练程度"。当然，商业语言同教育与文学语境中的语言差异很大，比如能够在整个欧洲不同的边防哨所与不同的海关人员交谈，对于丹麦的卡车司机来讲比能够用法语阅读莫里哀（Molière）还要重要。对于卡车司机来讲，从功用方面获得语言能力远比单纯地阅读深奥微妙的外国文学要重要得多。

由于每家公司在规模、结构与产品方面各不相同，不同的职业也需要不同的语言技能，所需求的语言能力水平在不同公司和所从事的不同职业中相差甚大。一个话务员不一定要像销售经理那样拥有熟练的语言能力，只要他/她能够接收简单的信息或了解有关老板下落这样的问题便可以助其完成工作职责（见 Ulijn & Strother 1995）。

不过，销售经理可能需要尽可能流利地使用其客户的语言。虽然语言能力无法弥补竞争力的缺乏，但是，能够流利地讲客户语言的卖方肯定会比没有这种语言能力的卖方具有优势。不言而喻，产品变得越尖端，就需要越强的语言能力。

总之，所需语言能力水平取决于所要做的工作。任何想要营销一件产品的商人都必须得有能力把它卖得很好。这一点由德国经济部长在其给《墨尔本时代》杂志编辑的一封信中所引用的那段相当著名的引文表达得十分清楚:"如果您想要从我们这里买东西,没有必要讲德语;但是,如果你想要向我们推销东西……"

七、成本分析评价

有关语言的国家与国际需求、模型、就业实践与所需要的各种技能的讨论,使我们又回到这个更为广泛的问题上来,即"第二语言学习可能带来的好处能够被证明吗?"自然资源开发规划有实实在在的好处,那么,人力资源开发规划有什么好处呢?如果政策落实到位,把资金花在为了经济目的和与经济相关的社会目的而开展的语言规划与语言学习上,会出现可量化的收益吗?

在某种意义上,语言规划活动资金的问题可以从二分法的角度来看,即从规划机构、公务员、学者与顾问和政治家或商人的角度来看,前者负责确定在公平合理与公正不倚基础上满足社区的语言需求,后者则必须根据他们所相信的环境的政治与经济现实提供资金以满足这些需求。虽然语言规划者在某种程度上能在经济真空的情况下进行语言规划,但是,政治家、商界领袖以及其他决策者则不能这样做。语言规划和语言与文化培训只是为了竞争政府和其他工商业稀缺资源所进行的一系列规划发展中的一个。在这种情况下,语言规划者应了解一些影响语言规划的经济现实。除非决策者深信语言规划的经济与政治价值,否则无论语言规划者怎样呼吁发声也都不会有语言规划的实施与开展。因此,任何一项认真的语言规划研究都不仅要关注语言问题背后的语言与社会事务,而且还要考虑一项语言规划赖以生存的政治与经济因素。

正如我们在第四章看到的那样,当成本分析被当作一种语言规划方法来考察时,它被社会的许多部门认定为一种规划技术,政府就经常进行国家资源开发的成本效益分析。然而，有关社会变革的情况很难做这样的分析，因为，很难计算像福利、保健、刑事司法与教育系统这些可归属于语言行为矫正的大规模活动成本节约的部分。增长的国民生产总值将更加难以准确计算，因为国民生产总值的生产中可能会有更多的少数族群语言人口的参与。不过，一些与语言相关的成本分析的例子，会在下一小节中进行总结。

（一）早期识字的成本效益

在"澳大利亚语言与读写委员会"（ALLC）所进行的有关"英语与读写能力的教师教育"的最新研究中，引用了许多成本效益分析研究，"证明了从学前教育方案投资中所获得的（除了教育优势之外的）经济优势"（1995：35）。在一项精心设计的美国研究的后续跟进中，佩里学前教育方案（Perry Pre-School Project）讨论了学前儿童教育经验：

……123名弱势儿童在19岁时受到随访（Burueta-Clement 1984）。一项相关的成本效益分析表明，在学前教育方案中投入的每一美元，经过通胀调整后，至少已有4.13美元归还给社会。这些计算是以对社会的财务成本指数为基础的，如，青少年犯罪、补习教育与失业，冲抵了优秀的学前教育方案的运行成本。对相同样本中年轻人所收集数据的进一步分析证实了这一发现，成本效益分析结果为，学前教育方案中投入的每一美元当其归还于社会时已增至7.16美元（Schweinhart & Weikart 1993）。这种经济分析也估算了高收入工作对于社会的税收回报。这些高收入工作被认为是这些年轻人高于预期教育成就而带来的硕果。

同样是在美国，其在学前教育干预性方面进行了其他成本效益分析研究。一项研究（Barnett & Escobar 1990）提供了学前教育干预研究的数据（Wiess 1980），另一项研究提供了一个弱势家庭全面日托方案的数据（Seitz, Rosenbaum and Apfel 1985）。这两项研究表明，该方案的成本比抵销孩子们在教育与医疗保健方面所节省的费用要高。澳大利亚进行的研究（Anstie et al. 1988）主要关注长期不参加工作的母亲们技能与收入的减损及减少的纳税。在这种情况下，她们逐步成为家庭、社区及整个社会不尽有效的贡献者。这项研究也指出，每年用于保育的每一美元，都比预算净增加 1.56 美元。学前教育阶段这几年的积累将会成比例地增加这类收益。（Raban-Bisby 1995：4-6，引自 ALLC 1995：35-36）

澳大利亚语言与读写委员会（ALLC）会刊（1995）引用的成本效益数据显示了优质学前教育方案的教育、社会与经济收益。报告指出，只要后期环境有所改善，孩子们能够从前期不幸的生活经历中顽强地活下来。研究表明，大多数来自低收入家庭的孩子，因其母亲无法提供有效的儿童保育工作，从而导致他们常常在入学之初就在各方面的能力上落后于其他孩子了。

（二）魁北克的法语成本分析

加拿大是个双语国家，英语与法语作为官方语言，每年都有大笔开支被用于语言翻译、公务员语言培训、日益扩大范围的法语广播以及作为奖金发放给双语公务员。这些供给方面的措施并不十分有效，在魁北克，金德伦委员会与蒙特利尔天主教学校委员会都强调了英语的经济优势是选择英语语言学校教育而非法语语言学校教育的主要原因。金德伦委员会还报告说，尽管法语是魁北克工作场所的通用语言，但是，完备的英语知识被认为是职业晋升所必需的。

因此，虽然该报告显示法语依然生存良好并且没有灭绝的直接威胁，但是，在工作场所英语的经济优势是显而易见的……很明显，会讲英语的北美洲商业利益对魁北克经济的控制决定了英语的地位，在管理中讲英语的人的优势成为魁北克讲法语的人晋升的障碍。（d'Anglejan 1984：35）

在这种情况下,如果没有某种语言规划的干预,那么英语的力量将继续增强而讲法语的人数将持续下降。1977 年通过的 101 法案宣布法语为魁北克的工作语言,并增加了法语的供应与需求,旨在提高法语的作用与地位,提高讲法语的人的收入。同时,法语教育与文化活动的开支也得到了增加,而进入英语语言教育则受到了限制。里德勒与庞斯-里德勒(Ridler and Pons-Ridler 1986:54)表示,这些政策扭转了魁北克讲法语的人人数下降的局面,出现了讲英语的人数下降,讲法语的单语人数(1971 年到 1981 年间有 10 万人)和讲英语的双语人数也有所增加(1971 年到 1981 年间有 50 万人)。相比之下,加拿大其他地区讲法语的人数在 1971 年到 1981 年间下降了 9.5%。许多讲法语的人口都集中到了魁北克与新不伦瑞克,自 1977 年之后,这种区域性语言划分现象进一步加剧。

与保持法语文化和加拿大统一的好处相比,这些语言政策的实施成本非常高,在魁北克的前五年,转用法语为通用的工作语言,削减了魁北克省 0.5% 的输出,出现了 2% 的就业流失。此外,还有业务成本的增加,总部的大批迁出与商业信心的丧失。就加拿大整体而言,每年有数亿美元花费在翻译、培训与公共服务的双语奖金上,以保持加拿大的统一(Ridler and Pons-Ridler 1986)。制定政策是一回事,充分实施则是另一回事,迪翁和拉米(Dion and Lamy 1990)指出,由于来自各方面的阻力,法语化过程已经变得更加困难和缓慢,强调此时需要一项成功的语言政策以便在严格的规则与灵活的实施之间寻找到一条妥协的道路。

(三)其他一些成本分析的相关研究

祝畹瑾与陈建民(Zhu and Chen 1991:91)展示了"中国英语教育的……成本效益分析",包括对英语教学的一些成本与开支的总体描述和那些会英语的人可能具有的优势(如,海外留学的机会、优质的工作机会)。数据表明从语言学习中能够获得个人利益,但并未提供实质性的成本效益信息。康敏斯(Commins 1988)从一种更广泛的角度来看成本分析,探讨了在爱尔兰的爱尔兰语地区的国家经济与语言管理之间的困境。在这里，经济发展的目的就是要通过提供当地就业机会来加强不断减少的爱尔兰语社区的经济发展，从而确保他们留在该地区以支持语言保持。尽管讲爱尔兰语的人数增加了，但是这种经济干预的结果作为一种语言规划的尝试还是有点让人失望，因为向外的移民仍在继续，使用该语言的人口比例还是下降了。然而经济现代化进程本身已经破坏了既定的社会网络，并在非传统背景下将英语引入社会。更为棘手的是，当语言保持政策需要在更广泛的社会再生产的范围内发展时，处理经济发展的机构也得负责这些语言保持政策。

这个简短的调查表明，在语言和语言规划相关领域中从事成本分析研究并非易事，因此也不常见，同时还未提供更多确凿的证据来证明成本分析对语言规划工作的重要作用。

八、澳大利亚：为了经济目的的语言

在过去的 50 年中，澳大利亚在其经济与社会结构上发生了翻天覆地的变化。第二次世界大战之前，它基本上是一个田园国家，工业有限，自身是盎格鲁-凯尔特单一文化和单语视野。第二次世界大战迫使澳大利亚重新审视自己，主要来自欧洲的战后移民，意图开发澳大利亚的工业基地。在过去的 25 年中，亚洲移民也为该国增加了语言与文化的多样性，并带去了各种可用的技能。

从经济视角来看澳大利亚最近的出口记录，其在向海外提供的生产与服务方面，呈现持续的赤字，但在农业生产与采矿方面，有盈余的记录。然而，由于世界价格的波动与越来越多供应商的竞争，过去的几年里后一领域尚未有足够的盈余来平衡贸易的整体恶化与国际收支数字。最终导致澳大利亚目前正在运行的国际收支账目赤字达平均一个月 15 亿美元，这让澳大利亚拥有了世界上最大的人均国际收支赤字。由此来看，尽管澳大利亚在技术与生活方式方面已经发展成为发达国家，但它仍然存在非常重的净外债需要偿还。

为了在进出口之间达到一种更好的平衡，澳大利亚需要更有力地将经济发展转移到制造业与服务业，同时出口更多的东西到更广阔的市场。不过，第二与第三经济产业的商品营销需要更多地与潜在客户进行人际交往，因为个性化的产品是要销售给个人或小团体客户的，如同初级农产品一样，不是成批量地销售给政府工作人员。这样的销售策略需要更多地与客户交谈，需要了解更多有关客户口味与偏好的知识。由于这些新客户中有很多人不讲英语，这些变化体现出明显的政策影响。这些新客户将创造一种第二语言与文化教育的需求、熟练与自信地使用语言技能的需求，因为第二与第三产业经济活动必然会涉及对不同的语言与文化能力的需求。

为了满足经济与社会需求，澳大利亚已经发布了一系列旨在满足这些需求的语言政策条文（Kipp et al. 1995；Lo Bianco 1990；Ozolins 1993）。在联邦一级，发布了"国家语言政策"（Lo Bianco 1987a）以帮助实现四个大的社会目标：平等（equality）：在一个多元文化的社会中"人人平等"；经济（economic）："经济"发展与贸易合作；丰富（enrichment）：社会与文化生活的"丰富"；外向（external）："外向型"关系。在此之后，1991 年制定了"澳大利亚语言与读写政策"，1996 年政府采取的第一步就是制定国家学校识字政策。语言与识字政策的各个文件都成为就业与经济发展的潜在的主题。州政府（如，昆士兰州）在制定学校的语言政策时也被建议在执行过程中考虑经济因素（Baldauf 1993；Djité 1994），并且教育系统与各个大学也一直热衷于向该地区的国家出口教育专业知识。认识到经济效益一直是这些国家语言政策背后的主要推动力，即使像澳大利亚的公司这样的内向型被动出口商（如，Stanley et al. 1990：46）[4]，其商界与工业界对语言的关注也是基于经济因素的考虑。挑战已经改变了澳大利亚的工业文化，这是由于了解了语言与文化在出口市场中所发挥的重要作用从而使其变得更加积极活跃，并更加面向世界。

（一）语言与内部需求

基普等（Kipp et al. 1995）利用1991年澳大利亚人口普查数据研究了语言与经济状况之间的关系。这些数据表明，14.8%的人口在家里使用的是英语之外的其他语言（LOTE，language other than English）。这个数字可能低估了潜在的语言资源，但是，反映了1976年的12.3%的人口到1986年的13.6%的人口的增长。然而，许多在其本国接受了专业培训的移民无法在澳大利亚使用这些技能，原因是他们的英语达不到标准，澳大利亚当局不承认他们的专业资格，因为他们的专业资格是在其他国家获得的。这意味着，这些人带到澳大利亚的语言与文化资源并不能够得到最大限度的应用。

基普等（Kipp et al. 1995）研究的普查数据包括年龄、英语水平、学历、职业地位与收入。他们将一些数据整合起来，发表了语言与经济学之间可能存在一些关系的有趣见解。在表6.1中，失业率、英语水平与学历同许多不同的语言群体和海外出生的人并列在一起。尽管出生地数据与语言数据代表了不同的人群（如，那些出生于越南的人也可能包括讲汉语的人），他们结合着可能是新出现的基本变量，认为失业与英语水平、学历之间有一种关系。意大利、荷兰、马耳他与德国来澳定居人士都属于澳大利亚移民历史上的战后阶段移民，他们往往自认英语水平较高，而波兰与亚洲的移民都是最近才来到澳大利亚的，而且普遍缺乏英语技能，其中菲律宾移民除外，因为他们来源于一个以英语为教育语言的政体，而最近来澳的一些高学历层次的团体，是出于对经济移民标准的强调。不过，基普等（Kipp et al. 1995：87）还是指出，尽管学历层次相对较高，最近来澳定居的人士中不太可能会成比例出现代表专业员工的移民，因为其中许多人是1991年以劳工的身份在一个没有充分利用他们语言技能的职业领域中工作的。他们得出结论："虽然目前全国有相当多的语言资源，不过这种资源似乎是利用不足，在许多情况下根本就没有利用。"（1995：91）

表 6.1　1991 年澳大利亚人口普查中的语言与经济数据 *

出生地	失业百分比[1]	英语水平[2]	学历[3]	语言
意大利	8.9	82	8.8（V）	意大利语
荷兰	9.6	96	14.5（V）	荷兰语
马耳他	9.7	88	8.7（V）	马耳他语
澳大利亚	10.5	—	—	—
德国	11.2	95	21.1（V）	德语
希腊	12.1	78	7.2（V）	希腊语
中国香港	13.4	67	11.4（B）	汉语
中国	15.8	67	11.4（B）	汉语
菲律宾	16.2	93	26.9（B）	菲律宾语
波兰	18.1	81	10.7（V）	波兰语
黎巴嫩	31.8	78	5.7（V）	阿拉伯语
越南	38.7	52	4.2（B）	越南语

* 此表中的数据并列了国家与语言的数字（即就业人数从出生国家角度来看，其他数字则从语言群体角度来看）。不是所有讲荷兰语的人都来自荷兰（有些人来自比利时），这种比较只是提供了一个指示，表明语言与经济指标之间的关系。

1. 基普等（Kipp *et al.* 1995：90，表 4.8）。
2. 英语讲得"很好"或者"好"（自评）的语言群体的比例（Kipp *et al.* 1995：82，表 4）。
3. 有学士学位（B）与有"熟练职业"资格（V）的语言群体的比例（Kipp *et al.* 1995：84—85，表 4.4 与表 4.5）。

　　来自各民族的移民在澳大利亚一些城市中成了主要的消费者，他们拥有强大的购买力。他们的需求往往由来自他们自己民族社区的其他移民所经营的小商店来满足。无论是从文化上还是语言上，传统的广告对于这些消费者与小店主都是无效的，因此，许多大型澳大利亚公司都将部分澳大利亚国内市场有效地拒之门外。在墨尔本的西部郊区，有一家富兰克林商店，这是一家没有多余装饰的连锁超市，其客流量远高于平均水平，而其他一些较大的连锁超市的销售均低于平均水平。对上述情况的一种解释就是富兰克林商店是用汉语做的广告与招牌，以吸引周围的高层次中国移民客户。用客户自己的语言与文化语境向客户销售，其重要性不言而喻。能够呈现多元文化信息价值的例子还有"幸运猴"新南威尔士彩票（中国新年前后才推出来）与有效使用特定民族文化规范的反吸烟信息。这两个例子都来自政府机构，他们所取得的成功为企业提供了值得借鉴的经验（见 Koslow 1994；Touchstone 1996；Touchstone et al. 1995，1996）。

澳大利亚企业在各地特定的语言与文化需求竞争中的失败虽然导致其生意场上的失意，但这种情况有利于进口贸易的发展。许多移民小企业依靠自己在原来国家中良好的业务关系从原来的国家中寻求商品来源。虽然有关在业务往来中语言与文化纽带重要性的例子数不胜数，但是从澳大利亚的国际收支角度来看，这些技能常常被用来增加进口而不是产生出口的。虽然这个过程中有益的方面是衍生了不少就业机会，但是这也表明了澳大利亚在解决内部市场问题方面的失利。退一步来说，即使确实存在有效的语言与文化技能，澳大利亚可能也不会利用它们来促进出口。

（二）语言、多元文化与经济成果

主要利用经济来源，斯坦顿等人（Stanton et al. 1992）总结了研究多元文化背景的澳大利亚经济学文献。他们先前认为澳大利亚多元文化通过商贸、旅游和小企业三个途径为其经济目标做出贡献。然而，研究发现，能够直接证明多元文化对经济效益做出实际贡献的文献却很少。斯坦顿和李（Stanton and Lee 1996：510）进一步指出，澳大利亚的准入与股权计划一直就是多元文化政策的一部分，这种计划可能会带来一定的经济效益。不过，他们认真地质疑了所有利用"文化多样性对澳大利亚出口效益的贡献"的尝试，即出口效益是建立经济议程尝试的一个要素，而这种经济议程是澳大利亚多元文化政策的一部分。尽管这些经济学家的观点认为语言与民族多元文化政策不应该联系起来，不过已经完成的研究表明，需要语言与多元文化的技能以满足澳大利亚的外部需求。虽然对这些技能的需要不都是来自少数族群社区，但是澳大利亚也不应该忽视这些潜在的资源。那么随之而来的问题便是"如何满足这些语言与文化技能"。

旅游业提供了语言与文化技能需求的例子。据《旅游 2000：人力资源开发的重点方向》（Kinnaird 1992）估计，到 2000 年年底，澳大利亚对日语技能高度熟练的人的需求将会翻两番，对能熟练掌握亚洲各语言的人的需求将达到五倍，而对能熟练讲欧洲各语言的人的需求数量将达到两倍。1992年的有关数据见下：

在去年旅游业的工作人员中至少有29%能熟练讲日语的人是临时居民，其中只有5%的人是亚洲工作人员，1%的人是欧洲语言工作人员。(Kinnaird 1992：13)

该研究进一步估计，旅游业对管理人员的需求和对语言能力水平高的工作人员的需求将会从1992年的9500人上升到1995年的16,200人，到2000年底将达到33,000人。这意味着，这个行业对拥有高水平语言技能者的未来需求是巨大的，尤其是在与旅游业直接相关的各行各业中，比如，运输、公关以及消费品直销行业。

（三）语言与发展对外贸易

关于对外贸易机会，已公布的澳大利亚政府报告明确了在未来几年其贸易发展努力的方向，提出了一些值得语言规划者考虑的建议。每一份报告都指出了该地区日益增长的商业与贸易机会，表示如果澳大利亚要想占据这些发展的优势，就需要适当地开发语言与文化技能。例如，一份题为《澳大利亚商业挑战：90年代的东南亚》的报告中估计，如果澳大利亚的市场份额保持不变，其与东南亚的贸易额将从现在的66亿澳元增长到世纪之交的170亿澳元，假设其市场份额只增加1%，那么贸易额就会达到270亿澳元。东南亚的市场规模，与澳大利亚的非常接近，其互补性和共同的商业与外交目标，使其成为澳大利亚的一个重要的市场。该报告指出，这些贸易联系将通过主动采取以下措施从而使得各个领域互惠互利的长期合作关系得以加强，如，熟悉亚洲市场的业务实践、语言与文化；在中学与大学水平上重点关注区域语言，特别是印度尼西亚语与马来语；扩大研究生奖学金；与区域智囊团建立更密切的联系；为政府官员与商界人士建立意识增强方案；与该地区著名的研究人员和出版机构取得联系；与澳大利亚的科技方面的培训取得联系等（East Asia Analytical Unit 1992）。

20世纪80年代后期，东北亚市场占据了澳大利亚40%以上的贸易额。澳大利亚经济与东北亚地区经济的互补性，结合其高于平均水平的经济增长率，意味着这个地区的出口水平将继续增长。特别是旅游产业将会大幅度增长，因为十年之内日本游客可能会达到每年一百万。随着人均收入的上升，来自中国台湾与韩国的旅游团其数量也会快速增长（Raby *et al.* 1992）。澳大利亚公司大多避免扩展到东北亚地区，因为在那里比较难于建立业务联系，从而导致商业成本的增加。

在亚洲的业务往来通常是基于长期的合作关系，其中信任扮演了重要角色。公司需要知道他们所打交道的个人是代表了产品与其公司的真实价值，所有这一切都只能是通过公司高管与客户之间长期而热情的接触来实现。要使这种接触富有成效，公司的法人代表必须要熟悉客户文化的价值与特色，其中就包括语言。（Raby *et al.* 1992：87）

随着澳大利亚教育与培训系统的政策越来越强调亚洲的语言及相关研究，因此，澳大利亚现在有更多的人拥有适合这种工作的背景。不过，"还需要做许多工作以强化这些举措，特别是在对于传播澳大利亚商业的好处方面"（Raby *et al.* 1992：86）。

亚洲不是经济评论重点关注的唯一地区。尽管拉丁美洲对于澳大利亚来说不是一个大的出口市场，但在1990到1991年度它仍有4.97亿澳元的价值，并在同一年产生了约1亿澳元的贸易赤字（参议院外交事务、国防与贸易常设委员会，Senate Standing Committee on Foreign Affairs, Defence and Trade[SSCFADT]1992）。虽然每年都有变化，但是澳大利亚出口的趋势基本持平，而进口的基本趋势是向上发展的。澳大利亚贸易委员会向参议院外交事务、国防与贸易常设委员会表达的意见是：

澳大利亚公司，特别是那些新兴的从事出口业务的公司，很难这样进入像拉丁美洲那样的市场。他们认为，既然可以轻易进入东南亚、新西兰这样的市场，那就没必要使用不同的语言不遗余力地进入拉丁美洲这类市场……我们当然会强调语言能力的重要性，无论是西班牙语还是葡萄牙语。（SSCFADT 1992：278—279）

然而，拉丁美洲的语言与文化在澳大利亚教育系统中并没有得到很好的体现，实际上，澳大利亚才刚刚开始对这个领域的工作人员进行语言与文化技能的教育。于是，委员会建议：

……在实施政府语言政策的过程中，联邦与各州的教育部门应首先确保他们自己是完全了解的，并使潜在的外语学生充分认识到西班牙语作为一种国际语言的重要性与其所具有的价值。（SSCFADT 1992：284）

上述这些需要政府委托的报告，聚焦经济优先权，清晰地认识到企业需要发展适用于潜在客户与市场的语言与文化技能。在同一时期，英联邦、国家和地区的语言政策强调了语言在学校方面的重要性并表示习得一种语言（特别是日语和一些其他亚洲语言）的毕业生数量有所增加。虽然学校学习语言的学生的数量在增加但学校并未向学生提供作业所需要的语言与文化技能的教育，因此，考察企业对这些举措的反应仍然是很重要的。

（四）语言的商业反应

人们常说，如果政府不插手挡路，一切都交给市场，那么一切都会运行得更好。但是，许多关于澳大利亚商业与工业的调查，质疑了对语言与文化技能的需求。例如，在1991年，莫纳什大学艺术与工程学院（Holgate 1991）进行了一项对会外语工程师需求的调查，这些工程师都是维多利亚州的咨询工程师，他们是从《澳大利亚商业名人录》列举的有国际业务联系的公司中挑选出来的。大多数公司有海外业务联系,其中大部分都是在非英语国家中开展工作的(见第九章加拿大魁北克水电公司的例子)。这次调查发现:

(1)英语依然是许多国家的"通用语",特别是合同文件,因此,另一种语言讲得流畅可以锦上添花,但不是绝对必需的;

(2)更为重要的是了解顾客的文化,并能够在处理商业事务时遵循当地的习俗与礼仪并进行交谈;

(3)"有些"外语知识(即不完善的知识)在一些技术语境中是危险的,因为在翻译重要的技术说明书时不准确的翻译可能会是致命的;

(4)为了生存,而不是出于技术原因,将语言研究(那些被认为最有用的语言包括印度尼西亚语、日语、汉语,其次是法语与德语)纳入到所有的工程学位中,是非常值得称道的;

(5)在他国设立分支办事机构的公司与从事销售经营的企业对语言的需求有所不同,于销售公司而言,英语是最重要的语言,而于投资联合项目的公司而言,其他语言是必不可少的。

在由斯坦利等(Stanley et al. 1990)所做的研究中,他们对澳大利亚贸易委员会提名的 2000 家公司进行了问卷调查,回收率为 25%,试图确定在英语以外的其他语言技能与成功出口之间有什么样的联系。结果发现,人们一般对于英语以外语言的技能与成功出口之间关系的认识水平比较低。实际上,尽管英语以外的语言技能知识在调查中并没有得到重视,但是,缺乏英语以外语言技能(国外市场的知识)的有关障碍却被认为是最严重的。即使公司认识到英语以外的语言是重要的,他们也不确切地知道哪种语言最有利于达成自己的目标。出口商认为以下九种语言是非常需要的并大致地做了排序,即:汉语、日语、阿拉伯语、印度尼西亚语、韩国语、泰语、西班牙语、德语和法语。

该研究也报告了报纸广告中所需外语职位的调查。这项调查是澳大利亚语言与读写委员会(ALLC 1994)有关语言与商业(见表 6.2)的最新报告,虽然广告量并不等同于商界对英语以外语言技能的需求,但它表明各

表 6.2　报纸广告中对英语以外语言职位需求的调查
（澳大利亚语言与读写委员会 [ALLC] 1994：113）

	1980		1985		1989		1992	
	8月	9月	8月	9月	8月	9月	8月	9月
《澳大利亚人报》	0	3	18	9	28	43	79	79
《悉尼先驱晨报》	4	5	14	7	29	15	182	163
月合计	4	8	32	16	57	58	261	242
合计	12		48		115		503	

领域的雇主对英语以外语言需求的大幅增长。

另一项研究是对新南威尔士州 60 家最大的出口企业进行了采访，结果是从所赚取的收入角度来看的。在 1988 年，日本、美国、新西兰、巴布亚新几内亚、英国和爱尔兰是公司最重要的客户。到 1998 年，他们预计中国香港、中国内地和泰国将会加入该名单。这表明，澳大利亚的出口商对于他们的产品会有什么样的市场这个问题的视野很有限（Valverde 1992）。

虽然这些公司代表了"出口商"并因此被认为是拥有了这方面的专业知识，但是，大部分公司是由一些单语/单文化的个人来代表的，并且他们对地理与文化差异的概念非常有限（即可能不一定能够区分东南亚国家和大洋洲国家）。只有两个出口经理说，他们听说过一些关于"澳大利亚国家翻译者协会"（National Association of Australian Translators and Interpreters，NAATI）的事情，不过很少使用口译与笔译。虽然他们对调查中所提出的问题很感兴趣，但是，这并不能够证明他们拥有对语言与文化技能需求的意识。

出口商认为，日语、汉语、法语、韩国语、西班牙语、印度尼西亚语与德语是未来的主要语言。调查还显示，这些公司实际上有许多能够流利讲这些语言的多语种员工（除了日语，因为高层管理人员是直接从日本聘请来的）。因此，对于这些出口商来说，首要问题是态度而非资源，他们总认为有英语就足够了。即使对于使用了语言技能的员工，他们也只是通过更高的薪水来承认这一优势。

（五）解决经济与语言问题

前面几节的数据表明，澳大利亚的贸易平衡与服务问题都很严重，当在出口方面的主要贸易伙伴都日益转向劳动与资本密集型商业与服务的时候，澳大利亚的出口主要是基于未改良的商品。澳大利亚要想有效地处理这些问题，就不得不考虑语言与文化问题。在讨论到澳大利亚的时候，提出的问题一般都是与语言规划相关的，尽管这些问题在不同地方会有明显变化，但对于企业来说，应对语言问题不可避免。

与语言有关的规划需要从多种渠道收集信息。首先是找出所需要的数据，这些数据可能来自贸易数字，来自商业案例研究，来自特定出口企业的语言审核。据此推断语言与文化技能如何在商业与贸易中提供帮助，特别是要弄清要妥善做好各项工作所必需的是哪些语言以及这些语言需要达到什么样的水平。但是，任何类型的调查和案例研究，只能提供有限的信息。首先，要调查所有可能的用户过于昂贵与费时，而且并不总能那么容易地找到自愿完成调查的受访者。其次，由于需求是在不断变化的，因此，如果要准确地反映目前的趋势，调查信息必须持续不断地去收集。第三，语言与文化培训需要时间来培养有技能且能够做好本职工作的优秀员工。但这样的人不可能在一夜之间就培养出来，实际上未经很好训练的人员比根本没有接受过训练的还要差，因为他们可能会产生一种虚假的安全感，即在他们没有技能的时候误以为是拥有某种技能的（Tse 1982，1986）。最后，预测未来充其量是个危险的游戏，因为在五年或十年的时间之内，难以确定语言与文化的需求将会是什么样子。当这种事实与培养高层次语言技能人才所需的相对较长时间结合起来时，只有通过特有方式建立的培养全面语言技能人才的战略才有可能获得成功。

九、新西兰：经济驱动的规划

如前边几点所建议的那样，政府很少采取纯粹利他主义行动，他们的行为往往遵循一定的范式，他们认为这种范式与特定政治管理机构所持有的理念是一致的。尽管一些政府政策的实施结果可能确实与社会正义的理念是一致的，但政府政策并不总是完全由基于社会正义的动机所驱动的。而政府往往采取的是经济必要性行动。这种现象的例子在新西兰可以找到两个。

（一）工作场所的语言

在像澳大利亚、英国、新西兰和美国这样的国家，移民人口的大量涌入，在充实市场与劳动力方面确实具有实质性的影响，但商业部门已经关注到很大一部分劳动力人群中英语水平并不高。早在1979年，新西兰开展了一项针对外来务工人员语言需求的研究（Kaplan 1980）。结果是，新西兰的情况有所不同。首先，作为土地原来主人的新西兰居民是新西兰的毛利人。毛利人有限的就业机会与社会经济流动是毛利领导人多年来一直关心的问题。[5] 但是，由于新西兰发挥着南太平洋地区一些波利尼西亚国家（即库克群岛、纽埃、萨摩亚、汤加和托克劳群岛）保护国的作用，同时这些地区人口已经过剩且相对比较贫穷，因此新西兰允许来自这些地区的人大量进入本国。此外，新西兰一直非常慷慨地接纳和安置印度支那[①]难民（1976年4月西贡沦陷后）。早些时候，在第二次世界大战期间，新西兰已经接纳了由希腊人、意大利人、荷兰人和东欧人组成的庞大移民以及一些少量的东印度人和中国人。到1979年开展研究时，早期的群体已经在很大程度上被同化，但是，波利尼西亚和印度支那人群体从语言上构成了一个有标记的棕色无产阶级。新西兰以更大的工业生产力的名义和以工业安全的名义采取了一些措施，包括在工作场所提供语言培训。

（二）国际贸易语言

最近几年，许多政府都采取了极简主义政策，从它之前所参与的传统

[①] 印度支那是对东南亚大陆地区的总称，即位于印度与中国之间并受两国文化影响的中南半岛各国，包括缅甸、泰国、老挝、柬埔寨、越南、马来亚、新加坡这些国家和地区。现代汉语中的印度支那特指曾作为法国属地的老挝、柬埔寨和越南。

经营部门与各种职能中退出。在英国,这种经济哲学在被首相撒切尔夫人(Prime Minister Margaret Thatcher)实施之后被命名为"撒切尔主义"。在美国,总统罗纳德·里根(President Ronald Reagan)执政期间曾尝试实现类似的目的,之后它也曾被称为"里根主义"。虽然在其他许多地方极简主义政策都曾出现过,但它在新西兰的应用严于其他任何地方。

20世纪80年代中期,新西兰发现自己的情况是自身外债巨大,年度还本付息的数额大至难以再进一步向国际货币组织借钱,所以它必须理顺它的金融秩序。客观地讲,除经济问题之外还有其他原因,例如,英国加入欧洲经济共同体之后,新西兰丢失了它的出口市场。鉴于其经济状况,新西兰政府在20世纪80年代后期开始变得保守的选择也就不令人意外了。

20世纪80年代后期,新西兰就解散了其长期坚持的教育部以及其他国家有关部门而采用部长级结构。它这样做的理论基础是认为内阁官员应该拥有更大的权力,应该能够在他们所负责的部门内实现他们的个人愿景,而不应该受死板的公务人员不妥协的约束。部长级结构被视为:

1. 更加精简(确实许多部门的工作人员已经明显减少);

2. 更加平等(就是说,人们认为,政策分析家们[中层官僚]是可以互换的,以利于随着需求的变化人员可以跨政府机构[部委]进行流动);

3. 更有成效(其理由是,一位部长只"购买"她或他希望实现的那些功能,即部长们认为有高优先权与高收益的那些功能)。

一般来讲,这是一项削减成本的措施,这样既可以减少政府的直接开支,同时,通过减少政府干预/监管,也可以减少间接开支,但同时它也构成了一个方向上的重大转变,由于新西兰此前一直被普遍视为一个发达的社会主义国家,为公民提供广泛的社会福利。但在教育部门,这一政策导致了学校下放和对"用户自付"概念的应用,那就是家长直接为提供给他们孩子的服务支付费用,而不是以税收的形式向政府支付相关费用,是直接支付给在竞争激烈的市场中自负盈亏的独立的学校。人们通常认为,按照正常秩序,政府仅仅是个经纪人,收税并发放资金给实际供应商,但这种新的理念摆脱了政府作为中间人的职能，因为中间人的相关成本被取消了，因此，成本也就降低了。如此学校之间便开始了竞争，更好的学校就会吸引更多的学生、更多的老师、更多的资金，从而变得更加优秀，而较弱的学校最终要么是关门歇业，要么就是必须变得更好——虽然好学校的数量有一个明显的上限。总之，理念是放松管制，取消政府控制，从教育部门和其他社会服务部门获得补贴，并使得供应商们在公开市场上进行竞争。

1992年，当卡普兰（Kaplan）在新西兰教育部工作的时候，政府仍在纠结于到底下放什么、保留什么。例如，教育部曾经或多或少地参与了有关语言教育的一系列的竞争活动：

（1）教育部出版征求建议书以开发萨摩亚语和其他少量语言的教学大纲；

（2）教育部投资研制一个新的英语教学大纲以顺应当前的需要；

（3）教育部在从事一项主要活动，旨在开发一项新的国家课程；

（4）教育部允许编撰国家语言政策"绿皮书"（Waite 1992）。

尽管所有这些活动都集中在教育部，实际上它们相互独立，在它们之间很少或根本没有什么交集。此外，作为负责教育以及社会其他方面的评估与相应学历标准维护的一个国家机构，新西兰学历评估委员会独立从事英语与其他语言评估方式的开发。到1992年年中时，当时政府还不清楚在这些活动中应该承担哪些活动，该讨论有些受困于一种基本的尝试，即一方面想区分政策与理念，一方面想区分实施与运行。但事情已经相当清楚，语言政策的发展在教育部不是高度优先考虑的问题，在其他政府机构中当然也不是优先考虑的问题。

根据供给与需求的竞争模式，可用的语言教师队伍一定总是小于社会对语言的需求，而且在不同语言之间教师队伍是分布不均的。然而，如果语言的教与学都可能在优质环境中进行，那么教师与学生都有权受到保护。不过，由于语言是一种普遍现象，人人是专家，语言教学与学习的重要性常常被误解与低估。因此，"流行"的语言获得更大的市场部分，而"不流行"的语言，即使它们从社会与历史角度来看是重要的，则获得较小的份额。

例如，像日语这样的语言往往会被家长们视为是目前拥有崇高威望并能保证他们后代就业的语言，而像萨摩亚语这样的语言则被认为是主要关注萨摩亚社区而不是关注所有人群的语言，因此，日语就可能会吸引到远大于萨摩亚语的市场份额，而这两种语言的教师队伍尽管出于不同的原因可能依然远低于需求水平，并且不太可能被带到至少令人满意的水平，因为教师像学生与家长一样在寻求他们个人长期良好的经济状况。可以说，政府已经抛弃了其对于少数族群社区的社会责任，这里包括萨摩亚社区，不过还可能包括新西兰所有讲波利尼西亚语言的社区以及一些被矮化的社区，如，越南语、柬埔寨语社区。也可以说，因为并非社会各领域的新西兰人都要学习萨摩亚语（或其他声望不高的语言），于是，维护萨摩亚语实际上就变成了各自少数族群社区的责任，不应由（基于税收的）国家政府资金支持，这是极简主义原则的"使用者付费"的体现。但是，萨摩亚社区（以及大部分其他少数族群社区）与那些比较希望他们的后代学习日语的中产阶级社区相比，可支配的内部资源却比较少。人们可以说这是一种完美的资本主义范式的工作方案，同时，也表明政府未能满足社会最贫困群体的社会需求。[6]

在这种环境下，"物质崇拜"的心态（第九章的介绍中提到了）就有力地发挥了作用。父母希望他们的子女拥有保证就业、保证更好生活标准与保证更多可用的商品与服务的技能。它成为一种信仰，即像日语这样的"流行"语言能够带来理想之需，相反，人们也同样认为"不流行"的语言就不能提供需求。这种论证的明显的循环似乎已经脱离了大众的意识。没有证据能够支持"拜物"概念，社会经济市场中的"成功"是对"国语"之外各种语言知识了解的产物。此外，该"拜物"概念忽略了一个事实，即对于讲英语的人来说，学习像日语这样的语言比学习像西班牙语这样的语言会花费更多的时间。最后，该"拜物"概念忽视了一种现实，即在传统的学校环境中可以学习到宝贵的小语种。

相反,"拜物"概念表面上是以长期的经济前景为基础的,并承认与欧洲经济共同体之间的贸易变得问题更多了,新西兰也承认,他们必须在其所谓的亚洲"自然"市场上进行贸易,公众认为有关亚洲语言的知识将普遍提高新西兰经济,并将允许"知道"这些语言的人参与分享与亚洲更多贸易所带来的好处,但所有这些完全没有任何研究能够支持这一观点。事实上,到1992年底时日语培训达到合理流畅程度的成百的新西兰人,几乎完全受聘于他们的日语知识没有任何用处的那些部门;新西兰雇主最倾向于聘请会讲英语的日本人,而不是会讲日语的新西兰人;至少部分是基于这样的假设,即讲日语的新西兰人对日语就根本没有一个足够的了解。实际上,讲日语的新西兰人所缺乏的是对日语语用规则的了解,而讲英语的日本人常常缺乏的是这方面的语言能力水平。

十、美国的经济学与语言规划

20世纪下半叶,两个重大事件使得商业与工业更加关注有关语言的问题。公平地讲,直到前一段时间,商业部门仍不关心语言问题。人们认识到,在国际贸易中,拥有讲多种语言的能力在一定程度上是有优势的,但在讲英语的世界中,人们会非常理所当然地认为,英语对于大多数商业目的来讲已经足够了。

在一向欢迎移民的美国,移民的流入从19世纪以欧洲移民为主到20世纪变成以拉丁美洲和亚洲移民为主。据估计,在20世纪90年代的10年中移民速度将加快,[7]移民将主要来自墨西哥、菲律宾、越南、韩国、印度、中国大陆、多米尼加共和国、牙买加、萨尔瓦多、伊朗、老挝、中国台湾以及哥伦比亚,而且这些新移民中的75%将定居在加利福尼亚、纽约、德克萨斯、佛罗里达、伊利诺伊和新泽西州。一些企业与公共服务机构已经开始应对不断变化的市场。有些例子包括一些组织聘请亚洲双语销售人员,并以几种语言出版单位内部出版物;企业为那些母语不是当地语言的人提供特别援助以帮助他们建立信用；群体用不同的语言提供"欢迎礼包"给那些新来的移民；连锁超市已开设针对拉美裔与亚裔客户的餐饮专卖店，其中许多都有针对民族社区的非英语广告；一家大型化妆品公司已经开始营销针对皮肤颜色较深的女性化妆品；一个大城市的政府已经制定了一项政策，决定为那些在服务领域使用双语技能的人提供额外的补偿。

更为重要的是，据估计，劳动力将会在相同方向上、以与市场变化速度相同的速度发生变化，变得不再以男性为主，并明确包含了对少数族群的更大的代表性。[8] 人们不仅普遍认识到市场是变化的，而且一直存在这样类似的认识：即在未来10年将有近30%的就业者是少数族群，这些人当中有许多人文化素质较低，需要接受特别是语言的培训。类似的变化似乎在英国、澳大利亚以及传统上讲英语的世界中的许多地方都会出现。欧洲共同体的出现又表明了在欧洲人口中更大的跨境流动性。

同时，面对全球经济衰退与经济困境，在20世纪90年代初期，许多国家都产生了这样的动机，关注控制语言状况的变化，以作为提高国际贸易的手段。例如，在其态度与一些社会功能方面历来是以欧洲为中心的澳大利亚已经采取措施以改变其方向。上个世纪的大部分时间，澳大利亚教学最多的外语是法语与德语，在第二次世界大战期间，其他语言——移民语言（即希腊语、意大利语、荷兰语等）已经开始在语言教育领域展开竞争。但在最近一段时间，当澳大利亚开始转向实施其国家语言政策时（Lo Bianco 1990），像印度尼西亚语、汉语、日语和韩国语已经开始受到密切关注了。到1994年，学习日语的大学生将会是学习法语的大学生的两倍多，接下来的四种最流行的语言是汉语、意大利语、德语与印度尼西亚语/马来语（Baldauf 1995b）。这种变化明显的动机存在于扩展区域旅游业与国际贸易的理念当中。

这一运动隐含的是承认如果卖方了解买家的文化，如果卖方能够用买家自己的语言跟买家对话而不是要买家跟卖方讲英语，那么，销售产品的机会就会提高。

这个概念有一些问题，主要是它显得有点幼稚。在教育系统中安排新的语言教学会需要一些时间，与此有关的一些问题在"教育语言规划"部分已经讨论过了（第 122 页，"教育语言规划"）。此外，没有那么多合格的教师来教这些新的语言。[9]需要劝导学生来学习这些语言，显然，学习这些（对于讲英语的人来说）比较困难的语言的动机太微妙了，以至于对学生来说不会有多大直接的影响。但是，需要被劝导的不仅仅是学生，家长们也需要劝导。也许最重要的是，现实情况是教学量不够，无论是从一个学期的课时来讲还是从所坚持的年限来讲都不够，因此无法取得相当高的能力水平。世界各地典型的外语教学方法如在整个小学与中学的学习生涯中，总共要有 250 个小时的当面授课时间，一般是在非常大的班，或者到高等教育阶段总共要有 450 个小时接触授课时间（Mann 1992），可能会延续到新的一组语言上，这在实现即使是最小的交际能力方面时间也是远远不够的。[10]然后，可能的结果就是有很多人对一种语言一知半解，根本无法满足社会的需要。这种做法的继续存在很可能会在父母与更多的潜在雇主之间产生消极的强烈抵制。

此外，人们不把双语现象看成是一种有用的技能已经具有了悠久的历史。在大多数国家，被要求在工作场所应用其双语技能的双语人并没有因为这样做而受到奖励。除了少数几种特例，例如，在国际会议上或在法院中的专业的双语笔译或口译、复杂翻译之外，双语技能很少被认为具有特殊的价值。在某些特殊情况中，双语人的补偿往往要低于专业职位的平均水平。任何真正希望推动双语能力的政府必须对那些拥有双语能力的人提供真正的激励。在这方面政府可用的方法有很多种，例如，政府可以对那些雇用和奖励双语的企业提供税务优惠，或者政府可通过其公务员的行政系统来设置双语补偿标准。

除了这些明显的激励之外，政府还需要开展大规模的广告攻势以改变公众对语言学习和双语能力的态度。过去，政府已经通过媒体开展过这种活动。例如，美国政府曾经通过这些活动处理过非法毒品贸易与艾滋病的危险，而澳大利亚政府则通过这些活动成功地推动了人们对体育锻炼和皮肤癌的认识。

但即使是在教授外语的项目适度成功的情况下，在销售队伍中只是因为有双语的存在而增加了销售并因此而增加了利润这个假设可能是个错误。像产品质量、相对于国际市场的产品的价格、保质保量并按时交付的能力等问题是同样重要的因素，这些问题与销售队伍的语言能力没有什么关系。

然而，商业部门可能在人类近期历史上是首次注意到语言问题在商业与工业中的相对重要性的，这都是有利的发展。现在，语言规划者可以利用对语言问题新的认识，鼓励在语言规划中包含通过社区更现实地传播语言并采用更现实的手段来修正对语言的普遍态度以及更真实地认识到（至少在当下）双语能力是一种独特的技能，应被视为具有很高的市场价值。这种说法提供了又一个理由，以说明整个语言规划工作不归属于教育部门，因为如果这样的计划是成功的，那么，教育部门不太可能影响到关键变化必须出现的那些领域。语言规划，如果想享有任何成功的希望，它就必须得是一种遍及整个社会的功能。

问题不只是在国际贸易中增加市场份额的事情，也得包括国内市场。例如，洛杉矶也许是地球上语言最多样化的城市。人们可能会认为，在这种多元文化与多语社会中的商业运作，应当认识到这种语言与文化的多样性，以便提高各自的市场份额。银行服务可作为一个例子。这样的服务几乎从这个城市建立以来就已经向洛杉矶的居民提供了。在该地区开设的第一家银行的名字与其开设的确切日期已无从查考，但是银行的存在一定能够证明可追溯到"瓜达卢佩-伊达尔戈条约"（Treaty of Guadalupe Hidalgo）签订时（1848年）。在20世纪，银行几乎已经完全使用英语来提供服务了。20世纪80年代，许多亚洲银行在南加州开设了分支机构。现在，中国、日本与韩国的银行已经建立得很完善。不考虑外国银行分行的存在，银行界几乎完全讲的是英语。即使是外资银行也倾向于主要或者完全用英语提供服务。而联邦法律（特别是1977年的《社区再投资法》[the Community of Reinvestment Act]）[11] 禁止针对年龄、性别、种族、宗教、收入的歧视，尽管这些银行法规鼓励银行服务的多样性，但是，加州银行界基本上不怎么受很多人不讲英语的影响（Touchstone et al. 1996）。

的确，有些联邦银行法规要求用英语表述并记录某些类型的交易，鼓励不讲英语的银行客户带着自己的翻译来银行进行交涉，办理银行业务，因为交易必须用英语进行，而银行是禁止在这些情形中提供口译服务的。要求客户带自己翻译的目的在于银行机构希望避免将来由于不讲英语的人对条款的误解而带来的麻烦。银行可以提供双语柜员，有些已经这样做了，但即使是这样的服务，实际分布也比表面上显示得要少；一些所谓的双语出纳员并非完全双语，这个时候可以确定的是，没有为双语银行雇员的资格确立标准。双语能力得不到奖励，相反，有名的双语雇员会被任意叫来为客户提供超出其正常职责的援助。他们没有经过测试与培训，没有补偿，其正常职责还经常受到损害。有些银行在非英语社区分行已经安排了一些表面上看来会双语的经理人，但现在看来，这种做法是为了摆摆样子而不认为是真需要这样。的确，与这些分公司经理的交谈表明，他们比单讲英语的经理更倾向于专用英语服务（Touchstone 1996）。这可能会成为某些银行"转换"心态的说明。

漠视一大部分人的存在，贷款业作为一个整体不愿意适应国家人口结构的变化，这是不明智的。表面上看起来银行不会轰走这些客户，但结果是他们自愿放弃了这部分人口所带来的潜在利润。在这种情况下，语言是个核心问题（Koslow et al. 1994）。银行已表示愿意准备西班牙语的广告小册子并解释为消费者提供的服务，但是，这些小册子往往不准确，并且有时会让讲西班牙语的人感觉到像是屈尊俯就。对于银行来说，由于忽视语言的使用问题并拒绝聘用现成的具有翻译能力的人而继续得罪这部分人口，这简直是很愚蠢的。当然，从更大的意义上来讲，银行只是反映了美国社会许多领域和英语单语者对语言不敏感这一特点。银行业应该认识到这些语言方面的问题，这可以提高其在社会中的作用，提高其利润，并率先扩大认可美国的多语现象以及语言在经济中的重要性（Touchstone et al. 1996）。

十一、本章总结

在这一章中，我们研究了有关语言规划经济学的一些问题与例子。我们发现经济理论在语言规划作为一个领域的早期发展中发挥了作用，成本分析对于语言规划者来讲仍然被认为是一种有用的工具（如果未充分利用的话）。数据还表明，语言规划可能会从两个方面涉及经济，即在一个政体内部减少社会成本、改善就业与商业前景，在外部加强贸易与商业前景。我们描述了澳大利亚、新西兰与美国这三个国家的语言问题与经济之间的关系。而经济和语言规划之间的联系从宏观的社会角度来看似乎更引人注目，这些问题非常复杂，而证据则不完全清楚。然而，在微观层面，有许多例子证明规划语言的活动可以产生盈利。

注释

1. 格林（Grin 1994a）讨论了语言如何改变传统（一种语言）的营销决策以及对于少数族群语言可能产生的影响。
2. 商业文献中充满了广告走偏的例子，例如，在菲律宾，嘉宝婴儿食品由于——不像罐装豌豆与豆类——标签上带有婴儿图片而失去了市场份额。在台湾省，百事可乐的广告口号"百事新一代　带给你活力"被翻译成"百事把你的祖先从死亡中带出来"。当"福特平托"在巴西销售不畅时，人们意识到这可能是因为"平托"（pinto）在巴西人的谚语中意味着"微小的男性生殖器"，因此，这个名字被换成意思是"骏马"的"科塞尔（Corcel）"。在墨西哥的派克圆珠笔广告应该说"派克笔不会在你口袋里漏墨，不会给你惹麻烦"。但是，"惹麻烦（embarrass）"被翻译成"（怀孕）embarazar"，于是该广告词就成了"它不会在你口袋里漏墨，不会让你怀孕"。美国沙龙（亦译"塞勒姆""塞伦"）香烟口号"沙龙——感觉自由"，当译成日语之后就变成了"抽着沙龙，倍感提神，大脑好像自由而一片空白"。本章其他地方还引用了更多的例子。
3. 格雷格·多兹（Gregg Dodds，日韩地区澳大利亚贸易执行总经理）曾经说过：
    在澳大利亚企业中一直有很多人都相信日本人讲英语，英语是日本的商业语言，语言技能与业务技能相比并不重要等等。其结果就是与日本打交道的澳大利亚商界人士中真正拥有该语言技能的人非常少。考虑到我们有大量的人已

经研究了 20 年左右的日语，这个事实就更为显著。（ALLC 1994：68）

4. 对该文献的整理与批判（20 份研究材料）可在澳大利亚语言与读写委员会（ALLC）的通报或学报（1994：33-50）中找到。

5. 1986 年 4 月，惠灵顿毛利人语言董事会编制的"怀唐伊（亦译"威坦哲"）法庭有关'蒂雷欧毛利语'（亦译'泰里欧毛利语'，Te Reo Maori）和提出索赔的调查结果"，要求正式承认毛利语为官方语言，并进一步要求应该完善毛利语，应该在学校系统教学毛利语，国家应该有毛利语的广播电视，1962 年的《国家服务法》和 1977 年《就业法》（基本上是行政立法）的国家服务条件应该予以修订以提供英语与毛利语双语版本。

6. 为了更彻底地讨论 20 世纪 90 年代初期新西兰语言政策的发展，请参见卡普兰（Kaplan 1993a）。米尔霍伊斯勒（Mühlhäusler 1995a，1995b）为维护语言多样性的必要性提供了详细的论证，从而说明为什么要教学那些讲的人少的语言。

7. 估计表明，在 20 世纪 80 年代的 10 年中有 700 万人进入了美国；到 20 世纪 90 年代的 10 年当中，该数字将上升至 1000 万；按照这样的顺序，到 2010 年将会有 3500 万非美国出生的人居住在美国。

8. 到 2005 年，11.6% 的劳动力将是黑人，11.1% 为拉美裔，4.3% 为亚裔，而这些人中大约 47.5% 将会是女性（相对于目前约占总劳动力的 42.5%）。

9. 这一事实提出了许多有趣的工会问题。很显然，一种可能的解决方案就是从讲这些正在讨论的语言的那些国家中进口受过训练的老师。这种进口在紧张的劳工市场上对于国内教师的职位来说是一种潜在的危害。外籍教师群体在学校系统中承担其他功能和灵活性方面会有认证上的复杂的问题。有补偿的可比性这个复杂的问题，还有一个额外的问题就是，当国内教师能够取代他们时，这些教师将成为什么样子的人。在美国，通过政府间的协议有许多小项目在运作，在这种协议之下，来自加利福尼亚州的相对较少的教师到西班牙去教授英语，而相应的一组西班牙教师来到加利福尼亚州教授西班牙语。路易斯安那州有关于法国教师的类似的项目。不过，这些项目太小了，无法对长期的教师供应发挥什么重大的影响。

10. 洛比安科与蒙泰伊（Lo Bianco and Monteil 1990）列举的数字估计需要有秩序的大约 1000 个小时的接触教学时间以使讲英语的人能够在其他语言如意大利语或西班牙语中产生最小的交际能力，而在像日语和汉语这样的语言中则需要两到三倍长的时间。提供的这些接触时间之间的间隔不能太大，否则遗忘的速度就会超过学习的速度，也不能太短暂而激烈，否则教学就会让学习者感到无所适从。理想的持续时间可能类似于一个日历年。显然，这种方案估计每周 20 个小时比较理想，这与典型的外国语言项目的每一周三到四个小时的情况相去甚远。教学大纲的影响是显而易见的。（也请见第五章，"课程政策"，第 127 页）

11. 基于这样的假设，即许多读者可能不熟悉美国（和加利福尼亚）的银行业法规,我们进行了这一长段说明。《社区再投资法》是一种联邦法律,其中"……规定,银行有一种扶持的义务,要贷款给其服务区域内的所有社区,包括低收入和有色人种社区,并且可能没有红线……"(Communities for Accountable Reinvestment 1993：1)这部法律是为了确保所有美国居民有平等机会获得银行服务与资本。《社区再投资法》是基于两个共同持有的假设:(1)政府通过税收与国债,不能也不应该提供超过当地住房和经济发展所需资金的有限的部分;(2)在美国的自由经济体系中金融机构必须发挥主导作用:市民宪章为银行与储蓄机构带来很多好处,公众要求一些回报是公平的(Kane 1991：15[援引参议员普罗克斯迈尔(Proxmire 1977：1])。1989年,联邦政府扩大了《社区再投资法》的范围。依据1989年的《金融机构改革、复兴与强化法》(Financial Institutions Reform, Recovery, and Enforcement Act, FIRREA),联邦政府可以以可怜的《社区再投资法》而拒绝银行的合并申请(Kane 1991：4)。而《社区再投资法》从未指定少数族群语言服务是一种权利。这些服务已经列举在联邦监管机构针对个别银行的《社区再投资法》报告中。不过,看来包括提供语言服务遵守的准则是自由裁量权的个人调节。例如,在美国银行(自己出版)的《社区再投资法》评估中,货币监理署根据其少数族群语言服务给了该银行一个优秀的评级:

1989年,利用西班牙语电视、广播与户外广告以及近三分之一银行分支机构的双语工作人员,发起了一场重大的西班牙语营销活动。1991年4月,美国银行成为首家重要的在全州自动柜员机(ATM, Automatic Teller Machines)上引入西班牙语选项的加州银行。社区与民族报纸广告也参与其中,主要针对拉美裔、非裔与亚裔美国人社区的特殊产品……(1990：8)

来自"美国联邦储备系统"的《社区再投资法》调查官员在他们针对加州中心银行(一家韩裔美国人拥有的银行,总部设在韩国城)的报告中也提到了语言政策:

银行(加州中心银行)确认,银行有机会来帮助有抱负的拉美裔企业。在这方面主要障碍就是语言障碍。不过,银行觉得这个障碍是可以克服的,银行在不断努力寻求接触拉美裔企业界的方法。(Federal Reserve Bank of San Francisco 1991：2)

监管机构继续对银行语言政策进行评价:

其(加州中心银行)大部分广告都是用韩国语,这可能会阻碍寻求信贷申请的非韩国人。不过,银行已经意识到这种可能性,并已开始通过其西班牙语广告来解决这一问题。(Federal Reserve Bank of San Francisco 1991：5)

有几家银行在其《社区再投资法》公开披露的文件中提到了他们的少数族群语言服务以作为其遵守《社区再投资法》的证据。在美国银行自己出版的公开披露的文件中,银行解释了其"突出的"评级,是由于多语种广告与雇用了"……能够用客户的母语向客户介绍信贷服务的双语人才……"(1990：6)。

第三部分
语言规划个案研究

　　第三部分分三章向读者介绍语言规划领域的 15 个问题。每一章中，首先讨论一般问题，然后提出具体问题，并辅以个案研究来说明。这些个案研究考察第二章的三个框架，即豪根（Haugen 1983）的语言规划模型、哈尔曼（Haarmann 1990）的理想类型与库珀（Cooper 1989）的解释方案中所提出的问题的某些方面。

　　第七章从全球视角提出语言与权力问题。它涉及阶层、国家与代理权，因为它们从政策发展的外部（社会政治的、经济的）与内部两个方面都与政策发展的背景相关联。这一章也考察语言权利的问题。本章指出声望在规划中的重要性（Haarmann 1990），并考察了"谁"在规划以及他们是"如何"进行规划的。用豪根模型中的术语来讲，本章主要与地位规划的选择问题有关。

　　第八章探讨双语与语言的地位问题，因为它们和国家的认同与发展有关。本章强调了语言规划是"为了谁"和为了什么目的，并普遍关注地位规划的实施问题。

　　第九章讨论为了特定目的而规划语言问题。这里我们考察要教授和学习的是"什么"以及豪根术语中本体规划的"细化"问题。

第七章　语言规划与权力

卢克等人（Luke *et al.* 1990）认为在许多语言规划中都会有一种反讽：

> 当语言规划着手研究与控制影响语言变化的各种社会因素时，其表现特征就是一种"利益相关"的现代社会规划形式，在许多情况下，会导致解决隐藏于政府、经济关系、政治与社会组织之下的政治、社会、教育和其他议程的失败……也就是说，作为政府政策话语，语言规划倾向于避免直接处理更大的社会与政治问题，这些问题包括了语言的变化、使用与发展以及真正的语言规划本身。（1990：27）

作者认为，在语言政策与规划中，有三个关键问题还远没有得到解决，而对于正在进行的语言规划来讲，这些问题实际上往往很重要。这些问题就是语言规划者常常忽视的阶层、国家与权力问题，因为他们把自己看成是"中立的"语言信息提供者。对这种现象更全面的讨论见第十一章（也见 Bruthiaux 1992）。

（1）阶层。阶层与常识中的社会权力相关，也就是说在社会控制中"能够决定使用什么语言可以被认为是政治上正确的，哪种语言应该分别得到鼓励与推进或者贬抑与阻滞……"的那些人（Luke *et al.* 1990：28）。[1]

阶层关系的经典例子就是语言有声望的高与低，或者语言有皮钦语与标准语之分。

（2）国家。"国家"与国家对该词的修辞应用有关，国家用它来界定语言选择，产生基于语言的大众忠诚，用语言来服务于内部与外部的政治目的。许多现代语言规划已经绑定了"一个国家，一种语言"的概念，并蕴含着对少数族群语言给以高压态势的意思。

（3）权力。权力是机构出于社会、经济与政治目的而非根据话语的社会语境、实际应用中的语言条件对语言规划的应用。换一种说法就是，语言可以并应当被规划；尤其是当其作为语言使用者话语策略的一部分时，语言规划是最有效的。

针对这些问题中的每一个问题，社会精英们身处政治、社会与经济权力的位置，因此他们能够为了他们自己的利益（即从事语言歧视）来控制语言规划进程（Phillipson 1988）。于是人们可能会问：语言规划究竟是为了谁的利益——个人、国家，还是机构和组织？最终，这引出了语言权利的问题，即人们拥有或应该拥有什么样的语言权利？

一、谁来做规划：自上而下还是自下而上

卢克等人（Luke et al. 1990）提出的这些问题，产生的不仅仅是语言规划者的角色问题，而是语言规划由谁来做的问题。大多数传统的语言政策与规划的参与者来自卡普兰（Kaplan 1989）所指的"自上而下"的语言规划。这些人是为群体做出语言相关决定的拥有权力与权威的人，他们通常很少或者根本不与最终的语言学习者和使用者协商。究竟谁是规划者在文献中常常用笼统的话来说，好像作为个人本身并不怎么重要，然而他们却代表了政体内的社会（即阶层）与政治（即国家）进程。在他们介绍语言规划的经典著作中，鲁宾与耶努德（Rubin and Jernudd 1971b：Ⅺ）指出，在更多的技术规划的意义上：

作为一门学科,语言规划需要动员各种各样的学科,因为它意味着通过某些决策的行政架构来引导问题与价值观。

一般来说,语言规划已经被描述为是为了某种目的而进行的,请注意这里用被动式就让人们对"是谁做的"变得模糊不清,从客观的、思想上中立的和技术的角度来看,其中的规划者无关紧要——只要有所需要的技术专长即可。巴尔道夫(Baldauf 1982)是首先明确指出"谁是规划者是语言政策与规划情况中潜在的一个重要变量"的人之一。

为了研究"谁实施语言规划"这个问题,现在我们从国家语言规划情况中来看看传统的语言规划者(们)是谁。如果我们以马来亚(Malaya)即后来的马来西亚[2]为例,戈达尔(Gaudart 1992)概述了马来西亚的教育语言规划,而奥马尔(Omar 1982,1995)与奥茹格(Ożóg 1990,1993)则在国家发展背景下提供了一种更为普遍的概述。在马来西亚大部分的历史中,语言是没有规划的。马来人在不同的地理区域内讲着不同的方言,而古兰经阿拉伯语是用于宗教目的的。15世纪华人(巴巴,亦写作"峇峇")与印度定居者(马六甲遮地人)同化于马来社区,至今在讲着一种马来语或是讲着一种克里奥尔化的马来语。18世纪,来自许多方言群体的中国移民在这里成为锡矿工人、种植园工人和企业家,而讲泰米尔语的南印度人则来到这里成为开垦土地与割胶的劳动者。英国的殖民体系与传教士带来了英语。双语现象发展成为生活的一种必然与一种不干预的殖民政策,这就意味着学校教育是留给当地社区与传教使团的。马来西亚早期语言发展的特点就是,没有基于未来总体思路的国家规划的发展。

语言规划者主要就是做出与语言相关决策的个人与社团,虽然英国殖民政府同意三个系列的讲本地话的学校(马来语、汉语与泰米尔语),但是在较大城镇的学校中教的还是英语。英语教育从教育的角度产生了两类人——那些接受英语教育的人意味着高级教育、高级办公室与社会经济权力,而那些只接受本地话教育的人则意味着农民、廉价劳动力与小交易

(Omar 1995：159)。

在后"二战"时期，组成马来亚的 11 个州越来越被视为一个整体，经济、社会与政治的进步取决于种族间紧张关系的减少。以各种方语①形式存在的马来语是该地区的一种非正式通用语，并被广泛用于不同人群间的交流。正式语言规划因 1945 年到 1955 年间的六份教育报告（都提出了某种形式双语教育的建议）而变得更加突出。由于英国的殖民统治，在 1957 年马来亚独立之前，通晓英语的双语现象一直是正式的规范。当国语成为马来语时，通晓马来语的双语现象日益得到推广。1967 年之前在马来亚，1973 年之前在沙巴，1983 年之前在沙捞越，英语仍然是一种官方语言，并继续用于官方仪式、法律和政府部门。这些政策并没有导致预期的国家统一，1969 年种族冲突之后（Comber 1983），基于这样一种信念（即如果马来语的地位没有得到提升，马来人的政治与经济地位永远不可能得到提高，民族凝聚力也将无法得以实现），国语政策得到了严格与快速的实施。虽然为其他语言（尤其是英语 [Gaudart 1992；Omar 1995；Ożóg 1993]）保留了持续的发展空间，但是，这种政策从表面看简直就是一种单语政策。在这个阶段的规划者包括官僚、顾问、社团领袖与政治家。

《国家语言法》伴随着旨在提高经济增长的《新经济政策》而出台，马来人对经济的参与增加了，每个人都还会过得更好。语文现代化与马来语教学的大规模方案得以实施，学校系统得以扩大而为所有人提供了更多受教育的机会。虽然一开始会有些人质疑这项艰巨的任务是否能够成功，但是 1970 年的《煽动叛乱法案》禁止了对这一问题的任何讨论。一旦做

---

① 有些社会语言学家用来指一个言语社会内有共同功能的一批语言现象的集合，但对这个集合的基础不加说明（例如不管方语是地域性的 [参看 DIALECT 方言条] 还是社会性的 [参看 SOCIOLECT 社会方言条]）。在语言变体的连续统上可以分出不同层次的功能体，特别是分出低势语、中势语、高势语。将方语变异考虑在内的语法，称作泛方语或多方语语法。参见《现代语言学词典》，[英] 戴维·克里斯特尔编，沈家煊译，商务印书馆，2000 年，第 200 页。

出了强硬的政治决定，语言规划就主要成了国家语言机构（"语言与文学委员会"）中语言学家与官僚的责任，成了教育系统的规划者与管理者的责任了。

因马来语作为国语的重要性和在学校中作为教学语言来使用的时间，英语的水平下降了。然而，对英语的支持很多是出于经济发展的原因和个人继续保持双语习惯的原因（例如，见 Stedman 1986）。商业对双语讲话者的需求也很旺盛。最近，政府通过《2020年远景规划》（*Wawasan 2020*）提出了许多有关语言的理念：马来语在教育中具有特定的值得骄傲的地位，而英语被视为经济发展的关键（Ożóg 1993）。这种务实的做法使马来西亚政府不顾来自马来语文学与文化组织的抗议，在1993年底宣布，在大学科学与技术学科课程中可自由地用英语来代替马来语授课。据说之所以会有"这种改变"，是"因为许多雇主更喜欢拥有马来亚以外大学学位的毕业生，更喜欢那些能用英语授课并授予外国学位的私立高等教育机构"（Anonymous 1994a）。因此，我们仍能看到个别父母与商业的作用会影响到语言规划。

由于这种务实的做法，马来西亚已成为一个通晓马来语的双语国度。学生们自己的语言（［Pupil's Own languages，POLs］、汉语和泰米尔语）在学校里教授，四种主要语言在印刷与电子媒体中得到展现。在沙巴和沙捞越的主要民族语言（例如，卡达桑语［又称"杜桑语""卡达山语"，Kadazan］、陆巴夭语［Bajau Darat］与伊班语［Iban］）也拥有媒体空间。语言之间有许多语码转换，即使是在如议会辩论和法律、金融以及专业情况这些正式场合也会有许多语码转换。奥马尔（Omar 1995）认为，马来西亚采取的是语言工具观，坚持的是民族主义的语言分配，但这不会牺牲社会与经济的语言需求。

因此，语言规划的参与者包括政治家、强有力的社团领袖、官僚、顾问和语言专家以及教育规划者与管理者。耶努德与巴尔道夫（Jernudd and Baldauf 1987：180-181）列举了可能有助于科学传播系统语言规划的一些人员的类型。由于语言政策的制定与规划的实施很复杂，因此，涉及大量的人员是常有的事情。在这个说明中我们可以看到在语言规划发展中有关阶层（即英国殖民政策）、国家（即《国家语言法》）与代理权（即"语言与文学委员会"）的例子，并提出了与移民语言权利（即汉语与泰米尔语）和土著语言权利（即伊班语与卡达桑语）有关的一些问题。在随后的每个部分中，将会讨论更多与这四个问题明确有关的例子。

二、语言规划与阶层

卢克等人认为"阶层"是与常识中的社会权力相关的，也就是说，那些有社会控制力的人"能够决定使用什么语言可以被认为是政治上正确的，哪种语言应该分别得到鼓励与推进或者贬抑与阻滞……"（Luke et al. 1990：28）。在有关语言压迫的最坏的情况中，某些语言禁止在学校里使用，像"禁用威尔士语"（见第八章，注释 7）一样，像"巴斯克棒"一样（学生们因使用巴斯克语词或表达法而被罚张开双臂）（Mey 1985），或者因为讲闽南语而被戴上"傻瓜笨蛋板"（Tse 1982；Hsiau 1997）。[3] 语言的低层变体可能会受到成系统的歧视，就像皮钦语（如托雷斯海峡克里奥尔语在澳大利亚的应用［Kale 1990a］，托克皮辛语在巴布亚新几内亚的应用［Kale 1990b］或所罗门皮钦语的应用［Keesing 1990；Jourdan 1989，1990］）的遭遇那样，殖民政权可能会贬低它们，地方精英可能会完全忽视这些通用语言而偏爱英语。不过，希夫曼（Schiffman 1993）回顾了一些双言的情况，并考察了使它们稳定或使语言转变的权力关系。他指出，语言的转变并非总是由低层变体向高层变体转变的，而可能会导致低层变体得到加强。例如，"阿勒曼尼德语"是牺牲了"高地德语"在瑞士通过当地电视的应用而得到加强的，或"卢森堡语"（Lëtzbuergesch）是以法语和德语作为卢森堡国家"人民的语言"为代价而得到加强的。

众所周知，社群成员可能会有不同的变体或语言，其中有些变体是与教育、社会经济地位、性别[4]和年龄等变量相关联的。斯科顿（Scotton

1993）指出，在特定国家中的精英可能会将语言使用作为一种社会动员策略，以建立或维持他们的权力与特权。这种"精英圈子"从声望与身份角度将精英与其他人分离开来，往往具有功利价值。精英圈子在大多数政体中都存在，至少是以一种较弱的形式存在，但在许多情况下通过广泛的正规教育（例如，大部分西方社会）可能能够获得潜在的精英语言。牢固的精英圈子更多地出现在多语政体中，其中官方语言可能不是许多社会成员语言清单的一个部分，其中通过学校教育获得精英语言是有限的。在这种情况下，教育机构中使用的语言可能会比社区或者官方政策都具有更大的权力（Robinson 1993：59），因此，在像喀麦隆这样的国家里，国家教育系统的语言在确定个人身份以及在排斥社区语言方面可能发挥了强有力的作用。南非种族隔离是精英们大量使用官方语言（英语与南非语——这些不是提供给大多数南非人的，因为它们在学校教育中较晚的时候才教授，而这个时候大多数南非人已经离开了学校）的经典案例。然而，非洲、印度次大陆、苏联以及太平洋沿岸的大多数前殖民国家表现出牢固的精英圈子。许多都采用一种前殖民语言作为一种"中立"的官方语言，但是这为那些已经拥有了这些语言技能的人提供了大量的优势，而这些人主要来自精英阶层。精英们常常掌握了民众的语言，就像此前他们的殖民统治者那样（例如，见 Keesing 1990），因为他们知道良好的沟通的重要性，但是，他们之间使用精英语言以加强他们的认同（见 Omar 1992 年讨论专业中高水平英语应用的文献）。

冈萨雷斯（Gonzalez）通过讨论菲律宾的菲利皮诺语而强调了在语言规划情况中统治精英使用土著民族语言的重要性。他认为，在一种语言得到雅化和规范（这主要是在大学的高等教育层面进行的）之前，以学校为基础的方案只能达到有限的水平。

> 民族主义单独无法弥补发展过程中语言知识的不成熟。需要的是一种精心策划与系统资助的针对整个社会（包括各部委、政府与非政府组织、学术团体和大学及其学者们［即，菲律宾的精英］）的语言

培育方案。(Gonzalez 1990：332-333)

尼克·萨菲亚（Nik Safiah 1987：61-62）对马来西亚的情况也提出了十分类似的观点，她指出："在商界、司法与非正规精英圈子之外，马来西亚语的使用得到了加强，并慢慢地替代了英语的作用。"在关注需要在学校培育的语言变体时，她认为至关重要的是，作为"应用的各种模型必须来自教育层次结构的上层，马来西亚现行有效的行政领导口号'以身作则'是最贴切的"。(1987：66)

这些例子说明了阶层（即社会精英）在语言规划中的重要性。他们可通过对讲少数族群语言者的压迫行径而导致语言压迫或语言灭绝；他们可以设置障碍以阻止人们对精英语言的使用，从而保留精英的权力与地位；或者他们可以通过不在所有领域充分使用该语言而将更好地位的领域留给异族语言以阻碍土著民族语言计划的发展。他们还可以像阿利斯亚巴纳（Alisjahbana 1976，1984）所倡导的那样推广使用最新宣布的土著民族语言。

三、语言规划与国家

"国家"与国家对该词的冠冕堂皇的应用有关，国家用它来界定语言选择，产生基于语言的大众忠诚，用语言来服务于内部与外部的政治目的。现代"国家"的概念同语言、国家与认同之间的关联最初最清楚地出现在"法国大革命"期间，表现为"法语为所有公民"思想的发展，通过国家的教育系统得到传播，并且它"无论是从内部还是从外部，经常被称为是国家自定义的主要手段"。(McDonald 1989：93；也请参见 Grillo 1989）许多现代语言规划已经绑定了"一个民族，一种语言，一个国家"的概念，并蕴含着对少数族群语言给以高压态势的意思，这已经成为世界各地政体中国家建设的主要模式。在这方面，布尔迪厄（亦译"布迪厄"）认为：

官方语言，无论是在其成因还是在其社会应用方面，都是与国家绑定的。在国家形成的过程中，为了构成一个统一的语言市场而创造的条件，是由官方语言来主导的。(Bourdieu 1991：45)

语言（作为国家统一的工具）同团体和个人的任何多语文化与个人需求——这被视为易引起不和，因此需要加以控制——之间，有一种可感知的紧张状态。在多语社会中，"街上的人"常常认为占主导地位的语言正在受到威胁，尽管事实上普查与其他数据显示的是少数族群的语言很难能守住自己。拉蓬斯（LaPonce，1987，1993）认为，语言像动物一样，需要捍卫自己的领土。在这种背景下，即使有多语政策存在，语言政策与规划发展的民族国家模式，在几乎所有情况下，都导致了对少数族群（不是数量上的，而是非国家、非官方的）语言的显性或隐性的抑制。

在某些情况下，对语言的"抑制"可以说是良性的，或者在不同程度上是无意的，从缺乏资金方面或者从对少数族群语言问题性质的无知或忽视方面来看并且是可以理解的。这一点尤其适用于国民生产总值较低并有大量的语言因而难于进行语言规划的那些政体。然而，更为常见的如果不是以一种语言灭绝行为来消除少数族群的语言，就是一种公开的和经常咄咄逼人的抑制少数族群语言的尝试。国家抑制语言的具体的例子在一段时间的文献中可以看到（例如，McDonald 1989：布列塔尼；Tollefson 1980，1991，1993：南斯拉夫；Day 1985：夏威夷人与夏莫罗人；Norberg 1994：索布人）[5]，但只是在最近，这些做法才在语言人权的语境下汇集到一起（例如，Hernández-Chávez 1988；Karetu 1994；Varennes 1996）。在后面的三个小节中，我们将考察台湾的大多数少数族群语言受到抑制的例子（也请参见 Tickoo 1994 年关于克什米尔语的研究），描述斯洛伐克一种长期存在的匈牙利少数族群语言受到抑制的情况（也请参见 Skutnabb-Kangas & Bucak 1994 年关于库尔德语的研究；Hamel 1994 年关于拉丁美洲的美洲印第安语的研究；以及 Skutnabb-Kangas

1996 年关于瑞典的芬兰语的研究），并讨论巴基斯坦对多数少数族群语言的重新坚持。

（一）台湾对多数少数族群语言的高压态势

在中国台湾使用的主要语言包括"国语"、闽南话和客家话。此外，还有讲所有其他汉语方言的人以及讲南岛诸语言的台湾高山族。英语（特别是在科技领域）是主要的外语（见第九章的"科学与技术规划"一节，原书第 241 页）。

台湾在 1895 年到 1945 年之间是日本殖民地，日语被推广成为台湾的教育语言并成为不同语言（日语与台湾闽南话、客家话、高山族语言）群体之间的通用语。据估计，在殖民结束时有 50% 的台湾人能够理解日语，现在有许多老年人仍然能够用日语交谈。1945 年之后，政府的任务是取消日语作为政府与教育语言并用"国语"取而代之，该任务从 1949 年大量大陆人（大约占人口的 15%）来到台湾之后得到加速发展（Young 1988）。谢国平（Tse 1982）认为，这项"国语计划"是成功的，因为有 94% 的人口都能够讲"国语"。然而，另据估计，母语为闽南话的人约为总人口的六分之五，这就意味着大部分人是双语者。

"国语"是台湾唯一的通用语言，所有"其他语言都统称为'方言'，对方言的公开使用是被明确禁止的。在某些领域，如学校，学生甚至可能会因为使用方言而象征性地受到惩罚"（Tse 1982：36）。自 1965 年以来，"国语"一直是公务员行政系统与法院的语言，非国语的广播电视节目受到了严格的限制。这些对"闽南话"使用的限制导致其在受过教育的年轻一代中消失了，并导致该语言与落后、粗俗、文盲、低社会经济地位以及农村生活等联系在一起（Hsiau 1997）。这种"中国化"已被来自中国大陆的统治精英用以使他们在台湾的统治合法化并用以证明台湾是中国不可分割的一部分这个说法。因此，语言政策与对方言的抑制就与收复大陆的政治目的联系到一起来了。只是到了 1994 年，台湾的李登辉才第一次觉得应能谈论抑制闽南话的问题了（Hsiau 1997）。

那些支持闽南话的人也倾向于支持台湾的反对党，因为政治局势（即占主导地位的大陆精英）控制着目前现有的语言政策。他们拒绝接受官方关于"闽南话"是一种方言的定义，要将"闽南话"提升为不仅与汉语不同而且是优于汉语普通话的一种语言。他们认为双语教育是一种有效的复兴"闽南话"的方式，支持开发一种该语言的书写系统，最好不使用汉字。萧阿勤（Hsiau 1997）指出，"闽南话"运动与汉语普通话标准的支持者具有一些类似的与生俱来的问题。两个都试图需要作为民族国家语言规划的模型，一个推崇的是传统的中华文化，而另一个则是理想化的台湾本土文化。其他少数族群的语言现在越来越警惕，"闽南话"运动作为保留一种少数族群语言的运动有可能会变成对其他少数族群语言的压迫（参见 Eckert 1983）。台湾的例子并没有回答这个问题，即如何平衡政体认同（凝聚力）与族群平等（多种语言与多元文化）。

（二）斯洛伐克对少数族群语言的高压态势[6]

匈牙利人与斯洛伐克人在斯洛伐克南部一起居住了一千年。然而，随着第一次世界大战结束时奥匈帝国的瓦解，所有讲匈牙利语的人中大约有一半人发现他们自己生活在匈牙利之外包括捷克斯洛伐克在内的继承国内。土著匈牙利人现在居住在斯洛伐克的约有 60 万人，占总人口的 10.8%，生活在一个有 400 个城镇与村庄的密集区域中。自 1920 年以来匈牙利人成为国家承认的一个少数民族，1947 年 2 月 10 日的《巴黎和平条约》保障了这个社团的权利。这些权利相当有限，不应被视为对国家的一种威胁。然而，自 1989 年以来，虽然 1990 年关于斯洛伐克共和国（在至少 20% 的少数民族人口地区）官方语言法律的第 428 条（428/1990）允许在口头官方接触中使用少数族群的语言，但是，匈牙利人和其他少数族群受到的语言与文化上的压力却与日俱增。从 1996 年 1 月 1 日起，一项界定斯洛伐克共和国国家语言的新法律已经生效，它使斯洛伐克语依法成为所有官方接触、教育、大众传媒、文化活动、公共集会、军队、法庭、立法程序、经济、服务以及保健领域所需的语言。法律得到严格监督执行，违规的用法将受到重罚；这些罚则从 1997 年开始实施。

虽然法律不禁止使用少数族群的语言，没有去规范对少数民族语言的使用，但是，在前面提到的使用斯洛伐克语的所有公共领域中它都没有使用这些语言的规定。往好里说，该法律是矛盾和不明确的，并"被广泛解释为禁止在一些领域使用少数族群的语言"（Istvan Lanstyak 1996，电子邮件文档）。这种解释得到了一些行为的支持，如只有斯洛伐克语能够被用于科马尔诺市长的咨询机构（而科马尔诺市的人口主要是匈牙利人，斯洛伐克语与匈牙利语一直使用到现在）、拆除双语路牌（Kontra 1996），因为，"语言法只允许以斯洛伐克文字而不允许用其他任何文字书写"（Istvan Lanstyak 1996，电子邮件文档）。该法律提供了一个明显的例子，即国家利用其权力以语言文字规范化和民族国家建设的名义来抑制其公民的语言。该法律严重弱化了国内匈牙利人与其他少数族群公民，使他们很难参与国家事务。

曾有人说，斯洛伐克语言法律深受 1977 年法语宪章：魁北克省 101 法案（参见 Bourhis 1984；本书原书第 169-170 页，"魁北克的法语成本分析"一节）以及美国英语辩论（参见本书原书第 230-231 页）的强烈影响。所有这些措施都使强制而非吸引力成为语言与文化发展的基础。这些都只是国家参与语言应用并以国家发展与语言规范化名义将语言作为一种强有力的武器来抑制其外围公民语言权利的实例。

（三）巴基斯坦对多数少数族群语言的重新认定

虽然乌尔都语成为印度次大陆穆斯林前分治期民族主义的一种标志性关注点，但是，他们大多数人并不讲乌尔都语，甚至也没有把它作为优先选择的第二语言。印度次大陆的分治将主要讲乌尔都语的地区分在了巴基斯坦之外，1961 年的普查表明，只有不到 4% 的人口的母语是乌尔都语，52% 的人口讲的是孟加拉语（Das Gupta 1971）。即使在 1971 年东巴基斯坦从西巴基斯坦分离出来形成孟加拉国（其中孟加拉语的地位是一个重大的基本问题）之后（Musa 1996），乌尔都语仍然是巴基斯坦一种少数族群的国语。

侯赛因（Hussain 1990）用文献证明了一个独立穆斯林国家的建立是如何让最初为加强穆斯林宗教团结而使乌尔都语语言统一这个理由变得不成立的。自独立以来，巴基斯坦境内的区域势力一直在致力于反对国家的乌尔都语政策，并将本已稀缺的经济资源用于语言发展。例如，在巴基斯坦西北边疆地区，由于该区域的需要，为了与乌尔都语形成竞争，他们引入了普什图语的教学并将普什图语用作教学媒介。在信德省，作为一种主要反对旁遮普语的区域政治动乱的结果，1973年就计划将信德语引入教育领域来使用，信德省人觉得旁遮普人在日常生活的大多数方面都过于强势。为实现全省的政治平静，当局决定引进信德语作为一种教育语言，而在乌尔都语依然是教育语言的旁遮普邦则没有这样做。拉赫曼（Rahman 1995）指出，这些区域语言与文化力量仍然在发挥作用，在旁遮普邦西南部基于语言与文化因素而鼓动成立色莱基省就是一个见证。

因此，乌尔都语虽然有可能成为国语，但是内部的区域利益限制了它的传播。另一方面，国际因素如贸易、就业与移民也会对语言规划产生强有力的影响。如英语，作为巴基斯坦的一种官方语言，是主要的国际商业语言，巴基斯坦某些高等教育机构使用英语与乌尔都语一起作为教学媒介语言（Baumgardner 1993；Huizinga 1994）。此外，在巴基斯坦的一些地区主要出于就业原因而引进了口头阿拉伯语。由于家乡的工作很难找，许多人都到讲阿拉伯语的国家去寻找就业的机会（Hussain 1990）。古典阿拉伯语作为古兰经的语言也得到学习。巴基斯坦是少数几个这样的政体之一，其中实施国语的国家权力受到其语言生活状况的内部区域政治方面的和外部经济与宗教方面的限制。尽管乌尔都语意识形态作为一种统一所有穆斯林的力量仍然很流行，但是，本已稀缺的可用语言资源通过区域和异族通婚的语言发展而减少，这很难被视为是对乌尔都语作为国语发展的一种促进。

四、语言规划与代理权

语言规划与代理权围绕着语言与语言学的新马克思主义与后结构主义批评(相对于话语而言)展开,其特点就是提供了一种思想贫乏的、实证主义的世界观。例如,卢克等人认为:

> 如果传统语言学将语言解释为音系学、句法学与语义学三分模式,现在又在这些之上增加了"社会的"议题,那么,在我们这里所用的传统语言学的意义上,它必然会忽视话语。话语,在福柯(Foucault 1972)和类似巴赫金(Bakhtin 1986)、布尔迪厄(Bourdieu 1984)这样的理论家的开创性著作中,与"谈话"或"会话"甚至"文本"是不同的。话语不是工具主义意义上的语言(从语言学角度来解释的语言)。相反,话语才是核心的(不过也是多样的)分析领域,在此语言、权力与学科走到了一起。(Luke *et al.* 1990:37)

话语分析在这个意义上被视为一种新的"交叉学科",对于它而言,已经建立的学科如语言学、教育学、社会学、人类学和其他社会科学都做出了贡献。例如,费尔克拉夫(Fairclough 1989:14)表明,在话语分析中,系统语言学(systemic linguistics)、欧洲大陆学派语用学(continental pragmatics)和其他跨学科趋势与"批评话语研究(critical language study,CLS)极为协调",它建议将"批评话语研究"作为理解话语的一种分析技术用于塑造社会、经济与政治机构。它提供了语言与权力在广告与政治修辞等领域中的影响的一些例子。这种语言的话语方式在语言与识字文献中得到越来越广泛的体现(如,Gee 1990,1992;Collins 1996)。

这种与语言规划和代理权有关联的话语中心地位的问题,在本书中为配合语言规划批评而间接提了出来(见原书第80页)。从语言规划的角度我们看到,这种后结构主义批评可以成为理解语言规划问题或理解语言规划本身如何可能会出问题的强有力的工具,费什曼(Fishman

1994：98）认为，"他们似乎从来都没有超越他们的批评"。因此，这种批评对于那些真正不得不进行语言规划的人来说，除了提供一些不切实际的评论以外，并不是很有帮助作用（也请参见第十一章"描写与规定"一节）。

然而，几位语言规划作者试图以该学科的话语方法来工作。例如，肖登森（Chaudensen 1989：25）指出了以下三种描述与理解语言规划方式之间的区别。[7]

（1）"语言政策"（politique linguistique）规定了在一些语言问题或一些语言培植问题上国家的整体选择（没有预先决定，当然，决策过程会在其他地方予以考虑）。语言政策定义了总体的长远目标（即教育水平、结构、使用、功能与语言法规），而该长远目标是以尽可能准确完整地分析最初的问题为基础的。

（2）"语言规划"（planification linguistique）适用于任何以语言计划工作（短期、中期和长期）为基础的操作，其中拥有一些明确的功能性政策目标和它们能够得以实现的一些手段以及一些深思熟虑的程序。

（3）语言管理（aménagement linguistique）适用于（性质非常不同的）某些操作的总体情况，它允许"具体实现"在特定背景下的某些已确定的操作。（在加拿大和魁北克，这种观点成为语言管理操作的本质［在它们要接触的时候］，因为先前的政治选择使此难以避免；在另一种政治背景下，语言的"术语定义"可能［情况往往如此］重要性相对次要一些）因此，语言的管理不能与本体规划混为一谈。为了说明语言管理过程，肖登森（Chaudensen 1989：38）提供了一个图，描述了对一个小的决策过程的分析（即，为一种口语——塞舌尔的一种克里奥尔语——选择图形代码元素）。该图的目的是要说明那个过程的复杂性（它复杂是因为它是为了一个更为重要的选择而做的）和需要将所有相关因素融入决策过程的必要性（见图 7.1）。

耶努德（Jernudd 1993：133；也请参见 Jernudd & Neustupný 1987）提出了一种与语言规划模型不同的语言管理模式：

语言学
严格意义上的语言学诸方面
・语音学、音位学、词源学
・双关语
・切分单位
・标点

变异与变化
・地理学
・社会
・种族
—统一体与子系统
—变化与地位等

技术
技术与材料问题
・寻找简单的经济
・打字术
・信息化

社会语言学
宏观社会语言学
・双语体
・多语现象
・语言的客观与主观地位
・定量数据
・传播战略等

G

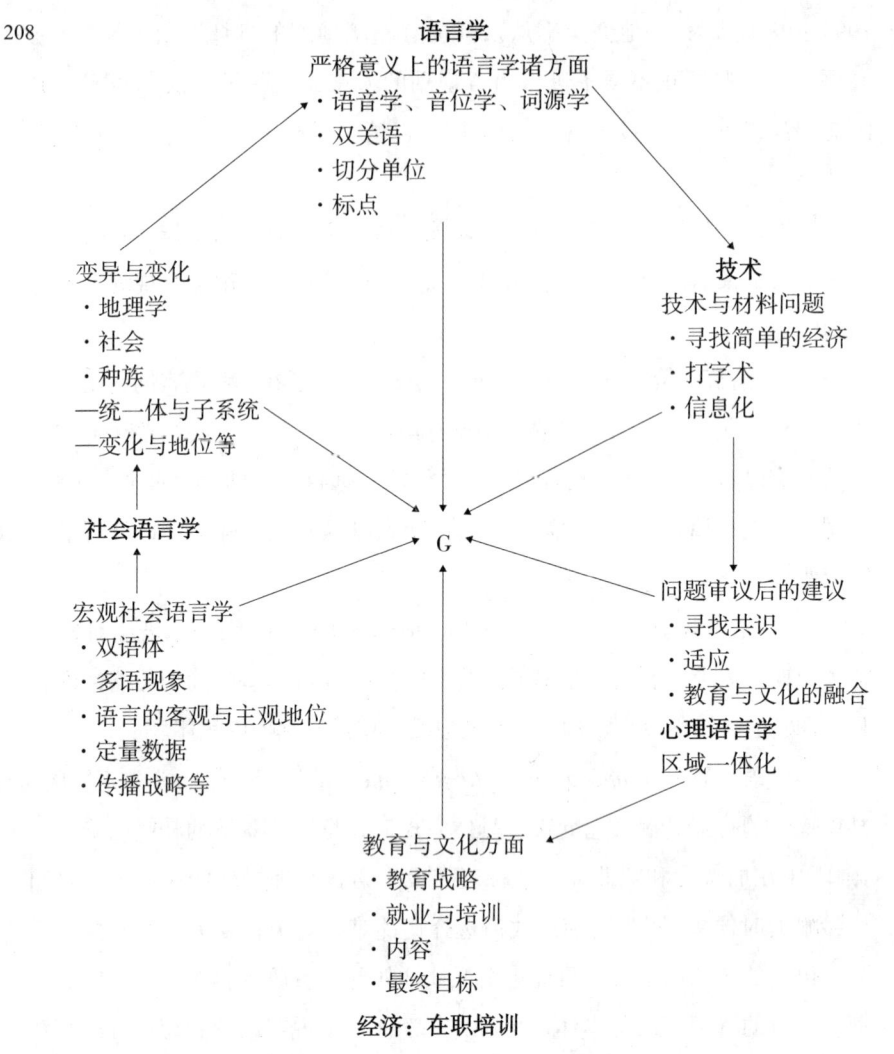

问题审议后的建议
・寻找共识
・适应
・教育与文化的融合
心理语言学
区域一体化

教育与文化方面
・教育战略
・就业与培训
・内容
・最终目标

经济：在职培训

图 7.1 语言管理与发展：一种解决管理"操作"的模式（在这种情况下为书写系统选择的是图 [G]，但是分析原则可用于任何类型的语言管理）
（Chaudensen 1989：38）

……旨在解释在人们使用语言的过程中语言问题是如何出现的，也就是说，在话语中，与费什曼有关语言规划定义下的方法相比 [即"资源的权威性分配以实现语言的地位与本体目标，……"（1987：

409）］，其中将决策者（例如政府）对语言问题的详细说明作为他们不言自明的出发点。

在这种情况下，耶努德（Jernudd 1983：134）认为，语言规划可以被看成是语言管理的一个方面：

> ……有人被授权去寻找和提出解决社区成员潜在或实际遇到的语言问题的严谨的方案……对于语言规划来讲，语言管理方法代表了重心的转移，从语言规划关注为政府发起的行动寻找最佳战略，转移到对个人如何管理交际中的语言更感兴趣，并将此作为全社区管理的出发点。

然而，当问题来自话语之外的社区的时候，耶努德又指出，这并不是预设了一种民主授权过程，而是认为这种授权将如何发生这一点是开放的。当一种语言管理方法关注的是话语的时候，这代表了它关注的是"自下而上"（即语言社区）授权的语言规划；与"自上而下"（即政府发起）的行动相对比，这既不代表只有一种"自下而上"的方法可以得到发展（例如，Kaplan 1989），也不一定能够解决使用（与滥用）代理权的问题。

魁北克的语言环境（语言管理术语产生于此），提供了"自下而上"与"自上而下"两个方面的语言规划与管理的例子。1979年魁北克省的语言法（101法案）提供了较为著名的"自上而下"地位规划的例子之一（见Bourhis 1984），法定法语在某些领域学习和使用，以推翻英语在经济中的主导地位。耶努德（Jernudd 1993）指出，虽然该法律在20世纪90年代中期因侵犯人权而被宣布无效，但是它已经在魁北克的话语中产生了许多后果，可以看到的就是导致了更多的"自下而上"或以话语为基础的语言规划观点，包括：

（1）加拿大接受个人或机构的双语现象；
（2）系统评估法语的变化（大城市与魁北克的法语用法）；
（3）法语语言领域的扩大与对正确术语用法可用性的需求。

然而，当话语的视角为语言规划者提供了另一种验证语言问题与需求的方法时，正像我们已在第四章中指出的那样，有许多种搜集有关语言应用数据的方法，因而语言规划者开发的解决方法反映的就是"自下而上"的语言规划。对于语言问题来说，缺少许多"自下而上"的问题不只是一个与缺少"自下而上"理论相关的问题，而是与广泛持有的"自上而下"的管理与政治决策理念（不完全局限于语言规划领域）有关的一个问题。[8]虽然人们可以像耶努德所做的那样认为采取一种基于话语的语言管理观点意味着语言规划：

> 对于那些对人民利益与权利的潜在侵犯不再沉默，（因为它必须）找出"语言问题是什么""这是谁的问题""语言问题是如何从话语中产生的"以及"语言问题是如何影响话语的"这些问题的答案（Jernudd 1993：140）。

但是，代理权仍然属于个人，这些人可能仍然在滥用这种权力。

大多数从事大量政府资助的政策制定或项目/方案评估工作的顾问都曾有过滥用代理权的经历。"不利的"报告往往会受到压制，就像在许多情况下那样，代理实际上并不希望基于仔细分析形势/数据的独立的意见，除非这些分析的结果证实了他们关于语言情况的先入为主的观念。这并不是说政治家或代理根本就不应该自由地去考虑问题，然后接受或拒绝给他们所提供的建议。相反，滥用代理权（往往会被一些模糊的证据不足的保密需求认为是"合法的"），是从掩盖和压制信息与辩论中产生的结果；实施或未能实施政策或方案，完全基于代理的偏见和由此造成的缺乏代理的问责制。虽然这种行为"可能"在极权主义政权、小企业或个人公司中是可以接受的，但是这不是良好的管理实践，在开放的社会、公共组织或公司中是不能容忍的。[9]在这种情况下，那些有兴趣从事语言规划工作的人可能会发现他们自己是正面临着巨大的压力来制定政策与计划的，因为他们并不是基于有关这些问题的现有最佳的理论与实践知识，而只是依靠代理们先入为主地认为在政治上或经济上什么是可行的这种认识来做工作的。

五、语言权利

本章前面几节中有关阶层、国家与代理的一些例子已经非常清楚地说明了语言是一种强有力的身份标记,正因为如此,它构成了民族国家语言教育与学习模式中的一种重要因素。由于该模型的前提是有一种共同的语言作为交际的促进因素和作为国家统一的强有力的因素,许多政体,其中大多数都是多语言与多文化的国家,开始创建一种单一的能为所有公民接受的国家语言。这一直试图以各种方式来进行,包括通过使用语言规划的方式(如,Tollefson 1989),像阶层、国家与代理的例子所表明的那样,可能还涉及对语言与文化群体的抑制。这就提出了一个问题,即社会中的个人与团体在语言方面有什么样的权利?这种"……假设(语言)可归属于体面的人类生存所必不可少的东西之列,因此就可能会产生权利"(即,语言在确定身份的过程中发挥着举足轻重的作用)是合理的吗?(Coulombe 1993:141;也请参见 Breton 1996)

虽然这个问题的答案似乎是显而易见的,但是语言人权概念是最近才提出的。戈梅斯·德马托斯(Gomes de Matos 1985:1-2)指出,他

> 并没有明确提到个人的个体人权问题,虽然肯定可以这么做……虽然我们这个时代被称为"权利的时代"……但是目前还没有一个全面的、证据确凿的、深思熟虑的有关人类语言权利关键问题的讨论。
> (1985:1-2)

安纳马莱(Annamalai 1986)和库隆布(Coulombe 1993)最近认为,语言权利既可以是个人的也可以是社会的。不管社群的地位如何免受不必要的干扰或歧视的个人权利,可以被视为隐私权与公平性即个人自主权的问题(Kaplan 1995a)。这些权利在《联合国宪章》的第 26 条和第 27 条中得到确认,其中基于语言,分别确认了语言上的少数族群彼此之间使用他们自己语言的权利,并保证他们的公民权利与政治权利不受歧视。由于语

言是一种共享的社会物品，由于没有交际和没有社会就没有语言，因此，也可以认为，语言是一种社会认同的重要组成部分。

在国际化、现代化的文化与民族国家的时代，必须要问的问题是：这种消极"放任"的权利（与国家的权利相对）是充分的吗？这些权利应该包括：

> ……在家里和街道上讲我们的语言和在私人信件中使用它的权利；保持我们本地名字与姓氏的权利［Neustupný 1984；Jernudd 1994b］；在我们的文化与宗教机构（包括报纸、电台和社区中心等）当中使用它的权利（Coulombe 1993：143）。

如果只是允许它们存在，那么少数族群的语言能够生存吗？或者说一些更强大的公共人权是必需的吗？甚至可以说，如果这些语言与文化要想生存，可行吗？斯库特纳布-坎加斯和菲利普森（Skutnabb-Kangas and Phillipson 1994：89）认为：

> ……即使是公开的以维护为导向的权限对于少数族群（或无力的多数）母语的保持、发展和经过几代人从父母向孩子的传承是不够的……他们需要的是公开的以维护为导向的推广（其中必然包括分配经济手段以支持母语为授课语言的学校……）

这表明，"放任"的态度没有提供多少保护和支持少数族群语言的方式，它可能会导致这些群体被同化，使他们无法在大多数语言能够提供的好处方面进行竞争。如果出现"一些"干预是必要的，如果少数族群语言要得到保护和持续，那么推广这些语言应该是谁的责任，是中少数族群个人、少数族群社区、外人还是国家？库隆布（Coulombe 1993）认为，将语言保存作为个人的职责已经被证明是不成功的，因为语言是一种交际媒介，应该成为表现力、认知与自尊的工具。如果在少数族群的语言环境中认同的这些方面不能得到满足，那么少数族群就可能会选择入乡随俗。国家不能简单地通过语言宽容与多元化（反歧视政策）来支持这些少数族群认同的需要，因为这不像其他个人特征如性别、种族、社会阶层或宗教那样，语言具有一种以社会为基础的属性，单纯地尊重个人的语言权利是无法维持这种语言的。语言的社会基础意味着语言规划有一种作用就是不仅允许个人"维持"他们的语言，而且还要为该语言提供"生存"的空间（Coulombe 1993）。如果我们接受这种语言权利的存在，那么问题就变成了在同一社会中，语言 A"生存"的权利如何与语言 B、语言 C 或语言 D 生存的权利相协调？对于少数族群语言的生存来讲领土的方法是必需的吗？（如，见 Grin 1994a；LaPonce 1993）当然那些在魁北克、在其他地方的人会认为它是必需的。像本节所指出的那样，对语言权利的讨论已成为语言规划的一个主要问题，已经出版的关于这方面的材料也越来越多（如，Phillipson *et al.* 1994；Skutnabb-Kangas 1996；Varennes 1996；Vilfan *et al.* 1993）。

澳大利亚有一个有趣的与语言"维持"与"生存"相关的语言权利问题的例子。在第二次世界大战之后，澳大利亚已经从一个奉行"白色澳大利亚"政策的以英格兰为中心的政体过渡到一个大体上被接受为多元文化并在一定程度上是多语种的国家，直到 1967 年才给予本国土著人民以公民权。在过去的 10 年中，特别是通过一系列民族与国家的语言政策，澳大利亚已被公认为是这样的一个国家，即其中广泛的语言问题如英语、英语之外的其他语言、土著和托雷斯海峡岛民的语言以及语言服务被认为是语言规划过程的一部分。这催生出一系列支持语言研究（用英语和英语之外的其他语言所进行的研究）的联邦与国家政策。因此，自接受"国家语言政策"以来（Lo Bianco 1987a），不仅出现"放任"的官方（并日益成为社会的）对英语之外其他语言的容忍与支持，而且还出现了相当程度的语言"维持"现象（见例如 Djité 1994；Eggington 1994；Herriman 1996；Lo Bianco 1996；Smolicz 1994）。

然而，有越来越多的人对语言感兴趣，而他们对这些政策的结果感到不舒服。在政治与社会层面，有一个问题就是使用英语单语的多数人会在多大程度上接受多种语言与多元文化。对于英语素养这样狭隘的"问题"和所谓的澳大利亚学校在培养有素养的毕业生方面（见 Green et al. 1994 年对这次辩论早期典型表现的论述）而非在更积极的多种素养（multiliteracies）的多语概念方面是失败的，这种成见似乎越来越深（The New London Group 1996）。从更为多语的视角来看，虽然有一些证据能够证明在家里使用英语之外其他语言的澳大利亚人的数量小有上升（Kipp et al. 1995），但也还得认识到，最近的语言政策的努力并没有提供预期的真正收益（如，参见 Moore 1991，1996）。此外，到目前为止在学校的第二语言学习只不过是一种语言意识的运用，无论是在质量上还是在持续时间上，语言的学费都不足（要了解对这些问题的广泛讨论，可参见第五章"教育语言实施"一节）。因此，一种"放任的"和"维持的"语言政策似乎并没有在双语领域（即人们靠一种语言"生存"的能力）得到太多（如果有的话）重要的利益与普遍的努力。虽然从基础广泛的国家语言政策中能够得来明显收益，但是由于这些收益即使在长期保持澳大利亚多元文化特征方面也是不够的，因此，这引起了应用语言学家越来越多的认真关注。

与语言权利有关的文献越来越多，人们认识到这种权利应被看成是任何语言规划工作的一部分。例如，现代语言教师国际联合会（Fédération Internationale des Professeurs de Langues Vivantes 1992）发表了一项呼吁人类语言权利的声明，戈梅斯·德马托斯（Gomes de Matos 1994）敦促教育语言规划以深化人性化语言教育政策。这是语言规划者在他们的工作中需要越来越多地考虑的一个领域。

六、本章总结

在本章中，我们考察了与语言规划和权力相关的一些方法，并特别强调了能够行使权力以作为语言规划过程一部分的那些方法。最初，我们考察了谁会参与到语言规划过程中来，这是因为这些人对于如何规划语言会产生重大的影响。三个重点（国家、阶层与代理权）于是就被提出来作为与语言规划和权力相关的一种方法。最后一节研究了语言权利问题。相对较新的与语言和权力相关的问题，开始对语言规划的定义方式以及语言规划如何开展发挥更大的影响。

注释

1. 例如，1998年德国的所有学校与政府办公室需要引进1996年中期批准的拼写改革，该改革系统地取消了不规则现象，不过，这只会影响到185个核心单词。"β"将被淘汰并被"ss"取代，像单词"Thunfisch""Spaghetti"的拼写法将转正。
2. 马来西亚在马来亚时期包括11个州，于1957年从英国统治下独立；1963年9月，沙巴（原北婆罗洲）和沙捞越加入马来亚，形成马来西亚。新加坡最初作为新成立的马来西亚的一部分获得了独立，但在1965年8月退出成为一个独立的国家。
3. 关于权力在少数族群教育中作用的更广泛的讨论，参见科森（Corson 1993）。
4. 女权主义者的语言改革问题在语言规划文献中一直没有得到广泛讨论，主要仅限于与媒体有关的问题（例如，Fasold 1988；Hawes & Thomas 1995）。然而，保韦尔斯（Pauwels即出）考察了通过语言规划能够做些什么以减少语言的性别歧视。从将女权主义者语言改革看成是语言本体规划的一种形式的角度来看，她详细阐述了女权主义者对大量语言（包括许多欧洲语言和一些亚洲以及非洲语言）所进行的语言规划努力。马自瑞（A. A. Mazrui 1996）认为语言规划可以促进非洲的两性平等的改革。从教育语言的多个角度，科森（Corson 1993）考察了教育中的语言、性别与权力问题。
5. "我只能想象我的种族存在的这个世界。它的消失意味着损失。缓慢但肯定的是整个国家范围内的贫困是明显的。也许甚至是整个大陆和整个行星范围内的。少一种色彩，灰度就会增加。少一种声音，就少一种语言，沉默就会增加。"（Koch 1992：42；引自Norberg 1994：156）
6. 这部分主要取自15个项目的电子邮件文档，该文档在"语言学家列表：第7卷第167页。1996年2月2日，星期五。国际刊号：1068-4875。第185行"可以见到，那里能够确定具体文档的作者，我们在书中已经这样做了。
7. 如作者们总结并译自法语的那样。
8. 文献中很少有讨论语言政策与规划同政治问题之间的关系的，如果有（如，

Ozolins 1993，1996），那些讨论也是集中于宏观层面问题的。在语言政策环境中对与语言相关的信息进行"自上而下"的政治管理以适应政治利益的需要，尽管是大多数政治体制的特点所在，但很少得到讨论。在民主国家，政党们为了他们的方案而迫切需要获得人民的授权，但是一旦上台之后，他们就觉得可以自由并广泛地解释授权以满足他们的利益需求，根据所提供的信息，特别是如果"情况已有所改变"的话，他们会觉得只有有限的义务来采取行动或者来履行选举前的承诺。因此，重要的不仅是要有良好的语言规划信息、大众的支持等据此做出并支持决定，而是要说服政治家们超越他们的切身与短期的利益，即真正地根据所提供的信息以公正的和不偏不倚的方式采取行动。虽然良好的信息对于语言规划决策很重要，但是在过去，所需关键信息的缺乏或对信息的控制使那些当权者更容易做出"明智的"决定而不考虑大众的利益；从根本上讲，语言与权力是关于态度、价值观与标准的，而这些被政治家或语言规划者们奉为他们的指导原则。

9. 一些说明滥用与语言规划有关的代理权的例子也许有用。卡特总统在美国创建了一个重要的语言与教育"工作小组"，该工作小组就在卡特总统即将离任而里根总统正要上任时完成了他们的报告。该报告受到了压制，只有一种未经政府批准的非官方的形式。20世纪90年代初期，在新西兰，杰弗里·韦特（Jeffrey Waite）为新西兰教育部起草了一份语言政策文件，罗伯特·卡普兰（Robert Kaplan）为该文件贡献了几个补充文档。当该文件公布之后，文件中没有补充文档，也没有来自教育部的任何评论。

第八章 双语与语言地位

一、引 言

本章从几个不同的角度考察双语与语言的地位问题。有个关键问题必须回答：这是一个"语言竞争"问题（Wardhaugh 1988）还是语言需要势力范围的问题呢？（LaPonce 1987, 1993：第七章）或者说语言可以并能够依据其使用、功能和地位而共存吗？

在开始这次讨论之前，有必要尝试给术语"双语"和"多语"下个定义。"双语"是一种"个人"现象，也就是说，它表示一个单独的个人能够同时沉浸在两个或多个语言社区中。通常，这意味着两种语言的运用能力不一致——"不一致"是因为一个人的第一语言（不一定是学习顺序上的"第一种"）是这个人一生中的主要语言。[1] 一个人在何种程度上运用第二语言是大不相同的，其范围包括从在学校用一两年时间学习一门外语所获得的技能，到在使用另一种语言为主要语言的社区中沉浸多年所获得的技能。此外，根据一个人的生活条件，一个人可以运用好几种双语；也就是说，一个人有可能会不一致地运用两种以上的语言。运用其他（第3种、第n种）语言的程度也是会变化的；也就是说，一个人可能对某种额外的语言在许多语域中会有相对较高的水平，而对另一种语言在少量语域中水平则最低。图 8.1 所示可能表现了这种情况——线条长度表明了不同程度的水平。

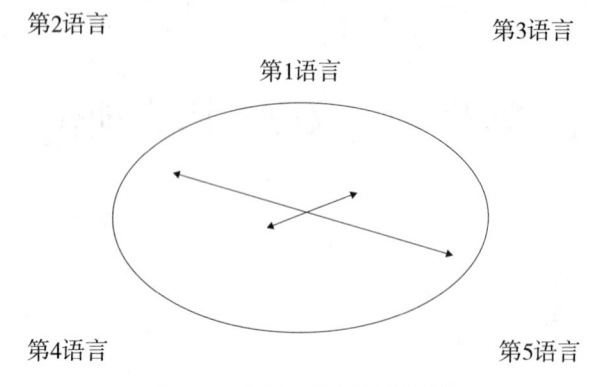

第2语言　　　　　　　　　　　　　　第3语言
　　　　　　　　第1语言

第4语言　　　　　　　　　　　　　　第5语言

图 8.1　多语言流利程度图示

美国新闻署（The United States Information Agency，USIA）用五年时间在北亚利桑那大学内为西非国家的每年大约 25 名教育工作者举办了一个夏季短期培训项目。卡普兰有机会在连续五年的每个夏季为这些人讲授语言政策与规划。在每次培训时，他都在参与者中间进行一次非正式的社会语言学调查，通过调查了解到，在所调查的 125 个人中，每个人讲的语言的数量平均是五种。所有的人都讲英语，大多数人都讲至少一种其他欧洲语言（即，法语、西班牙语、葡萄牙语、俄语、德语——因为这些语言在它们原来的政体中是广泛交流所需的重要语言）。此外，每个人都还能讲至少两种（在许多情况下是三种）非洲语言。这是一群讲双语者的样板，他们能够不同程度地使用许多语言。相比之下，有些人，如许多北美洲人、新西兰人、澳大利亚人、日本人与韩国人很不幸，只有自己的第一语言；也就是说，他们是"单语人"，不是双语人。在许多地方，双语不是生存的必要条件，尽管一些群体也证明双语并非生存所必需的，但是双语构成了正常的人类生存条件。

相比之下，"多语"是一种"社会"（而非个人）现象；也就是说，一个由许多个人组成的社会中有相当数量的人能够运用两种或多种语言达到一定的水平，这样的社会就是一个多语社会。在最好的情况下，这些相当数量的人应该有一种共同的语言。这种共同语言可能享有某种"官方的"地位（参见本书第 16 页，第一章中讨论术语的那一节）。当然，正常情况下是，双语个人都会有几种共同的语言，不过这些语言在社会上将会用于不同的目的。

例如，一个生活在美国西南部的新墨西哥州的人，可能会为了与外界的交流而讲英语，如投票、取得驾驶执照、获得医疗保健服务、购买奢侈品等，为了内部的交流而讲西班牙语，如跟自己的同行或一些远房亲戚谈话、购买日常必需品、路上当面交谈等，为了其他的内部交流，如跟自己直系亲属的谈话和为了公共仪式目的的谈话而讲美国的本土语言如纳瓦霍语。英语，作为美国的一种多数人语言，全国人口中有一大部分人共享这种语言；西班牙语则由一个重要的少数族群来共享；纳瓦霍语则由一个更小的社区来共享。如果某人属于纳瓦霍族，那么纳瓦霍语就可能是这个人甚至是整个纳瓦霍社区的最强有力的语言，但是英语则会成为这个本来多语的社会中最强有力的语言。每个人掌握这三种语言的程度不一样；也就是说，有的人英语比较强，有的人西班牙语比较强，有的人纳瓦霍语比较强（见图 8.2）。甚至有可能是，某个人可能有一种特殊的语言作为他的（或她的）双语的一部分——像美国手语（ASL，*American Sign Language*），使用于聋人群体中，或者是盲文，使用于盲人群体中。

因此，总的说来，"双语"个人（有时能够使用两种以上的语言，也就是说，拥有几个不同程度的双语）可以共存于一个"多语"社会中，其中双语系列中至少有一种语言是被广泛共享的。

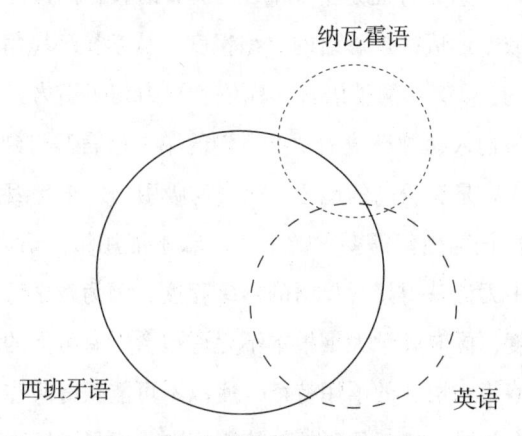

图 8.2　个人语言使用重叠示意图

不可避免，情况也可能会这样，即所有双语清单中的语言都会有一些群体来共享。因为语言是一种交际系统，如果某种语言没有人能够用它来与他人交谈，那么这种语言就只是一种学术意义上的语言。例如，我们假设一个母语为老挝语的人迁移到刚才所描述的那个社会中，那么，他个人可以与之沟通的，可能除了讲老挝语的人之外就没有其他的人了。不使用，语言就会或多或少地出现萎缩。[2] 某些学科的研究生可能"知道"像拉丁语、古希腊语、梵语、盎格鲁-撒克逊语、古教会斯拉夫语、古高地德语等古典语言，这些都是"死的"语言，没有人会为实用目的而讲这些语言。它们是学术语言，人们通常是为了接触逝去文明的思想与艺术这样的目的，而不是为了每天日常沟通的目的来学习这些语言的。[3] 这是一个真正的问题，当今世界，一个人能够讲比如说英语和拉丁语（除了在一些天主教教会地区和瑞士讲罗曼什语的地区之外）就可能算是双语人了。这些例子说明，双语意味着不只是"知道"两种语言，而是要"具有"两种或多种现有活语言的交际能力。

这个定义进一步说明，对双语环境中另外一种语言知识掌握的相对程度是极不一致的。在第五章中，我们讨论了另一种语言熟练程度的定义问题，有人提出，进行双语教育的期望往往是完全不合理的。有两个没有明说的相关假设构成了双语教育的基础，即：(1)双语环境中的两种语言在地位、权力与吸引力方面是平等的；(2)双语教育的最终产品将使两种语言在所有语域中形成接近母语的熟练程度。从学校环境角度来看，这两种假设都是空的：(1)这两种语言在地位、权力与吸引力方面不可能完全平等，这是因为初入这种环境的学习者们的第一语言是得到了"充分"开发的。第一语言总是有较高的地位、权力与吸引力，正是因为学习者们可以用第一语言做任何他们需要做的事情，却不能用第二语言做这些事。(2)在学校环境中无法获得接近母语的熟练程度，因为教学时间不足以实现这样的熟练程度，同时教学大纲根本不允许包含所有可能的语域。由于学校教育普遍忽略第二语言的语用特征，所以不可能获得某些实际语域中的熟练程度。还有就是，接近母语的熟练程度也是不可能实现的，因为真正的目标很少是这样的,而学校语言课程中通常教授的是第二语言的语法并接触极少量的第二语言经典文学。

虽然我们已经声称,双语是人类的自然状态,单语[4]是异常状况,但是,重要的是应该指出,没有任何语言学的证据证明双语教育必然是一个理想的目标。然而,我们可以说,双语教育促进了语言与文化的敏感性,促进了元语言意识与思维能力的发展(Hakuta et al. 1987)。也有社会语言学的证据表明双语是一个理想的目标。但是,鉴于双语教育希望能够做到的只是在数量有限的语域中达到很小的熟练程度,结果总是出现一种双言情况,其中一种语言即第一语言始终占据主导地位,始终提供最大范围的语域,始终显示最大的权力,始终表现出最强的吸引力。因此,双语水平较低的人总是容易向第一语言倒退。"那么,这传递给教育规划者的信息就是,如果环境变量不允许这种发展,就不要指望双语教育能够产生两种语言的类似母语的能力"(Baetens Beardsmore 1993b:117)。但是,这些仅限于学校的双语教育,不一定适用于自然习得的双语。

从前面的讨论中可知,除非在"'双语'可能被任意定义为个人成就,而'多语'可能被定义为一种社会功能"这个意义上,否则术语"双语"与"多语"很难区别。这是因为,语言学(至少像上个世纪在西方所实践的那样)体现了一定的语言观。西方语言学认为,一种语言是:

(1)一套语言结构生成的自治规则系统;
(2)一套独立且有别于文化、行为与信仰系统的系统;
(3)一套旨在通过语音信号表达信息的系统;
(4)一套明确界定而完全不同于其他所有语言的系统。(Mühlhäusler 1995c:1)

我们在试图区分术语"双语"和"多语"的过程中所碰到的困难表明,传统语言学的观点是不对的,对于理解双语这种现象不会有任何帮助。确实,对于双语人来讲,语言之间的界限可能是相当不固定的。此外,尤其是在试图定义术语"多语"这种意义上,长期以来一直有一种流行的神话般的对某一政体语言的识别。这种神话认为,英语是英国与美国的语言、法语是法国的语言、德语是德国的语言、俄语是俄罗斯的语言。费什曼（Fishman 1972）很久以前就对这种简单对应的有效性提出了质疑。

（1）首先，情况并非如此，即只有法国人讲法语或者只有德国人讲德语。

（2）其次，情况是这样的，即不只是法国人讲法语也不只德国人讲德语。

（3）第三，情况并非如此，即所有讲法语的人讲的是相同的法语，所有讲德语的人讲的是相同的德语，或者所有讲汉语的人讲的是相同的汉语。

（4）第四，情况并非如此，即所有讲法语的人都生活在法国，所有讲德语的人都生活在德国，或者所有讲汉语的人都生活在中国。

因为我们已经使用了法语、德语和汉语作为例子，可以指出的是：（1）讲法语的人也生活在阿尔及利亚和摩洛哥，生活在扎伊尔[①]、科特迪瓦和魁北克，生活在塔希提岛和新喀里多尼亚，而且他们讲的并不都是巴黎的法语；（2）讲德语的人也生活在瑞士与奥地利，生活在澳大利亚与新西兰，而且瑞士与奥地利讲德语的人讲的是德语公认的变体（就像德国巴伐利亚人实际上讲的那样）（Cillia 1996；Takahashi 1995）；（3）华人遍布全球，而且实际上并不是所有讲汉语的人都讲的是普通话（Sun 1988/1989；Harrel 1993）。

此外，人们必须面对语言的"大都市模式"这种额外的说法；即有概念认为，相对于其他所有变体而言，有一种是"最正确的"变体。有的时候，大都会模式可能会被定义为该政体首都城市的语言，就像法国巴黎的法语那样；有的时候，大都会模式可能是一种广泛传播的变体，就像英国广播公司（BBC）的英语那样；有的时候，它可能就是一个特别有魅力的人讲的话。如在我们的青春时代，富兰克林·罗斯福（Franklin Roosevelt）为美国许多讲英语者树立了榜样，而温斯顿·丘吉尔（Winston Churchill）则成为英国许多讲英语者模仿的对象。事实就是，没有"最正确的"变体。一种"语言"就是一个拥有陆军、海军和警察部队的"语言变体"。

[①] 刚果民主共和国，简称刚果（金），旧称扎伊尔。

每一种语言、每一个变体，对于讲这种话的人的群体来面对他们彼此相互生活在其中的这个现象学的世界而言是一种理想的机制。不可否认的是，某些变体由于各种各样的原因而获得了社会声望，但是，这种社会声望是个短暂的概念；某些语言（或某些变体）的声望迟早会被另一种语言或变体所取代。

因此，可以说，对于双语人而言，在他或她的语言清单中，一切都和平共处着，虽然每一种代码可能会被用于不同的目的。[5]另一方面，在多语社区中，语言在社会地位方面是互相竞争的。正如古语所言："你的立场取决于你坐在哪里（屁股决定脑袋）。"甚至在个别情况下，语言只有在同一语言社区中使用功能不同时才是互补的，也就是说，一个人不会在酒吧里既用英语又用西班牙语来点一份啤酒。

二、民族模式

在有些社区中人们使用了"民族模式"。也就是说，两个相对平等的使用不同语言的社区共存于相同的地理（通常是政治）空间中，在这种情况下，人们就会努力使这两种语言能够以几乎平等的地位共存。例如，在加拿大，英语与法语作为国语表面上平等共存。虽然英语与法语是法律规定的平等的伙伴，但美国本土语言的情况则不是这样的。如多拉伊斯（Dorais 1990）指出，在落实了同化政策后，游牧民族被重新安置到稳定的社区中去，物质文化也在此时快速变化，与土著语言在其他地方所遭受的情况一样，加拿大的因纽特人也遭受了同样的命运。

事实上，数量上强大、文化上同质的因纽特人在阻止他们的语言衰落方面几乎没做什么工作。他们日益依赖白人机构，在各类知识及经济方面也日益依赖白人。即使在有些地方保持了一种传统语言与英语的双语现象，那也是双言的类型。最近让土著语言得到正式承认的

尝试在纠正以前历史所造成的不平衡方面做得很少……（Mühlhäusler 1995c：9）

但是，即使英语与法语实际上也是不平等的。在魁北克省与滨海诸省①，法语是"高层"（也叫高阶，H）语言，而英语是"低层"（也叫低阶，L）语言，也就是说，这些地区存在着一种经典的双言情况。

> 这是两种或多种不平等的语言共存的一种状态：因纽特语和英语在西北地区与拉布拉多；因纽特语、英语和法语在北极魁北克；因纽特语、英语和另外一种土著语言在麦肯齐三角洲、北极魁北克和拉布拉多的一些地区。这些语言当中的每一种语言都有其独特的功能与价值。"较高的"功能（高等教育、政府、高薪工作、文学）由占据主导地位的语言（英语或法语）来完成。这两种语言价值最高。因纽特语与其他土著语言只用于完成"较低的"任务：私人谈话、非专业化的工作、有的时候帮助孩子们在学校头几年的学习。因纽特语可能会有一些官方地位，但其象征意义往往大于实际。（Dorais 1990：306）

虽然英语与法语是两种最有价值的语言，但是它们却不能和平共存。法语在加拿大东部是高阶语言，英语在加拿大其他许多地区（一定是在不列颠哥伦比亚省、阿尔伯塔省、萨斯喀彻温省、马尼托巴省）是高阶语言。加拿大东部的"全球法语社区"（*Francophonie*）不只是一个语言的问题，虽然语言确实是一个关键的识别特征；罗马天主教与魁北克人的文化认同与此也有关联。虽然加拿大政府的各种行为旨在将法语奉为共同平等的官方语言，在加拿大的许多地方，法语的地位反映在双语标牌上、双语行政事务上，以及其他一些可见的双语功能上，但是，在公众行为上并没有显

---

① 指大西洋沿岸圣劳伦斯湾的新不伦瑞克、新斯科舍和爱德华太子岛三省，有时还包括纽芬兰省。参见《英汉大词典》（下卷），陆谷孙主编，上海译文出版社，1991年，第 2013 页。

著性差异。相反，它在讲英语的人中间引起了一些不满，并引起了大量的省际争论。[6]

在比荷卢经济联盟国家中，一些语言确实在官方层面是共存的，虽然它们是否作为平等的伙伴共同存在并不总是很清楚。在卢森堡：

> 大公国的全部人口……都通过学校与环境变成了三语人（能讲卢森堡语、德语与法语）。国语卢森堡语属于日耳曼语族，部分经过了标准化，缺乏技术词汇，具有有限的语域变体，使用许多法语与德语外来词语，没有多少书籍，从国家元首到谦卑的公民每个人都讲这种语言。该语言在学校的整个课程中正式使用的时间只有125个小时，但有77%的市民在私人生活中最常用这种语言。口头交流的优先顺序是卢森堡语、法语、德语；书面交流的优先顺序是德语、法语、卢森堡语。（Baetens Beardsmore 1994：101）

在比利时，虽然法语（瓦龙语）和荷兰语（佛兰芒语）都有明确适用的地理区域，但是二者在官方层面是共存的。大堂项目（The Foyer Project）可以作为一个例子表明这种情况在教育方面是如何发挥作用的：

> 该项目支持在布鲁塞尔市10个以荷兰语为教学媒介的小学中为移民提供一项三语+双文化的计划。布鲁塞尔市虽然主要讲法语，但它是一个法语与荷兰语的双语城市。有三所学校是为意大利人开设的，三所是为土耳其人开设的，两所是为摩洛哥人开设的，一所是为西班牙人开设的，一所是为亚美尼亚人开设的。目的是整合在荷兰语少数民族学校中的少数民族移民，以使他们能够融入法语占据主导地位的双语城市中，并给予他们与佛兰芒人类似的在中学获得成功的机会。（Baetens Beardsmore 1994：101—102）

语言立法是广泛且相当明确的。在官方指定的双语地区，法律甚至会规定在正式标牌中先用哪种语言。

荷兰的情况更为复杂。主要语言是荷兰语，但是大多数人讲荷兰语、英语、法语和（或）德语。荷兰还有弗里斯兰语和一些印度尼西亚（曾一度成为荷兰的殖民地）语言。近年来，有很多关于英语地位的辩论。在高等教育中使用英语的建议炒得很热并引发了普遍又强烈的关注。

在所有这些例子中，种族与群体（Breton 1996）概念是关键因素。在加拿大，魁北克人的认同是个核心问题；在比利时，法语或德语的认同是核心问题；另一方面，在卢森堡，同国语——卢森堡语共存的语言具有与国语不同的功能。有关"民族模式"的其他一些重要的例子在苏联和东欧集团国家（参见 Comrie 1981；也请参见 Medgyes & Kaplan 1992 年讨论该模式在匈牙利的影响）中也有。在这些国家，俄语是官方语言或者是第一外语，而区域民族语言（如格鲁吉亚的格鲁吉亚语等），在斯大林时代结束之后才得到官方支持。此时，这个问题太复杂，不能简单处理。我们这里只关注民族模式在苏联和东欧的应用情况。民族语言的现实在如今一些新独立的国家正在上演（例如，参见最近在拉脱维亚、立陶宛和爱沙尼亚发生的事件——Ozolins 1994，车臣与亚美尼亚；也请参见南斯拉夫最近发生的事件——Tollefson 1993）。

我们还可以来看一下尼日利亚的情况。在那里，英语、伊博语（尼日利亚有 1500 万讲该语言的人）、豪萨语（在尼日利亚北部、尼日尔共和国和整个西非有 2500 万到 3000 万讲该语言的人）和约鲁巴语（在尼日利亚的西南部、贝宁和多哥有 1600 万讲该语言的人）共存。英语成为一种超方言的变体，但是该国在地理上被分成了一些讲着几种非洲语言的区域。尼日利亚各地区将伊博语作为第二语言使用，在 20 世纪 80 年代之前相对有限，但是，随着国家教育政策的实施，它的发展速度很快，因为政策要求所有中学生都必须学习他们母语之外的一种主要的尼日利亚语言（Fakuade 1989；Oladejo 1993）。豪萨语也是一种广泛使用的第二语言。它在政府、教育、商业和媒体等领域使用广泛。显然，语言的使用是由种族与地理区域确定的；也就是说，语言是在它们自己的"家园"（home-lands）

得到官方认可的,即使有若干个家园都属一个单一的政体(也请参见 Oladejo 1991)。

就个人双语而言,各种语言的存在呈互补分布,但是,对于这些人生活的多语社会来讲,这些语言就会为了语域、社会声望和势力范围而竞争(Laponce 1987,1993)。

三、多数族群与少数族群语言

在欧洲联盟的保护下,许多西欧语言似乎处于一种三分结构当中,如图 8.3 所示。

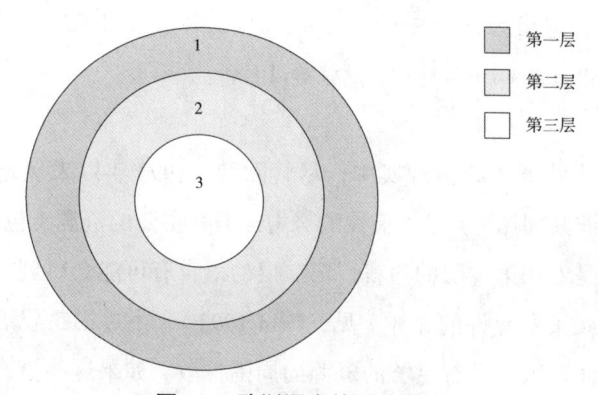

图 8.3 欧洲语言的三分结构

图中,第一层代表的是欧洲主要国家的语言(如,丹麦语、荷兰语、法语、德语、希腊语、意大利语、葡萄牙语、西班牙语和挪威语以及瑞典语(它不是欧盟的官方语言)[①])。第二层代表了较小的语言(如,巴斯克语、布列塔尼语、加泰罗尼亚语、爱尔兰语、卢森堡语、罗曼什语和威尔士语),而第三层代表了最小的少数族群的语言(如,卡娄语、科西嘉语、法罗语、弗里斯兰语、盖尔语、加利西亚语、拉迪诺语(亦译"拉地诺

---

① 瑞典语在瑞典于 1996 年加入欧盟之后成为欧盟官方语言。

语"）、罗姆语（亦译"罗曼尼语"）、萨米语、撒丁语、西西里语、巴伦西亚语）。这是一个相当主观的列表，因为它主要是基于依据语言使用者的数量来排列的，公正地说，第三层中列出的一些语言目前可能应该属于第二层。然而，第三层语言的一个重要特征是，它们在不太久的将来可能会消亡。

现有大量证据表明，人类语言多样性减少的速度比以往的人类语言历史（如果不是所有以前的时期）中减少的速度快许多倍。在太平洋沿岸的 1200 多种语言中，克罗科姆（Crocombe 1989：47）估计，大约有 20 种语言会生存下来。狄克逊（Dixon 1989：30）指出，"澳大利亚的每一种土著语言目前都处于危险之中"。据估计，在世界范围内，所有语言当中 90% 的语言在几代之内将不复存在。（Mühlhäusler 1995c：4；及注释 4）

在当代欧洲的政治现实中，尽管欧盟（1993 年以来确定的名称，以前叫"欧洲共同体"）尽了最大的努力，但其主要的资源（包括教育资源）有可能还是专用第一层的语言。第二层的语言有可能会得到一些关注——正如经济政策所允许的那样（见，Grin 1993）；不过第三层语言可能会很少受到关注。因为没有足够的资源向周围扩散。如果这些语言得到的关注确实很少，那么它们消失的可能性就会大大增加。而这就是全世界少数族群语言的情况。

然而，有一个问题是，"多数族群"与"少数族群"术语的定义视不同情况而定（如，中国台湾的情况，第七章）。如果以语言使用者的数量来定义这两个术语，那么人们就会发现在南非的奇怪的异常情况。显然，从数量方面来看，阿非利堪斯语（南非只有 15% 的人口讲的一种荷兰语变体）是一种"少数族群"语言（见表 8.1）。但是，从政治意义上来讲，它一直是南非的"多数族群"的语言，因为该语言是整个人群中几乎握有一切政治与经济权力的那部分人的语言。种族隔离制度废除之后，情况发生了变化。考虑到经济与政治的限制，那么了解一下新政府所倡导的非常自由的语言政策在未来是如何实施的就很有趣（Ridge 1996）。很明显，阿非利堪斯语在权力结构中将被取代，只是目前还不清楚被英语还是另一种土著语言所取代。阿非利堪斯语的长期安全是根本无法保证的。

表 8.1　南非诸语言

语言	人数	总体比例（%）	城市人口比例（%）	乡村人口比例（%）
阿非利堪斯语	5,804,411	15.05	84.48	15.55
英语	3,482,375	09.01	95.81	04.19
祖鲁语	8,483,720	21.96	37.16	62.84
科萨语	6,580,380	17.03	37.97	62.03
斯威士语	901,008	02.57	22.05	77.95
恩德贝勒语	600,305	01.55	27.78	72.22
北索托语（即"佩迪语"）	3,722,444	09.64	22.33	77.67
南索托语（即"塞索托语"）	2,598,357	06.73	59.03	40.97
茨瓦纳语	3,319,951	08.59	34.45	65.55
聪加语（别称"通加语"）	1,681,575	04.35	21.66	78.34
文达语	858,704	02.22	12.56	87.44
其他语言	507,260	01.31	61.91	38.09
合计：(11+)	38,540,490	99.99		

斯堪的纳维亚国家还有一些有趣的现象。萨米语（拉普语）——一种乌拉尔语系语言——是整个芬兰（Aikio 1991）、挪威、瑞典和俄罗斯都使用的一种土著少数族群语言。它有 9 种或更多种地方方言（表 8.2 中按字母顺序将它们排列了出来）。总计有 25,000 人到 30,000 人在面积较大的地理区域内使用该语言。许多萨米人，如上所述，都是会讲芬兰语、挪威语、瑞典语和（或）俄语的双语人（Janhunen 1975—1980）。显然，萨米语是一种受到严重威胁的少数族群的语言（Magga 1994）。

有关萨米语言的初步调查结果表明，在受到政治支持、适应该社会发展与经济进步和根据挪威萨米文化委员会颁布的萨米语言法案被赋予法律地位的地方，萨米语的社会地位最稳固，未来的发展机遇更大。……相比之下，萨米语在瑞典、芬兰与俄罗斯的命运就太不让人放心了，表明（那些）国家"自由放任"的同化政策不断侵蚀着萨米语言。（Mühlhäusler 1995c：6）

表 8.2　萨米语诸方言、讲该方言的人数与所处位置

伊纳里方言（Inari Sami）（芬兰有 400 位讲该方言者，他们都被认为是又能讲芬兰语的双语人）
基利金方言（Kildin Sami）（苏联有 1000 位讲该方言者，其中大多数被认为是又能讲俄语的双语人）
吕勒方言（Lule Sami）（瑞典有 8500 位讲该方言者）
北部方言（Northern Sami）（挪威有 11 600 位 + 芬兰有 1600 位讲该方言者）
皮特方言（Pite Sami）（瑞典与挪威讲该方言者数量不明）
斯科尔特方言（Skolt Sami）（1000 位讲该方言者大致均匀地分布于芬兰与俄罗斯，其中大多数被认为是又能讲芬兰语或俄语的双语人）
南部方言（Southern Sami）（1000 位讲该方言者大致均匀地分布于瑞典与挪威）
泰尔方言（Ter Sami）（俄罗斯有 500 位讲该方言者，他们都被认为是又能讲俄语的双语人）
于默方言（Ume Sami）（瑞典讲该方言者数量不明）

同样，与其他地区的土著少数族群语言一样，在澳大利亚、加拿大、新西兰与美国，土著少数族群语言也受到了严重的威胁。如，日本（Maher & Yashiro 1995）；中国台湾地区（Hsiau 1997）。如图 8.3 所示，世界各地属于第三层的许多语言有可能在两三代之内就会消失。这是一个语言竞争的例子。随着主要语言占有越来越多的语域，少数族群语言面临着越来越大的威胁。类似下文的评价也同样存在于阿拉斯加、加拿大北极地区以及任何其他地方（如，塔希提岛）。

各级与各种形式的教育是高卢化（法语化）的主要工具。从最初级的水平开始，所有的教育都是用法语来进行的。在公众教育中没有哪个阶段是教授塔希提语的。学校禁用本地话，不仅教师而且连学生也不准用，不准在课堂上讲，甚至在课下娱乐时也不准讲本地话。（Lavondès 1971；引自 Mühlhäusler 1994b：125）

"禁用威尔士语"这种典型现象仍很普遍。[7]

四、宗教与语言规划

宗教一直是影响语言变化与语言传播的最强大的力量之一（Ferguson 1982）。弗雷德里克·法勒（Frederic Farrar 1899），坎特伯雷大主教，在一本广为阅读的有关语言和语言教育的书中，以下列方式描述了"初"民的特征，从而表明初民们需要基督教（通过英语）来赎罪：

……（澳大利亚）维多利亚的土著人中，新生婴儿会被杀死并被他们的父母和兄弟们吃掉，他们没有超过三的数目概念……（和）新几内亚的黑人被看成是整天在树枝间来回飞快地跳跃、指手画脚地尖叫、大笑的人。（引自 Mühlhäusler 1994b：124）

巴布亚新几内亚大学的第一任校长曾说道：

人们在懂英语之后才有了真正的教育。教他们英语、英语和更多的英语，这是他们所想要的……只有基督教可以取代原有的理念、传说、异教徒的行为和由 510 种语言所引起的超自然的恐惧。（引自 Mühlhäusler 1994b：124）

总之，在殖民扩张的鼎盛时期，普遍的观点认为：被征服者已经失去了权力与地位（或者从来就没有得到过），此外，他们所讲的是具有严重缺陷的语言，应尽快消除掉，并由虔敬的、系统上完善的语言（像法语、西班牙语或英语这样的语言）所取代。制度化的宗教对于这种做法的最佳的方法观点不一，或者更确切地说，他们对于这些方法的应用顺序各不相同。有些新教教派用野蛮的语言翻译了《圣经》，因此基督教得以介绍，文明也随之在教会管理的学校中通过一种欧洲语言带给那些愚昧的人。罗马天主教教会试图通过宗教仪式（用拉丁语）（Liddicoat 1993）与教会管理的学校来传教并传播文明。伊斯兰教也做出了一定的贡献，他们用阿拉伯语在古兰经学校中传授《古兰经》。这两种策略都行之有效。然而，同样重要的事实是，有效的教育（这种教育会带来西方文明）完全由教会控制。实际上，这种教会控制的教育在许多情况下由政府提供资金支持。

马萨加拉（Masagara 1991）在一篇仔细研究的论文中，说明了基督教引进卢旺达（并在一定程度上越过边界进入了布隆迪）是如何巩固法语地位并改变人们的语言以及他们的信仰与价值观的。例如，个人的宗教誓言在卢旺达社会应用广泛；如果一个人被质疑，那么这个人就得发誓以表明他所说的是真实的。每个人都有一个"终极誓言"，因为这种誓言在社区中人尽皆知，所以在一个人发了誓言之后，人们就不会再怀疑他了。事实上，任何一个质疑终极誓言的人都有可能因为他的鲁莽而被杀。这些誓言有的依据家庭关系等事宜（如，"如果我骗你，我宁愿与我的女儿乱伦。"）；有的誓言则依据隐含在社会结构中的等级制度（如，援引国王的名字或社会上其他一些重要领导人的名字），还有的誓言则依据社会的经济结构（如，"我宁愿我所有的牲畜都死了……"）。基督教被引入后，所有这些誓言都被极少数的基督教誓言取代了（如，"我以圣母的名义发誓……"或者"上帝保佑我……"）。这种语言变化的影响是普遍的；基督教不仅改变了语言的结构，而且它也改变了家庭关系、社会等级制度与经济结构的性质。

我们观察到的一个最有趣的情况就是新西兰的毛利人。《怀唐伊条约》（亦译《威坦哲条约》）(1848年[①]，它正式结束了毛利人与英国入侵者之间

[①] 应为1840年。

的敌对行动,部落酋长与英国王室的官方代表于1848年[①]签订)签订之后的一段时间内,许多毛利人皈依基督教,并学习了英语。本顿(Benton 1981)证明该条约带来了毛利语的快速流失。近来,为恢复毛利语花费了巨大的精力——最初只是毛利人在做,但是最近改由政府来做——结果是,许多毛利族人将毛利语作为一种"第二语言"来学习。此外,随着基督教在毛利人社区中的传播,毛利语在基督教的宗教仪式中广泛使用;否则,它就会失去一些语域。基督教与毛利人的现象学并不完全兼容,因此,现象学就发生了变化以适应基督教(Kaplan 1993a)。然后,总的来说,基督教的传入(像在卢旺达那样)不仅改变了语言的结构,而且它还改变了家庭关系、社会等级制度与经济结构的性质。

总之,宗教在语言政策与规划方面发挥了关键作用。在许多情况下,并没有明确计划的事件,其最终结果却在语言与社会上引起了巨大的变化。米尔霍伊斯勒指出:

> 语言帝国主义……是少数特权语言以牺牲大量其他语言为代价的扩展。语言帝国主义是单向学习的推动者,知识与信息从强大的一方流向无能为力的一方……(社会生态学)是……居民与居民结构多样性的支持系统……语言[规划]包括给现有的语言生态引进一种新的语言。[引入一种新的语言]也许理由充足,同样,对巩固这种新语言的质疑也有充足的理由。不过同样重要的是这种行为对更广泛的语言生态的影响,以及这种引入是如何影响其他语言、这些语言的使用者以及他们的福祉的。(Mühlhäusler 1994b:122—123)

引入一种新的语言会影响生态的发展,那么引入一种新的宗教也会如此。我们有理由说,大范围的传教工作是曾经做过的对语言生态、语言、这些语言的使用者以及他们福祉的最大隐患。

---

① 应为1840年。

五、消极语言规划

某些类型的语言规划目的不是为了增加一些语言选择数量,而是为了严格限制这些数量。在过去的十年中,美国出现了一个有趣的案例。渐渐地,人们普遍认识到,美国是一个事实上的多语言与多文化的社会。澳大利亚同样也认识到了这一点,该国制定了一项政策,要求儿童必须学习一种以上的语言,也就是说,语言选择数量增加了。鉴于欧盟已经认识到了语言的多样性,西欧的《马斯特里赫特条约》(Treaty of Masstricht 1992)对文化的多样性给予了相当大的支持,该条约认为文化多样性是欧洲的主要财富之一。

一般政策的目标认为教育的机动性是当务之急,目的是提高尽可能多的欧洲学生对其他欧洲文化和语言的熟悉程度,并作为教育质量的一个部分。语言学习仍然是当务之急,为此,鼓励成员国推广三语制;建议成员国将语言技能列入高等教育的准入条件;要求成员国要对学习少数族群语言(在本章其他地方,我们标记为第二层的那些语言)给予特别关注。[8](Baetens Beardsmore 1994:94)

不管怎样,欧盟成员国之间语言的选择数量增加了。而美国的情况却恰恰相反;承认语言的多样性,引发了民众对国家分裂的担忧(在美国与其他地方,这也不是个新问题),这种担忧反过来引发了巨大的努力,即通过修改联邦宪法使英语成为美国唯一的官方语言。从历史上来看,国家管理文件中对语言问题一直保持沉默。有证据表明,开国元勋们在确定联邦《宪法》内容的时候(1787年)曾讨论过国家语言的问题,他们认识到这个羽翼未丰的国家(即使那个时候也)是多语言的,并有意决定不规定国家语言。但是有几个州,在准确地认识到语言问题"实际上"是"州的权利"问题之后各自采取了不同的解决方法。[9](令人遗憾的是,随着讲英语的大多数在人数与权力上的增加,许多早期自由主义的语言政策后来都

被修改或废除了）

1983年，"美国英语"政治游说组织成立，该组织筹集并花费了数百万美元以使英语成为美国的官方语言（1983年到1990年间共花费2800万美元）（Crawford 1989, 1992a, 1992b）。早在1981年，已故加州参议员S. I. 早川雪（S. I. Hayakawa）就曾为实现这个目标提出过一项宪法修正案。该修正案从未向委员会报告过，因而失败了。不过，自那时起，每一届国会会议上都会提出类似的立法（Ricento 1996）。比如在撰写本章的时候，已有四项法案投给了第104届国会（第一次会议），即众议院第123号、众议院第345号、众议院第739号和众议院第1005号法案，它们的目的分别是：

（1）要使英语不仅成为美国的官方语言，也成为公民之间交流的"首选"语言；

（2）要求所有公共仪式（包括公民身份仪式）都用英语进行；

（3）强制同化；

（4）鼓励（非正式地）歧视那些不将英语作为第一语言的人；

（5）以这样的一种方式来修改《移民与国籍法案》，即"只要他们的身心能力允许，就应该让读、写和讲英语成为美国公民的一种责任……"[众议院第739号]，不过对于身心能力如何评估没有明确说明；

（6）废除《初等与中等教育法案》（1965年）的标题7和《双语教育法案》（它为标题7提供了立法权限），从而取消双语教育；

（7）修改《投票权利法案》（1965年）的第203节，以取消双语选票；

（8）取消"双语教育与少数民族语言事务办公室"（Office of Bilingual Education and Minority Language Affairs, OBEMLA）。

表面看来，这些法案的目的涉及节约成本和国家统一，但其实际目的是为了限制一些语言选择项目，减轻那些只会英语的人群的经济恐慌，为了促进民族的同质化（如，参见Thomas 1996）。这是消极语言规划的一个重要案例。然而，在这些将语言选择为英语的工作中，有一些严重的问题还没有得到解决。选择哪一种英语？随着时间的推移它的纯度如何保证？为了使计划能够实施，美国就应成立一个史无前例的语言学院，裁定与英语有关的争议问题。实际上这对于任何讲英语的国家都是史无前例的。在本章写作的时候这样的学院还没有被设想过，也没有考虑过随之而带来的成本。

墨西哥是另一个有趣的消极语言政策的案例。墨西哥长期民族语言政策的目标（以及通过国家教育系统对这一政策的执行），就是将墨西哥土著少数族群语言整合进国家语言主流中来，也就是说，要使所有人口西班牙语化（"卡斯蒂利亚语化"）（Heath 1972）。不可否认的是，墨西哥正在进行着促进语言与民族复兴的一些事情。语言与教育政策——最初打算通过语言的同质性来统一国家——正在培养 50 种左右的民族语言，这些语言是之前统一政策中幸存下来的（Patthey-Chavez 1994）。[10]

整个拉丁美洲也可以发现类似的例子（如，参见 Hornberger 1994；关于阿根廷与智利的情况，参见 Messineo & Wright 1989）。在 15、16 世纪，西班牙语和葡萄牙语在全世界的传播是西班牙与葡萄牙殖民扩张的一种手段。在拉丁美洲这个大陆的 13 个共和国中，有 9 个国家的官方语言是西班牙语。[11] 纵观这 9 个国家的历史，它们都实行了西班牙语化的政策，尽管最近"哪种西班牙语"这个问题已经变得越来越重要。有关西班牙语化的不准确的定义依然如此，但它不再是无可争议的"卡斯蒂利亚语化"了。一般来说，这些民族国家从国家统一利益角度来考虑，都会有限制语言变异性的政策。

于是，消极语言规划已相当普遍，其目的是缩小语言选择，并使土著语言与文化成为这种活动的牺牲品。

六、语码借用 / 语码转换

"语码借用"与"语码转换"是两种语言接触时常见于语言边界的过程。这些术语是指将两种不同的语言混合进一种单一的话语中来，例如，在美国与墨西哥的边界处（一种政治边界，在某种程度上也是一种隐含的语言边界），这样的表达屡见不鲜：

Vamos a mi casa（去我家）watch the television（看电视）。

很显然，这个句子一半是西班牙文，一半是英文。在第三章"词汇现代化"的标题下，我们描述了词汇借用是如何发生的。这个过程不仅发生在语言的边界处，也会发生在两种语言接触的任何一点上。这种借用的一个明显的原因就是，借用词汇的这种语言缺乏一种简单表达某些特定概念的方式，而借出词汇的那种语言则具备。我们之前提到过科技术语的借用伴随着一个语言社区到另一个语言社区的技术转让而出现，而语码的借用更普遍。例如，英语的学术语言从德语中借入了这样的术语"世界观"（*Weltanschauung*）与"人生观"（*Weltansicht*），因为这些术语描述的概念在英语中需要很多词语来描述。这样的术语，往往保留其原来的发音（或者借入语言的讲话人能够发出的与其原来发音最接近的音），简单地植入另一种本土语言的句子。下列二十多个借入英语的表达可以作为例子，简单地说明这一点：

单桅三角帆船（dhow）、天国美女（Houri）、精灵（jinn/genie）（阿拉伯语）

迷信（aberglaube）（德语）

杀人狂（amok），蜡染（batik），小村庄（kampong）（马来语）

马裤（jodpurs）（印地语）

戈比（kopeck），卢布（ruble）（俄语）

小费、酒钱（baksheesh）（法尔西语）[①]

乐队指挥（impresario）（意大利语）

西班牙贵族（hidalgo），拴马绳、套索（lariat）（西班牙语）

手提式小炭炉（hibatchi），和服（kimono）（日语）

平底河船、轻舟（bateau），羊角面包（croissant），温文尔雅（debonair），水（eau）[像在"科隆香水"中那样（as in eau de Cologne）]，狭长形松饼、巧克力泡芙（e'clair），食用蜗牛（escargot），故事诗（fabliau），披肩式

[①] 即"波斯语"，又称"达里语"。

三角薄围巾（fichu）、美食家（gourmet）、傲慢态度、神气活现的样子（hauteur）、自由放任（laissez faire）、女内衣、女睡衣（lingerie）、法式糕点（patisserie）（法语）

近年来更为有趣的是，许多借词都是通过青年文化借过来的，主要是许多其他语言从英语中借入。青少年愿意穿有纹饰信息的T恤衫。这些信息常常是用英语写的，很不雅，而穿戴者很少有理解其意思的。这种T恤衫与在纽约、悉尼和旧金山的街道上一样，也会出现在布宜诺斯艾利斯、马尼拉、莫斯科、东京的街道上。俄罗斯科学院外语学部英语分院主任尼娜·拉津基纳博士（Dr Nina Razinkina）提供了一个当代俄语中美国（有别于英国）英语语码借用/语码转换的例证（1992年10月2日，个人通信）。

  美国英语向俄语渗透，这一问题范围之广真的很可怕。它需要引起语言学家、社会学家、心理学家、教育学家与人口统计学家的密切关注。我用"可怕"这个形容词并非偶然，越来越多的不同年龄段的人由于不同的原因在他们的日常言语中使用大量的美国英语词汇……青少年们将此视为T恤衫（上面有整个小故事）、摇滚歌曲、口香糖标签等的"丰富"的来源。在听到青少年讲话时，我注意到一个明确的趋势，总是以一个单独的词的形式插入到俄语的言语中来，几乎没有短语……因此，"a girl（一个女孩儿）"这个词语的发音用的是美国英语口音，而像"漂亮的（smart）"或这一类的插入词［其他形容词］，就会用一个俄语词汇来代替。美国英语词汇在青少年的言语中使用得越多，他（她）就会越自信，而打破纪录的那个人似乎就成了一个小群体的头目。（我的儿子［他快26岁了］辩称说这个过程向相反的方向发展，也就是说，这个头目，如果他想保持他的地位，他就得知道许多美国词汇）

  困扰我的是，当人们想要炫耀自己有关美国英语的"知识"时很少有人认真地研究它。对于学生来说，这种现象在我看来是有点不同的。在他们的言语中，我们会看到短语和整个英语句子；他们的词汇中包括他们所学的［学术］专业词语。英语课本编得越好，他们言语中的英语短语就越多。

学生与青少年的另一个问题是，他们多半在使用俄罗斯俚语时，总是夹杂着美国俚语……聪明的学生看不上这种肆无忌惮地将俄语与美国英语混合在一起的做法，强调他们不赞同这种炫耀，他们号召朋友们在谈话时要么全用英语，要么全用俄语。我担心他们［没有］收到一个非常积极的回应。对于那些过了学龄的人，情况就不同了。我们很少能在他们当中看到一个愿意炫耀的人或者自称是语言学"内行"的人。由于俄语中缺乏相应的观念、思想、概念等（因该国在最近70年中相当孤立的政治与经济生活），因而使用美国英语是理所当然的。问题是有时候（并不罕见），俄语词完全能表达所需却使用了美语词代替。媒体往往会因粗俗的语言而遭受指责和指控。在我看来，这个问题有其更深层次的原因。

当一个词语的美国来源（它可能是一个名字、一个地理标志、一个事件）通过单纯的连锁反应使人们在头脑中想到另一个美国词语并将俄语的同义词推出去时，这种现象可能会因口语的惯性而得到矫正……对我来说，科学家的"用法"（书面的和口语的）最重要。就我们古老的科学分支（例如经典力学，其历史很长也相当杰出）来说，一点问题也没有。我还没有在研究该分支科学的文章中看到过一个单独的借词或借入术语。至于较新的分支，情况却完全不同。乍一看，这个问题很容易解决，嗯，如果这种思想、观念、概念首次亮相于讲英语的国家，人们为什么还要发明纯俄罗斯的东西呢？不幸的是，问题并没有这么简单。有一个例子：多数情况下是俄语的术语早已有之，但是由于特定的分支学科在讲英语的国家得到了"更迅速的"发展（大量的专业期刊出版物、会议、专题讨论会等将英语作为唯一的工作语言），于是，俄语的术语就被淘汰了。我的一位朋友（担任我们的一种生物学杂志的编辑）说，她要离开她的工作了，因为她对论文的作者已经失去了耐心。他们当中大多数都坚持借用术语,当她温和地试图用俄语术语替换其中的一些术语时,马上就会招致毫不隐讳的抗议,作者们认为他们更了解哪个术语该用哪个不该"用"……

这是俄罗斯一位语言学家和英语教师(主要是在科学院进行研究的科学家)提供的证据。她的意见不仅有说服力,而且证明了语码借用/语码转换在丰富语言的同时,也让更多的传统学者感到失望。

汉语、日语、韩国语、菲律宾语和其他语言中也有类似的实例。日本语言学院管理着进入日语的外来术语,但是在许多其他语言中,这是一个"自由市场"。一个讲英语的人在马尼拉可以看懂菲律宾语报纸中的一些作品,因为有大量借入的词汇。埃金顿(Egginton 1987)证明了英语借用在韩国语书面文本中的影响,说明了一些术语,在同一段文本中以三种文字形式(即英文、汉字与朝鲜文)出现。

如上所述,流行音乐、文化衫、漫画书和流行文化的其他方面可能极大地促进了语码借用/语码转换。例如,漫画书主要引起了中国南方语言的变化。香港每周出版数百万册的漫画书(总的来说,每月大约500万册),它们基本上采用三种文本,即生命不息的李小龙的生活、中国传统鬼故事和英语肥皂剧改写的印刷品。香港的漫画书是为香港的读者设计的,也就是说,虽然有一种假设认为,任何一位讲汉语的人都能阅读标准的汉语书面语,但是漫画书中的语言以粤方言表达方式为主,以至于其他汉语方言区的人在阅读这些文本时会有困难(Snow 1993a:137,1993b)。随着1997年香港回归中国进入倒计时,中华人民共和国在香港事务中将发挥日益重要的作用,看看这个语言改变代理的变化会很有意思。

因此,语码借用/语码转换是一种广泛的传播过程,不仅改变了某些语言中的词汇内容,而且还改变了书面文本的视觉外观,在极端情况下(即,在青少年中),还会为一种语言在特殊语域的使用创造一种"皮钦语"变体。当然,语言借用/语码转换在语言发展中发挥着重要的作用,但是语言规划者们在制定政策时很少考虑这种无法控制的变量。这是一种让语言之间的界限变得模糊的变量。在任何已知语言中通过立法来限制语码的借用是不恰当的,对包括语言纯洁性在内的道德立法几乎是不可能的;相反,这是一个理解"这种现象是如何工作的""借入了什么样的术语与结构""它们是从哪里借来的""借入成分对该语言的语音与句法结构有什么样的影响"的问题。

七、本章总结

本章试图考察下列问题:语言是相互竞争的吗?或者,根据应用、功能与地位情况,不同的语言可以共存并且出现过共存吗?对于双语个人来说,语言共存于他(或她)的语言库中,但是,对于多语社会来讲,语言确实在语域、权力、可接受性与社会地位方面相互竞争。全球语言生态正在发生变化。除了在民族国家,语言不再像澳大利亚土著的语言那样绝对地通过地理与叙事同土地绑在一起了(Russo & Baldauf 1986),而是允许因不同的文化信仰分隔出的许多小语种共存在一起。语言变成了一种便携式工具、一种技能、一种用于特定目的的人工制品。在这种环境下,那种占据语域数量最多的语言很有可能会将其他语言排斥出去。正如我们在第十章中所指出的那样,除非我们为了那种要复兴的语言寻找到一个生态位置,而这通常意味着重新夺回相当数量的语域,否则语言复兴不可能成功。当一种语言只能用于仪式功能时,尽管它可以持续很长一段时间,该语言也不可能得到真正的复兴。在多语社会中,语言的竞争与语言的生存问题只能在构成该社会语言生态的不同语言的使用、功能与地位方面得到回答。

为了考察双语和民族地位的相关问题,我们考察了五种现象的一些细节:民族模式、多数族群与少数族群语言、宗教与语言规划、消极语言规划以及语码借用/语码转换。我们注意到其中的每一种现象都在某种程度上有助于语言的变化,尽管这种贡献常常是无意识的、没有规划的那种。

语言规划者们往往会忽视这类现象，但这类现象却应引起语言规划者的高度重视。

注释

1. 本章没有用"母语"这个术语。它不是一个很有用的术语，因为一个人的"母语"，从字面上来看是指一个人从其母亲那里学来的或与其母亲交谈所用的那种语言，可能不是他的第一语言或主要语言（也请参见第一章中的定义）。
2. 也有越来越多的澳大利亚土著语言、美国本土语言以及其他土著语言实际上就是这样的情况，即那里只剩下极少数讲这些语言的人。
3. 不可否认的是，懂得拉丁语（或其他古典语言）的人可能属于一个小的精英圈子，他们把拉丁语当作"时髦的"语言，或者这样的人会用他（或她）的英语来点缀其拉丁语的表达方式，就像一些律师习惯做的那样，成为一种排他性集团成员资格的证明。
4. 鲁滨逊（Robinson 1993）讨论了语言高度多样性的情况，其中没有一种语言的讲话人群体能够超过人口的50%，他列举了这些政体，其中非洲有25个，亚洲有9个，加勒比与拉丁美洲有4个，太平洋地区有6个。一些具有较高语言多样性并有大量现存活语言的政体包括：巴布亚新几内亚（867种）、印度尼西亚（701种）、尼日利亚（427种）、印度（405种）、喀麦隆（275种）、扎伊尔（刚果民主共和国，219种）、菲律宾（169种）、马来西亚（141种）、坦桑尼亚（131种）、乍得（126种）、埃塞俄比亚（112种）和瓦努阿图（111种）。
5. 有研究表明，在一个讲三种语言的家庭环境（在这里，不同的人"拥有"单独的语言）中成长起来的儿童，从来不会同某一个人用错语言。孩子会明白，菲律宾女佣讲英语，爷爷讲汉语，妈妈、爸爸、兄弟姐妹和学校的朋友们讲马来语，虽然孩子可能无法叫出所涉及的语言的名称，但是，他（她）会与女佣讲英语，与爷爷讲汉语，与妈妈、爸爸、兄弟姐妹以及学校的朋友们讲马来语。
6. 爱德华兹（Edwards 1995）提供了在1992年到1994年期间进行的一场关于单语、双语与多元文化的讨论，并提供了对加拿大语言规划与政策近期发展情况的评述（Edwards 1994）。
7. 有证据表明，至少在第二次世界大战期间，在学校讲威尔士语的威尔士学生一旦被抓住就会被强迫在脖子上用皮带挂上一个牌子，牌子上写着"禁用威尔士语"的字眼，学生得一直挂着这个牌子，直到另外一个学生被发现犯了这种严重的罪行时为止。（参见第二章中关于这种令人屈辱的惩罚的讨论）

8. 欧盟将其工作语言定义为丹麦语、荷兰语、英语、法语、德语、希腊语、意大利语、葡萄牙语和西班牙语。这九种语言的法律地位是平等分配的。现实中,英语和法语在工作语言中占主导地位。德语、意大利语和西班牙语次之。丹麦语、荷兰语、希腊语和葡萄牙语被指定为事实上的小语种。所有这些语言都属于我们指定的第一层语言(见 Ammon 1994；Schlossmacher 1995)。当贝滕斯·比尔兹莫尔(Baetens Beardsmore)谈到"少数族群"语言时,他很可能意味着第一层语言中的"小"语种,而不是第二层和第三层的"少数族群"语言。

9. 成为美国最初 13 个州的地理区域是由许多不同的语言飞地构成的——英语在前英国殖民地,法语在北部,德语在中部(宾夕法尼亚联邦),西班牙语在南部——不过还有俄语、瑞典语和荷兰语,更不用说美国的本土语言了。在与欧洲接触之前的那段时间内,也许有多达 1000 种不同的语言,但他们的语言的利益被忽视了(Kloss 1977)。随着各州逐渐进入联邦,有些州进入联邦时作为一个法律问题来保证其双语。例如,《路易斯安那条约》(1803 年),美国通过它得到了路易斯安那州的领土(超过 100 万平方英里,包括新奥尔良港口),在第三条中,拿破仑写道:

> 让路易斯安那人知道,我们遗憾地与他们分开;我们规定了他们能够想到的对他们有利的每一件事情,让他们从此以后,享受他们的独立,回忆他们曾经是法国人,而法国在放弃他们,是为了担保他们从欧洲力量中不可能获得的优势,不管怎样,我们曾经是同宗的。让他们保留我们的情绪与情感,我们的这种共同的起源、血统、语言与习俗将使友谊永存。

法国专员洛萨(Laussat)于 1803 年 11 月 30 日在新奥尔良主持了主权权力的交接仪式,发布公告,其中部分内容为:"条约保护你所有的优势和作为美国公民的豁免权。你将选择的这个特定的政府,会适应你的习俗、用法、风气与意见。"结果,当路易斯安那于 1812 年作为一个州进入联邦时,它有大量讲法语的人,整个 19 世纪的大多数时间它的法律与公共文件都是用法语印刷的,法院与立法机关则是双语运行的。佛罗里达州和加利福尼亚州的双语走的是相同的路子。虽然"瓜达卢佩-伊达尔戈条约"(1848 年)(它将加利福尼亚带入美国)没有具体提到语言,但条约本身是英语与西班牙语双语的。条约(共 11 条,21 节)起草了一年的时间,到 1849 年,《加利福尼亚宪法》给予西班牙语与英语平等的地位。新墨西哥州就是以一个西班牙语与英语享有平等地位的双语领土进入联邦的。阿拉斯加州与夏威夷州的宪法中包括处理语言权利的特定章节。

10. 根据墨西哥国立自治大学(UNAM)社会研究所 1992 年的一项研究,大约 48 个明确界定的民族人口已经确定(大约 530 万人)。这表明比 20 世纪 80 年代中期当时官方认可的 56 个语言群体(有 800 多万人)减少了。那时候,10 种官方承认的语言被认为已经灭绝了,在一代人时间内面临灭绝危险的语言有

12 种。
11. 葡萄牙语是巴西的官方语言（如，参见世界各地 25 个巴西研究中心［Centros de Estudos Brasileiros］的工作；Lopes 1997）。（福克兰群岛使用英语，法属圭亚那、圭亚那和苏里南使用法语和荷兰语以及他们各自的克里奥尔语、加勒比印地语和爪哇语）

第九章　特定目的的语言规划

一、引　言

　　在第三章中，我们考察了一些语言规划者的宏观目标，在前面的章节中，我们已经看到了不同群体实现这些目标的实例。然而，近年来以一般语言规划的名义所做的许多事情实际上都蕴含着特定的目的。由此，我们认为具有有限目标的语言政策与规划，通常仅限于政体内的一个部门，或者有一套有限或特定的目标，或者是为了满足一个特定群体的语言需求而制定的。这样的规划也被称为中观层面规划（参见表 2.3 和表 3.1 中的例子）。中观语言政策与规划的目的似乎比宏观语言规划有限，但它对整体的社会与经济状况发挥着很大的后效作用。在当今时代，这类规划都是经济驱动的，至少最初是这样的。

　　阿尔及利亚就是这种特定目的或中观层面语言规划的例子，该国当时刚刚独立并采用的是准社会主义的统治制度。他们早期进行的非政治行为（也就是说，没有明确规定的政策）包括在布米尔达斯创建了一所专业学校，为阿尔及利亚科学家们教授英语与俄语。布米尔达斯在阿尔及利亚独立之前是由法国人设计建造并规划的城市，其目的与独立后完全不同。不幸的是，那个时期的阿尔及利亚经济无法维持该城市的基础设施（如，水供应、清除垃圾、运输）；尽管为了专业学校斥巨资（部分由美国和苏联政府资助）引进了一些母语为英语和俄语的教师，但是最初这种专业学校并不是很成功。其他政府（如，马来西亚、菲律宾、中国、越南、约旦）也曾努力为他们的技术专家教授英语，在某些情况下会利用"美国和平队"或"新西兰海外志愿服务"这类计划聘用外籍教师。

这种做法理所应当。20世纪是一个技术发展的伟大时代，对于这些国家来说，鼓励他们的科学家们参与尖端研究并加入当时主要使用英语、法语和俄语的国际科学界中去很重要。事实上，四个明显代表这些语言的国家——英国、美国、法国和苏联——为发展中国家的青年科学家提供了高等教育机构（特别是在研究生水平）的研究途径。这四个"发达"国家都在向欠发达国家转让技术，不过，历史表明这类技术转让不完全是利他主义驱动的，也并非总是成功的。例如，在美国，"技术转让"一直被界定为"村一级的技术"。

那些现代化进程中的国家（和他们的人民）想成为"现代"世界一部分的愿望是上述工作的基础。而这也导致了一种"物质崇拜"。懂一门关键语言可被视作致富、奔小康、旅行与获得其他福利之道。在许多发展中国家，"现代"部门规模太小，以至于无法容纳所有想参与其中的人。结果，就像附近多数大型机场那样，产生了一种"空中盘旋排队以等待航线"的模式。那些身处等待航线模式中的人认为，先进的教育与一门世界科学技术的关键语言，会提升一个人在这种"等待模式"中的位置，从而更早地进入"现代部门"。即使进入当地的"现代部门"不大可能，会一门像英语这样的语言也被视为经济移民的关键。考察科学外流状况及与之相关的学习关键语言的愿望，特别是在科学领域很有用，因为这是许多特定目的语言规划的动机。

二、科学与技术规划

科学与技术语言问题的背景可追溯至第二次世界大战之后的几年时

间,尽管它的远端可延伸至 18 世纪甚至更早一点的第一次工业革命时期。人类历史的大部分时间(大约十万年),技术与科学变革步伐缓慢,以致一个人一生长寿、充实且富有创造性的生活,不会为过多的科学变化与技术创新所困扰。科学(至少自 10 世纪以来)是由或多或少身居高位的神职人员和有兴趣增进人类知识并有足够的钱能放纵自己幻想的富有绅士们所干的事情。有些主要是对神秘学和炼金术感兴趣,其他的则遵循那个时代的主导科学范式,并在有些情况下真正地为人类知识做出了贡献。发明——彻底的科学变化与范式的转变——基本上是从这些实践中偶然发现的意外事故。当时没有专业的科学家,这种研究也只是由受过教育的艺术爱好者和业余人员来进行的。阿特金森(Atkinson 1993)在《伦敦皇家学会哲学汇刊》中考察了 17 世纪到 20 世纪英国科学话语修辞的变迁,他写道:

> 首先,如迪尔(Dear 1985)所描述的那样,早期英国皇家学会修辞学的发展本质上是为了反对那个时期比较流行的哲学修辞学——后期经院哲学。然而,这个观点所没有强调的以及沙平(Shapin 1988,1991,1994)的著作明确地显示了的,是这种新科学的修辞与一种关键的且已预先存在的社会资源——上流社会的生活方式——有关。工业革命前的英国社会形成了一个社会阶层,其中权力源自土地贵族与没落绅士。因此,英国的绅士就代表了该系统中的道德与社会理想,所以其他的社会类别都参照此进行定义。理想的绅士都有其自己惯有的一套理想的素质:他自力更生又有些个人主义,位于社会结构的顶端,独立且富裕;同时,他谦逊有礼貌,严格遵循着与其他绅士有关的一套文明规范;但首先他是"自由的"和独立的——一个公正的社会参与者——并因此而过分的诚实与正直。也就是说,他不会被收买,因为他不需要通过说谎来得到任何东西……早期的现代科学家……就是为了修辞目的而在绅士的传统社会形象上来做交易的……因此,在早期英国皇家学会巨大影响力的领先之光照耀下,罗伯特·玻意

耳（Robert Boyle，1627—1691）[①]提出自己是典型的"实验哲学家"与绅士合一的象征，并在其著作中不断努力将这两个概念统一起来。（Atkinson 1993，1995：44-45）

玻意耳观点的直接证据是他本人提出的。1660年的"序言文章"是其实验著作的总序，玻意耳在文中写道：

下面几乎每一篇文章，我都……如此怀疑地说，并经常使用"也许""看来""这不是不可能的"以及其他这样的表达式，作为证明我对所倾向的观点的真实性缺乏自信，我会羞于放弃原则，并且有时候有这么多大胆的解释……（引自 Shapin 1984：495）

因此，在奠定当代科学文章基础的过程中，玻意耳极力主张谦虚与谨慎，以保证科学家的写作界限（作为其组成部分）。事实上，他基本上确立了科学写作的修辞，一直到20世纪末，并伴随着英语语言传播到当今世界的各个角落。这种修辞也影响了用其他语言的科学文本的阅读与写作（如，法语，Liddicoat 1992）。总之，为了特定目的的英语伴随着技术词汇已尽可能多地将这种修辞学传播开来。它首选的是结构元素，如，无施事的被动式。

18世纪第一次工业革命的到来，使得这一切都变了。实业家较早地认识到科学与技术的联合对增加利润具有重要意义。他们的支持使科学研究最终加速了技术创新。此外，政府也对科学研究所能做出的贡献产生了兴趣。到1875年，《伦敦皇家学会哲学汇刊》刊载了政府资助的研究，尽管政府参与科研的传统可以追溯到近一个世纪之前，当时政府资助的项目，研究的是尖形避雷针还是圆形避雷针对火药库的保护作用更大。这篇1875

[①] Boyle 亦译"波义耳"，英国物理学家、化学家、自然哲学家，是英国皇家学会的创始人之一，因研究气体性质而闻名，是近代化学元素理论的先驱。

年文章的开头部分证实了政府的作用。

> 我们关注这份研究报告有一段时间了……与此同时国务卿任命的战争委员会也做了一系列的实验,以确定对重型武器所使用的火药的最合适的描述。(1875;引自 Atkinson 1995:25-26)

然而,此时由"研究团体"针对类似问题共同协作进行相关研究的传统已经形成。19世纪,大专院校开始出现科学系,专业科学家群体(以科学实践为生的人)开始出现。在整个19世纪和20世纪早期,直到第二次世界大战那几年,政府与工业参与的科学研究越来越多,"曼哈顿计划"(一项由政府资助的研究工作,大批科学家参与其中,研制了第一颗原子弹)可能将此推向高潮。

紧接着战后的那段时间,追求"大科学",英语使用者遇到了许多意外事故。战争结束时,美国成为从战争行为中出现的唯一一个主要的工业化强国,其工业与教育基础设施完整无损。同盟国——中国、英国、法国、美国和苏联——决定了战后的格局。成立了联合国,这五个大国组建了联合国安全理事会。成员国还确定了联合国的工作语言——汉语、英语、法语和俄语。与此同时,出现了计算机和第一个大型国际电子数据库。最早的计算机是"用英语的",实际上它们在很大程度上仍使用的是英语。联合国及其附属机构(如,联合国教科文组织[UNESCO])的主要语言决定了国际信息网络中计算机所使用的语言。由于早期的计算机无法处理汉字以及用汉字组织和分类的词语的复杂结构,因为汉字不是按照字母顺序排列的,而是按照构成一个汉字的笔画的性质与数量来排序的,因为这个现实的原因,汉语被排除到这个信息存储与检索网络之外了。于是,英语、法语和俄语变成了主要语言。然而,在"冷战"时期,苏联的科学家并没有对这个国际网络做出多大贡献。由于战前那段时期大量的科学文献都是用德文写作的,随着德国作为一个工业强国的迅速重新崛起,于是,网络中又产生了对德语的需求。

让科学与技术信息发挥作用有一定的"规律"。科学研究（及其附属物——技术创新）是累积性的，它依赖于对之前已有科学信息的广泛利用。做研究最多的群体对检索信息来源依赖最大，因此，做研究最多的群体对网络信息量的贡献也最大。由于美国是唯一的一个没有受到战争创伤的主要工业化国家，于是，大量的研究都是在美国使用英语的实验室内进行的；因此，对信息最大限度的利用与给予信息储备的重大贡献都是用英语来进行的。其必然的结果是对这种网络利用最多且贡献最大的人将会"拥有"它们。网络组织也就成了最常使用的那种语言的组织。这些网络的登录系统就变成了以英语知识社会学为基础了。

此外，美国的教育基础设施也是完好无损的。在诸如"马歇尔计划"这种项目的资助之下，以及美国国际开发署（AID）的创建，美国的高等院校面向世界各地青年开放。1948年是现存记录的第一年，这一年约2000名"外国学生"在美国的20多所高等院校学习。在接下来的30年中，该数字以每年约10%的速率增长，到1980年已有近25万学生在2000多所院校中学习（Jenkins 1983）。这些学生大多数都是理工科的。随着时间的推移，学科向工商管理倾斜，发展中国家选派青年人来学习经商之道，此时早期归国留学生中的骨干运用科学研究与技术创新所生产出的商品需要商业销售。这些学生用英语学习理工科和商科，当他们开始为信息网络做贡献时，仍使用英语。结果，根据国际文献联合会（联合国的一个机构，保持跟踪所有的信息系统）的统计，世界上所有可用的科技信息中大约80%是用英语写作或是用英语撰写的摘要。这一比例似乎还在增长（如，参见Baldauf & Jernudd 1983，1986）[1]。甚至在一些不讲英语的国家中，国内出版物也越来越多地使用英语，而不用本土语言（见Baldauf & Jernudd 1986；Medgyes & Kaplan 1992；Kaplan 1993d）。

使用英语的科学家"占领"网络的结果是产生了一个拥有巨大权力的"知识卡特尔"，其权力之大，超出了欧佩克的想象，因为石化资源会随着使用而减少，但信息会随着使用而扩展。另一个可能的意外结果就是，讲英语的国家还不知道他们"拥有"信息卡特尔的权力。直到美国里根政府时期，信息的自由流动不受任何限制。这并不是说信息的流动是绝对自由的；流动是受到经济因素限制的，因为开发访问全球信息的系统价格昂贵，而要培养不仅会用该系统而且还要能够用英语操作该系统的科学家（确实，要培养一群能"浏览"系统并能识别、选择与下载重要研究信息的骨干管理人员）成本更高。尽管没有正式抑制科技信息的自由流动，但是，从需要完全依赖发达国家信息与技术转让方面来看，欠发达国家仍然必须围着发达国家转。里根政府首次对科技信息自由流动实施政治限制。以国家安全、专利与版权保护为名，里根政府发明了一个术语叫"技术出血（*technology haemorrhage*）"，刻意排除敌对国家的科学家获取这种信息。因此，来自里根所谓的"邪恶帝国"（即苏联）和中国、越南、古巴、利比亚、华沙条约国以及其他一些国家的科学家被拒之门外。他们无法在美国高等院校学习，也不能出席在美国召开的国际科学会议。这是信息卡特尔第一次行使其权力。（要了解这些政策的影响，参见如 Grabe & Kaplan 1986）

有少数几个国家能够解决信息获取问题。在战争结束时，日本政府意识到，要在战后世界上竞争，就需要随时获得信息。日本政府成立了日本科学技术研究所。该研究所从西方购买了第一批计算机。他们派文献专家去西方学习访问并利用这套信息系统的方法，成立了与众不同的翻译服务机构以使技术信息能够快速使用日语。他们开发了产学研联合模式，确定研究项目，并确保有研究团体能从事政府认为至关重要的项目工作。后一项活动的结果最终催生了"筑波科学城"（*Tsukuba* Science City）的建设。在20世纪50年代的大紧缩时期，日本政府决定用国民生产总值的一大部分投入这一建设。日本努力的成功显而易见，从其目前的地位以及日本科学技术研究所由一个完全靠资助的机构变为拥有大量资金的独立机构这两个事实就可以看出来。然而，必须要记住的是，日本是从强大的工业传统中实现这项计划的,毕竟,日本成功地发起了一场针对重要工业化国家的现代战争。(参见 Kaplan 1983,1994a;Grabe & Kaplan 1986)

沙特阿拉伯采取了另一种不同的方法。他们派遣了一大批技术专家到西方去,在美国和英国的高等院校中深造并学习英语。沙特阿拉伯不仅为这些学生提供丰厚的奖学金,而且为学生及其家庭在学习期间提供舒适的生活条件,从而保证这些学生能学成归国。国家作为回报,为学生提供高薪工作,并给予这些工作高额补贴,以使从业人员能成家立业。换句话说,沙特阿拉伯没有让科学信息使用阿拉伯语,而是承诺国人中需要接触科技信息的技术专家使用英语来接触科技信息。在沙特阿拉伯开始实施这个项目的时候,其国内几乎没有高等教育机构;目前的高等教育机构足以满足国人的需要,并且国家已经不再支持本科生出国留学,而继续支持研究生出国深造。特别是,沙特政府在达兰建立的沙特阿拉伯石油矿业大学,紧挨着沙特阿美(ARAMCO, Arabian-American Oil Company, 阿拉伯美国联合石油公司,即沙特阿拉伯国家石油公司)油田。该大学与美国麻省理工学院、哈佛大学和其他主要的美国大学都保持着紧密的联系,包括向美方聘用教职工,派遣沙特教育工作者赴美培训,美方认可沙特阿拉伯石油矿业大学的那些(学术监督)认证机构的资质。沙特阿拉伯在当代阿拉伯世界的位置证明了其努力所取得的成功。值得注意的是,只有财力雄厚的国家才能这么做。

中国台湾(Tse 1980)和以色列走的则是第三条道路。由于复杂的政治原因,台湾与以色列都允许与美国有双重公民身份。在这样的情况下,科学家们可以自由地往返两地之间,并访问美国的英语信息网络,从而避免了建设昂贵的基础设施。随着电子通信如电子邮件、万维网、因特网的出现,访问信息库变得更加容易,甚至减少了出差的必要。事实上,最近中国台湾和以色列都建造了这样的基础设施。他们当前的世界经济地位很容易证明他们的努力也都获得了成功。

最近，马来西亚遵循了不同的路径来发展科学、技术与商业技能。虽然马来西亚有少数几所拥有国际地位的大学，但是，在经济飞速发展的最近几年，这些高校根本无法给予教育机会，无法提供能满足学生研究的高等教育。因为学校不仅场地有限，而且还在大学里实行了多年的种族配额，以确保所有马来西亚族群的学生有公平获得高等教育学习的机会。对于马来西亚的华人学生而言，中学教育得到了较好的独立发展，这意味着他们中许多人条件很好，却被大学拒之门外，不得不寻求海外（常常是讲英语的国家）学习的机会。政府也为许多土著学生（*Bumiputra students*，字面意思是"土地的儿子"）提供奖学金到国外（通常用英语）学习。

在独立后的最初几年，这些措施为科学、技术与商业提供了所需要的技能，但是这些措施也带来了一些不良的副作用。首先，在马来西亚的发展正需要资本时，资助教育的主要资本外流；其次，国外的教育是英语（或外语）教育，而当时马来西亚正在制定"马来西亚语言"教育政策（即将大中小学的教学媒介语转为"马来西亚语言"）；最后，这会带来文化上的解构，青年学生在发展的关键阶段出国学习，四五年后回来已是西化了的英语使用者了。为了解决这些问题，马来西亚公司与英国、美国或澳大利亚的大学之间联合制定了一个两年制学院方案，本地及海外员工学位工作，头两年的在马来西亚完成，后几年的一律在海外完成。完全成熟的大学分校（如伦敦大学）也获准建立（Omar 1995）。这种方法为全社会特别是"土著"学生，提供了更多进入高等教育机构学习的机会，以及学习现代经济快速发展所需要的英语、科学、技术与商业技能的机会。这些技能的培养更经济，更适合文化环境，像沙特阿拉伯那样，一种扩大的外部认证的大学系统的种子正在培育之中。

"南"半球的许多其他国家依然处于依赖状态。事实上，随着东西轴线的通信有所改善，特别是自冷战结束以来，沿南北轴线的通信却变得更糟。显然，这些是最贫穷的国家（阿尔巴尼亚、埃塞俄比亚、老挝、苏丹等），它们需求最多，但参与的机会却最少。这种情况在不久的将来也不太可能得到改善。

如上所述，人们在特定目的语言规划方面做了大量的工作。上述讨论集中在科学与技术方面，但特定目的的语言规划还涉及其他领域。航空运输的语言就像海上运输的语言一样，普遍都是英语（Weeks et al. 1988）。国际商业（至少是银行业）的语言基本上都是英语。问题不仅限于英语作为非通用语言的那些国家；如卡克鲁（Kachru 1982，1983）所指出的那样，在一些现在讲英语的前殖民地国家中，英语已经"本土化"，与地位较高的英国与美国英语相差甚远。不过，人们逐步明白，科学与技术、商业和交通这些特别语域比最初认为的还要复杂。提供目标语言的技术术语词典或教授目标语言的某些"基本"语法远远不够。越来越清楚的是，特定目的的语言还涉及所有话语风格，最近的许多研究试图发现修辞结构问题以及礼貌、避免直接答复等功能之间的差异（参见 Ulijn & Strother 1995；Markkanen & Schröder）。同时，新兴的大型企业试图规范各种技术领域的词汇，这些将在下一节讨论。

三、研究院与词汇的发展

虽然语言规划有时通过立法出现在宏观层面（如魁北克省的法律规定所有政府公告必须用法语），但是，它往往是通过语言研究院的工作提出的，而语言研究院的工作则兼具宏观与中观语言规划的功能。由于语言研究院往往主要关注书面语言，更多的是关心学术语言，而且因为这类研究院往往是负责编纂官方字典的机构，因此，语言研究院主要负责词汇现代化问题，特别是在学术科学与技术方面（见第三章）。

自16世纪以来，有些国家为了本体规划而成立了语言研究院（参见第二章的讨论；Domínguez & Lópes 1995；Lihani 1988；Rubin 1979）。突出的例子有1512年佛罗伦萨成立的"秕糠学会"（*Accademia della Crusca*）、

1635 年巴黎成立的"法兰西语言科学院"(Académie Française)和成立于 1714(一说是 1713)年的"皇家语言科学院"(Real Academia de la Lengua)。随后,几个拉丁美洲国家成立了他们自己的研究院,在某种程度上是为反抗卡斯蒂利亚的语言霸权(如"阿根廷英皇学院"[The Argentinian Academy of Letters,亦译"阿根廷文学学院"])。葡萄牙有"高级文化研究院"(Instituto de Alta Cultura,亦译"高等教育研究所"),1976 年更名为"葡萄牙语言与文化研究所"(Instituto de Cultura e lingua Portuguesa)。1989 年,七位以葡萄牙语为官方语言的国家(巴西、葡萄牙、佛得角、几内亚比绍、圣多美与普林西比、安哥拉和莫桑比克)的总统正式联合成立了"葡萄牙语国际研究所",旨在阐明巩固葡萄牙语的总体方针政策(参见 Silva & Gunnewiek 1992)。

瑞典是斯堪的纳维亚国家中唯一拥有正式语言研究院(建立于 1786 年)的国家。不过,自第二次世界大战以来,斯堪的纳维亚半岛上的所有国家都成立了语言委员会;其中最早的委员会成立于 1942 年,以保护芬兰的瑞典语。挪威于 1951 年成立了一个类似的委员会并于 1986 年重组;丹麦于 1955 年成立了委员会,冰岛于 1964 年成立了委员会。1978 年,"北欧语言秘书处"(Nordisk spraksekretariat [Nordic Language Secretariat])在奥斯陆建立,以促成几个独立的国家委员会之间定期磋商。在过去的 50 年中,许多国家成立了新的研究院(如印度尼西亚与马来西亚的"语言与文学委员会"[Dewan Bahasa dan Pustaka])。甚至还成立了一些小的非国语语言的研究院(如弗里斯兰学院[Fryske Akademy][Anonymous 1991])。这些机构负责准备字典、提供可接受的词语、适当的含义、标准的拼写与发音。在某些情况下,这些研究院还会提供许多"正确用法",甚至还有"语言咨询局"。在多数情况下,语言研究院采取的都是保守的语言观点,即坚守语言变化的防线。[2]

也有国家和国际的术语与语言标准委员会(如英国工程标准委员会 [the Engineering Standards Committee in Britain]、国际电工委员会 [the International Electrotechnical Commission]、国际纯粹与应用化学联合会

[the International Union of Pure and Applied Chemistry]、国际术语学协会[the International Association of Terminology]、瑞典技术术语中心[the TNC Swedish Centre for Technical Terminology])(Anonymous 1995)和国际动物学命名委员会(the International Commission on Zoological Nomenclature)、国际标准化组织(the International Standardization Organisation[ISO])。国际标准化组织第37分技术委员会与总部设在维也纳的国际术语信息中心(INFOTERM)合作,共同协调全球术语工作(Anonymous 1990)。一些多中心的语言之间也有协调组织,如"全球法语社区"(*La Francophonie*,为讲法语的国家)和"语言"(*De Taalunie*,为讲荷兰语的国家)。在有些情况下,外交部的"文化"部门(如英国文化委员会、美国新闻署、塞万提斯学院[*The Instituto Cervantes*,西班牙]、歌德学院[*Goethe Institut*,德国]、但丁研究所[*The Instituto Dante Alighieri*,意大利]),也会承担一定的责任。如果不为词典创造词汇、使词典中的词汇标准化,那他们也要分发这些词典。也有一些语言爱好者资助的国际私人机构发挥着类似的作用(如法语联盟[*Alliance Française*]、英语口语联盟[它的发起人是约克公爵菲利普亲王])。有些大众传媒机构从事(或支持)专业词典编纂(如《BBC英语词典》[*The BBC English Dictionary*]),一些跨国公司发布一些具有类似意图的文件(如加拿大电力公司魁北克水电公司出版了该企业有关发电系统的法语/英语术语词典,该系统是为了保护、控制与检测这类电力系统而设计的)。

(一)词汇标准化

命名,当然是语言的一个普遍特性。日常命名,如文献中所提到的那样(参见,如Berlin *et al.* 1973),似乎包含了生物分类的五个层级:宇宙创始者、生命形式、通用形式、具体形式和变异形式——其中必须补充当地的用法,如(1)动物,(2)狗,(3)雄狗,(4)小狗,(5)硬毛狐狸,和本地(6)我的狗"点点"。科学命名始于17世纪,按照亚里士多德的原则,最终体现在瑞典植物学家C.林奈(C. Linnaeus, 1707-1778)的工作中。他创造了一种基本的两项式命名法，其中名字的第一部分（一个词或更多）表明是科与属，第二部分（也可以想象不止一个词）表明是物种和（或）亚种；如，[第一部分]"科"（Family）：宝贝科（Cypraeidae）；属（Genus）：宝贝属（Cyproea）；[第二部分]"种"（Species）：棕色（浅褐色、栗色）种（Spadicea）是指"加利福尼亚棕色玛瑙贝"（一种在南加利福尼亚海岸发现的贝壳）的技术术语。由此可以看出，卡普兰收藏的这种加利福尼亚棕色玛瑙贝，不能像"我的狗'点点'"那样命名得更细。也就是说，科学术语标准化与一致性的愿望可能会不符合当地的知识和特定的语言实践（即"我的狗'点点'"和"卡普兰收藏的'加利福尼亚棕色玛瑙贝'"反映了用英语命名的实践；其他语言命名实践还会不同）。此外，"我的狗'点点'"和"卡普兰收藏的'加利福尼亚棕色玛瑙贝'"反映了当地（即在卡普兰的朋友与家人之间）共享的知识。这种为了一致利益而带来个性的损失，会出现在语言标准化的任何环节。

技术术语的创建工作属于各种负责术语和语言标准的国家和国际委员会（参见上面，Jernudd 1992）；民间命名往往在为日常使用而编纂的词典中能找到，任何标准英语中型词典中都有"玛瑙贝"，而术语 Cypraeidae Cyproea Spadicea 则只有在海洋生物技术词典中才能找到。国家研究院的一个重要功能就是沟通这两种命名方法，提供互译性；因为民间命名与科学术语之间的分歧导致了社会的分化并因而导致了知识的分化。一个人可以告诉他的孩子他们发现了一个"加利福尼亚棕色玛瑙贝"，但这并不意味着他们就会知道他们找到的是一个 Cypraeidae Cyproea Spadicea，除非他们在某博物馆藏品中看到通用名称列在技术术语旁边。当然，他们需要看到的俗名在博物馆中是用英语的，而不是用（比如说）欧洲人来美国之前南加利福尼亚海岸沿岸的土著居民的语言。技术术语一般源自拉丁语和希腊语，这加剧了日常命名与技术术语之间的分化；尽管源自拉丁语和希腊语的术语能促进科学家们达成共识，因为它可以创造一个浅显易懂的词汇系统。专家首选技术术语（一方面会使他们的做法合理合法，一方面有助于提高准确性），而非专业人士则会首选本地语的命名系统，理由是容易记住，并且保存了个人与当地共享的知识。

　　词汇与术语发展中的一个重要问题就是，新兴国家的语言标准化意味着不仅在一个言语社区内部沟通需要标准化，在像捕鱼业这些社区之外领域的沟通也需要标准化（Jernudd & Thuan 1984）以确立范围限制，计算税收与关税，收集统计信息，鼓励跨国贸易。然而，为一种现代化的语言创造出数十万的新词语，并使这些词语能够各安其位以鼓励全国使用是一项巨大的工程。例如，德语是一种已经现代化一百多年的语言，但正如克莱因（Clyne 1988a，1995）指出的那样，它仍是一种多中心和有方言的语言。然而，这种语言平等划一过程逐渐破坏了语言的多样性（Mühlhäusler 1994a），即方言、地方变体、少数族群语言以及认识世界的方式。尽管语言平等划一可能会催生便利的沟通，但它也会滋长社会内部的情感疏远。沃特海姆（Wertheim 1995）认为，科学创造的新宇宙观取代了有关"我们是谁"的许多民俗与神话知识，新宇宙观通常不好理解，让人们变得疏远，不了解他们自己在世界中的位置。

四、澳大利亚政府的口译[3]

　　如本书之前所提到的那样，政府的出发点往往是经济的必要性，而非纯粹的利他主义。他们是按照他们所认为的与某些特定政治管理机构的理念相一致的某种范式来做事情的。虽然政府有些行为的结果确实与社会正义相一致，但是，政府政策往往并不完全是为社会正义的动机所驱动的。澳大利亚的口译与笔译（I/T）是中观语言政策与规划的一个有趣案例。那时的澳大利亚正在发展多元文化认同，口译与笔译的发展反映了从"白色澳大利亚"向多元文化国家过渡的社会变化，而这一环境为基于社会需求的口译与笔译服务做出了贡献。这种服务帮助澳大利亚移民更易融入新的社会、政治与经济环境，从而使他们成为国家更符合成本效益的贡献者，口译与笔译政策还确保移民能够获得一定程度的社会正义。

尽管口译与笔译在国际事务中总是发挥着一定的作用，但作为职业它却是一种很新的现象。这些人受过教育，专业为语言、旅游、经营商业与外交。至少在欧洲，18 和 19 世纪法语普遍通行，人们在很大程度上不需要口译，直到凡尔赛和平会议上，单语的美国人发挥了重要的作用，使双语法国军官的口译变得很有必要。早期的口译员要么来自军队、外交服务领域，要么来自一小群具有相同社会背景的人。第二次世界大战纽伦堡战争审判与技术带来了同声传译的发展，并扩展到像联合国这样的国际会议与组织中；这些进展出现在一个精英环境中，对澳大利亚口译与笔译的影响微乎其微（Ozolins 1991）。

第二次世界大战后，大量移民涌入澳大利亚，为该国工业基地建设和开发像"雪山"水力发电与灌溉计划这种大规模基建项目提供劳动力。澳大利亚从来没有客籍工人计划，不过近几年具有所需要技能的工人可能会获得临时工作签证。然而，澳大利亚的移民计划鼓励永久定居，移民从来到澳大利亚那天起，就要接受英语教育，并要快速融入澳大利亚人的生活。

> 同化主义者的言辞与政策是极具说服力的，一般人都认为，移民很快就会在澳大利亚找到他的合适位置，使用英语并长期坚持下来，即使在 20 世纪 50 年代有大量"非英语背景的"[NESB, non-English speaking background]移民明确地要保持他们自己的文化与语言。(Ozolins 1991 : 16)

口译员，或至少是从事口译的人，以前闻所未闻；最初这些人当时正好有时间，往往是熟人或同事。然而，随着 20 世纪 40 年代与 50 年代大量"非英语背景"者的涌入，主要机构（如医院、法院、移民中心、住房机构）需要口译的工作，否则将难于应付客户。利用多语人是一种节省成本的措施，而这些多语人也发现他们的语言能力使他们不用干大多数移民所从事的体力劳动。这些人为政府口译服务打下了基础，20 世纪 50 年代，一些私人机构也在各大省会城市发展起来，从事医疗、法律和社会的口译工作。

    说这些实践者"发明了"口译既指这种事业的创新性，也指它的无计划与特别的制度化。（Ozolins 1991：17）

  正如奥索林斯（Ozolins 1991：19-21）所指出的那样，澳大利亚口译的发展方式在口译技术与社会背景的许多方面都与其他地方所做的口译工作明显不同（像大多数工作出现在三者联络的口译中那样），口译员与其他两方都实际在一起，不像会议口译那样是一种"看不见的"声音。奥索林斯指出，这种社会背景为口译员、他们的客户和译员的工作机构带来四种不同的关系：

  （1）口译员与移民有关。一般来说，"白色澳大利亚"机构可能长时间地回避移民；如果回避失败了，那么就会请一个口译员来应对。

  （2）口译员大多来自少数民族群体，并在很大程度上反映了移民人口的社会阶层。即使是受过训练有资格的专业人员也会发现他们的资格无法得到确认。

  （3）训练有素的口译与来自家庭、朋友或境内机构的口译之间的区别很小。

  （4）因对口译员的工作内容缺乏指导原则，有些口译员就充当了各方的沟通媒介，而其他的口译员则认为自己主要是协助客户的。

    上述情况导致对提供服务的充分性与标准问题表达的关注很少。20世纪50年代到60年代盛行的同化思想意味着这些问题只是暂时性的：移民们将很快被同化并开始学习英语。然而，到20世纪60年代中期，人们开始关注结构性歧视与移民的缺点，并更清楚地意识到，语言问题是个永久性问题。（Ozolins 1991：21）

1973年，澳大利亚逐步重新定位于多元文化，作为该工作的一部分，建立了以本地电话费用为标准的"应急电话口译服务"来应对紧急状况（如警察、医疗）。最初该服务系统建在悉尼与墨尔本，有8种语言，不过很快就扩大了中心数量、语言种类和所处理的状况类型。1974年，更名为"电话口译服务"（TIS，Telephone Interpreter Service），并在全国范围内提供服务，服务范围除口译之外还有咨询与信息服务。该服务（以"移民及多元文化事务部"为基础）在当今世界独一无二，因为它既提供口译服务又提供信息服务。

"电话口译服务"的例子，告诉我们，在一个社会部门内，无规划的语言规划活动是如何最终创造一种情境，其中为了特定目的语言政策的经济与社会压力是官方认可的。"电话口译服务"的实施花了几十年的时间，在此期间，澳大利亚人开始面对现实，即他们已变成一个多语种与多文化的社会。

五、北美洲的商务翻译

如我们在第六章中所看到的那样，商业的全球化意味着语言技能越来越重要。[4]作为服务于商业与工业需求的中观层面语言规划的一个例子，我们来看看加拿大公用事业公司的情况，魁北克水电公司（Hydro-Québec H-Q）为了保护他们的电力系统于1994年出版了针对设备的"征求建议书"（技术与财政两方面都有）。公司希望在两三年内购买一些装置。建议书的要求分为两部分：(1)用法语与英语写的产品使用说明书；(2)只用法语写的适用于各分站的设备总体说明书。

美国公司施魏策尔工程实验室（Schweitzer Engineering Laboratories [SEl]）[5]选择投标。作为第一步，施魏策尔工程实验室的一位销售代表将40页的法语文本总体说明书翻译成10页的英语文本说明书，不过英文设计说明书由于翻译错误而被证明是不准确的。然后,施魏策尔工程实验室付给位于蒙特利尔的一家工程公司一大笔钱用于将说明书翻译成英文。同时,施魏策尔工程实验室又聘请了一位顾问(一位母语为法语的高中法语教师)来翻译最终产品的指导手册(已经由施魏策尔工程实验室的工程师们用英语写好了),但是,这位外聘顾问并不了解工程以及工程的术语。

在设计过程中,必须建立计算机教学指令——用于计算机与操作员之间的交流。这些指令必须从英语(施魏策尔工程实验室为了这种目的通常用英语)翻译成法语(魁北克水电公司的操作语言)。在这个过程中,所有的计算机指令都被送到魁北克水电公司那里,要求他们进行翻译。这种翻译过程不仅包括实际的计算机指令,而且还包括设备配件上的语言(如开关标签)。配件上语言的翻译是一种有限的和相对容易的工作,因为法语中有英语术语的同义词。虽然法语中的同义词有时比英语术语占用了更多的物理空间,但这只暗含一个小的设计问题。[6] 计算机指令的翻译是漫长而又复杂的,指令用英语生成然后翻译成法语,一次一个。魁北克水电公司所能够翻译的指令都被植入电子元件中。随着项目的进展,翻译速度放缓,因为魁北克水电公司的工作人员要参与其他工作而搁置了翻译。

随着项目的进展,指导手册需要做更多的工作,而施魏策尔工程实验室又聘请了一位翻译,这位翻译是来自华盛顿州立大学(与施魏策尔工程实验室在同一个城市)的物理专业说法语的博士研究生。他改正了第一位翻译者的许多错误。即使经过此番努力,魁北克水电公司的工作人员来到施魏策尔工程实验室测试产品时,讲法语的测试人员还会发现许多拼写错误(特别是一些遗漏变音符号的错误)和许多在法语中毫无意义的缩略形式。施魏策尔工程实验室将完成的配件送到魁北克水电公司测试时,魁北克水电公司的工作人员发现配件在技术上很有优势,但是,工作人员也发现施魏策尔工程实验室还得修改的许多翻译错误。另外,魁北克水电公司要求施魏策尔工程实验室派工程师来培训使用新设备的所有讲法语的操作人员。

　　这个项目价值约 75 万美元，仅在语言处理过程中就消耗了 1000 个工时。虽然施魏策尔工程实验室的产品经常在国际上销售，但其说明书有限的外语能力大大减少了合同的利润率。有趣的是，中国愿意接受"讲"英语并且表面上的标签都是英语的配件，而魁北克公司却不接受。就魁北克的法语来说，法语在那里受到了威胁，于是，语言忠诚就成为一个重要的问题，因为语言只有在重要领域（如工作）使用时，才能生存并繁荣发展。而在中国，汉语并没有受到威胁，于是，以最好的价格得到最好的设备是主要的考虑因素。这个例子说明了语言问题是如何影响利润与生产力的，并表明商业项目需要进行一些适当的语言方面的前期规划。

六、澳大利亚大学的语言政策

　　本书大部分篇幅都在讨论语言政策与规划已经完成的任务以及与之相关的问题。然而，语言政策与规划适用于各种各样特定目的的情况，而这些情况目前不适用，或只是偶然适用。要思考语言政策与规划如何以及在何处可能得到应用，一个特定目的的语言政策与规划的失败案例可能比较合适，这个案例发生在许多读者比较熟悉的大学情境中。虽然下列材料主要以澳大利亚的研究院为主，但其中的许多问题比较普遍。

　　在澳大利亚，许多大学的教职工仍然默认高中或中学教育为学生提供了或至少应该提供获得高等教育学位所必需的语言与识字技能，尽管也有人认为语言与识字技能也是高等教育所要培养与学习的一部分。有些工作人员仍然向往"美好的过去"（只在大约 30 年前），当时高等教育中的识字教育并非是一个问题，但是在十个学生中只有四个已经完成了中学教育，中学教育系统的首要重点就是，在高等教育学习时大多数人都会承认，目前更为广泛的基础规定更公平也更适合现代社会的需要。

　　在同一时期，澳大利亚社会也发生了变化，文化变得更加多元，音频与视觉手段取代了书面文字,通过互联网或只读光盘进行电子通信的机会越来越多。因此,在20世纪90年代的澳大利亚,即使是做好充分准备的学生也可能没有为大学生活中严谨的口语、书面语以及电子语篇做好准备。大学也不会一视同仁;高等学校的学习,像其他社会活动一样,有其自己的语言领域、行话与话语,有其自己的方式,新生必须在他们的学校与专业中学习这种方式以获得成功。

然而,过去的30年改变的不只是学生的背景与社会交流。大学本身招收的学生无论在绝对数量[7]还是背景方面[8]都表现出显著的多元化。学校还提供了许多学业项目以及其中的课程选择。不言而喻,现代高等教育机构,像其他现代机构一样,比之前更加多样化,要求也更苛刻,这其中就包括广泛的识字能力的要求。虽然学校大力支持学生应对新的语言、识字与交流的困难,但是,许多学生仍然无法毕业或延期毕业。一项全国性的调查显示,大学教职工认为学科知识比语言、识字与交流技巧更重要,而以学科为基础的专业人员与用人单位则认为他们考虑毕业生的首选是交流能力。

这一分析表明,高等教育中主要的语言问题不是识字标准的降低,而是满足社会、文化与信息的变化需求(见 Luke 1992;Green *et al.* 1994)。由于语言、识字与交流需求变了,大学也必须重新审视相关的语言策略,看这些策略是否能够适应当前的需求,特别是要看过去个别解决语言问题的政策现在能否成为语言、识字与交流宏观政策的一部分。如果有明确恰当的语言、识字与交流政策,大学可以较为系统地满足学生的需求,也会有应对不断变化的高校语言与识字规定的机制。其结果会提高时间与金钱方面的效率,但最重要的还是可以避免现有工作与人力潜能方面的浪费。

巴尔道夫(Baldauf 1996)认为,高等教育机构的语言问题可以从两大视角来看:(1)从学生公平角度来看,关注个别学生来到大学时的需求与技能;(2)从机构话语角度来看,关注大学所需和作为学术认证过程一部分的大学所管理的那些事情。对于这两个视角中的每一个而言,一所大学都要面对六个主要问题。虽然这十二个问题在现实中的许多方面都会重叠，但是它们构成了大学语言与识字政策所包含的内容的基础。

（一）学生公平的视角

保证高等教育公平的问题尽管同语言、识字与交流需求不是特别相关，但是澳大利亚政府一段时间以来一直优先考虑该问题（大学的大部分资金来自联邦政府）。虽然下列六个利益群体不是互相排斥的（即成年土著学生、"非英语背景的"盲人学生、以英语为母语的海外留学生等），但是他们却代表了广大的大学生。许多个别的公平方案已在大学实施，还需要在整体的语言、识字与交流政策框架中找到以语言为重点的解决方案，这种框架能较全面地满足学生的需要，更好地为学生的学业和未来就业做好准备。

然而，整体上讨论高校的识字与个别讨论利益群体，很容易陷入语言问题，或者容易将语言、识字与交流问题只归于新大学的适应问题与必须学习的特定文化，而不承认目前不同群体的学生为大学带来的语言、识字与文化的积极贡献。目前许多方案似乎是建立在"解决问题"的模式基础之上的，虽然参与这些方案的工作人员视角不同。一所大学的语言、识字与交流政策在着手处理高校识字方面的优势将会汇集现有的不同方案以创建超过其各部分总和的一种策略。一项大学的政策可能会强调，语言问题不只是学生的问题，也是教职员工的问题；不仅有表达的问题，还有跨文化理解与信息获取的问题。最终，如果这些问题得到商议性的定义并能在专家协助下得到上边（"自上而下"）的支持，而由个别大学员工以大学课程为情境，在与学生协商（"自下而上"）时，那么，大学在处理语言、识字与交流问题方面最成功。

"学生公平的视角"表明高校需要一种高校语言、识字与交流政策以及必要的语言服务以满足下列人群的需求：

（1）"大多数中学生"。对多数大学生来说，上大学是一种跨文化的经历,许多学生在向大学生活过渡方面以及获得新的识字需求技能方面,需要得到帮助,因为乐观地说,这种技能他们往往准备不足。耶努德(Jernudd 1994a)认为,这种高校识字技能必须在有意义的情境中来教授。

(2)"土著与托雷斯海峡岛民(土著)学生"。"通过'公平计划'进入大学的学生往往不熟悉他们所选择的学科语言"(Draisma et al. 1994:39)。正像一位土著妇女所讲的那样:"我从来没有读过文章,因此,当我们得知必须要写文章时,我没有一点头绪。"(McDonald 1993:5)"对于边缘化的少数族群来说,要具备胜任主流社会的识字能力需要比学校其他学生做更多的工作,其他学生更接近大学识字实践的世界观、规范与价值观。"(McDonald 1993:13)

(3)"成人学生"。许多回头来学习的成人学生没有机会去完成中学的学习,也没有大学阶段学习所需要的教育、概念和写作的技能。要获得学位,他们要在课余时间加倍努力;要了解文化、背景、常识与写作以便参与到塑造现代社会的强有力的话语中来。而这样的话语是可以教授的。

(4)"听障与视障学生"。这些学生参与高等教育计划的代表不足,他们需要借助辅助设备与一套连贯的服务方案,以便他们能够充分参与到大学生活中来。

(5)"不同文化与不同语言背景的学生"。菲奥里与埃拉瑟(Fiore and Elasser 1988:287)认为:

>……学生发现自己处在一个陌生的世界里。学校课程与他们在阿尔伯克基贫民区和在新墨西哥州的印第安人村庄中获得的知识之间有一条巨大的鸿沟。面对一门与他们的文化完全不同的课程,许多人无法掌握他们所寻求的技能。其他的人通过发展出"第二层皮肤"而获得成功,离开了他们的风俗、习惯及其背后的皮肤,他们调整自己以适应现有的秩序,从而参与到学校与世界中来。他们所获得的识字能力没有使他们控制社会背景,反倒被社会背景所控制。

（6）"外国留学生"。外国留学生是澳大利亚的一件大事。在外国留学生人数最多的十所大学中，平均入学人数比例达到10.1%，并且该入学率一直稳步上升。这些学生中有许多人有需要得到满足的文化与语言需求，如果他们要在学习上获得成功，如果大学还想继续吸引外国留学生，就应满足这些需求。

美国大学里的"新生英语"课程看起来是解决这些学生所面临问题的唯一方案。然而，这些课程往往集中在不恰当的技能——文学素养上，而非学术素养——它们往往忽视了刚才所列举的各类学生特定的社会与技能需求。许多大学无论是出于政治原因（如高中学生中所有平均成绩为B及以上的都必须得录取）还是出于经济原因（如经费是根据人均需要的量来拨付的），都会比他们的实际教育能力要多招收一些学生。虽然措辞是关于入学的公平的，但是，事实上现有语言政策的实际目标是以语言为基础的一些指标体系来淘汰学生而不是重点考虑保留学生。有能力获得成功的人中间因此就产生了很多"失败者"。

这六个学生利益群体面临许多一般性识字问题，只是以不同方式从不同角度表现了出来。这些群体也会带来他们的语言与文化技能，而这些技能往往被大学低估了。针对这些问题，评论家们注意到需求的相似性，并提出了明智的建议，通过一个群体与其他群体一起工作的方式分享见解。保证这种情况的一种方式是，大学的语言政策更有效，其语言与识字规划也更连贯，这也可增加学生成功的机会。

（二）机构话语的视角

一个人要想在某种组织或领域中取得成功，就必须得学习与该领域有关的话语。在高等教育层面，必须掌握一些不同情境下的话语。例如，（四年制的教育学专业本科）一个一年级的教育专业学生不仅要学习教育学的认识论与引用规范，还要知道其与英语、历史和心理学认识论与引用规则的区别。因此，要学习的话语不仅是全新的，而且往往与其他需要学习的东西相冲突。此外，这种话语知识许多都是马丁（Martin 1990）在土著背景中提到的"秘密知识"。一般而言，教师不会专门教授太多学科话语，或是指出它们。相反，他们认为这些事情是在其他地方"教"的，或者是大学入学仪式的一部分（也就是说，如果你不够聪明理解不了它，你就不应该上大学）。另外，上一节提到的一些有关学生服务的群体，也会把他们自己有关语言的认识论（这种认识论建构了他们有关文本权威与话语论据的观点）带到大学中来。

"机构话语的视角"认为，对大学语言、识字与交流政策的需求可表述为：

（1）"学科中具体的识字技能"。每个学科都有其自己的话语和一套表示规则（例如，参见 Baldauf & Jernudd 1986 年关于跨文化心理学的论述）。从这项工作和期刊编辑的证据中可以明确地了解到，许多大学的研究人员并没有考虑也不了解其学科语言的使用决策，因此也没有准备好给他们学生教这些技能。由于学生通常要学习好几门课，无计划的方法使他们不确定要用什么样的识字技能。

（2）"使用无性别歧视（非歧视性）的语言"。虽然所有澳大利亚的大学都有关于平等机会的政策，但是，保韦尔斯（Pauwels 1993）认为，无性别歧视语言问题还没有以其更为一般的方式进入语言政策，学生们往往不清楚他们要达到什么标准。

（3）"'英语以外语言'识字技能的习得"。面对语言技能对世界商业与通信领域越来越重要的影响，一所高等教育机构能在多大程度上促进语言学习，塑造双语识字或多语识字的概念。

（4）"承认预科的学习"。在何种程度上大学预修课程、预科学习的学分或预修语言技能的学分会计入大学课程之中。一项语言政策不仅应该填补空白，而且应该奖励那些拥有高级语言技能和识字技能的人。

（5）"与计算机相关的识字技能"。人们越来越期望，所有毕业生都应该能够掌握与计算机相关的识字技能。大学提供这种培训了吗？这种培训面向所有学生吗？有课程所需方案的相关政策吗？学生在语言课上可以使用在线词典、参考语法或者翻译程序吗？一所大学的语言与识字政策应该解决一些这样的问题。

（6）"电子识字与合作"。计算机与网络赋予个人或学生群体与他人合作创作、对他人作品进行编辑和评论的能力，而这会影响到成品的性质以及引用与抄袭的规则。温克尔曼（Winkelmann 1995）认为，大学在评估其语言与识字为基础的工作时应该解决电子标准的需求问题。

一般而言，这六种机构话语视角似乎还没有成为大学的问题，不过其本身的性质似乎主要是留给教职工、院系部门甚至是个别教师来处理的问题。大学范围内的语言与识字政策应有助于更加公平的管理，并能帮助学生迅速准确地获得学科学习所需技能以及未来就业所需的技能。

（三）制定大学语言政策

制定大学语言政策的想法在澳大利亚似乎是最近才有的。1993年，阿德莱德大学的教务长丹斯（Dines 1994）在给澳大利亚语言学会的一篇论文中明确提出了最近工作中碰到的与语言学有关的所有问题。她指出：

> 作为一名决策者，我认为要解决一大堆明显相互关联的问题是不明智的。大学所需要的是一种将这些问题放在一起的方法，以便这些问题可以在一个统一的框架内得到系统的处理，而语言学家是具有专业能力来做这件事情的人。（第14页）

她还认为，以下做法是有必要的：

> ……去游说您的机构制定语言政策。每一所大学都需要语言政策以协调与系统的方式来处理整个大学所面临的语言问题。它不应该只是一个语言中心政策或者是文学院战略规划的一部分。它要成为一种全校性的语言政策，囊括大学高级管理人员需要解决的所有各种问题。（第15页）

米尔霍伊斯勒（Mühlhäusler 1995a）也曾中肯地认为任何大学语言政策中都应该包括低候选资格的语言。起码在澳大利亚，一些大学已经开始考虑语言与识字政策，少数大学已经在制定全面解决语言与识字问题的方法方面取得了重要的进步。然而，到目前为止所做的事情还达不到一种连贯的基础广泛的语言"和"识字"与"交流政策。

虽然人们可以认为，在这样的语言、识字与交流政策中，语言问题是嵌入在一系列更深层次的问题当中的。它不"仅仅"处理识字问题或是跨文化问题，还牵涉整个大学文化氛围的所有问题。抛开语言背景，来自贫困文化的人看世界的方式是不一样的（例如，参见 Gee 1992；Heath 1983）。这个问题牵涉穿着方式、社会话语模式、对待信息的态度、辨别与确定材料所需要的技能、个人卫生、发型等。只是一门"跨课程的语言课程"或者一个"外国学生中心"或者一个"土著学生研究中心"，处理不了大学所面临的问题；一种可取的语言政策，可能是一种圈套和一种错觉，因为它本身并没有解决根本问题，而且甚至它会掩盖这些问题，因为它看起来像是一种解决方案。

因此，就需要把所有这些问题作为世界观的组成部分来看待，该世界观表明了学校对学生的整体看法，并会提供一种成功实施语言、识字与交流政策的总体框架。

七、本章总结

在本章中我们研究了特定目的语言规划的五个实例：广义上的科学与技术规划、研究院与类似机构在术语与词汇发展中的作用、一个北美洲案例中与翻译有关的企业语言问题、澳大利亚电话口译与翻译服务的发展、澳大利亚大学需要制定语言政策。除了语言研究院之外，许多特定目的的语言规划都是中观层面的规划，其结果是大部分没有得到规划。语言规划者日后需要在这个层面来工作，以提高与语言相关的解决方案的有效性。目前，该解决方案用的是试错方法。

注释

1. 1995 年 7 月 27 日，卡普兰收到请他参加"第二届'转换是必需的……'笔译与口译研究当前趋势国际会议"的邀请，在布达佩斯，由组委会主席金加·克劳迪（Kinga Klaudy）组织，厄特沃什罗兰大学人文学院笔译与口译译员培训中心与匈牙利科学院翻译委员会协办，邀请函中特别声明：

　　全体会议讲座将用**英语**，分段讲座及海报可以用**英语**、**德语**、**法语**和**俄语**（最好用**英语**摘要）。请注意，会议上不提供口译服务……

这个例子可以被看成是（即使在那些充其量英语是一种外语的国家中）在各种学术活动中广泛使用英语的最近的一个附加证据。

2. 1995 年 7 月 7 日《舆论报》（洛杉矶最早的西班牙语报纸）的以下社论说明了这一点。

美国西南部的语言革命
何塞·阿马斯（José Armas）

　　今天，我的话题是……嗯……关于革命的话题。这场革命已经在我们的眼皮底下发生了，就在这里，在美国的西南部。我意识到这一点时，我的朋友，鲍勃·吉什（Bob Gish）博士，西海岸一位著名的大学管理者，在给我的一封信中最后说道："上升很快。"我们语言中已经发生的这种变革令人警醒，不仅在拉美裔当中，而且在整个英美文化中和整个墨西哥边境，这种变化正在以惊人的速度逐步加快。这不仅仅是俚语（*slang*）（街头语言）和流行语言。现在，这是合法的。边境文化在价值观念、风俗习惯、饮食、语言、音乐、建筑等方面始终是混合型的。许多当代作家和西班牙语广播人士这些每天应用语言的人通过这种独特的双语格式使新的语言现象合法化了。这种现象让许多学者感到愤怒，西班牙语教师与文化民族主义者认为这是两种语言的退化，对这两种语言的使用与接受的迅速蔓延会破坏我们的文化。跨越了许多地理、社会与文化界限。它不再是一种人们所采用的多语言的问题。它是对一种社会困境的超越。赫塞·昆塔纳（Jesse Quintana）是墨西哥人，他的妻子伊莱亚娜（Ileana）是在美国出生的拉美裔。他们有三个孩子都是完全双语人。伊莱亚娜在家里坚持正确地讲两种语言。"当我听到 *mapia*、*cora*、*parkiar*、*lackiar*、*craquer* 这些词语（同义的西班牙语词是 de trapear[拖把]、moneda de 25 centavos[25 分硬币]、estacionarse[停车场]、cerrar con llave[关闭用扳手]、galletitas[饼干])的时候我觉得很刺耳",她说。可能很多人听起来都觉得刺耳,但是,没有办法来阻止这种不可阻挡的文化的前进。

在阿尔伯克基的 KABQ 电台一直是这种交易的先锋,很快就合法化了。它的主人埃德·戈麦斯(Ed Gómez)改成完全的双语格式已经有四年了。这些广告商、广播电台、新闻出版商将西班牙语和英语的词汇、短语与句子结合在一起来用。在他们的言语中不用翻译,可以从英语到西班牙语随意转换。戈麦斯能够流利地讲英语和西班牙语,并永远都能够准确地使用语言,特别是在沿边界地区。它的模式吸引了年轻的观众,其混合语言与当代西班牙语言更相适应。他说:"即使有一些英美人士不太精通西班牙语,但是他们可以听,因为他们能够跟得上谈话。"当然,我们的英语与英国的英语没有多少相似之处。它是德语、法语和西班牙语的混合体。英国人轻蔑地嘲笑我们的发音是适合现在美国语言的发音。而且他们的谈话方式逗乐了我们。英语将西班牙语词语借用为自己的词汇已经有近200年的历史了。最常见的一些单词包括牛仔(*cowboy*)的方言形式 Vaquero(牛仔)。这些西班牙语词在我们日常社会中根深蒂固,因此有人认为竟然有英美人的西班牙语词,可参考的词语如 rodeo(围场)、man(人)、coyote(郊狼)、corral(畜栏)、lasso(套索)。语言的混合在墨西哥做得不错,已有好几年了。"*okay*(好)、*gracias*(谢谢)!"是常见的员工与服务员反复说的话。有些词语是从边界两侧对原始版本的破坏。墨西哥棒球迷充满激情地说着赢得比赛的"本垒打"。在这里这个英语词"*car*"就成了电车,frenos(刹车)(*brakes* 刹车)就成了 *brakas*(刹车)。它已经远远超过了对还是错的范畴。这已经成为现实。我的朋友鲍勃(Bob)答应我在他回到阿尔伯克基时请我吃早饭"面包圈和农场煎蛋",但这是另一个故事了。正如新墨西哥作家埃德·查韦斯(Ed Chávez)所说的:"OK,再见。"

3. 本节中的材料是以奥索林斯(Ozolins 1991,1993)的工作为基础的。
4. 商业语言通常被视为客户沟通技巧,但霍尔登(Holden 1990)也注意到了它的战略重要性。例如,日本企业在语言学习上花费了很多钱,但这样做不一定是为了加强与客户的沟通,而是为了提高他们营销情报的效率。
5. 施魏策尔工程实验室"……的存在使电源更安全、更可靠,也更经济。施魏策尔工程实验室通过为系统的保护、控制与监测产品和服务的设计、制造、供应和支持为全世界的电力工业服务。"[企业宣传册]
6. 魁北克水电公司出版了自己的法语/英语技术词典,这有一定的帮助作用。
7. 1939年,有大约1.4万名学生;1995年,有大约60万名学生。在大学本科课程中,17岁到22岁这个年龄组的学生比例从1955年的3.75%到1975年的16%再到1995年的大约30%(Postile 1995:1)。

8. 据估计，在有些州，那些母语不是英语的学生已经达到大学人口的 25%。其中至少有三分之一来自海外，主要是来自亚洲地区。他们大多都有相当强的双语能力，并为他们所学习的领域带来丰富的语言潜能。但是，澳大利亚的大学往往不仅不能创造性地利用这些资源以扩大整个学习群体中文化交流的范围，他们往往也不能在校内外为那些学生提供足够的支持，这些学生第一语言的识字方法与澳大利亚学术环境中那些规范的方法之间具有显著的差异（Reid 1995：4）。

第四部分
建立语言规划理论

　　从一般的角度和具体事例背景两个方面考察了规划实践——语言规划是如何进行的，是由谁、针对谁、为了什么目的来进行的之后，这一部分将考察支撑语言规划理论发展所需要的关键元素与问题。然后利用这种信息描述一种语言规划的生态模型，这也是该学科可能的发展方向。

　　第十章讨论影响语言情况的八大关键元素与变量，并从语言生态角度考察语言规划。这些概念包括语言死亡（language death）、语言生存（language survival）、语言变化（language change）、语言复兴（language revival）、语言转用与语言传播（language shift and language spread）、语言融合（language amalgamation）、语言接触和皮钦语与克里奥尔语的发展（language contact and pidgin and creole development）以及读写能力的发展（literacy development）。这些语言变化元素以不同方式影响着语言，并提出了需要语言规划者解决的语言问题。

　　第十一章讨论影响语言规划的一些关键问题，并描述语言生态系统中关键元素与主要问题同时发挥作用，以此方法来建构一种语言规划理论。

第十章　语言规划的概念化：关键元素

一、引　言

　　语言规划往往被视为某种整体行动，专门管理某个社区中某一特定时刻某种特定的语言修改。它往往只针对"一种"语言进行修改，并在很大程度上忽视了社区中多种语言与多种非语言因素之间的相互作用，也就是说，忽视了语言环境的整体"生态"。这种做法可能是"一个国家/一种语言"谬误的直接产物。无论它源于何处，都不是研究语言规划的一种有效的方式。相反，语言规划活动必须包括各种各样的语言以及与语言融合同时发生的修改，其中有些可能会成为规划的动机，而有些不管愿意不愿意都可能成为某一部门语言规划的结果。语言规划也必须认识到，语言的改变不容易会受到某一特定国家或其他实体的遏制，而这些民族国家或实体可能会分开来单独讨论，但实际上它们始终是在一个大的背景之下的（如，个别医院可能会尝试调整他们的做法，却没有意识到这样做将会影响到所有为医院服务的机构、组织与个人以及医院所处的社区和患者）。相反，语言规划可能会在邻近的社区、民族国家、区域（或在其他较小或较大的实体）内引起连锁反应。

1994年法国的《图邦法》(*loi Toubon*)[1](见 Anonymous 1994b)就是个很好的例子,因为 M. 雅克·图邦(M. Jacques Toubon)(巴拉迪尔政府与"全球法语社区"文化部长,他提出了最初的法案)和最终制定法律的立法机关都不了解《图邦法》对于法国之外(例如,魁北克)的"全球法语社区"运动意味着什么。图 10.1 试图说明这个问题。图中,有一种国语/官方语言、一种与国语不同的宗教语言、八种少数族群语言(其中一种可能是官方语言的非标准变体)。如前边所述,这个例子中的语言数量有限,有些政体包含数百种少数族群语言。此图中,圆圈的大小表明了该语言使用者数量的多少。还有一种邻近的语言,即相邻政体使用的一种语言,可能会对地理上邻近的少数族群的语言产生影响。此外,该图中还包含了一组古典语言(单独显示的,因为死亡的语言不太会受到活着的语言的影响)。最后,还有个单独显示的,表现为对一种语言复兴的努力。

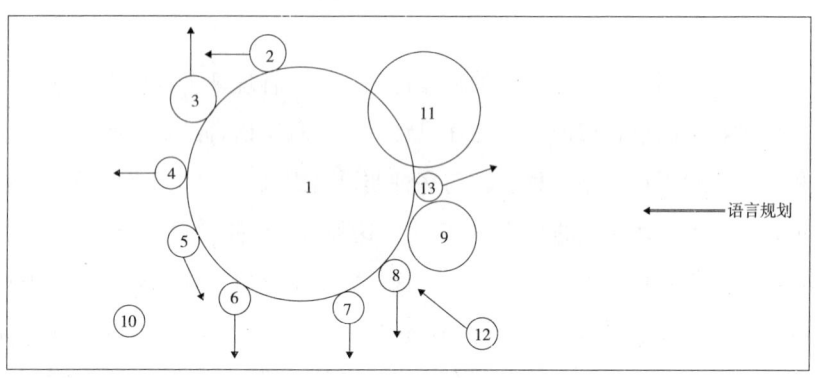

1.国语/官方语言
2.少数族群语言
3.少数族群语言
4.少数族群语言
5.少数族群语言
6.少数族群语言
7.少数族群语言
8.少数族群语言
9.相邻的语言(另一种政策)
10.古典/历史语言
11.宗教语言
12.语言复兴在进行
13.少数族群语言

图 10.1 国家语言规划状况示意图

每个圆圈上的箭头表明了少数族群语言变化的方向。图中所有少数族群语言的变化都与官方语言不同，虽然自然情况不一定如此。语言规划显示为一个从右侧进入的双箭头。效果可能只针对这些语言中的一种语言，但是如图所示，环境中的一切都将在一定程度上受到语言规划效果的影响。

事实上，如果这种语言是一种"大语言"或者是一种"多中心"语言，那么这种连锁反应就可能会是全球性的。因此，法国某些法语词口音的修改不仅会在比利时、英国、德国、西班牙和瑞士产生连锁反应，还会在非洲法语国家、法属波利尼西亚和加拿大法语区，乃至法语作为外语教学的政体中产生连锁反应。事实上，语言规划涉及的不仅仅是一种语言的语法、词汇与语音的变化（本体规划），还涉及态度的改变与价值观的变化——更不用说一些潜在的复杂的经济与政治上的变化（地位规划）。此外，该图的基本点是，规划活动"不能"局限于一种语言，它会影响该环境中所有的语言。每一种语言都有其自身的生态支持及其与其他语言的关系。

二、语言规划中的变量

因此，更为现实的是，语言规划可能同时引发下列任何一个或者所有概念（即，环境中任何给定的语言都可能会在任何特定时间接受一些改变，在给定环境中的所有语言都可能在相同的特定时间进行改变），而每一种概念都潜在地影响着规划环境（这反过来又可能是非常大的）中的不同语言或变体：

（1）语言死亡；

（2）语言生存；

（3）语言变化；

（4）语言复兴；

（5）语言转用与语言传播；

（6）语言融合；

（7）语言接触和皮钦语与克里奥尔语的发展；

（8）读写能力的发展。

由于语言规划牵涉各种各样的语言现象，因此，任何试图解释或预测语言规划相关活动的基本理论必须相当广泛。本章讨论关键元素的意图就是提供理论模型的支撑。为此，有必要考察以上列出的每一种概念，以便抽象出它们的共性。

（一）语言死亡[2]

语言死亡是因为它们不再具有切实可行的功能了。功能的丧失可能有单独的或者合力的许多原因，包括：

第一，无论出于何种原因，巧妙地引入另一种语言以逐步接管一些（或全部）社会功能（例如，一个经济社会和从事重要活动的社会实体引入另一种语言——例如，在殖民地区引入讲其他语言的企业开展业务或者任何宗教组织开展宣教活动；参见 Masagara 1991）。

第二，无论出于何种原因，某种特定语言使用者的消失——例如，一些国家的政府或团体要除掉一个社群的种族灭绝行为——澳大利亚整个土著部落的灭绝行为（Dixon 1989），20世纪90年代南斯拉夫部分地区的"种族清洗"行动，伊拉克政府目前针对库尔德人[1]的活动，20世纪三四十年代纳粹占领欧洲期间针对犹太人问题的"最终解决方案"，或西班牙人对关岛男性的屠杀（Day 1985）。还有在其他许多地方不太明显但同样是侵入行为的语言灭绝现象，例如，（有时是隐性的）北美洲针对美洲土著人的政策，澳大利亚针对土著人的政策，中国台湾和日本针对当地原住民的政策，新西兰针对毛利人的政策，拉丁美洲针对安第斯人的政策或者巴西针

---

① 1996 年作者撰写书稿时。

对亚马孙人的政策。

第三，将一种权力语言强加于一群人，并以此来使某些功能"必须"通过这种权力来实施。例如，澳大利亚、加拿大和美国（Tollefson 1988）等国家强加给土著人和移民的商业、宗教与政府机构；例如，参见 Touchstone et al. 1995 年对移民影响的讨论，阿拉斯加最近针对爱斯基摩语所做的工作对于土著人的影响。通常，上述三种力量会共同发挥作用。

总之，语言死亡至少要满足下列三个条件：

（1）父母不愿或无法将语言传递给他们的孩子们；
（2）该语言在社区关键的交际功能（语域）中不再起作用；
（3）语言使用者群体不稳定并不再扩大，而且在不断萎缩。

1."父母的角色"

父母无法将语言传递给子女可能是多种情况导致的。例如，在所观察的社区中成年人认为社区中的年轻人已经背离了该社区的生活方式以至于他们不配再来学习该社区的语言和文化遗产。其他社区则认为，只有"纯正的"社区成员才有资格学习这种语言。因此，要在潜在杂居人口中维持可用的基因库，就需要有外族人进入该社区，但是杂居夫妇的孩子却没有受到相应的语言教育。在父母的第一语言不同的情况下，父母们会错误地认为让孩子们学习两种（或多种）语言会使他们感到困惑而可能会决定只将这些语言当中的一种语言（通常是父亲的语言）传给孩子们。因此，其中的一种语言就不再发挥作用了——这在极端多语的情况下（例如，喀麦隆，Robinson 1993）或者一些移民情况下很常见。在有移民的其他情况下，父母可能会认为对他们的后代最有利的语言是新社区中的语言，因此，父母会主动预防孩子学习他们一方或双方的语言。[3] 伴随军事占领或殖民政府的建立而出现的情况是禁止土著语言的传播（传播就面临死亡）并推广占领者的语言（就像在第二次世界大战期间日本占领台湾的过程中那样或者像苏联在白俄罗斯和乌克兰那样，或者像 19 世纪末在几乎所有非洲法语国家所发生的那样）。总之，任何直接抑制父母将语言传递给其后代的活动都导致了父母语言的死亡。

2."语域"

在一些语言接触中,强势群体的语言会在某些语域中逐步取代土著社区的语言。在18和19世纪英国凯尔特地区新教的逐步蔓延是对这一问题的有趣诠释。当只会讲英语的神职人员进入该社区并控制了"国教"中的宗教活动时,英语就逐渐取代了苏格兰、爱尔兰和威尔士的凯尔特语言(Withers 1988)。但是,宗教活动扩展到了各种社会集会中(如,婚姻、洗礼、葬礼等),其中还涉及其他更为严格的礼仪集会(如集体礼拜、祈祷等),随着这些语域由外来人语言接管,土著语言中的这些相关语域都将逐步丢失。宗教也不是导致这种情况的唯一原因;每个层面的主事者都是主要的推动者,正如加拿大法语区商业部门英语的扩张情况那样,广泛的语言保护立法是在此之后的20世纪下半叶立的(Daoust 1991)。语域更替一旦出现,它就会像滚雪球一样,逐步兼并越来越多的语域。

3."语言使用者的流失"

很显然,土著语言使用人数的迅速减少会加速该语言的死亡。在澳大利亚、加拿大、墨西哥和美国,由于殖民者无意识地(有时是故意地)将破坏性疾病传染给了土著人,而土著人对这些疾病没有抵抗力,同时,殖民群体引进了一些外来的社会活动(如使用酒精),于是土著人口急剧下降。此外,如果禁止土著人与新的执政人群通婚(或者如果允许通婚,但其后代却是双方都不能接受的边缘化人群),那么,这种人口的下降对于社区来讲就可能是毁灭性的。本顿(Benton 1981)在其对新西兰毛利人的详细研究中记录了毛利人口减少和普遍被同化所涉及的因素及其对毛利语作为一种切实可行的语言逐步消亡的影响。

(二)语言生存

语言生存的条件与语言死亡的条件完全相反,即:(1)父母必须愿意并能够将他们的语言传给他们的后代,并且实际上也必须这么做;(2)不存在强势语言强加给弱势语言的情况,功能语域必须保留;(3)社区语言使用者群体必须是充满活力、稳定或者是不断增长的。

能满足这些条件的例子很多。例如,如果着眼于欧洲大多数单一民族国家的兴起,人们就会发现在单一民族国家与一种主要的单一语言现象之间有一个等式,即一个国家、一种语言。这种情况需要来自社会结构和政府的最高层对语言的支持,也就是说,例如,在实行寡头政治的国家中,统治精英与神职人员应该是母语为国语的人。无论是有计划还是无计划,这种条件都需要有一种标准的高声望变体(高层变体),也就是说,首都城市的语言成为国家的语言。(就像英国历史上的情况那样,伦敦英语成为标准;同样,现在法国巴黎的法语成为世界法语的标准;或者就像现在日本东京的日语成为公认的标准一样)父母们可能来自各地或各行各业,讲着某种语言变体,但是,他们一定会接受具有很高声望的公认的标准语,毫无疑问他们一定会不加质疑地将其世世代代传递下去。教会、商业部门、军队必须有助于人口和语言的稳定。(即,如果军队由一个使用不同语言的群体构成,就像20世纪80年代的安哥拉那样,那么,语言的标准就会遭到削弱,其生存就得不到保证)就小语种而言,温特(Winter 1993)认为,动机在其生存中发挥了重要的作用。如果人们出于某种动机而使用语言,要将语言传递给他们的子女,提高该语言使用者社区的活跃度,并且该语言没有受到高变体或占主导地位的外部语言太大的压力,那么,这些小语种就能够并将持续生存下来。

正如我们在第七章所看到的那样,少数人语言的生存(至少部分是)取决于多数人或高变体语言集团的支持。斯库特纳布-康加斯与菲利普森(Skutnabb-Kangas & Phillipson 1994)强烈认为,如果要扭转语言转用(Fishman 1991),小语种要得以生存,那就必须积极支持这些语言,而不能只是"放任自流"。例如,在美国西南部,西班牙语并不是一种濒临灭绝的语言(参见,埃尔南德斯-查韦斯[Hernánndez-Chávez 1988, 1994])。然而,保守集团却认为西班牙语对英语构成了威胁,他们呼吁人们要重视与盎格鲁人口相比西班牙裔人口的出生率较高。西班牙语使用者人数的增长被看成是一种在持续增长的对英语主导地位的威胁。这种措辞会削弱社会对少数族群语言的支持并妨碍这些语言的生存。

（三）语言变化

语言变化可以说有两种截然不同的类型。一种类型是格里姆（Grimm）定律和维尔纳（verner）定律所确立的印欧语言的变化。日耳曼语族中的元音大转移即属此类。语言变化从遥远的过去开始，并持续发展到当今印欧语系和日耳曼语族的成员中。显然，语言规划活动必须考虑这种类型的变化，认识到发挥作用的力量，并将这种变化纳入长期规划方案之中。而第二种变化类型是语言接触的结果。其中蕴含了语言修改之外的大量内容。每当一项新技术问世并为社会所接受时，就会发生第二种类型的语言变化。

这第二种类型的变化最好是在长期的历史背景下来考察。为了说明问题，我们可以假设，一些早期的人类社会也许掌握了一项狩猎技术，需要跑到猎物跟前用石头或棍子来打它，或者短距离用抛掷的石头（就像用一个简单的吊带那样）来打它。当拥有这项技术的社会与一些发明了长矛的社会接触之后，他们就会采纳更为高效的长矛。随着技术的采纳，他们接受了与之相伴的一套术语系统、一种新的价值观结构、一种新的社会结构以及该技术所带来的其他一些事情（例如，擅长跑步和击打的人或擅长投掷石头的人不一定擅长投掷长矛，于是就可能出现一种新的社会等级结构）。这种情况不断重复，引入长矛和后来的投掷长矛者，长矛被弓箭所取代，弓箭又被火药技术所取代。这些武器技术不仅用于狩猎还用于战争，结果这些技术又发展了对此感到忧虑的保护或防御技术——改进各种类型的护体铠甲，例如，以抵御石斧、打制的石矛、青铜剑、铁箭头（例如，1415年的阿金库尔［Agincourt］战役就是两种技术之间冲突的一个说明）和钢枪。

随着一项技术通过接触从一个社会传到另一个社会,采纳技术的社会所接受的不仅是技术本身,还接受了伴随技术创新而来的价值观系统与改良的社会结构。这些新的价值观系统改变了原有的社会结构,提出了新的领导技能,并最终改变了该社会的时间分配结构(也就是说,随着狩猎技术变得更加高效,狩猎所需时间大大减少,于是就可以引入其他活动,或者出现专业分工)。当然,技术变革适用于所有的社会功能,并不局限于狩猎或战争,如,火、车轮、书面语言。同样,技术的变革至少在引入新词汇方面也影响了语言;不过,价值观的变化可能蕴含了比词汇更加丰富的内容。

随着时间的推移,技术传播的频率不断加快、范围不断扩大,每个社会与之相适应的文化与语言创新的数量也有所增加。[4]因此,当日语使用者学习棒球的比赛技术时,他们的社会也相应地吸收了与棒球有关的词汇,吸收了极具竞争力的专业团队运动这种文化现象,吸收了体育场、"明星"运动员、媒体广播和"大型游戏"这种社会现象(例如,参见20世纪90年代欧洲引进美式足球,或者风靡全球的足球,或者大英帝国时期对"板球"的接纳)。伴随技术创新而出现的语言变化的类型比第一种变化更迅速、更普遍,在过去的50年中,现代化社会从科学到流行音乐,经历了显著的技术与语言的变化。(参见第八章,"语码借用与转换"一节中对这些问题有更广泛的讨论)

从某种程度上讲,第二种类型的语言变化更容易控制,也更容易规划。世界各地的各种语言研究院都比较成功地规划了这种语言变化,例如,日本政府——还有日本语言研究院(*Kokugo Chosa Linkai*[国立语言研究会,成立于1902年])明确希望一些科学领域得到发展,并有意地鼓励在这些领域内借用或创造词汇。[5]对这种活动的否定通常都不太成功,也就是说,凡是语言研究院防止不需要的技术变革及其相应的词汇对一种语言的入侵,一般都未能成功,就像法国科学院与墨西哥科学院那样,二者都试图抵制英语语言与文化的入侵(参见目前法国针对欧洲的迪斯尼乐园所进行的辩论）。

新西兰毛利人那种独特的具有讽刺意味的情况将在下一节"语言复兴"中详细讨论，不过这里也值得提一下。毛利人所接纳的不仅仅是基督教和基督教的词汇，还有随之而来的与毛利人的传统价值观格格不入的价值观系统。但是，在大部分现代毛利人历史中，没有毛利语言研究院，这种特殊语言修改的涌入既非有计划的也没有遭到反对。相反，对基督教及其价值观系统和词汇的全盘接纳使毛利语言和毛利文化逐渐削弱，英语的力量在毛利人社会中逐步增强。

早期与基督教接触的萨摩亚，情况与新西兰毛利人相似，但二者在与欧洲人的接触和定居的持续性方面有所不同。萨摩亚社会与传教士接触有限，社区内也没有欧洲人定居，在19世纪中叶，萨摩亚人不仅接受了基督教，而且还接管了它，并有效地将其整合到他们的主要社会系统当中，开办牧师（faife'au）学校教授萨摩亚语言，在"词汇"方面采用萨摩亚语言的《圣经》作为权威语言的来源（Baldauf 1990a）。随着萨摩亚人对社会和语言变化的控制，萨摩亚人的语言与文化得到了改造，但没有因此而中断。直到1961年，随着教育电视的出现，萨摩亚才真正开始面对英语和他们无法控制的语言变化。（Baldauf 1981；Huebner 1986，1989；Schramm et al. 1981）

（四）语言复兴

成功的语言复兴意味着要逆转"语言死亡"一节中讨论的所有力量。我们还是来看一下新西兰毛利人的案例和他们为复兴毛利语言所做的集体努力。目前几乎没有讲毛利语言的单语人，代际差距有所增加；也就是说，语言传递方面已经跳过了整整一代人，现在最好的希望落在第三代（或是后面几代）人身上，他们或多或少能将毛利语作为"第二语言"来讲。虽然他们能在有限的或数量锐减的语域中使用毛利语言，但是，很有可能用毛利语讨论的内容却不是（至少有一部分，也许在很大程度上）在毛利社区中进行的。即使对于那些能将毛利语作为第二语言熟练使用的人来说，他们在许多重要语域中主要是用英语，而不是毛利语（或者说毛利语是某些语域讨论时一个次要的、较弱的选择）。此外，相当危险的就是毛利语实际上已经变成了一种宗教仪式的语言，只在毛利人生活中孤立的、局限的场合使用，在其中可以适当地讨论毛利人的事情。同时必须指出的是，因为许多语域已经完全由英语取代以及强大的外来社会的压力所造成的价值观的逐步转变，毛利人事物的总和已经大大地减少了。

当然，毛利语已被新西兰非毛利族人用于公共礼仪功能；新西兰大多数公开会议都以毛利语的问候/祈祷开场，即使出席这类会议的很多非毛利族人听不懂说的是什么。毛利语也被广泛地用于官方标识中，大多数政府机构都使用双语。新西兰地理学会曾尝试绘制英语与毛利语地名的双语地图；但是，这项活动在最好的情况下也有问题，因为随着时间的推移毛利语的地名会消失，可能只是接近现有的地点，地区重叠的各"部落"（部落群体）之间可能无法达成一致意见（因此，由于在选项中缺乏一种合理的选择方法，同一个地点可能会有好几个毛利语的地名）。

但是，毛利语在一些较为重要的功能方面却得不到表现：新西兰的邮票上、货币上、有关土地的成文法上、官方文件如护照上都没有毛利语；法庭上可能会用毛利语，但是除非给予足够的事先通知，否则法院没有义务保存毛利语的记录，也不会要求首席法官或参与的律师用毛利语言来回应。毛利语一般不会用于大学学习（显然，毛利语专业研究除外），也就是说，在一般情况下，人们不会使用毛利语参加高校考试（或者使用其他任何语言参加高校考试，除非该语言是教学的科目）。毛利语不会用于公共交通当中；警察不会使用毛利语；公务员就业也不需要用毛利语；在基本识别功能方面，也就是说在当地街道和道路名称、建筑物名称、地址等方面也不用毛利语。总之，除非毛利语能在多种公开语域中占有一席之地，否则它不可能得到真正的复兴。

还有重要的经济问题需要考虑。随着少数人语言使用人口的减少，对这种语言的经济支持会减少，比如说，为人口减少的学习者准备教材，受过培训的这类语言的教师很难找到，另外，因为少数族群人口只占总人口的一小部分（就像新西兰托克劳人的情况那样），难以证明维持少数人语言生存而支出的公共资金是合理的（参见第六章，"新西兰：经济驱动的规划"部分对这些问题有更广泛的讨论）。不仅毛利语与经济问题有关，新西兰的其他一些波利尼西亚语言（例如，托克劳语，世界上只有几千人讲，他们大约有一半人居住在新西兰，另一半居住在托克劳群岛上）、澳大利亚的一些土著语言（这些语言的使用者人数几乎没有超过 2000 人的）、北美洲的一些美国土著人语言、日本的阿伊努语或中国台湾的高山族语言以及菲律宾的土著语都与经济问题关系紧密。

1. 教育复兴

虽然语言可能是完全通过教育系统来教授的（而不是通过家庭或社群来传播的），但是也有例外。显然，不是所有人都去上学，也不是所有人都在同一时间去上学。可以预见的是，学校学习的成绩呈钟形曲线；也就是说，并非每个人都能达到同样的熟练程度或者接触同样长的时间。实际情况也是如此，即，学校教授的能力可能基本上与实际的交际能力没什么关系；也就是说，学校学习的语言往往很正式，在实际语域中应用很有限（即太"文学"），[6] 能适应真正交际需求的相对较少，基本上完全忽略了语用功能。可能教育系统本身并不是语言复兴的一种有效手段，因为最快也需要几代人才可以使语言变得普遍而深入——因为学校教育是通过一个潜在的讲话人社团而得到传播——学校的教学通常不会延伸到成年人身上，在学校所获得的水平是有限的（因为接触的时间受到了严格的限制），某些学生可能在任何情况下都无心学习。

2. 经济复兴

然而，在经济领域，复兴的问题可能更加严峻。青壮年因社会与经济的双重压力而远离基层。与强势语言使用者通婚必然会使青壮年流失。但是，经济上的压力甚至会更大。在寻求经济机会时，人们在外地找到了远离自己社群的工作；而这种外出工作使他们永远脱离了社群（通过通婚或者由于基层社群范围内持续缺乏就业机会），未来两代使用这种语言的人可能会消失（也就是说，外出的青壮年和他们的后代都不再是该语言社群的活跃人口）。此外，随着以强势语言为基础的商业与工业渗透到少数族群地区之内，就业的语言也会变为雇主的语言而非雇员的语言。

移民的情况也类似。在许多情况下，都有一个最初的移民——那些有意做出决定要移民的人。这样的人往往积极寻求同化；他们通过就业投身到强势语言的使用环境当中（或至少是在一个语言特别多样以至于强势语言不得不被用作唯一的共同语的环境中，参见 Clyne 1994），并进一步融入到工作之外使用强势语言的社会环境当中。但是，在每一个这种最初的移民背后都可能会有像彗星尾巴一样的一大串人，这些人对新社会的语言与文化态度不同，并因而拥有不同的准入机会。（1）例如，一个妻子，可能会留在家中，生活在一个民族社群中，那里的第一语言能充分满足所有的实用目的；她主要与生活在同样语言范围中的其他妇女交往；（2）在移民之前出生的儿童，通过教育系统，会被逐步同化；（3）移民之后出生的儿童将从定义上被同化；（4）这一长串人其他成年人（如，父母亲、阿姨和叔叔，姻亲或同胞兄妹）根据年龄、经济状况或者个人原因在进入新社群时可能会被孤立或同化。因此，移民可能不会被认为是同质的，因为这样一群人对于原来的国家、新的国家和语言问题都有不同的倾向。很可能经过两三代之后，父母亲的第一语言会变弱，而基础社群的强势语言会变成移民社群的强势语言，除非有些少数族群与主流社会在种族与宗教方面区别较大，这时少数族群会被迫保持集体独立。

3. 民族复兴

因此，成功的语言复兴不仅依赖于大量的使用者，以及这些使用者愿意将语言一代一代地传递下去，而且还依赖于在大量语域中使用这种语言的机会和为要复兴的语言提供的经济机会。这些条件不可能并存，特别是最后一个条件在经济上并不可行。语言复兴是非常困难的，多种语言复兴的尝试都未能成功，只有极少数成功复兴的情况可以借鉴。纳瓦霍语的复兴是一个很好的例子，但是该语言的复兴是在一个结构非常紧密而稳定的（事实上是不断扩展的）社会中完成的，其中有高度的代际交流与合作，而且这种复兴是发生在民族自豪感重新出现的环境中，从而为语言学习提供了高于正常的动机。

另一方面，复兴爱尔兰语的尝试在很大程度上是个失败的例证。尽管爱尔兰人由于宗教偏好与种族原因十分团结，且人口分散在一个相对较大的地区，但是，一个多世纪以来以爱尔兰语为第一语言的使用者的数量已经耗尽（部分是由于向外移民），许多语域完全被英语占领。甚至就连呼吁民众使用爱尔兰语的宣传都是用英语进行的。爱尔兰英语有一种比较容易辨认的方言作为身份的替代标记这个事实对于盖尔语来讲也是一个问题（Hindley 1990）。还有许多其他非常有趣的案例，包括以色列的希伯来语、西班牙的巴斯克语和加泰罗尼亚语、魁北克的法语、威尔士的威尔士语、苏格兰的苏格兰盖尔语以及纽约州和加拿大的莫霍克语（参见附录中有关政体背景的参考资料）。

4. 语言转换

然而，在考虑语言复兴的过程中会面临一些复杂的问题（Bentahila & Davies 1993）。复兴运动的目标是面向过去的，也就是说，其目的是恢复语言原来的样子，或者是维持"现状"。但是，像英语、德语、瑞典语或日语这些成功进行了现代化的语言都是处于不断变化之中的，所以说，语言复兴是一种非常不切实际的期望，因为，维持语言的原貌也许并不可行。此外，要复兴的这种语言无疑已经发生了词汇转换（即已经产生或将要产生新术语来处理像电子媒体这样的新技术）、语音转换（即一些讲双语的人会从他们会讲的语言库中为这种语言带来一些语音特点），也许还有句法转换（即新技术可能需要新的句法结构）。此外，语言间的接触可能会引入新的话语类型、新的语用结构，简言之，新的交流方式。可用来复兴的语言并不是原来的那种语言。我们回头来看毛利语的情况，毛利语的新生代所讲的第二语言毛利语是唯一可用来复兴的毛利语。因此，如果复兴成功的话，现代毛利语将是也必须是一种转换过的毛利语，是一种能够满足各种新领域交流需求的毛利语。

（五）语言转用与语言传播

术语"语言转用"意味着一些不同的情况。例如，费什曼（Fishman 1991b）认为"语言转用"是指：

> ……那些本土语言受到威胁的言语社群是因为他们的代际连续性呈现负向进展状态，每一代的使用者（该语言的讲话者、读者、写作者甚至能理解该语言的人）或语言使用都越来越少。（1991：1）

在费什曼看来，一种语言面临转用就意味着受到了威胁。该术语用在这里意义稍微有些不同。所有语言在其不同的历史时期都会发生转用，转用不一定会威胁到该语言的继续存在。转用的原因可能有多种，例如，可能是由于邻近一种"较大的"语言，或者是在不考虑近邻关系的情况下对其他语言社群态度的改变。费什曼的看法取决于人们认为语言之间的边界是清晰可辨的。实际情况可能是语言之间没有边界，或者，如果政治边界确实存在的话，它们之间的互渗性很强。

语言向一种特定语言的方向发生转用，要么是因为这种特定语言完全超越了要发生转用的语言，这在前面已经讨论过，要么就是因为这种特定语言能提供土著语言无法提供的资源。这里要讨论的是后边的这个转用情况。例如，由于英语已经成为科学、技术和学者们学术话语的国际语言，它拥有的语言资源在土著语言中可能没有；当然它拥有土著语言所没有的的较为丰富的专业词汇。例如，马来西亚"语言与文学委员会"在努力扩大马来语的技术词汇时，不仅从马来语资源中创造新的术语，还从英语（或其他语言）中自由地借用。（参见 Omar 1984；讨论印度尼西亚的情况，参见 Alisjahbana 1984；Vikør 1993）

但是，在借用的过程中，"语言与文学委员会"碰到了形态学与句法学领域的问题。例如，在传统的马来语/印度尼西亚语中，复数是通过完全重叠来完成的，"这种策略会带来一些非常复杂难懂的问题，这些问题的存在将会对印刷成本、手稿的大小以及手稿的存储产生巨大的影响"。将前边这一段155个字符的文本与下边的表述方式比较一下，用完全重叠法表示其中的复数形式就成为：

> 这种策略会带来一些非常复杂难懂的问题问题，这些问题问题的存在将会对印刷成本成本、手稿手稿的大小以及手稿手稿的存储产生巨大的影响。（this is a strategy which would create some very clumsy item-item the existence of which would have a massive impact on printing cost-cost, the size of manuscript-manuscript, and the storage of manuscript-manuscript）

一段180个字符的文本，增加了15%的篇幅。20世纪70年代，"语言与文学委员会"设计了一种策略来处理复数问题，用"2"作为重叠的标记。不过，这项改革在实践中只取得了有限的成功。抽查了1985年以来的报纸表明，重叠"2"有时会用在版面非常重要的报纸标题中（例如，"*Akhbar2 digesa supaya lebih bertanggungjawab*""报纸呼吁承担更多的责任"），但是在正文文本中仍会使用完全重叠法（例如，"*Ahad: Akhbar-akhbar hendaklah lebih bertanggungjawab dalam...*""星期日：报纸应该更加负责……"）。对1996年报纸样本的抽查表明，"2"的策略已不复存在。这种"改革"在印度尼西亚从来没有被采纳过。虽然这种转用可能会由类似"语言与文学委员会"这样的语言机构来进行，但是语言转用也会以其他方式出现。例如，在马来西亚随着公众对足球兴趣的增加，马来语的报纸也随之开始着手报道国际足球活动，体育作家不得不用马来语想出一个传统的马来语中以前没有的、类似英语被动化的句法形式。类似转用英语的情况在他加禄语（皮利皮诺语）的某些领域中也会有（这里英语用于科学科目的教学，并不普遍地用于整个课程），还有一些其他语言词汇转用和句法转用的例子。

语言转用不仅是某些外部语言在某些语域中可提供更多资源的结果，语言转用可能是大众（或至少是公开）对外部语言态度改变的结果。通常的情况是，如果一种语言的使用群体不喜欢另外一种语言的使用群体，那么，第一个群体将会积极抵制学习第二个群体的语言，它可能会有意识地尝试清除第二个群体语言的影响。20世纪60年代荷兰语对印度尼西亚语的影响即是一例。这种清除过程，我们在谈法国和墨西哥语言研究院的活动情况时提到过，他们分别努力清除英语对法语和墨西哥西班牙语的侵袭性影响，这种清除过程曾经提到过。但是，这种转用可能在任何一个方向上出现，要么清除要么加强某种特定语言的影响。当另一社会的文化（或一些流行文化的现象）受到广泛称赞时，土著语言可能会自觉或不自觉地从所称赞的社会中吸收词汇甚至句法结构。

我们来看美国流行文化的某些方面在日本甚至在苏联部分地区（现在的俄罗斯）的传播情况。当然，美国流行音乐对语言有一种重要的影响，T恤衫和运动衫上印的美式英语口号（即使穿戴这些T恤衫和运动衫的人不理解这些口号）也同样对语言有重要的影响。例如，拉津基纳（Razinkina 个人通信，参见第八章）认为，从流行音乐（但也是从T恤衫和运动衫口号）中派生出来的大量英语词汇正在进入俄语的某些语域（如，青少年言语）并且正在取代现有的俄语词汇。随着社会/政治情况的变化，向（或从）某一种特定外部语言的转用程度也会发生变化。因此，虽然日语继续从英语中借用词汇，但是借出词汇的语域和这些词汇进入的语域在第二次世界大战结束时美国占领日本以来的50年中已经有了明显的变化。在战争刚结束的岁月里，由于明显的政治原因，英语倾向于法语和俄语而偏离德语和日语；但是，随着时间的推移，政治与社会环境发生了变化，这种倾向也随之改变，现在英语更倾向于日语和德语而偏离了俄语。

转用不会出现在一种完全不受约束的条件下，随着某种特定外部语言影响的增加，无论什么原因，向着这种语言的适应性变化的数量就会增加。这类转用难以规划，因为它们依赖于大量的非语言因素；转用也无法完全防止，因为多数语言的转用发生在"地下"，也就是说，最初转用所涉及的社会人群可能是处于边缘的人群或被限制自由的人群，如青少年、贩毒者和罪犯。这种转用在任何语言（当然也包括在一些"地下"变体）的词汇扩展中都是一种重要的因素。

语言转用更积极的一个概念包含在语言传播术语之中。库珀将语言传播定义为："随着时间的推移，在一种交际网络中为了某种特定的交际功能而增加采用某种特定语言或语言变体的比例。"（Cooper 1982a：6）语言传播概念构成了其语言研究解释方案发展（见表2.4）的基础，构成了习得规划是语言传播的一种正式机制这一论点的基础。如我们在第九章讨论语言研究院时所看到的那样，许多国家都有正式的语言传播政策，旨在积极追求维护、传播某一特定语言的目标（如，Ammon & Kleineidam 1992；Ammon 1994a；Phillipson 1992）。

（六）语言融合

语言融合，字面上是指两个独立的语言系统重叠在一起。1066年诺曼人入侵时，盎格鲁-撒克逊语的特点是有一个极其复杂的句法系统，该系统有八个格、三个性和三个数，并且需要在大量词类之间保持一致。两个族群在各种层面的渗透以及由此而引起的两种语言之间的相互渗透导致了融合的产生。当然，诺曼法语与盎格鲁-撒克逊语的融合并非一夜之间出现的，相反，这个过程可能持续了超过400年的时间，但最终结果是一种新的语言，从源语言中借入很多但又与其中的一种语言有显著的不同（可以对比一下《贝奥武夫》与《坎特伯雷故事集》的语言结构）。这种融合是否必然意味着一个皮钦语化/克里奥尔语化过程（见下文）是一个从 500 年后这样一个时间角度来看无法明确回答的问题。除非追根溯源，否则不可能知道是两种语言的哪些部分实际上渗透在一起的。当然，到乔叟写作的时代，白话文已经失去了它的格（现代英语里只保留了所有格）、数（双数在现代英语中只有几种残留的实例）的重要部分，并采用了介词结构来代替明确的格标记功能。当然，并非只有句法变化，还有重要的语音与形态的变化以及词汇的巨大变化。这种变化的某些要素持续到现在；最近，英语好像处在放弃其大部分剩余的性与所有格的标记这样一种过程之中。

可能是因为融合发生得太缓慢了，很难举出现代世界中的例子（如宾夕法尼亚的荷兰语）。此外，可能难于区分皮钦语化/克里奥尔语化与融合（事实上，皮钦语化/克里奥尔语化过程很可能是融合的中心阶段）。然而，"夏威夷皮钦语"，不管它的名字叫什么，这种变体自 18 世纪中叶被发现以来仍处于变化过程之中，它可能会提供一个不仅是从两个来源（英语和夏威夷语）而且还包括许多其他语言（至少包括广东话、日语、韩国语、葡萄牙语和斯堪的纳维亚语言）融合的例子。

（七）语言接触与皮钦语和克里奥尔语的发展

当两个讲着彼此互不相通的语言的社群持续相互接触时，可能会出现一种两种语言接触的简化形式。这种形式（皮钦语）可能在相当长的一段时间内、在接触所保持的时间内、在经济需求所持续的时间内仍持续存在。有一种可能是，接触持续了几代之后，有些孩子可能在语言接触的边界出生，他们的唯一语言就是接触变体。当这种现象出现时，这种缩减的系统必然会扩大以适应那种只有这种变体使用者的更大交际需求。这种扩大的结果会导致一种"克里奥尔语"的出现（参见，如 Arends *et al.* 1995 年对这些问题的介绍）。随着时间的推移，克里奥尔人往往会向着社会中优势语言的方向"去克里奥尔语化"。因此，当讲着互不相通的西非语言的奴隶被从非洲带到美洲时，这种接触就需要一种语言，以满足语言不通的奴隶间以及奴隶与主人之间的交流（不管这些主人的社会地位如何），结果就产生了皮钦语。为了防止奴隶间生变，奴隶主往往将不同语言的奴隶分散处置，在允许的范围内非洲奴隶社群之间能使用他们各自的第一语言交流。但是，接触是长期的，奴隶们无法返回非洲而不得不许多代都留在北美洲。

因此，奴隶人口中出生的孩子无法接触非洲语言，而只能用皮钦语来满足他们的所有交际需求，将这种变体在一种或多种系统内克里奥尔语化（像格勒语 [*Gullah*]，在佐治亚州的海岛上仍然在使用）。但是，由于克里奥尔语的使用者在使用英语的环境中是孤立的，所以，这些变体中出现了许多逐步向着英语方向的"去克里奥尔语化"（美国内战之后也没有明显地停止）。这种"去克里奥尔语化"过程的结果就是现在称为"黑人英语"的一个连续统——包括了从接近皮钦语到接近英语的各种变体的一种复杂的连续统，这些变体（特别是在语音特征上）与英语的地域方言在某种程度上会共同变化。

在加勒比地区和拉丁美洲东北部出现的一种类似的皮钦语，向着法语（在海地、圣卢西亚州；Carrington 1994）、葡萄牙语（巴西北部与佛得角群岛）、荷兰语（在库拉索岛或苏里南）和西班牙语（多米尼加共和国）这些高变体的方向进行"去克里奥尔语化"。

米尔霍伊斯勒（Mühlhäusler 1995）在其讨论太平洋上的皮钦语和克里奥尔语的章节中从语言生态的角度对这些问题提供了有趣的讨论，他指出，尽管皮钦语具有干扰作为语言帝国主义结果的语言生态的特征，但是它们发展成了土著文化的重要宝库。最后他指出：

> 皮钦语不只是变化的副产品，它们是交流方式发生从传统到现代变化的推动者，为了完成这个任务，皮钦语往往成为变化的受害者，并被更强大和更被高度重视的大城市的语言所取代。（1995b：102—103）

当然，一种皮钦语可能不会持续地发展，因为语言接触会由于各种原因而中断，基本的交流需求也会消失。20世纪40年代到50年代初美国占领日本期间出现的皮钦语就是这样。在这种情况下对交际系统的需求基本上是经济驱动的，并且这种需求有些是"地下的"；也就是说，有些交际活动发生在美国军事人员和日本妓女、黑市交易商、职业赌徒以及其他各种名声不好的经济部门之间。军事占领性质的改变，美国军队逐步撤出，日本经济与社会各领域出现复苏，交际需求也改变了。皮钦语不再克里奥尔语化了，相反，皮钦语逐步消失了。人们不应该被"竹子英语"① 这个通称的使用所误导，该术语不加区别地应用于各种相似却又有明显区别的皮钦语，这些皮钦语出现于义和团运动期间的中国、朝鲜战争时期的韩国和越南战争期间的越南等。这些皮钦语中的每一种都具有所有皮钦语的共同特点，即语法和词汇的简化；在这几种情况当中，美国军人实际上是皮钦语使用者的一部分（因此，英语成为皮钦语的几种来源语言之一）。由于英语是每一个变体的组成部分，简化一般会遵循一定的规则，于是人们就观察到了一些类似的形式。但是，由于在皮钦语化过程中其他的合作语言是不一样的，于是就会产生源自其他合作语言结构的语法和词汇差异；也就是说，一些新兴皮钦语的特点是它们出现的地方所特有的。

上述例子都涉及军事情况，即将一大批自足环境中的人置于一种也是完全自足的接触文化/语言系统中。在每一种情况中，接触被中断，对皮钦语的需求消失了，皮钦语也就消失了。遗憾的是这些变体没有被完好地记录下来，由于这是一个重要的过程，这样的环境还会继续出现（例如，美国1991年在沙特阿拉伯和科威特部署的军事力量、1992年在索马里部署的军事力量；联合国部队1995年在卢旺达、1996年在波斯尼亚部署的军事力量），由于皮钦语化可能会出现在非军事环境中，于是，探究军事环境中出现的皮钦语与非军事接触情况中出现的皮钦语之间的差异是

---

① 类似于蓝青官话、塑料普通话之类的说法。

很重要的。毫无疑问，一些军事术语将贯穿在美国军事存在的所有情况当中，就像一个世纪以前它贯穿在整个前英帝国军事存在的所有情况当中那样。

（八）读写能力的发展

迄今为止所描述的所有类型的语言修改主要被认为是口语方面的；然而，现代社会不仅发明了文字，而且还产生了对写作的需求。在当代社会中，社会和经济的流动性依赖于读写能力（识字）。读写能力不是一种"状态"或"条件"，相反，它是一个灵活的连续统。任何社会的精英群落都倾向于定义读写能力，随着进入精英社区面临越来越大的压力，这些社区有权力"提高赌注"，从而使识字者与文盲之间的界线不断滑动，增加了对识字的需求。然而，改变界线的不仅是当地精英，技术的变化也可能会影响对识字的定义。足够在农业社会中生存的识字程度可能不足以在工业或服务型社会中生存；农村中足够的识字程度可能在城市中是不达标的。一个特定社会对于识字的态度可能是复杂的，识字可能会被特定社会认为是不重要的信息，或者识字有可能被一个社会完全拒绝，理由是它的引入可能会以语言使用者无法容忍的方式改变语言的使用。米尔霍伊斯勒（Mühlhäusler 个人通信）认为阿勒曼尼语[①]的情况（没有书面形式）就是这样的。

另一个恰当的例子是毛利语。在过去一个世纪里与毛利人接触频繁的传教士和其他欧洲人，几年前为毛利语设计了一种书写系统，但是许多毛利人仍然觉得毛利语（*te reo Maori*）基本上是口头语言，并应该仍然保持为口语。毛利人社区中抵抗创制一种标准毛利语的提案，既是因为一种标准的出现通常需要书面形式，也是因为使用毛利语不同变体的各部落集团都认为他们的变体是唯一"正确"的。因此，虽然毛利语有书面形式，但是毛利人没有书写的传统，使用毛利语的人并不认为识字是什么重大问题。

---

① 一种高地德语方言。

对于使用毛利语的人来说，英语是现成的，认识英语就满足了社区的识字需求。显然，对识字的考虑（到什么程度，用什么语言）对于任何语言政策的发展来讲都十分重要。

三、语言变化元素举例

本章所描述的几种不同类型的语言概念可能会同时出现。如果人们以新西兰的语言情况为例，很显然，语言规划不仅涉及英语和毛利语，而且也涉及新西兰境内的其他语言；因为新西兰的所有语言都在进行着各种必要的修改。例如，下列各种情况都必须考虑到：

（1）英语正在经历语言"变化"（以及"转用""生存"）；

（2）在全球范围内，或至少在其他主要讲英语的国家（即澳大利亚、英国、加拿大、美国），英语也在经历一些变化；

（3）毛利语正在经历语言"复兴"（但也可能会经历语言"死亡""转用""融合""接触"）；

（4）托克劳语、库克群岛毛利语、纽埃语和汤加语正在经历语言"死亡"（但也可能经历语言"复兴""转用""融合"与"接触"）；

（5）托克劳语、库克群岛毛利语、纽埃语和汤加语在它们的家乡岛屿环境中正在经历着变化；

（6）萨摩亚语正在经历语言"转用"（但也在经历语言"生存"与"变化"）；

（7）美国和西萨摩亚的萨摩亚语正在经历着不同程度的语言变化；

（8）英语以外的所有非毛利语（越南语、老挝语、柬埔寨语、荷兰语、法语、德语等）正在经历语言"融合"（但也在经历语言"转用""变化"与"接触"）；

（9）所有这些语言在它们的家园正在经历着变化；

（10）新西兰手语正在经历"变化"（但也在经历"生存""复兴"与

"转用");

（11）其他手语（例如，美国手语、澳大利亚手语）在它们所出现的其他政体中也在经历着变化；

（12）识字成为所有这些语言情况中的一个重要问题。

问题是，这些现象都同时发生在单一特定政体中，并且这些变化不可避免地会受到政体之外其他变化的影响，而且无疑上面所列情况只占发生着的修改概念的一部分，因为新西兰处于一个由35种或40种语言和方言共同构成的充满活力的环境中。当人们要改变任何一种语言的效率与方向时，所有其他语言修改的效率与方向都不可避免地会受到其影响。任何认真的语言规划尝试，都必须得考虑到同时发生的各种活动，并且必须承认试图修改或影响所有其他语言修改的效率或方向。语言规划不会发生在真空中，它很少发生在绝对单语的环境中（如果有这样的环境存在的话）[7]，事实上，语言规划最常在多语和多样化的环境中得到实施。

四、语言变化元素与语言系统

因此，语言规划理论的一个重要内容在于理解社会中已在进行的各种修改概念（见原书第269页对《图邦法》的讨论）以及一种语言的修改对语言生态系统中所有其他语言的修改效率与方向的影响。例如，在一个特定政体中，选择"A"语言作为"国语"就意味着所有其他语言在一定程度上从属于"A"。然后每个领域中的资源将根据这种隐含的层次结构进行分配。当语言"A"得到增强时，语言"B""C"……"N"可能处于不利地位。也可能会出现其他的关系变化。

上述讨论的各类修改之间的边界是模糊的，认识到这一点尤为重要；事实上，例如，语言"变化"与语言"转用"之间的差异可能更多的是政治方面的而非语言方面的。最后，重要的是要认识到不同类型修改的动机是不同的；例如，"复兴"代表了一种语言使用者群体有意识的行动尝试，而"死亡"则代表了该群体行为的失败；而这些修改基本上是取决于语言使用者群体之外或可能超出他们控制的因果关系。

因此，人们可能会说：

- 静态地保存一种变体，而不是……
- 通过对讲话人需求情况的有意识的修改以求得到一种变体的动态的生存，而不是……
- 通过自觉的语言意识以获得一种变体的复兴/更新/再利用。

所有这些观点都必须认定的现实——语言是：

- 不只是生成一种语言所有且唯一可能结构的"一套规则"；
- 不是独立于讲话人社群、他们的价值观、信念与传统行为的；
- 不是一个范围明确的系统而是一个与它相切近的所有（语言的和非语言的）系统密切交流的系统；
- 不是一个可以"传给"后代的"物体"。

米尔霍伊斯勒指出：

[基于西方语言概念的]对传统语言突出属性的概括是危险的……
a. 语言不能被看成是独立于语境、说话活动或使用者……之外的一种物体。
b. 在许多情况下我们正在处理的是一系列的讲话方式，而非单独的语言系统……
c. "了解"与"拥有"特定的讲话方式之间所具有的明显差异。
d. 特定的讲话方式可能与土地所有权有关，其他的则与宗教和亲属关系有关。
e. 多方言现象与多语现象是有效交流的基础……

因此，问题不仅是如何保持语言，而且还包括如何维持支撑交流的各种相互关联因素所形成的复杂网络。在使用"语言"这个术语时，人们需要了解这个概念在不同的文化中可能有许多不同的解释。西方人已经习惯了的，并成功地用一种特定文化的具体概念来讲并讨论这种概念的事实，其普遍的有效性并不合理。事实上，一些语言学家已开始认为西方的语言概念是语言规划领域许多问题的根源……（Mühlhäusler 1995c：1—2）。

五、语言问题与语言规划

本学科的一份核心期刊名为《语言问题与语言规划》，其刊名反映了这样的概念，即该领域的重点是识别语言问题并通过语言纠正、语言治疗或语言规划提出解决方案（如 Jernudd 1981，1982，1992）。第三章中研究了一些语言问题或语言规划目标，有助于我们更好地了解语言规划者一直试图解决的问题的不同类型。如果我们比较一下这一章所讨论的十一个目标清单与八个关键变量，会发现什么是"问题"而非问题的解决方案是最近的一个概念，是源于对语言多样性的更广泛的认识。例如，由于社群中读写能力分配不均，缺乏读写能力是一个"问题"的概念根本站不住脚，从而会导致比有无读写能力本身更大的"问题"产生，即权力的分离。语言转用可能并不代表在文化认同缺失中隐含着"问题"。另外，"一种变体应该以其历史上正确的形式静态地保存下来"这一概念可能是一个"问题"，它会导致语言使用者对这一变体的感知从一个自然的事物改变为一个尴尬与困难的人工制品。少数人语言的使用者无法用多数人语言充分交流是一个"问题"，而多数人语言的使用者无法用少数人语言来表达自己则不是"问题"，这种观念也反映了最近民族国家的概念化。

由于语言死亡而导致语言减少是一个"问题"，尽管在这个有趣的问题上人们的意见不一致，但是有些学者认为，在政府实施立法以保护"濒危物种"的环境中，这些政府也应该同样关注人类文化、语言与不同世界观的消失（参见如 Breton 1996；Grenoble & Whaley 1996；Krauss 1992）。但是，后者似乎并未被证明有效可行。同样，如果语言规划的目标是在一种语言环境中静态地保护所有变体，那么所有这些领域实际上就成了"问题"。但是，如果语言规划的目标是为了保证语言的生存作为不断变化的社会背景下的动态因素，那么，这个"问题"的排列顺序就会大不一样。

> 世界各地大多数小语种的情况都非常相似：它们正在经历结构与文体的下降、社会边缘化与传输模式的戏剧性变化。广义地讲，这是由它们不再是孤立于主流文化与世界语言……这样的事实所引起的……那么，真正的"问题"就是找到既能公平对待土著人的愿望同时又能兼容继续影响世界语言的变化……的不可避免的变化的解决方案。（Mühlhäusler 1995b：25—26）

虽然有关语言规划影响的讨论日益增多（见第七章），但是，在语言社群中发生的许多变化都是未经规划的。这成了一种意外的结果或者是针对一般语言自由放任态度的结果。本章考察了影响语言变化并因而影响语言规划的一些关键元素，最后一章将讨论影响语言规划的一些关键问题，并描述在语言生态系统中这些元素与问题可能发挥作用的方式，以作为形成语言规划理论的一种方法。

注释

1. 1993 年的《图邦法》(loi Toubon) 是一项法案，该法案说：法语必须用于公开信息的文件中，法语是教学与交流语言。该法案还要求使用列入正式词汇表中的法语术语来代替潜入法语中的外语（主要是英语）术语（参见 Thody 1995 所举的例子）。最终，宪法法院未予考虑该法案的语言规定性方面，认为这侵犯了基本人权，并认为语言的使用（即描写标准）应能判定一个词是否进入了法语当中

（Anonymous 1994b）。

2. 关于语言死亡的文献越来越多（例如，Brenzinger 1992；Dorian 1989a）。该话题也与第七章中讨论过的语言和权力以及米尔霍伊斯勒（Mühlhäusler 1995a，1995b，1995c）有关语言生态的工作密切相关。

3. 卡普兰的妻子就是一个很好的例子。她在南达科他州长大，家里讲挪威语和瑞典语，但是，她的父母积极推动英语的学习，也许不是积极地，但确实是有效地抑制了对父母语言的学习。她到成年时成为一个英语的单语人。

4. 在大部分人类历史中，科学技术的发展以缓慢而庄严的步伐前进着。一个普通人可以在从来没有碰到任何危险的科学和（或）技术变革的情况下过着充实而快乐的生活。在过去，大多数情况下，科学家们都是一些出于好奇心而从事科学工作的业余爱好者和半吊子，并且要么是通过个人的财富要么是通过赞助者的慷慨捐赠来支持这项工作。直到进入充分的工业革命时期，工商界人士才认识到需要利用科学技术来营利；直到非常近的时代，主要在学术机构中（企业本身也有）每天从事科学工作的专业科学家阶层才开始出现。更近的时期已经出现了"大科学"——重要的"研究型大学"和公司的"智囊团"，他们追求的是特别指定（资助）的科学研究，而这些研究大部分是靠来自企业或政府的资助所驱动的。目前，一些主要行业（如航空航天业、汽车工业、健康产业、所谓的"知识产业"、医药工业等——这些行业中从科学突破到适销对路的技术创新之间的周转时间非常短）保持了大量专业科学家的研究与开发（"研发"）部门。这些研发部门都得到了信息科学家和信息管理人员的支持，他们为工作的科学家提供相关的信息。专业科学家阶层的培养，追求有针对性科学的研究场地的开发以及最近对专业信息科学家和信息管理人员的培养都具有最深刻的文化和语言的影响。（参见第九章"科学与技术规划"部分对这些问题有更广泛的讨论）

5. 这种词汇增长可能至少会以三种方式出现：直接将其他语言中未经修改的词汇项目本土化；按照接受语言的语音与形态句法规则对这些词汇进行本土化和修改；从土著（或历史）来源中创造一些平行的新的词汇。在日本由于有三种音节表的存在，这种变化能很容易看到。拉津基纳（Razinkina 个人通信，参见第八章）报告了美国英语词汇项目对标准俄语的大规模（从流行音乐，甚至从 T 恤衫和汗衫上所印的口号）的入侵，在很多情况下取代了现有的俄语词汇。

6. 在某种程度上，这种形式的语言教育仍然被古典语言学习所采用。当语言教育首次引入中世纪大学中的学院时，学习的是古典语言（基本上就是古典希腊语、古典希伯来语、拉丁语和梵语）。这些是死的语言，有固定的句法与词汇，有有限的固定的文本库存。语言学习的目的不是交际能力（因为没有真实的社会需要用它来沟通），而是为了接触逝去文明的思想、文化与艺术。在这种情况下，选择最有能力的学生来指导并采用语法翻译方法是合理的。在 19 世纪末叶，当现代语言引入学校课程时，原有的教学范式得到保留；语言教学是预留给最有能力的学生的，语法翻译方法得到应用，教学的目的是接触该语言的规范的文学作品。因此，交际能力（因为这是不客观的）很少得到。有一些证据表明，如果孩子们在学校学习一些什么东西的话，他们只学习老师教给他们的东西。虽然语言课程变得逐步关注语言能力了，但是对旧文学的偏爱依然存在，完成教学周期的学生，可能仍然主要有文学倾向。(也请参见"教育语言规划"部分，第五章)

7. 例如，南斯（Nance 1975）举了一个例子说明，所谓的单语环境，可能是一个骗局。

第十一章　语言规划的概念化：关键问题

一、引　言

在第十章中，有人认为虽然语言规划常常被视为一种整体活动，用于管理社区中某一特定时刻某种特定类型的语言修改，相反，语言规划活动必须被视为涉及范围广泛的语言和在环境中语言混合的同时所发生的广泛的修改，也就是说，涉及整个的语言生态系统。有人进一步指出，在我们所生活的复杂世界中，每一种语言都有其自己的支持生态和与其他语言之间的关系。因此，对任何特定情况下语言规划的语言生态的理解，都可能会同时用到下列任何或所有语言变化元素：

（1）语言死亡；

（2）语言生存；

（3）语言变化；

（4）语言复兴；

（5）语言转用和语言传播；

（6）语言融合；

(7) 语言接触与皮钦语和克里奥尔语的发展；
(8) 读写能力的发展。

然而，影响语言规划环境的不只是这些语言变化元素，因为语言规划问题也会对结果产生影响。最近，许多语言规划学科的评论家在谴责一些帝国主义语言实践结果（主要是西方的）方面花费了许多时间与精力（例如，Phillipson 1992；Tollefson 1991，1995；参见 Davies 1996；也见原书第三章第80—82页"传统语言规划批评"题目下的讨论和第七章），毫无疑问，许多过去语言规划的结果应当受到谴责。虽然必须要认识到许多殖民主义者语言政策的不良影响，认识到许多都产生了不恰当的甚至是破坏性的结果这样的事实，但是，详细论述这些脱离现实的问题会使语言规划与政策发展止步不前。也许应该直截了当地宣布暂停所有的语言规划工作，但事实是在宏观与微观层面、在许多政体以及许多其他地方部门中，正在进行的（即使只是非正式的）语言规划无处不在。情况也可能如此，虽然人们能够看到规划的不良影响，但是，人们无法知道在这些情况下"没有规划"的结果将会是什么样子。"没有规划"的结果将产生一种更好的结果呢还是只是将产生另一种应该受到谴责的情况呢？即使是事后，这个反问的答案也并不总是很清楚的。

当语言规划者发现语言生态的时候，他（她）的目标必然是要采取语言生态学的观点。对于语言规划者而言，能够理解使语言生态呈现为现在这个样子的力量，并避免过去的错误在现在的情况中出现是很重要的，但是要想阻止语言规划活动看来是徒劳无功的，因为在过去这种活动大部分都是很糟糕的——特别是在事后和从有利于当前观点的角度来看。此外，我们一直援引语言生态学的概念作为语言规划者的指导原则。重要的是要记住，在思考语言生态的时候，用到的东西比语言还要多。语言是传统目标的载体，是任何特定社会中实现这些传统目标的传统手段。诚然，目标与手段可能会随着时间的推移而发生变化，这些变化会反映在不断变化的语言与不断变化的语言生态中。问题是，语言规划者必须超越构成语言自身基础的语言本身的社会价值观与实践。因此，在研究语言规划模型可能看起来像什么之前，需要讨论一些关键议题，因为这些议题也提出了语言规划者必须面对的"问题"。

二、规划与无规划的语言变化

虽然这本书的重点是语言规划，即规划语言的变化，但是前一章已经证明了严格意义上的未经规划的修改也会发生在社群语言上。这种语言变化可能会无意中出现或者是在整体上对语言采取"自由放任"态度的结果。甚至当涉及规划时，它常常不是政策驱动的，而是解决当前问题的方案的一部分，或者是从一种特殊情况中产生出来的。卢克与巴尔道夫（Luke and Baldauf 1990：349—350）在关键的对澳大利亚和太平洋地区语言规划与教育工作的批判性重读中认为：

> 无论我们对当前努力的过程与结果在理论上和实践上有什么异议，语言的确将会得到规划……语言规划过程，无论是官方的还是非官方的，是正式的还是非正式的，都已经顺利进行……这种情况只能部分地归结于被国际开发机构、各国政府和其他部门……用作语言变化工具的作为一套正式的、成文的学科假设与程序的"语言规划"的发展。……这里的一些来稿指出在面对一系列强制执行语言变化技术程序和各种自愿与专制、中央集权与地方化的尝试时表面上"没有规划"的语言规划的韧性。

考虑到"没有规划"的语言规划可能会对语言变化产生的影响，巴尔道夫（Baldauf 1994）提出了在语言政策与语言规划的情况中为什么要更多地考虑"没有规划"的语言规划的四个原因。

（1）规划的和"没有规划的"语言特点往往共存于同一情况当中，且没有规划的语言特点可能会改变或妨碍规划的进程。例如，（澳大利亚的）维多利亚州和新南威尔士州就有为用英语以外的其他语言（LOTE）参加高中毕业考试的学生准备的教育语言政策和学校课程。然而，来自"少数民族"背景的学生可能也会在"星期六学校"中学习这种语言或者在家里讲这种语言（Janik 1996）。这些学生在他们的学习、考试与考入大学方面有"过高的"优势吗？他们应该因为他们原有的知识而受到惩罚或者他们应该被排除在外，以彰显对少数民族学习者的"公平"吗？

（2）某些活动（即语言规划）的缺失往往提供了有关该活动的信息。例如，在通常为了不同目的而使用两种语言的双言情况中，对这些语言的使用往往会突出重要的社会与政治信息。斯旺与刘易斯（Swan and Lewis 1990）注意到，巴布亚新几内亚的情况是英语一直是官方语言和大中小学的语言，几十年来，未能完成对托克皮辛语（该政体内主要的通用语言）的语言规划。然而，如果不提托克皮辛语，就无法完全理解英语在巴布亚新几内亚语言规划情况当中的作用。在马来西亚，奥如格（Ożóg 1993）认为，设立马来语作为国语而忽略了英语作用的国家语言政策，可能已经伤害到了马来人（政策的预期受益者），因为它使他们在英语正成为经济进展的一种重要语言时很少能够接触到英语。

（3）语言政策与语言规划和权力有关，并可能被用以确保社会的控制而不是实现理想的语言变化。例如，苏亚亚（Souaiaia 1990）认为，马格里布阿拉伯语化的真正障碍是统治精英的政治利益。阿拉伯语化被精英们用作使政治控制合法化的工具，而根本不打算全面实施将会危及这种控制基础的阿拉伯语化。第八章中讨论的消极语言规划的实例是这种现象政治方面的进一步的例子。然而，萨默（Sommer 1991）和克卢南与斯特莱因（Cloonan and Strine 1991）证明，权力也可能会由官僚机构来行使，而这些官僚机构在塑造或改变语言规划以适应政治需求方面会发挥一定的作用。

（4）许多微观语言规划是"没有规划的"，大多数人觉得参与这种语言活动完全能够胜任。第九章中提到的澳大利亚口译与笔译和加拿大魁北克水电公司中固有的那种认为"任何讲两种语言的人都会翻译"的观念强调了在这些情况下很少有初步的规划这样的事实，因为任务的困难被低估了。罗德里格斯（Rodriquez 1992）讨论了在没有任何相应的校本实施计划的情况下亚利桑那州对学校外语教学要求的发展。正如许多教师将会认识到的那样，课程发展的创新往往只是系统发布命令，然后交给专业人士（即教师们）去解决它们将如何得以实施的问题。

因此，没有规划的语言政策与规划在社会上会出现很多，这常常被语言规划者所忽视并因此而没有记录。这对语言变化以及实施语言变化的语言规划者和官僚机构的能力产生了影响。没有规划的语言变化对于语言规划者而言是一个"问题"，因为它改变了语言生态系统，并使其难以制定出准确、有效的语言规划战略；然而，由于它作为一个系统"自然的"一部分，它需要以某种方式得到考虑。

三、时间因素：数百年与数十年

历史证据表明，不同的语言改变发生在不同的时间框架内。例如，在欧洲，拥有特定语言的民族国家的确认持续了很长一段时间，实际上就是数百年；而在撒哈拉以南非洲地区，随着新国家在前殖民帝国的瓦解中产生，国语的选择、语言统一功能的建立、极为多样化的人群对"国家"概念的认同，预计将在很短的时间内发生，最多不超过二三十年。欧洲国家的地理边界，虽然常常是一个有争议的话题，最终还是考虑了一些人口分散的因素；而在撒哈拉以南非洲地区的边界（或大多数前殖民世界中的问题）则是在完全不同的基础上绘制的。而在欧洲，除了最近巴尔干国家重新分配了国土，边界的绘制往往会考虑具有某些语言与文化统一性的地理区域的人口（虽然情况肯定并非总是如此，且最近的政治协议似乎使情况更加复杂了）；在撒哈拉以南非洲地区，边界的定义不得不考虑地理特征与自然资源所在地，而不考虑人的分布。按照欧洲模式，边界通常会沿着河流（居民不认为河流是用来分离族群的，而认为它们是统一族群的主渠道）和其他方便的可以很容易在地图上表示的地理特征来绘制的。

结果，极为不同的人被分配在同一个地理政体中。撒哈拉以南非洲地区较新的民族国家在很大程度上是以语言较为多样为标志的,有些国家(例如,喀麦隆)的人口实际上讲着数百种不同的语言,并进一步按照部落制度来划分(参见最近在布隆迪/卢旺达发生的悲惨的部族间的战争)。这种现象不仅限于非洲撒哈拉以南地区,像印度、菲律宾和印度尼西亚这样的亚洲国家也有同样的例子。只有数量相对较少的撒哈拉以南的民族国家(如卢旺达、布隆迪)确实几乎是单语的。此外,整个大陆被分成由殖民语言情况而产生的以殖民为基础的影响区域,所以,讲葡萄牙语、讲法语和讲英语的非洲已变成截然不同的区域实体,由一套强加的往往不太现实的语言习惯统一起来,而没有考虑到已经建立的民族国家的边界。这样的民族国家有些(如喀麦隆)是按照区域边界来划分的,靠语言来区分的民族国家(例如,讲葡萄牙语的安哥拉、莫桑比克,讲意大利语的索马里,讲西班牙语的几内亚比绍,讲阿非利堪斯语的南非)可能有助于打破其他类似的语言分组(见附录)。

语言规划活动不仅需要考虑语言规划正在进行中的政体的语言情况,而且也应包括考虑邻近政体的语言情况。此外,重要的是要考虑实行规划的政体与邻近政体之间边界的相互可渗透性。现代电子媒介使政治边界更容易渗透了。卡普兰(Kaplan)住在华盛顿州,与加拿大只相隔一个胡安·德富卡海峡;电视基本上是不理会政治边界的。科威特与沙特阿拉伯存在类似的情况,每个国家都可以很轻松地收看到另外一个国家的电视节目。超级电视台的崛起,使人们有可能在任何一个欧洲国家接收到几乎任何欧洲语言的广播。卫星广播使澳大利亚和美拉尼西亚生活在偏远地区的人有可能接收到澳大利亚电视台的服务以及世界各地数百个电视台的服务。电子邮件与万维网使各种语言几乎是即时的远距离通信变得方便而且便宜。

撒哈拉以南非洲地区在过去四分之一个世纪中发生的政治事件已经造成了巨大的跨越政治边界的难民潮,为接收难民的政体带来了新的语言问题。但也许规划活动最需要认真地考虑时间的因素。民族国家与语言之间的快速互补,即使可以证明这种认同是非常可取的,但是这也是不太可能发生的。相反,旨在促进民族国家与语言的相互认同的尝试有可能导致内战,因为在最近的过去就有这样的尝试。总之,在任何一种(规划的和没有规划的）语言变化中，时间都是一个"问题"，限制时间以实现这些国家强加于他们自己头上的语言目标往往是非常不现实的。此外，即使是有那些时间限制也已经被政策的频繁而重大的转变打乱了。

四、描写与规定：一种悖论或只是个问题

虽然语言规划者（和一般的语言学家）曾小心地避免规定主义的任何污染，并多次和一贯地坚持认为他们的功能主要是描写性的，但不可逃避的现实是，一种语言的标准变体的形成以及对语言使用规则议案的提出至少在某种程度上是规定性的。关于语言学家应在何种程度上规定语言的正确性这个问题，语言社群内的意见呈长期分裂状态。当然，在语言与文学社群更为传统的部分内，有一种悠久的规定主义传统。事实上，马丁·朱斯（Martin Joos）虚构的费迪琦小姐（Miss Fidditch）——一名典型的英语教师（1961年，《五个时钟》）体现了规定主义传统的精髓。语法学家与方言学家从洛思主教（Bishop Loth）、约翰逊博士（Dr Johnson）和诺亚·韦伯斯特（Noah Webster）到埃德温·纽曼（Edwin Newman）、《牛津英语词典》以及韦伯斯特在20世纪未经删节的诸词典中都论证了英语的"标准"，并已经快速地规定出英语语言的"正确的"形式，陷入有关"shall"与"will"的适当使用、"ain't"是否真的是一个词、是否应容忍分裂不定式与句末介词等的无休止的争论中。

报纸与出版商都已经卷入到正确性的问题当中了，定期出版了许多样式表单以确保符合他们的规定。专业协会定期参加这种辩论，经常出版他们自己的样式表（如，美国心理学会［the American Psychological Association，APA］的样式表已经成为北美洲社会科学的出版指南；例如，参见巴泽曼［Bazerman 1988］对美国心理学会样式表单影响研究写作发展的研究以及阿特金森［Atkinson 1993，1995］对受到《爱丁堡医学杂志》和"伦敦英国皇家学会哲学汇刊"影响的英语科学文本历史发展中的惯例的研究；也请参见迪尔［Dear 1985］）。

另一方面，现代语言学家在20世纪的大部分时间所采取的立场是：他们的任务是描写说话者实际上做了什么，而不是试图规定他们应该做什么。这种倾向肯定已经体现在北美洲的转换生成理论（其目标是做出精确的、中性的、说明任何语言中所有和唯一可能句子的语言的描写）的发展中了，并且当前词典编纂的趋势是从大量电脑文本语料库中为语言的实际用户提取词汇和意义。最好的例证就是由伯明翰大学团队合作编写的系列词典以及由牛津大学出版社和其他大型出版机构采集研制的其他大型英语语料库（参见 Murison-Bowie 1996）。

在这两种观点之间，语言规划者陷入了两难境地。一方面，语言规划者往往来自语言（和教育家）项目，并因而成为语言学本质上具有描写功能的忠实信徒；另一方面，语言规划定义中包含规定主义的内核（Bruthiaux 1992）。也许可以在语言规划者执行的任务上加以区分；本体规划在一定程度上基本上是描写性的。也就是说，比如要确定对于一种新的具有书写功能的语言哪一种正字法是合适的来说，描写就是必需的。但是，一旦适当的正字法确定之后，那么就必须在很大程度上来规定是否"采取"这种正字法。[1] 同样，地位规划在一定程度上基本上也是描写性的。也就是说，确定谁在什么情况下为了什么目的对谁讲什么语言基本上是一种描写性的任务；另一方面，一旦语言规划者坐下来撰写建议，那么，根据定义，他（或她）就变成了规定性的，因为他（或她）具有一种以数据为基础的信念，认为这些建议是完成目标所必需的。

换句话来讲这种区分，语言规划在其资料收集活动中基本上是描写性的，但是，一旦语言规划者（或政府官员）超越数据收集而进入到建议、政策的确定与政策的执行阶段，他（或她）就不再只是描写了，这项活动就变成规定性的了。这种区别可能会为语言规划者创造一个"问题"并解释他们为什么不愿参与到规划周期的政策确定/政策执行阶段中。一旦描写的任务已经完成，语言规划者似乎甘愿撤出并将衔接与实施的工作留给官员，从而避免在规定性的活动中弄脏他们的手。因此，需要调整社会科学家们的爱好，让他们将自己看成是公正无私的与客观的观察员。在某些时候，语言规划者成为关系密切的参与者。也许正是因为这一原因，自主语言学的范式约束不能适应语言政策与规划研究——终极"应用"语言学。

然而，事实上，即使他（或她）是最客观与公正无私的，语言规划者也不是一个单纯的描写主义者。毕竟是语言规划者定义了将被回答的问题以及回答这些问题的方式，这些行为本身在事实上于客观的研究中导入了研究者的偏见——在所有研究中情况确实如此。第四章中讨论的各种各样的研究范式说明了这种研究视角的两难情况。因此，作为一名语言规划者或社会科学家可能是每个人都必须为自己解决的"问题"。

五、参与者：谁有权对谁做什么？

处理这种难题的另一种方式就是从人力资源的角度来看语言规划。坐落于新加坡的区域语言中心于1987年举办了一次以人力资源开发为重点的会议。会议组织者将人力资源开发定义为：

> 开展旨在促进个人智力、道德、审美、文化、社会与经济的发展，以帮助他获得作为一种社会资源的他最大的人类潜能。本次研讨会将重点放在特别是东南亚范围内与语言相关的活动能够帮助实现目标的不同方式上。（Das 1987：v）

这个定义提醒我们一个事实，即语言规划最终是关于人力资源开发的，也就是说，是关于谁有权对谁为了什么目的而做什么的。从生态系统的角度来看语言规划，有关语言使用的个人决定是对语言规划者的终极检验。因此，如果语言规划是有意义的和成功的，规划中所涉及的参与者就成了更广泛情境背景中的一个关键"问题"。

特里姆（Trim 1987）认为，人力资源开发要么是右分支，要么是左分支。左分支也许是与语言规划的传统方面和集中开发人类语言资源以满足人力与培训要求最密切相关的一种模型。左分支代表了人力资源开发的社会规划方面。这里的语言规划者处理的通常是大规模的共同的问题。什么语言应该被规划？（规划是）为了谁？由谁来做（规划）？左分支代表的是一种"自上而下"的解决问题的方法。

另一方面，那些对语言规划感兴趣的人越来越认识到，该学科在微观层面提供了很多东西。右分支似乎认为人力资源开发是人们为了他们自己的目的而开发他们自己的语言资源的。这里的重点是个人追求更大的自我意识、更娴熟的技能和能够自主学习。右分支反映的是语言规划的"自下而上"的方法。用特里姆的比喻就是：

> 左分支意味着将社会看成是一个庞大而复杂的机制，个人就像齿轮（或者也许更像硅芯片）插入其中，或者看成是一种拥有数以百万计专门细胞的有机体。我们可以明确说明一种机器零件应该做什么，它应该如何运行，它必须如何构成以便能够有效地完成它的专门任务。

［然而：］

> 右分支不是将社会而是将个人看成其单位。作为独立存在的实体，个人建立的资源使他们能够遵循他们不断变化的目标，灵活地采用方法改变有些不可预知的情况。在左分支中，共同利益是通过仔细的、集中规划而获得的，而在右分支中，是通过无数的个人决定来追求一种启发性的自我兴趣。（Trim 1987：3—4）

社会及其需求以及个人与他们的需求之间的紧张关系在语言规划中是固有的东西。那些参与到语言规划中来的人，特别是在人力资源开发方面，需要牢记这一点区别。然而，构成这两种方法的基础是现代个人日益增长的交际的急迫需求。对于语言规划者来讲，"问题"是虽然语言规划似乎主要是左分支，但是语言规划的信息与最后的成功取决于右分支的活动。为一种特定的语言生态系统制定一个计划以便在这两种方法之间创造一种适当的平衡，这需要认真加以考虑。

六、应用语言学与语言学的应用

从历史上来看，至少在北美洲有两种完全不同的看待语言本质的方式，而这些不同的观点支持了应用语言学的独立发展。另一方面，在被称为"普通"语言学（或有时称为"形式"语言学，或"自主"语言学，或者甚至是"理论"语言学——尽管后者是用词不当，因为其他观点也关注理论）的学科内，调查的对象历来被认为是一种由独特的和不变的结构与语义规则组成的独立语言系统。这种系统在当代思想中已被视为是人类与生俱来的，是已经编码到人类遗传结构当中的一种物种特有的现象。鉴于对其个体发育的生物学解释，在这种范式中，将语言作为一个单独的实体进行调查是完全合理的，因为据说它有一种同人类的生产与使用无关的独立存在。在这个系统中研究者与语言之间的关系是非常简单和没有问题的：主体＞客体。正式调查的目的就是用"中立的"科学语言进行系统的描写，与日常语言的价值判断的特点有相当的距离。这种中立的描写被认为会引起有关该系统内部运作与有关其未来发展方向的合理的预测。这种观点源于逻辑实证主义与科学现实主义传统，并被认为提供的是简约与不变的描述。虽然毫无疑问这种语言研究的方法已经产生了有用的信息，并已产生了一定的似乎是不变的认知语言结构，但还是有一定的问题。如斯里达尔（Sridhar 1990：171）所指出的那样：

　　……形式语言学……是通过语法来确认语言并通过语法理论来确认语言学理论的，这就导致了只关注形式而忽视了语言的使用与功能，或者对语言的使用与功能持怀疑态度。如果语言学被定义为对语言的科学研究，那么为什么它仅限于对语法、语义、形态、音韵……的研究?……乔姆斯基曾经坚定不移地主张语法的自主性及其独立于语言使用与功能的考虑的特性。他甚至表示:"语言不是一个以任务为导向的装置"……(Sridhar 1990:53)

在这种描述中没有任何要贬低该观点的意思,只是为了将其区别于另外一种看待语言的方式。然而,如斯里达尔所言:

> ……认为语法是独立于语境的这种观点是不诚实的,[此外],……虽然形式语言学在发现结构规律方面的成功给人留下深刻的印象,但是他们已经付出了代价。语言学理论可能已经成为以牺牲其主题(即语言是现实生活中的一种交流手段)为代价的一门科学,这是值得商榷的。(Sridhar 1990:172)

有一种替代观点的典型表现,但该典型表现不应被视为一种强大的理论推力,尽管各个部分确实存在某些基本假设。该典型表现代表了应用语言学、社会语言学、语言政策与规划的元素。从这个角度来看,语言并没有被看成是一个独立的系统,而被看成是一种人类产品和一种社会工具。这种观点典型表现的个体发生受到了解释哲学的影响。解释哲学,亦译"哲学诠释学",基本上处于与科学现实主义和逻辑实证主义相对立的一个位置。人们认为,物理科学处理的是人类领域之外的无生命物体,语言是人类思维的产物,因此它与物理科学以及随之而来的主观性、价值取向与情感是分不开的。

在科学现实主义中并因此在自主语言学中,实证研究的对象就是通过对出现在模型与观察到的现象之间的假设对应的反复测试来捕捉一种不变的客观现实;也就是说,实证研究是反复测试任何观察到的对应的一致性并因而验证其有效性的一种工具。在这种新观点中,亦即在应用语言学及在语言政策与规划中(至少部分源自胡塞尔[Husserl]的思想)那种经验主义被视为是可追溯到伽利略系统化的一个错误,因为"假设">"测试">"验证"概念是以任何给定的现象都是稳定不变的这种假设为基础的。这样一种假设甚至忽视了在建设语言方面的前后一致的测试系统过程中固有的实际问题。在不同的观点看来，调查者既是调查的主体也是调查的客体；对语言的研究就是对人类的研究，因此，研究者与研究对象之间的关系必须被定义为"主体">"主体"。

这种看法以合乎逻辑的理由挑战语言的独立存在与客观性的概念以及制定一种不变的抽象模型的可能性。考虑到语言的复杂性，考虑到语言会随着时间的推移而发生变化这样的事实，考虑到语言存在于不同的文化系统之中这样的事实，要像在物理科学中那样发现不变的规律是不太可能的。因此，语言研究至少在一定的程度上应该是描写性的而非预测性的和解释性的。

此外，从这个角度来看，在不考虑上下文的、"中立的"科学意义上来描写语言是不太可能的，因为在部分与整体之间存在着不断的运动，因为没有清晰可辨的开始与结束的点。另外，语言不能被视为是与历史无关的。只要认为语言是不变的和独立于人类活动之外的（就像在自主语言学中所认为的那样），那就不能从历史的角度来考察语言；只要认为语言是基因调节的和独立于人类的能动作用之外的，那么，历史就变得无关紧要了。但是，一旦认为语言是人类思维的产物和一种工具，就像在应用语言学中所认为的那样，那么，随着时间的推移，它的持续存在就构成了一个理论问题（Grabe & Kaplan 1992；Kaplan 1993c）。

我们倾向于认为语言规划是应用语言学的最终形式。除非人们认为语言是一种社会现象，否则的话，除了在最严格意义上的本体规划之外，要想实施语言规划是完全不可能的。这并非声称自主语言学的见解是无关紧要的，相反，语法理论的一些概念在本体工作中是很重要的。但是，地位工作需要一个非常不同的方法来定义语言，来理解人类和他们在互相交流时所使用的语言之间的相互关系。

例如，考虑到识字涉及到语言的一种工具功能，并且考虑到识字是由社会定义的，因此，在将识字作为一种社会现象来理解这个方面自主语言学提供不了什么东西。任何已知的语言"都是讲话人社群之间互相交流和代表他们所生活的现象世界的理想手段"。这是一种考虑了很多文化、行为与信仰体系并明显接受了历史分析的定义，由于现象学会随着时间的推移而发生变化，但是，这样一种定义其本身是不充分的。按照惯例，这样一种"理想手段"必须受到约束；也就是说，随着时间的推移，讲一种语言的人就会制定出一套共同的解决方案以作为语法、语音、语义、语用功能以及话语结构方面制度化的东西（参见叶斯柏森［Jesperson］1933/1964：16）。诚然，这些共同的解决方案反过来会受到人类思维与人类生理能力的制约，因此，所有的语言（由人类发明，并不完全像维纳斯①从宙斯的头颅中生出来那样）都有传统的命名方式，有传统的将符号安排成有意义的字符串的方式，有在发音机制的有限能力之间进行选择以便清楚地表达符号的传统方式，有在任意书写痕迹的无限范围内进行选择以便用视觉形式表示声音符号的传统方式，有解决话语问题等的传统方式。生物学家温·爱德华兹（V.C.Wynne-Edwards 1962）根据惯例将社会定义为："一个社会可以被定义为一组通过传统方式竞争传统奖品的个人。"如果这一定义有任何效力，那么必然会涉及一种语言：

- 有关传统奖品与手段的传统方式；
- 确定与隔离那些不能分享这些传统奖品与手段的人的方式；
- 确定那些传统的奖品与手段保持于其中的物理空间（领土边界）的方式；
- 最好不涉及对生命构成威胁的保卫边境的方式；
- 世世代代传递构成传统奖品与手段的基础的价值观与象征的方式。

重要的是要认识到，虽然个人可以是单语者或多语者，也就是说，只能参与到一个讲话人社群中，或能参与到两个或者多个这样的社群中，但是，社群本身是不能够完全单语的。（有一句古语讲：十里不同音）因此，语言政策与规划必须调用纳入规划空间内的每一个讲话人社群的传统目标与手段。正是由于这个原因，应用语言学对于语言政策与规划来讲才是重要的，而自主语言学则根本不重要。

---

① 似应为"雅典娜"。

七、关键元素与问题的总结

第十章中研究的语言规划八种关键语言变化元素包括：(1)语言死亡；(2)语言生存；(3)语言变化；(4)语言复兴；(5)语言转用与扩张；(6)语言融合；(7)语言接触与皮钦语和克里奥尔语的发展；(8)读写能力的发展。每一种都发挥着独特的作用，并可能出现在任何给定的语言规划环境中的任何组合中。本章还研究了五个关键问题，包括：(1)规划与无规划的语言变化；(2)时间因素；(3)描写与规定；(4)人力资源开发；(5)应用语言学与语言学的应用。这些关键元素与问题都对语言规划者提出了"问题"，讨论表明，西方语言学关于语言的模型可能不适用于语言规划，为了使语言能够生存必须具备一定的条件：

（1）父母必须愿意并能够将语言传递给他们的后代，并且必须实际上真这样做了。

（2）不可能存在那种将会导致一种更强大的语言（高变体）以强加于一种不怎么强大的语言（低变体）之上的条件，功能域必须保留。

（3）讲话人的社群必须是充满活力的、稳定的或不断扩大的。

如果没有这些条件，语言就可能会死亡。这次讨论探索了语言一旦面临死亡是否可以复兴的问题，并表明，如果它们确实可以得到复兴，那么学校环境可能不是适当的实施复兴的地方（参见 Hornberger & King 1996）。讨论还表明，"复兴"不应该寻求恢复过去或"现状"，而应该在过去的基础上建立转换语言以使其能满足在重要语言领域的真正的语言应用需求。讨论进一步表明，某些被视为"问题"的现象可能不是事实上的问题，而真正的问题可能是完全不同的。

> 然后，真正的"问题"就是找到既符合土著人民愿望，同时又符合将继续影响全世界语言的不可避免的变化的解决方案……（Mühlhäusler 1995b：26）。

语言规划不是"语言工程";最终,它必须满足所有讲有关语言的人的需要。虽然语言规划的解决方案必须通过传统的广告技巧"出售"给公众,但是,基本的规划必须是自下而上的,并必须服务于社会的利益,否则,它就不符合刚才所阐明的能够生存的语言的那些条件。

即使在最好的情况下,语言规划者也将会陷入语言规划环境中政治的、语言的与社会的目标之间的不可避免的矛盾之中。"政治的"目标通常会在一定程度上让人联想到"控制"问题;语言规划机构或组织之所以要实施语言规划,是因为它相信它已经失去了(或正在失去)对环境中某些部门的控制,并且规划机构相信,通过规划语言行为能够重新建立控制。"语言的"目标通常是提供一种对语言环境的中立的、科学的描述。如前所述,当语言学家被要求做规定而不只是做描写时,他们往往会变得非常紧张,然而不可避免的是规划环境需要某种规定,同样不可避免的是,语言学家并不完全是一个冷静的观察者。他(她)通过定义要解决的问题,通过定义解决问题的手段,通过筛选所收集的数据以便回应已经解决的问题而导入了他(她)自己的偏好。"社会的"目标通常是由一些社会正义的观念所驱动的。在最终规划的某些部分当中,实施者将会受到通过规划的实施来解决社会问题的愿望的驱动。早在本书中,我们呼吁关注这样的现实,即评估规划实施的成果是最困难的,因为人们根本不知道如果没有规划或者如果实施了其他一些规划会发生什么事情。更重要的是,社会问题往往来自复杂的原因。例如,虽然在消除贫困与语言之间可能会有某些因果关系,但是,"固定的"语言状况是不大可能消除贫困的。情况可能如此,即虽然读写能力的普及可能会缓解一些问题,"消除文盲"将不能解决复杂的社会问题;但是,识字的传播可能会造成同样严重的问题,它可能会造成正在让位于主导语言读写能力的环境中某些语言的死亡,它可能重新配置社群的社会结构,它可能会加剧文化价值的消亡(Mühlhäusler 1995b)。

很可能是在任何给定的环境中,政治的、语言的与社会的目标可能会在完全不同的方向上并以不同程度的强度起飞(图 11.1)。规划者任务的一部分就是努力实现这些不同目标之间的一些共识,即作为语言规划过程的一个部分为这种混乱状况带来一些秩序。这是一个包括了妥协艺术和发展可行的共识艺术在内的技术应用集合,在某些理论意义上,这对于语言学家来说常常是很难处理的,因为他(她)的培训往往是以找到"那个"正确的解决方案为导向的。然而,在目标不协调的环境中制定的政策,至少在某种程度上是注定要失败的。

所有这一切并不意味着语言政策的制定与语言规划是不应该发生的,因为正如我们所看到的那样,它可以非正式地出现在任何情况下。相反,我们认为,目前的世界环境需要语言规划。我们愿意相信,在意识不到人们正在干预生态系统的情况下实施语言规划对于社会的健康是危险的。但是,在(即使只是部分地)认识到生态系统的一个环境中,实施了前期语言规划,目标明确,其中涉及语言将会被改变的那些人,其中有充足的时间与资源可用,语言规划才能够得以实施。它甚至可能会产生令人惊讶的积极与有益的结果。

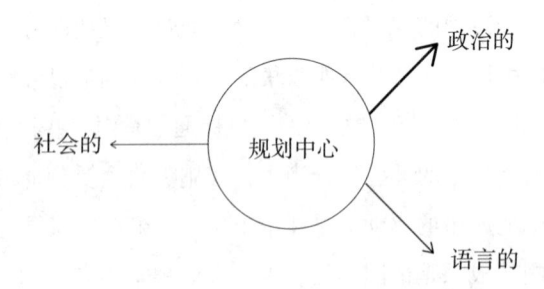

图 11.1　语言规划中政治、语言与社会力量的走向

八、建立语言规划模型

在本书中我们试图回顾许多可接触到的国际上出版的语言规划文献。在这种回顾的基础上,图 11.2 试图说明在语言规划活动中工作的各种力量。最大的圆圈代表的是正在进行的规划就是为了建设这个语言生态系统。在最大的圆圈内,第二个最大的圆圈代表的是这个作为例证的言语社群的国语/官方语言。编号 1—5 的小圆圈代表了该社群中的少数族群语言。编号

第十一章　语言规划的概念化：关键问题　337

为 6 的这个小圆圈代表的是一种很可能在不久的将来会死亡的语言。编号为 7 的这个小圆圈代表的是官方语言的一种非标准变体（如美国的黑人英语或墨西哥裔美国人的非标准英语）。左轴下方的各个项目代表的是在第十章和第十一章前面已经讨论过的影响语言生态系统的各种力量；在底部的各个项目代表的是影响这个系统的机构和组织。这些组织在第一章中讨论过，并与第二章中哈尔曼（Haarmann 1990）的影响组织有关。为了说明这样一个生态系统可能包含什么内容，表 11.1 列出了这些类别并提供了在澳大利亚、马来西亚、墨西哥、南非、瑞典和美国这六个政体中其中一些可能包含什么内容的部分描述。对这样一个系统的完整描述则超出了本书的范围。

　　此外，虽然图 11.2 代表了施加相同影响的各种机构和组织，但是情况很少是这样的；一些机构和组织需要加权以便准确地代表其影响。该图是语言规划者必须考虑的各种事项的简化表示法。第四章中的图 4.2 建议了一种收集数据的手段，这些数据将会用来使人们有可能呈现图 11.2 中的信息。

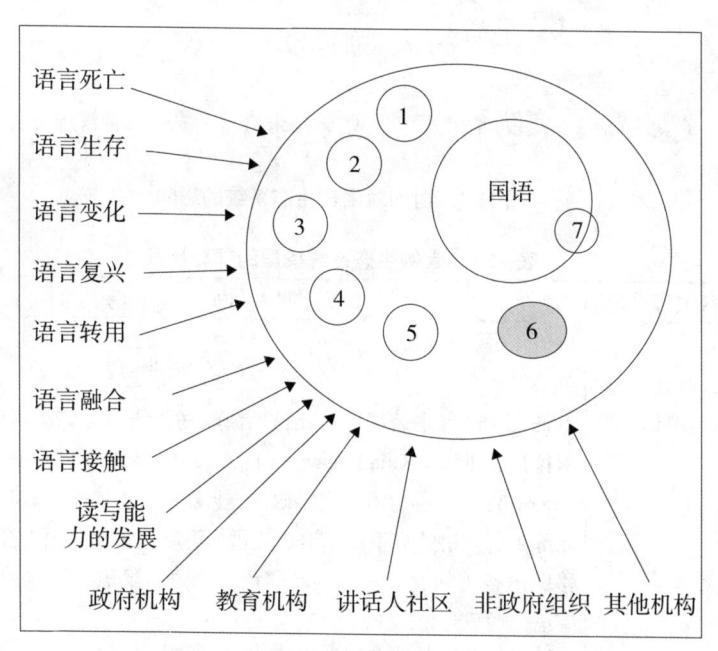

图 11.2　语言生态系统中发挥作用的各种力量

此外，由于该图只是一个二维图，无法呈现历史时期。人们可以想象，在过去 100 年中每隔 10 年的一系列这样的时间间隔，很像能说明英国或犹太历史的一本历史地图集（如图 11.3 所示）。[2] 例如，在新加坡 1960 年到 1990 年之间的情况中，我们会发现代表英语的圆圈在增长，代表华语的圆圈在长大，但在稍后的日期中由于"讲华语运动"（Kuo 1984；Newman 1988），代表马来语、泰米尔语和汉语方言（即客家话、粤方言等）的圆圈在同一时间框架内将会在尺寸上有所缩减。

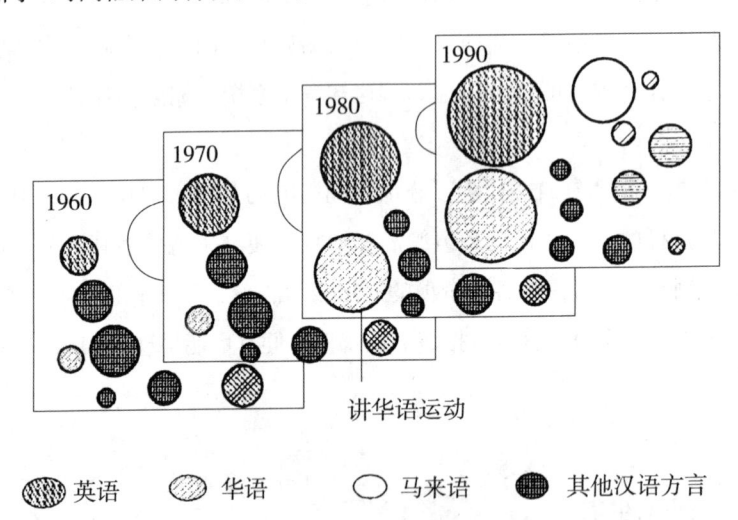

图 11.3　时间对语言生态系统的影响

表 11.1　六例生态系统模型的部分情况

语言生态系统	澳大利亚
国语	英语（事实上的）。
广泛沟通的语言	英语。
少数族群语言	也许有 150 种土著居民与托雷斯海峡岛民语言［如沃尔皮里语、卡拉戈雅语（Kala Lagaw Ya）］（一说"卡拉亚戈雅语"，Kala Yagaw Ya）、阿兰达语、提维语），土著克里奥尔语（如澳大利亚北部土著人讲的克里奥尔语、托雷斯海峡克里奥尔语）和 150 种移民语言（如意大利语、希腊语、德语、汉语、阿拉伯语、越南语、西班牙语）。
垂死的语言	多达 120 种土著语言只有不到 10 个人讲。

续表

非标准变体	土著英语、英语的民族变体、澳大利亚社会方言、托雷斯海峡克里奥尔语。
宗教语言	主要是英语，但还有教会希腊语、古典阿拉伯语、希伯来语、古教会斯拉夫语、科普特语、拉丁语。土著语言在宗教方面的应用。
语言死亡	100 种或更多的土著语言已不再使用。
语言生存	澳大利亚英语，10—15 种土著居民与托雷斯海峡岛民语言和克里奥尔语（如澳大利亚北部土著人讲的克里奥尔语、沃尔皮里语、提维语、卡拉拉戈雅语）；大多数移民的语言通过持续的移民而生存下来，不过也出现了一些学习与代际维护现象。
语言变化	澳大利亚英语借用了许多土著词汇。社群语言（如意大利语）则从英语和土著语言中借用了一些词汇。社群语言的语法简化发生得比在它们的本国环境中还要快。澳大利亚英语正在受到其他英语变体（特别是美国英语）的影响。
语言复兴	有一些旨在语言再生、更新或复兴的土著语言项目，如冈贝英吉尔语（Gumbaynggir）、楠巴尔沃语（Numbulwar）、瓦拉卡乌纳语（Warra Kaurna）、贾布盖语（Djabugay）、伊尔克明甘语（Jilkminggan）。
语言转用	有一种普遍的从土著语言和托雷斯海峡岛民语言以及移民语言向英语的转用，其中有些语言（如荷兰语）的转用速度比其他语言（如希腊语和意大利语）要快。
语言融合	澳大利亚北部土著人讲的克里奥尔语、托雷斯海峡克里奥尔语。
语言接触	主要是英语和土著居民与托雷斯海峡岛民语言以及移民语言之间的接触。美国英语（如，流行音乐、电影、电视）和英国英语（如，残留在司法、圣公会、媒体中）的影响。
读写能力的发展	像澳大利亚移民教育计划这样的以英语作为第二语言的课程，像 1987 年制定的"国家语言政策"这样的国家政策开始在联邦层面的成人识字方面发挥作用了，澳大利亚语言与识字政策重点关注成人与儿童；1996 年全国的识字政策正在考虑之中。社区与土著语言在有些学校课程中被用于识字的发展。
政府机构	移民与多元文化事务部、土著居民与托雷斯海峡岛民委员会（土著语言与托雷斯海峡岛民语言联合会）、特别广播服务（SBS）电台与电视台。

续表

教育机构	八个州和地区中每一个都有自己的学校教育部门制定教育政策与方案；就业、教育、培训与青年事务部提供了补充资金并资助示范项目。少数民族社区组织在有些州提供了"星期六"学校课程。
非政府机构	语言澳大利亚（澳大利亚国家语言与读写研究所）、澳大利亚应用语言学协会、澳大利亚语言学会、澳大利亚国际英语教师资格认证部门（ATESOL，Australian Teaching English to Speakers of Other Languages）、澳大利亚现代语言教师协会联合会、歌德学院、法语联盟。
讲话人社群	一些土著居民与移民群体生活在每天都可以讲他们自己语言的社群中。
其他机构	澳大利亚少数民族社群议会联合会（亦译"澳大利亚少数民族社群联盟理事会"），数百个少数民族特有的组织。

语言生态系统	马来西亚（Conrad Ożóg 个人通信）
国语	马来语。
广泛沟通的语言	英语、汉语、印度尼西亚语/马来语（区域性）。
少数族群语言	汉语、泰米尔语、伊班语、穆鲁特（山上人）语、卡达桑语/杜桑语。
垂死的语言	马来西亚半岛的奥朗阿斯里语言；沙捞越的可拉必语与南人（亦译"普南""本南"）的语言。
非标准变体	商场马来语、吉兰丹马来语、沙捞越沿海马来语、沙巴马来语。
宗教语言	古典阿拉伯语、华语、梵语。
语言死亡	半岛的土著语言中许多已经死亡或濒临死亡。
语言生存	汉语"方言"像吉兰丹州、沙巴州和沙捞越州的马来语方言那样生存着。尽管试图将伊班语的地位降级为一种"马来语的方言"，但是，该语言在沙捞越州继续生存并繁荣发展着。
语言变化	土著语言和马来语方言现在从马来语中广泛借用成分。
语言复兴	伊班语作为沙捞越人的身份表达正在沙捞越州得以复兴（不过它不是一种受到威胁的语言）。
语言转用	从土著语言和马来语方言向马来语的转用（如，在沙捞越州从可拉必语、南人语言、比达友语向马来语的转用）。
语言融合	

续表

语言接触	所有少数族群语言都与马来语有广泛接触从而导致广泛借用马来语的成分。马来语则借用英语的成分。
读写能力的发展	
政府机构	语言与文学委员会；马来西亚广播电视台。
教育机构	课程发展司。
非政府机构	渴望维护汉语"方言"的中国宗亲会。
讲话人社群	许多讲土著少数族群语言的人仍然生活在同质化的语言社群中。
其他机构	

语言生态系统	墨西哥（Patthey-Chavez 1994）
国语	西班牙语。
广泛沟通的语言	西班牙语、英语。
少数族群语言	48个明确界定的少数民族群体，有5,282,347个讲土著语言者。
垂死的语言	12种语言面临灭绝的危险。
非标准变体	
宗教语言	西班牙语、拉丁语，用土著语言开展的圣经识字。
语言死亡	10种官方承认的语言已经灭绝。
语言生存	有50万讲玛雅语的人，有80万讲纳瓦特尔语的人；讲马萨瓦语、马萨特克语、米斯特克语、奥托米语、托托纳克语、策尔塔尔语、佐齐尔语、萨波特克语的人超过10万。
语言变化	
语言复兴	现在中学和大学中正在教学纳瓦特尔语。
语言转用	存在土著语言转用西班牙语的情况。
语言融合	沿着美国/墨西哥两侧边境有一系列非正式的（和贬抑的）名叫德克萨斯墨西哥导语（Texmex）的皮钦语/克里奥尔语。
语言接触	特别是沿美国边境地区的英语的影响；土著语与西班牙语接触。
读写能力的发展	"暑期语言学院"计划直到1983年才放弃；政府识字计划。
政府机构	国家土著语言研究所。
教育机构	大众文化总局；土著教育总局（DGEI）；成人教育研究所（亦称"全国成人教育学院"，INEA）；
非政府机构	
讲话人社区	
其他机构	土著人理事会；土著民族独立阵线；公务员协会土著双语专业人士全国联盟；墨西哥国立自治大学（UNAM）。

语言生态系统	南非（Webb 1994, 1996）
国语	祖鲁语、阿非利堪斯语、英语、科萨语、北索托语、茨瓦纳语、南索托语、聪加语、斯威士语、文达语、恩德贝勒语。
广泛沟通的语言	英语。
少数族群语言	印地语、古吉拉特语、泰卢固语、乌尔都语、泰米尔语、葡萄牙语、希腊语、意大利语、德语、荷兰语、法语。
垂死的语言	
非标准变体	法纳卡洛语、措齐塔尔语。
宗教语言	古典阿拉伯语。
语言死亡	
语言生存	
语言变化	
语言复兴	
语言转用	
语言融合	
语言接触	
读写能力的发展	
政府机构	
教育机构	
非政府机构	
讲话人社群	
其他机构	

语言生态系统	瑞典（Birger Winsa 个人通信）
国语	瑞典语。
广泛沟通的语言	英语、德语、法语。用法语进行的教育越来越重要。芬兰语是瑞典北部交流的一种重要语言。
少数族群语言	芬兰语、托纳达伦芬兰语、萨米语；16世纪以来的罗曼尼语；许多移民语言（如丹麦语、挪威语、德语、波兰语、匈牙利语）。
垂死的语言	萨米语具有良好的公众支持度，但讲这种语言的人很少。南部萨米语有几百人在讲；北部萨米语有几千人在讲。上卡利克斯瑞典语、艾尔夫达伦瑞典语、哥得兰瑞典语只有一些老年人在讲，并濒临灭绝。
非标准变体	政府不承认托纳达伦芬兰语是一种单独的语言，但它是标准芬兰语的一种变体。人们不认为南部萨米语与吕勒奥萨米语是标

续表

	准的萨米语，但它们是标准瑞典语的互相不能理解的两种变体。还有一些瑞典语的移民变体。
宗教语言	通常是瑞典语，尽管芬兰语在瑞典北部的莱斯塔迪亚运动[①]中一直是宗教语言并拥有活跃的讲芬兰语的人口积极应用于主要城市当中。萨米语在有限的范围内使用。
语言死亡	芬兰语在韦姆兰县自16世纪开始一直讲到20世纪60年代它死亡为止。除了芬兰语之外，其他一些语言（如低地德语、丹麦语、佛兰芒语、依地语）已不复存在了。
语言生存	标准瑞典语；芬兰语、萨米语和罗曼尼语（？）由于更换而得以生存下来。
语言变化	萨米语和托纳达伦芬兰语借用了新的术语，现在在北部越来越有影响力。标准瑞典语术语的发展通过瑞典技术术语中心（TNC）来进行。
语言复兴	从20世纪80年代开始托纳达伦芬兰语已经变得越来越流行。
语言转用	人们普遍转用瑞典语，特别是从芬兰语转用瑞典语（遵从三代规则）、北部的从萨米语转用瑞典语，直到最近，托纳达伦芬兰语每年都节节败退。瑞典语变体也在转用标准语。
语言融合	没有。
语言接触	所有少数族群和移民的语言都接触标准瑞典语，有些接触标准芬兰语，在较小的程度上接触挪威语、丹麦语（区域性的语言）和其他广泛沟通的语言。自1809年瑞典在对俄罗斯战争中失败

---

① 莱斯塔迪亚运动是文艺复兴时期芬兰、瑞典、挪威、俄罗斯和北美洲的一种基督教运动。信仰《圣经》规则，高度重视马丁·路德与植物学家、牧师拉尔斯·莱维·莱斯塔迪乌斯（1800—1861）的教训。19世纪40年代，莱斯塔迪乌斯作为瑞典教会的牧师开始在瑞典北部活动。他希望只用莱斯塔迪亚称呼基督教徒，结果其他人被称作莱斯塔迪亚。莱斯塔迪亚运动是芬兰信义会和瑞典教会内最大的文艺复兴运动之间的一个。由于会众之间的不和，运动分成了几个不同的派别。莱斯塔迪亚强调基督徒的一种生活形式。一个珍贵的传统就是在会议上"以耶稣的名字和宝血"的名义宣布赦免罪行。莱斯塔迪亚的见面问候语是"上帝的和平"。莱斯塔迪亚的家庭往往比非莱斯塔迪亚的家庭大，十到十五个男孩的家庭并不少见。莱斯塔迪亚有许多都是结了婚的年轻人。莱斯塔迪亚在不同国家的几组成员总数有几十万人。参见：http://www.myetymology.com/encyclopedia/The_move-ment_of_Laestadian.html。

续表

	以来，缺乏与芬兰语的直接接触意味着托纳达伦芬兰语保留了其他芬兰语变体中已经丢失的一些特征。萨米语在与芬兰语各变体的接触中受到了大规模的影响。
读写能力的发展	瑞典的每一种移民语言与少数族群语言都有家庭语言教学。芬兰移民大约有10所用芬兰语作为教学语言的私立学校。
政府机构	瑞典是唯一的一个拥有一所正式语言学院（成立于1786年）的斯堪的纳维亚国家。移民局（Invandrarverket）。
教育机构	全国教育委员会（Skolverket，提供了一个每一所学校都必须适应的框架，但是，现在教育的责任又由地方当局负责）可能会更敏感，试图通过减少家庭语言教育来节省费用。
非政府机构	瑞典芬兰语言委员会（Sverige Finska sproknamnden，负责芬兰移民工作）；萨米语言委员会（Samiska sporknamnden）；瑞典技术术语中心（TNC）。
讲话人社群	区域性社区——讲萨米语和托纳达伦芬兰语的人；吉普赛人（分散的）；移民——芬兰人和另外也许有150个语言群体。
其他机构	萨米语社区有萨米人议会（政府资助的）试图扩大萨米语的使用；芬兰人有一个伞式组织名叫瑞典芬兰国民协会（Svergefinska Riksforbundet）；托纳达伦人有一个组织名叫瑞典托纳达伦人协会（Svenska Tornedalingars Riksforbund）。后两者是从事语言与文化工作的独立组织。托纳达伦芬兰语的本体规划已经由包括马蒂·肯塔（Matti Kentta）、本特·波赫亚宁（Bengt Pohjanen）、比耶·温萨（Birger Winsa）和埃尔林·万德（Erling Wande）在内的个人志愿者完成。其他群体都有他们自己的组织。

语言生态系统	美国
国语	英语（事实上的）、西班牙语（波多黎各）、萨摩亚语（美属萨摩亚）。
广泛沟通的语言	英语。
少数族群语言	美洲印第安人语言、西班牙语。
垂死的语言	许多美洲印第安人语言。
非标准变体	黑人英语、墨裔美国人的非标准英语（MANSE）、许多没有标准变体的美洲印第安人语言和移民的语言。
宗教语言	大部分基督教教派用英语，但还有许多其他语言（如阿拉伯语、教会希腊语、希伯来语、印地语）。

续表

语言死亡	许多美洲印第安人语言。
语言生存	尽管有政治论调,但是英语并没有受到威胁。许多移民语言(如挪威语、匈牙利语)都生存下来了。
语言变化	
语言复兴	纳瓦霍语、局部复兴的莫霍克语。
语言转用	移民语言与美洲印第安人语言普遍转用英语。
语言融合	宾夕法尼亚荷兰语。
语言接触	西南地区与佛罗里达州所有语言都接触英语和西班牙语,东北地区的所有语言都接触法语;通过国际业务、军事占领和联合国维和行动而发生的接触。
读写能力的发展	
政府机构	印第安事务局、商务部、邮政总局、联邦法院。
教育机构	双语教育与少数民族语言事务办公室(OBEMLA,Office of Bilingual Education and Minority Language Affairs)。
非政府机构	国家英语教师理事会(NCTE)、对外英语教学教师协会(TESOL)、美国外语教学理事会(ACTFL)、说英语联盟(The English-Speaking Union,E-SU)、歌德学院、法语联盟、纳瓦霍自治领域、应用语言学中心。
讲话人社群	美国各地都有少数族群聚居地,有些是地方性的(如在洛杉矶,东部洛杉矶讲西班牙语,圣佩德罗讲葡萄牙语/意大利语,长滩讲萨摩亚语和关岛语,好莱坞讲阿拉伯语/黎巴嫩语),不过有些是区域性的(如明尼苏达州/南达科他州讲瑞典语/挪威语,俄勒冈州/华盛顿州讲芬兰语,俄勒冈州讲杜科波尔派[①]俄语,或者整个西南地区和佛罗里达州以及许多大城市都讲西班牙语)。
其他机构	

因此,很明显,随着作用于该系统的任何力量的改变,整个系统也就会被改变;也就是说,如果为了这个生态系统的语言规划需要尝试复兴图 11.2 中的少数族群语言 6,那么这个系统中的所有其他语言都将会受到

---

① 亦为"Doukhobors",原义为"灵性斗士",18 世纪产生于俄国,1899 年因受迫害而移居加拿大。

影响；或者说教育机构所做的努力增加了或减少了，那么这种变化将会影响到在这个生态系统中发挥作用的所有其他力量。此外，必须记住，在这个生态系统中相互作用的各种语言代表了不同的讲话人社群，这些讲话人用几种不同的语言互相交流并与该生态系统中或者邻近的看起来很不相同的生态系统中的其他讲话人社群进行交流。该图可能说明了制定语言规划（制定语言政策之前必须做的）有很大的困难，如果解决方案是："……找到既能满足土著居民愿望，同时又能与将继续影响全世界语言的不可避免的变化相一致……"（Mühlhäusler 1995b：26），那么，数量很大的变数必须保持平衡。

虽然图 11.2 提供了一个总的语言生态系统的全局观，但是，每一种单独的语言也应该从其生态的角度来考察。图 11.4 的意图就是要说明这样的事实，即在任何语言规划活动中，必须得考虑邻近的语言生态。应该注意到，在"生态 2"中的主要语言在两个邻近生态中是作为一种少数族群语言出现的，而在"生态 3"中的主要语言是作为少数族群语言出现在"生态 2"中的。还应该注意到，人为裁定的政治边界与生态边界是不一致的。粗线表示的是语言规划活动的主要目标，虚线表明语言规划活动必须关注邻近生态中存在的一些相同的语言，而不用考虑政治边界。人们还必须注意到的是，有大量语言是重叠的，有许多少数族群语言出现在所有这三种生态之中。由于生态显示为重叠的，所以该图中的一些语言的重叠就隐藏起来了。

该图表明了在政治边界内存在的三种主要语言，不幸的是，现实世界中的情况很少如此整齐。有人可能会认为马来西亚（有四种主要语言与一些小语种）是一个现实世界的模型。在这种情况下，每一种主要语言都有其卫星语言。例如，如果"生态 2"中的主要语言是英语，"生态 3"中的主要语言是马来语，而"生态 1"中的主要语言是汉语，那么"生态 1"中至少有些少数族群语言将会由其他汉语方言（如客家话、福建话、广东话）来代表，"生态 2"中的一些少数族群语言可能会是马来西亚英语、新加坡英语和甚至像法语和德语这些关系更远些的语言（即海外教育、贸易

政治边界

生态3

生态2

生态1

政治边界

语言规划活动

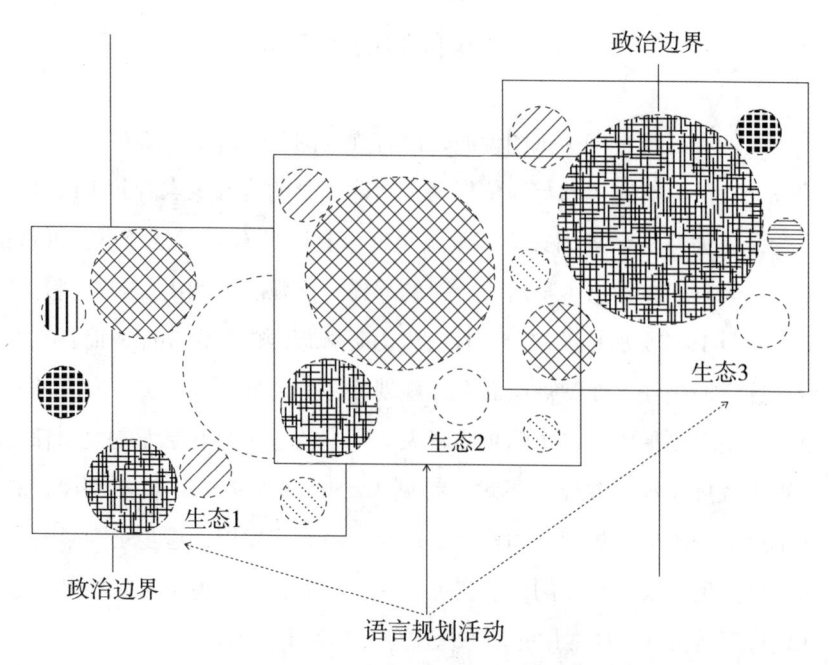

图11.4　生态视角对语言规划活动的影响

和旅游业的语言），"生态3"中的有些少数族群语言，可能代表了印度尼西亚语和马来西亚的其他"土著马来西亚人"少数族群语言（如商场马来语、伊班语、卡达桑语、穆里特语）。[3] 为了节省版面，为了不让这幅图显得太复杂，由于有东部马来西亚的"土著马来西亚人"的语言（如卡达桑语、伊班语），第四种主要语言（泰米尔语）被省略了，不过在其卫星语言中，应该包括南亚的其他语言。

也有人可能会注意到，虽然这一假设的规划问题的主要焦点是英语，也许作为政府的"2020远景"国家发展计划的一部分，英语语言规划将会影响到这个系统中其他语言的生态。政治边界分割了"生态3"，也就是说，马来语是关注印度尼西亚语和在文莱与新加坡讲的马来语的一种共同拥有与规划的语言。规划汉语也会跨越政治边界，新加坡考虑的是社会政治意义，而中国大陆和台湾则从语言角度来考量。英语的语言规划也会提出哪一种英语的问题（例如，参见 Zawiah Yahya 1996）。这幅图的意图仅仅是为了表明情况的复杂性和这样的事实，即政治边界可能与问题（至少部分）是无关的。[4]

九、关键问题的重新审视

我们在这整本书中试图说明，语言规划的基本范式需要进行一些重大的改变。认为本体规划与地位规划是明确区分的这种观点看起来已经不再可行，认为只从一般国家语言政策角度来看问题看起来已经不再可行了。相反，像我们在本书中早前所建议的那样，宏观层面的语言规划就是特里姆（Trim 1987）所称的左分支社会人力资源规划的一种功能，而且它必须得到这样的关注。在微观层面上，规划（特里姆称作人力资源发展的右分支）发生得更加频繁且影响越来越大。不幸的是，微观层面的规划在文献中很大程度上被忽视了（不过，参见 Touchstone 1996）。显然，理想的情况是这两种类型的规划共同发生，但是，左分支发展的进步是为了右分支规划的出现是没有必要的；事实上，在不久的将来，更为可能的是右分支规划将广泛实行，最常见的是不从左分支规划中受益。

我们认为，语言规划不一定必须遵循豪根在 2×2 过程模型中建议的几个阶段（见第二章）；相反，我们认为，语言规划可以在任何时候开始——它既可不必是本体驱动的，也可不必是地位驱动的。我们还曾试图表明，不同的政体（和不同的语言）可能会在发展过程的不同点上进入到这个过程中来。我们认为，语言规划再也不能被按照"一种语言，一个国家"的神话来看待了，因为，在任何情况下，几乎没有单语国家了，因为任何一种语言都很可能同时出现在一个以上的政体中。最重要的是，我们试图表明，每一种语言都构成了一个生态系统的一部分，管理该系统中一种语言的任何尝试，都必然会影响到这单一系统（以及邻近的系统）中的所有其他的语言。并且我们曾试图表明，生态系统不是孤立存在的，必然会牵连毗邻的生态系统（不考虑分割了任何或所有生态系统的政治边界），在多中心的语言上，情况更是如此。

总之，语言规划是一种规模很大的活动，涉及一种许多语言的网状结构——一种真正的多维结构。从语言规划是这样一种概念的角度来看，认为任何个人可实施语言规划活动的想法看起来很荒谬。相反，我们认为，这个过程需要得到学术专家的广泛关注以及讲所有语言与语言变体者的社群的积极参与。

我们想说明，教育部门作为语言规划和语言政策执行中的参与者（通常是最重要的，或者至少是主要的）可能仅仅因为该活动固有的范围正好是处在了开始执行规划与政策的错误的地方。这并不是说，语言规划与政策执行决不应该发生在教育部门，相反，这样的规划与政策的制定必须包括教育部门，不过作为一种更大的设想更周全的规划与执行政策的子结构，教育部门在一个更大的规划中应占有合适的一席之地。诚然，规划与政策的执行发生在教育部门比根本不发生要好得多，但是，如果教育部门成为唯一的参与者，那么变化很可能会相当缓慢，而且在范围与成果方面会很有限。

虽然宏观规划往往交给教育部门来实施，但是，日益频繁的微观规划的例子表明，规划与政策的制定必须来自结构的最高层，必须牵涉整个结构，核心是必须从讲话人社群获得其权威，其核心工作不需要涉及教育部门，但是其外围工作可以涉及教育部门。换句话说，语言规划与政策的执行，理想的就是遵循自下而上的结构，而非自上而下的结构。我们曾经试图说明语言规划的从属过程与语言规划的基本目标，列举参与者，并论证了目标与参与者之间潜在的相互作用。并且我们想说明，语言规划不是一种一次性活动，它是一种长期的、螺旋式的、耗费大量资金的活动。我们还想说明，对成功的评估往往是很难的。

最后，我们一直试图做的就是使语言规划与政策的制定为广泛的潜在参与者（从业人员和学生，只是沾边参与到该过程中来的应用语言学家，政府部门和企业的官员）所了解。我们希望政府部门和企业的官员在启动一项规划工作之前能够看看这本书。为了实现这一目标，我们查阅了大量的文献，并以容易获取的方式囊括了大量的信息与资源。

当然，我们工作的相对成功将由那些阅读（并希望使用）本书的人来判断。对于那些成功地阅读到最后一页的人，我们表达我们的谢意，并请您给予评论与批评，因为我们设想这项设计很快也会需要修订的。

注释

1. 然而，即使是最初的本体规划也常常会超越单纯的描写，就像为澳大利亚土著群体做的工作所显示的那样。即使一种语言不能书写，在我们周围都识字的世界中，语言能够书写的人关于他们的语言应该或不应该看起来像什么常常会有一些想法（即不像邻近的语言——"我们是不同的人"）。语言学家们自己可能不会同意从正字法角度来看什么是描写一种特定语言的最好的方式（Russo & Baldauf 1986）。重新定义一种语言的正字法会更容易，而且描写越准确越可能会在新旧两个系统的信徒之间将语言社区分隔开（如北昆士兰州的古古·依密舍语），而对于一些小语言来说，这种情况可能会危及该语言的生存。布莱克（Black 1990）就是因为这些原因而反对规定的。

2. 参见马丁·吉尔伯特（Martin Gilbert）的《英国历史地图集》《美国历史地图集》《俄罗斯历史地图集》和《犹太人历史地图集》。(伦敦：J.M. 登特出版社［J.M.Dent］)

3. 情况比图示的还要更复杂，其中这些语言与方言中有些可能在相互可理解方面会重叠（如马来语、印度尼西亚语、商场马来语）。例如，吉泰（Djité 1988a）讨论了非洲科特迪瓦（旧译"象牙海岸"）语言的单语单核与多语的卫星语言现象。

4. 没有能够处理这么多变数的简单研究模型，结构方程建模分析（Weasenforth 1995）是可允许跟踪这样一大批变量的一种技术。我们不建议使用这种技术，我们只是建议它作为一种可能性。

附录：政体背景下的语言规划[①]

本附录的目的是简要介绍语言规划的政体背景。因此，它仅限于简要描述（在1992年中期估计的）政体的位置、规模与人口，以及关于其语言的简要信息。

由于语言政策与规划的文献量相当大，由于本附录的目的是为国际范围内获取信息提供参考，因此，引文一般限于公开发表的资料来源，不涉及政府文件和"地方性的"出版物，因为这些材料往往很难找到。我们更喜欢评论或论文集，因为那里有很多可供参考的内容。虽然我们考察文献是以所有政体的信息为起点的，但是，只有那些我们可以发现至少有一项是符合这些标准的参考材料才能包括进来。

在一本关于语言规划的书中，语言的选择问题需要作一些评论，这不仅是作为文本的一个主题，而且是作者在选择向读者介绍什么样的工作时必须面对的一个问题。巴尔道夫与耶努德（Baldauf and Jernudd 1983）和耶努德与巴尔道夫（Jernudd and Baldauf 1987）曾详细讨论过这些问题，即在科学交流中的语言选择和"国际性"资源绝大部分是少数几种现代化语言，英语占压倒性地位。虽然我们并没有刻意去排除我们所看到的英语之外其他语言的材料，但是，我们参考的大部分还是英语的材料。我们知道，肯

[①] 本文的有关数字系作者根据有关资料整理而成，有些与国内相关统计不符。

定有用其他语言创作的作品，如有用匈牙利语写的讨论匈牙利语和吉卜赛语言的重要著作，但是，这些著作我们无法找到，它们也不符合我们在前边章节中设定的一般可及性的标准。因此，我们只能把这项工作留给那些对这些语言的语言规划感兴趣的人去寻找这些著作。

我们希望这个附录将为那些对政体背景下的语言政策与规划感兴趣的人提供一个出发点。有关语言情况的一些有用的综述性参考文献包括：提供了有关语言或语系信息的科姆里（Comrie 1987）的《世界主要语言》和布赖特等（Bright et al. 1992）的《国际语言学百科全书》，霍瓦特与沃恩（Horvath and Vaughan 1991）的关于讲英语的国家中58种社群语言的详细资料，卡茨纳（Katzner 1986）的带有示例文本的世界语言概述，福多尔与阿热日（Fodor and Hegège 1983a, 1983b, 1984, 1989, 1990）的有关语言规范与改革的论文集，拉蓬斯（Laponce 1987：204页及以后）对多语国家中语言使用领域的比较，阿德比亚（Adegbija 1994a：6-12页）对撒哈拉以南非洲语言的综述，罗宾斯与于伦贝克（Robins and Uhlenbeck, 1991）对《濒危语言》的概述，武尔姆、米尔霍伊斯勒与特赖恩（Wurm, Mühlhäusler and Tryon 1996）的《太平洋地区、亚洲和美洲国际交流语言地图集》，鲁宾与耶努德（Rubin and Jernudd 1979）和肯尼迪（Kennedy 1984）在参考书目中提供了早期语言规划的参考信息。

1. 阿尔巴尼亚：位于中欧南部，土地总面积28,750平方千米，总人口3,285,224人。阿尔巴尼亚语（盖格方言是一种主要方言，托斯克方言是官方方言），南部讲希腊语、罗曼尼语（吉卜赛语）。Kostallari（1989）。

2. 阿尔及利亚：位于非洲北部海岸沿线，土地总面积2,381,740平方千米，总人口2600万人。阿拉伯语（官方语言），法语，柏柏尔诸方言。El Aissati（1993），Souaiaia（1990）。

3. 安哥拉：位于非洲西海岸沿线，土地总面积1,246,700平方千米，总人口890万人。24种语言：葡萄牙语（官方语言），刚果语，基姆崩杜语，乌姆崩杜语，班图诸语言。Garcez（1995）。

4. 阿根廷：位于南美洲东南沿海，土地总面积2,780,092平方千米，总人口32,425,000人。西班牙语（官方语言），英语，法语，德语，意大利语，美洲印第安人语言。Behares and Massone(1996), Kaplan(1990b), Messineo and Wright(1989)。

5. 澳大利亚：占据整个澳洲大陆岛，位于印度洋与太平洋西南部之间，其近海岛屿主要是塔斯马尼亚岛。土地总面积7,682,300平方千米，总人口1780万人。英语，土著语言。ALLC(1994, 1995), Baldauf(1993, 1985, 1995b), Berthold(1995), Clyne(1982, 1985, 1988b, 1988c), Delbeidge(1985), Djité(1994), East Asia Analytical Unit(1992), Eggington(1994), Herriman(1996), Horvath and Voughan(1991), Ingram(1987, 1994), Janik(1996), Kaplan(1979, 1989), Kipp et al.(1995), Lo Bianco(1987a, 1987b, 1990, 1997), Lo Bianco and Monteil(1990), Mackerras(1995), Martin(1990), Moore(1991, 1996), Mühlhäusler(1995a, 1995c), Ozolins(1984, 1988, 1991, 1993), Pauwels(1985, 1993), Raby et al.(1992), Romaine(1991), Smolicz(1984a, 1994), Stanley et al.(1990), Stanton and Lee(1995), Stanton et al.(1992), Valverde(1992), Wierzbicka(1993); "土著语言": Austin(1991), Baldauf(1995a), Baldauf and Eggington(1989), Bell(1981), Black(1990), Devlin et al.(1995), Dixon(1989), Eggington(1992), Eggington and Baldauf(1990), Fesl(1982, 1987), Jernudd(1971), Johnson(1987), Kale(1990), Mckay(1996), Riley-Mundine and Roberts(1990), Russo(1983), Russo and Baldauf(1986), Sandefur(1977, 1985), Sommer(1991)。

6. 奥地利：位于中欧西部，土地总面积83,857平方千米，总人口790万人。德语(官方语言是奥地利方言)与少数民族语言。de Cillia(1996), Clyne(1988a, 1995), Rusch(1989)。

7. 阿塞拜疆：坐落在高加索东南部，与亚美尼亚、格鲁吉亚、俄罗斯、伊朗和土耳其接壤，土地总面积86,600平方千米，总人口710万人。阿泽里语(官方语言)，俄语，亚美尼亚语和其他语言。Pool(1976)。

8. 孟加拉国：坐落在南亚，土地总面积143,998平方千米，总人口11,140万人。孟加拉语(官方语言)，乌尔都语，巴哈利语，印地语，英语广泛使用。Chaklader(1987), Moniruzzaman(1979), Musa(1984, 1985, 1989, 1996), Pachori(1990)。

9. 白俄罗斯：东欧的一个内陆国家，土地总面积207,000平方千米，总人口1030万人。白俄罗斯语(官方语言)，俄语，其他语言。Maurais(1992), Wexler(1992)。

10. 比利时：坐落在欧洲西北部，土地总面积30,513平方千米，总人口1000万人。56%的人讲佛兰芒语(荷兰语), 32%讲法语, 1%讲德语, 11%的双语者在法律上得到承认；沿着种族的界线来划分。Baetens Beardsmore(1980), Beheydt(1994), Deprez and Wynants(1994b), Donaldson(1983), Falch(1973), Hermans, Vos and Wils(1992), Holvoet(1992), Nelde(1994), Sonntag(1989),

Van de Craen and Willemyns（1984，1993），Willemyns and van de Craen（1988）。

11. 贝宁：位于非洲西海岸沿线，土地总面积 112,622 平方千米，总人口 500 万人。10 种语言：法语（官方语言），丰语-埃维语，约鲁巴语，巴里巴语。Calve et al.（1992），Tchitchi（1989）。

12. 玻利维亚：南美洲中部的一个内陆国家，土地总面积 1,098,581 平方千米，总人口 780 万人。西班牙语，盖丘亚语和艾马拉语（都是官方语言）。von Gleich（1994），Hornberger and King（1996）。

13. 巴西：坐落在南美洲东北部，土地总面积 8,511,957 平方千米，总人口 156,275,397 人（1992 年中期）。葡萄牙语（官方语言），西班牙语，英语，法语，德语，日语，美洲印第安人语言。Gomez de Matos and Bortoni（1991），Garcez（1995），Silva and Gunnewiek（1992）。

14. 文莱：坐落在东南亚、婆罗洲岛西北海岸，土地总面积 5765 平方千米，总人口 30 万人。马来语和英语（官方语言），汉语，少数民族语言。Edwards（1993），Jones（1990），Jones et al.（1993），Pakir（1993a）。

15. 保加利亚：位于欧洲东南部、巴尔干山脉东部，土地总面积 110,912 平方千米，总人口 890 万人。保加利亚语（官方语言），土耳其语，罗曼尼语，马其顿语，少数民族语言。Cojnska（1992），Jernudd（1994b），Hill（1992）。

16. 布隆迪：非洲中部坦噶尼喀湖东北岸的一个内陆国家，土地总面积 27,834 平方千米，总人口 580 万人。基隆迪语和法语（双官方语言），斯瓦希里语（沿坦噶尼喀湖和布琼布拉地区）。Cembalo（1993），Eisemon et al.（1989），Masagara（1991）。

17. 柬埔寨：在东南亚中南半岛，土地总面积 181,035 平方千米，总人口 910 万人。高棉语（官方语言），汉语，越南语，法语。Jacob（1986），Thong（1985）。

18. 喀麦隆：坐落于非洲中部西海岸沿线，土地总面积 475,442 平方千米，总人口 1270 万人。200 种语言，英语和法语（双官方语言），巴米累克语，芳语，艾旺多语和富尔富尔德语，24 个主要的非洲语言群体。Todd（1984），Calvet et al.（1992），Robinson（1993，1994）。

19. 加拿大：位于北美洲北部，土地总面积 9,976,186 平方千米，总人口 2740 万。英语、法语（双官方语言），美洲印第安人语言和因纽特人语言。Boulanger（1986，1989），Bourhis（1984），Burnaby（1997），d'Anglejan（1984），Caldwell（1988），Cartwright（1988，1993），Coulombe（1993），Cumming（1996），Daoust（1991），Dion and Lamy（1990），Edwards（1994，1995），Fortier（1994），Hamers and Hummel（1994），Maurais（1996），McConnell（1977），Ridler and Pons-Ridler（1986），Robinson（1994），Wardhaugh（1987：221 ff）。"因纽特语"：Collis（1990，1992），Dorias（1990）。

20. 佛得角：大西洋中距离北非西海岸不远的一个由 10 个岛屿和 5 个小岛组成的群岛，土地总面积 4033 平方千米，总人口 40 万人。葡萄牙语和克里欧罗语（一种融合葡萄牙语与西非语言的非洲化克里奥尔葡萄牙语）。Garcez（1995）。

21. 中华人民共和国：一个涵盖了东亚广大地区的国家，土地总面积约960万平方千米，总人口116,580万人。普通话及粤方言（广东话），吴方言（上海话），闽北方言（福州话），闽南方言（福建话-台湾话），湘方言，赣方言，客家话和少数民族语言。Barnes（1982，1983），Bo and Baldauf（1990），Cannon（1990），DeFrancis（1975），Harrel（1993），Lehmann（1975），Light（1980），Malischewski（1987），Pride and Liu（1988），Snow（1993a，1993b），Sun（1988/1989），Tse（1982），Yin（1987），Zhou and Feng（1987），Zhu and Chen（1991）。

22. 科特迪瓦：位于非洲西海岸沿线，土地总面积322,462平方千米，总人口1300万人。法语（官方语言），60种语言，包括阿尼-巴乌勒语，阿干语，迪乌拉语和塞努佛语。Calvet（1982），Calvet et al.（1992），Djité（1988a，1988b，1991）。

23. 克罗地亚：位于中欧南部亚得里亚海北岸，土地总面积56,537平方千米，总人口460万人。克罗地亚语（官方语言）。Branko（1980），Hill（1992）。

24. 捷克共和国：欧洲中部的内陆国家，土地总面积78,865平方千米，总人口10,365,000人。讲捷克语的占81%，讲斯洛伐克语的占3%，讲其他语言的占16%。捷克语（官方语言）。Hübschmannová and Neustupný（1996），Neustupný（1989）。

25. 丹麦：位于欧洲北部，土地总面积43,075平方千米，总人口520万人。丹麦语（官方语言），法罗语，格陵兰语，少量少数民族讲德语。Jarvad（1990），Loman（1988），Skyum-Nielson（1978）。

26. 厄瓜多尔：位于南美洲西北海岸，土地总面积276,840平方千米，总人口1030万人。西班牙语（官方语言），印第安人语言，特别是盖丘亚语。Von Gleich（1994），Hornberger and King（1996）。

27. 埃及：位于非洲东北海岸，横跨苏伊士湾延伸至西奈半岛，有时被视为位于亚洲。土地总面积1,002,000平方千米，总人口57,758,000人。阿拉伯语（官方语言），英语和法语（知识阶层普遍使用）。Mitchell（1985）。

28. 爱沙尼亚：位于波罗的海东端，土地总面积47,549平方千米，总人口160万人。爱沙尼亚语（官方语言），拉脱维亚语，立陶宛语，俄语，其他语言。Grin（1991），Laitin（1996），Maurais（1992），Ozolins（1994），Rannut（1994）。

29. 埃塞俄比亚：从非洲东海岸向内陆延伸的一个国家，土地总面积1,223,600平方千米，总人口5430万人。70种语言：阿姆哈拉语（官方语言），提格里尼亚语，盖拉语，奥罗明噶语，阿拉伯语，英语（学校教学的一种主要外语），意大利语。Biber and Hared（1992），Cooper（1976），Fellman（1983），Ferguson（1971），Bloor and Tamrat（1996）。

30. 欧盟：由以下国家组成的一个新兴政体：比利时、丹麦、法国、德国、希腊、爱尔兰、意大利、卢森堡、荷兰、葡萄牙、西班牙和英国[1]。每个国家的语言都是欧盟的官方语言。Ammon（1994b），Baetens Beardsmore（1993a，1993b，1994），Corsetti and La Torre（1995），Coulmas（1991a），Deprez and Wynants（1994），Grin（1993），Leitner（1991），Mar-Molinero（1994），Schlossmacher（1995），Trim（1994），Truchot（1991），van Els and van Hest（1990），Wright（1995）。

31. 法罗群岛：北大西洋中设得兰群岛西北 322 千米处的 18 个岛屿，土地总面积 1399 平方千米，总人口 48,151 人（1991 年 7 月）。法罗语，丹麦语。Dorian（1989），Hagström（1989），Holm（1993）。

32. 斐济：由 300 多个岛屿组成，其中有 100 个岛屿有人居住，位于南太平洋中新西兰奥克兰以北大约 2100 千米处。土地总面积 18,333 平方千米，总人口 80 万人。英语（官方语言），斐济语，印度斯坦语。Geraghty（1989a，1989b），Mangubhai（1987），Siegel（1989，1992）。

33. 芬兰：位于北欧，土地总面积 337,009 平方千米，总人口 500 万人。93.5% 的人讲芬兰语，6.3% 的讲瑞典语（双官方语言）；少量少数民族讲萨米语和俄语。Aikio（1990，1991），Haarmann（1974），Hansén（1991），Janhunen（1975—80），Paulston et al.（1993）。

34. 法国：位于西欧，土地总面积 547,026 平方千米，总人口 5690 万人。法语（官方语言），衰退中的地方方言（布列塔尼语、普罗旺斯语、阿尔萨斯语、科西嘉语、加泰罗尼亚语、巴斯克语、佛兰芒语）。Ager（1990），Anonymous（1994b），Caldwell（1994），Djité（1992），Eastman（1983：207ff），Grillo（1989），Joseph（1987），Schiffman（1995），Slone（1989），Tabouret-Keller（1981），Thody（1995），Varro（1992），Wardhaugh（1987：97），Weinstein（1976，1989）。"布列塔尼语"：McDonald（1989），Trimm（1980，1982）。"阿尔萨斯语"：Veltman and Denis（1988）。"奥克西坦语"：Eckert（1983），Field（1981），Kremnitz（1974）。"全球法语社区"：Bélanger（1995），Bokamba（1991），Djité（1990），Kleineidam（1992），Weinstein（1989）。

35. 法属波利尼西亚：南太平洋中由 120 个岛屿（25 个无人居住）组成的分散的几个岛群，大约三分之二位于巴拿马运河与新西兰之间，土地总面积 4000 平方

---

[1] 欧盟现有以下 28 个成员国：奥地利（Austria）、比利时（Belgium）、保加利亚（Bulgaria）、塞浦路斯（Cyprus）、克罗地亚（Croatia）、捷克共和国（Czech Republic）、丹麦（Denmark）、爱沙尼亚（Estonia）、芬兰（Finland）、法国（France）、德国（Germany）、希腊（Greece）、匈牙利（Hungary）、爱尔兰（Ireland）、意大利（Italy）、拉脱维亚（Latvia）、立陶宛（Lithuania）、卢森堡（Luxembourg）、马耳他（Malta）、荷兰（Netherlands）、波兰（Poland）、葡萄牙（Portugal）、罗马尼亚（Romania）、斯洛伐克（Slovakia）、斯洛文尼亚（Slovenia）、西班牙（Spain）、瑞典（Sweden）、英国（United Kingdom）。

千米，总人口20万人。Lavondes（1971），Turcotte（1984）。

36. 格鲁吉亚：在高加索和黑海地区，与亚美尼亚、俄罗斯、阿塞拜疆和土耳其接壤，土地总面积167,700平方千米，总人口550万人。讲格鲁吉亚语（官方语言）的人占71%，讲俄语的占9%，讲亚美尼亚语的占7%，讲阿泽里语的占6%，讲其他语言的占7%。Klarberg（1992），Weber（1990）。

37. 德国：欧洲中部的一个国家，土地总面积357,000平方千米，总人口8060万人。德语，弗里斯兰语，索布语。Ammon（1991，1992），Augst and Ammon（1993），Barbour and Stevenson（1990），Besch（1988），Clyne（1995），Kirkness（1975），Takahashi（1995）。"索布语"：Norberg（1994），Schuster-Sewe（1992），Walker（1980，1984）。

38. 加纳：位于非洲西海岸沿线，土地总面积238,537平方千米，总人口1600万人。54种语言，阿当格姆语、恩泽马语、加语、达加里语、英语（都是官方语言）；阿干语、豪萨语、达格巴尼语、埃维语。Amonoo（1994），Ansre（1975），Calvet（1982），Laitin and Mensah（1991）。

39. 希腊：位于欧洲东南部，土地总面积131,990平方千米，总人口1030万人。希腊语（官方语言）；英语和法语使用广泛。Frangoudaki（1992），Jahr and Trudgill（1993），Kitis（1990），Sotiropoulos（1992）。

40. 格陵兰岛：大西洋北部的一个大岛，土地总面积2,175,600平方千米，总人口57,407人（1992年7月）。爱斯基摩语方言，丹麦语。Moller（1988，1990），Petersen（1990）。

41. 关岛：北太平洋西部马里亚纳群岛中最南端和最大的一个岛，土地总面积541平方千米，总人口133,152人（1991年人口普查）。英语和夏莫罗语；大多数人都是双语；日语也被广泛使用。Combs and Jernudd（1981），Day（1985），Riley（1975，1980），Underwood（1989a，1989b）。

42. 危地马拉：位于中美洲地峡北部，土地总面积108,889平方千米，总人口970万人。西班牙语，40%以上的人口将一种印第安人语言作为主要语言（18种方言包括基切语、卡克奇克尔语、凯克奇语）。Morren（1988），Lewis（1993），Richards（1989），Stewart（1984）。

43. 几内亚比绍：位于非洲西北海岸沿线，土地总面积36,125平方千米，总人口100万人。葡萄牙语，克里欧罗语（双官方语言）；巴兰特语，富拉尼语，许多非洲语言。Garcez（1995）。

44. 海地：位于北加勒比海的伊斯帕尼奥拉岛西部和几个小岛，土地总面积27,750平方千米，总人口640万人。法语（只有10%的人口讲）；都讲克里奥尔法语（双官方语言）。Valdman（1986）。

45. 洪都拉斯：位于加勒比海滨中美洲中北部，土地总面积112,088平方千米，总人口550万人。西班牙语（官方语言），加利弗那语，一些印第安人语言的方言，群岛海湾处讲英语。Reyburn（1975）。

46. 中国香港：位于东亚、中国南部沿海，由香港岛、昂船洲、九龙半岛和新界（位于大陆）组成，土地总面积1031平方千米，总人口570万人。1997年7月1日从英国统治下回归中国。汉语（广东话），英文（双正式语文）。Bolton and Luke（1985），Boyle（1995），Cembalo（1993），Education Commission（1996），Gibbons（1982），Jernudd（1994b），Johnson（1994），Kwo and Bray（1987），Lee（1993），Yau（1989）。

47. 匈牙利：东欧的一个内陆国家，土地总面积93,033平方千米，总人口1030万人。马扎尔语（即匈牙利语，官方语言）。有讲罗马尼亚语、吉卜赛语者的定居点；也讲德语。Benkő（1992），Medgyes and Kaplan（1992），Kaplan（1993），Radnai（1994），Szépe（1994）。

48. 冰岛：北大西洋北极圈附近的一个大岛和许多很小的岛，土地总面积102,846平方千米，总人口30万人。冰岛语（官方语言）。Joseph（1987：83—87），Kristinsson（1994）。

49. 印度：喜马拉雅山脉在北面，在亚洲形成一个天然的次大陆。土地总面积3,185,019平方千米，总人口88,260万人。印地语，英语，孟加拉语，古吉拉特语，克什米尔语，马拉亚拉姆语，马拉提语，奥里亚语，旁遮普语，泰米尔语，泰卢固语，乌尔都语，坎拿达语（即卡纳雷语），阿萨姆语，梵语，信德语（由宪法确认）；24种语言中每一种语言都有一百万或更多的人讲；许多其他语言和方言，大部分互相之间无法理解；印地语是国语和30%人口的主要语言；英语具有非正式地位，是民众、政治和商业交流的最重要的语言。印度斯坦语是印地语/乌尔都语的一种流行的变体，在整个北部印度应用很广泛。Aggarwal（1988，1992），Bayer（1987），Chidambaram（1986），Das Gupta（1971），Dua（1991，1994，1996），Halemane（1992），Laitin（1993），James（1985），Kachu（1982），Kelkar（1986），Khubchandani（1975，1983，1994），Krishnamurthi（1985，1986），Pattanayak（1986），Rahman（1996），Schiffman（1995），Singh（1987），Sreedhar *et al.*（1984），Sridhar（1988），Tickoo（1994），Verma（1991）。

50. 印度尼西亚：位于东南亚大陆与澳大利亚之间、由大约13,700个岛屿组成、由马来半岛延伸至新几内亚岛屿的一个群岛。土地总面积1,904,344平方千米，总人口18,450万人。印度尼西亚语（马来语的修正形式，官方语言）；英语与荷兰语为主要的外语；超过583种语言与方言中，使用最广泛的是爪哇语。Alisjahbana（1976，1984），Anderson（1987），Anwar（1979），De Vries（1988），Kentjono（1986），Lowenberg（1992），Moeliono（1994），Rubin（1977a，1977b），Walker（1993）。

51. 伊朗：位于西亚，土地总面积1,648,000平方千米，总人口5970万人。法尔西语（即"波斯语"，有时还称"达里语"，官方语言），土耳其语、库尔德语、阿拉伯语、英语、法语。Karimi-Hakkak（1989），Modarresi（1990）。

52. 爱尔兰：32个郡中的26个郡位于爱尔兰岛（大西洋中的一个岛）；其余

的位于东北部的 6 个郡构成了北爱尔兰，这是英国的一部分。土地总面积 70,282 平方千米，总人口 350 万人。爱尔兰语（盖尔语）和英语（官方语言）；英语广泛使用。Ahlqvist（1993），Commins（1988），Hindley（1990），Kallen（1988），Ó Buachalla（1984），Ó Baoill（1988），Ó Ciosáin（1988），O'Donoghue（1995），Ó Gadhra（1988），Ó Gliasáin（1988），Ó hAilin（1969），Ó Laoire（1995），Ó Murchú（1990），Ó Riagain（1988），Ó Riagain et al.（1989），Tovey（1988），Ureland（1993），Williams（1988）。

53. 以色列：位于西亚地中海东岸的一个狭长地带；在亚喀巴湾北端还有一个到红海的狭小出口。土地总面积 20,772 平方千米，总人口 520 万人。希伯来语（官方语言），阿拉伯语（阿拉伯少数民族的官方语言）；依地语，英语，俄语，罗马尼亚语。Alloni-Fainberg（1974），Dagut（1985），Eastman（1983：215ff），Fellman（1976，1993），Fisherman（1990），Glinert（1991，1995），Gold（1989），Hallel and Spolsky（1993），Nahir（1988），Rabin（1971，1976），Shohamy（1994），Spolsky（1995）。

54. 意大利：一个半岛，从南欧扩展至地中海，有许多临近岛屿，主要是西南部的西西里岛和西部的撒丁岛。土地总面积 301,278 平方千米，总人口 5800 万人。意大利语；特伦迪诺-上阿迪杰部分地区（如，博尔扎诺）主要讲德语；重要的讲法语的少数民族位于瓦莱达奥斯塔地区；讲斯洛文尼亚语的少数民族位于的里雅斯特-戈里齐亚区。De Mauro and Vedovelli（1994）。

55. 日本：位于东亚日本海与太平洋之间，由 3000 多个岛屿组成的从东北向西南延长约 2200 千米的一个岛链；日本南部距离韩国南部大约 150 千米；四个大岛（从北到南依次是）北海道、本州、四国、九州占土地面积 98% 以上；再加上冲绳。土地总面积 377,815 平方千米，总人口 12,440 万人。日语（官方语言），阿伊努语，朝鲜语。Carroll（1995），Coulmas（1989），DeChicchis（1995），Jernudd（1994b），Kay（1986），Hirataka（1992），Holden（1990），Maher and Yashiro（1995），Morrow（1987），Neustupný（1976，1978，1984，1986），Ogino et al.（1985），Stanlaw（1987），Takashi（1992），Twine（1991）。

56. 约旦：位于西亚，土地总面积 89,544 平方千米，总人口 360 万人。阿拉伯语（官方语言）；中上阶层普遍使用英语。Harrison et al.（1975），Ibrahim（1979）。

57. 哈萨克斯坦：位于亚洲中部，土地总面积 2,717,300 平方千米，总人口 1690 万人。哈萨克语（官方语言），俄语。Maurais（1992）。

58. 肯尼亚：非洲东海岸的一个赤道国家，土地总面积 582,646 平方千米，总人口 2620 万人。50 种语言：英语，斯瓦希里语，吉库犹语，卢希亚语，卢奥语、卡姆巴语（都是官方语言）。Crampton（1986），Eastman（1990a，1983：225ff），Scotton（1982），Whiteley（1971，1974）。

59. 朝鲜半岛：北部（朝鲜）：位于东亚朝鲜半岛的北部，土地总面积 121,129 平方千米，总人口 2220 万人。朝鲜语（官方语言），汉语。**南部（韩国）**：位于东亚朝鲜半岛的南部，土地总面积 98,500 平方千米，总人口 4430 万人。韩国语（官方语言）；中学广泛教授英语。Baik（1992），Eggington（1987），Hannas（1995），Park（1989），Rhee（1992），Soh（1985）。

60. 吉尔吉斯斯坦：位于亚洲中部，土地总面积 198,500 平方千米，总人口 450 万人。吉尔吉斯语[①]。Maurais（1992）。

61. 拉脱维亚：位于波罗的海爱沙尼亚与立陶宛之间，土地总面积 65,786 平方千米，总人口 270 万人。拉脱维亚语（官方语言），俄语，乌克兰语，白俄罗斯语。Druviete（1992，1995），Maurais（1992），Ozolins（1994）。

62. 立陶宛：位于波罗的海东岸，与拉脱维亚、白俄罗斯、波兰接壤，土地总面积 64,445 平方千米，总人口 370 万人。立陶宛语（官方语言），俄语。Maurais（1992），Ozolins（1994）。

63. 卢森堡：欧洲西部的一个内陆国家，土地总面积 2586 平方千米，总人口 40 万人。德语、法语（官方语言），卢森堡语，许多人也讲英语。Baetens Beardsmore（1993b），Clyne（1995），Davis（1990，1994），Newton（1996），Pou（1993），Schiffman（1993）。

64. 马其顿：欧洲东南部与塞尔维亚、保加利亚和希腊接壤的一个内陆国家，土地总面积 25,713 平方千米，总人口 190 万人。马其顿语（官方语言）。Branko（1980），Hill（1992）。

65. 马达加斯加：印度洋西部的一个大岛和几个小岛，土地总面积 587,050 平方千米，总人口 1190 万人。法语和马达加斯加语（双官方语言）。Boulanger（1989），Cembalo（1993），Dahl（1993），Rambelo（1991a，1991b）。

66. 马来西亚：东南亚的 13 个州；其中 11 个州在马来西亚半岛，另外两个是沙巴州和沙捞越州，绵延约 640 千米，横跨北至南中国海东到婆罗洲岛（亦称"加里曼丹岛"）西岸，土地总面积 332,337 平方千米，总人口 1870 万人。马来半岛——马来语（官方语言），英语，汉语方言，泰米尔语；沙巴州——马来语（官方语言），英语，卡达桑语，其他部落方言，汉语中的普通话与客家话居于主导地位；沙捞越州——马来语（官方语言），英语，普通话，许多部落语言。Comber（1983），Daudart（1992），Gupta（1985），Hawes and Thomas（1995），Heah Lee Hsia（1989），Khong and Khong（1984），Lee（1995），LePage（1984），Nik Safiah（1987），Omar（1975，1982，1983，1984，1985，1992，1995），Ożóg（1990，1993），Pakir（1993a），Stedman（1986），Vikør（1993），Watson（1980），Williams（1966，1969），Zawiah Yahya（1996）。"英语"：Anonymous（1994a），Lowenberg（1986）。

67. 马里：非洲西北部的一个内陆国家，土地总面积 1,240,142 平方千米，总人口 850 万人。10 种语言：法语（官方语言）；班巴拉语是通用语，富尔富尔德语，

[①] 中国境内称"柯尔克孜语"。

阿拉伯语。Calvet(1982), Calvet et al.(1992)。

68. 马绍尔群岛： 两组岛屿（拉塔克群岛与拉利克群岛），包括西太平洋中的 31 个环状珊瑚岛，西北距离关岛大约 2100 千米，东北距离夏威夷大约 3200 千米，南邻基里巴斯，西邻密克罗尼西亚联邦。土地总面积 181.3 平方千米，总人口 48,000 人。英语和马绍尔语（官方语言）；马来—波利尼西亚语系（亦称"南岛语系""澳斯特罗尼西亚语系"）中的两种主要方言，日语。Pine and Savage(1989)。

69. 毛里塔尼亚： 位于非洲西北海岸，土地总面积 1,030,700 平方千米，总人口 210 万人。法语（官方语言），哈萨尼亚阿拉伯语（国语），富尔富尔德语，沃洛夫语。Mahmud(1986), Sounkolo(1994)。

70. 毛里求斯： 西南印度洋中马达加斯加以东大约 800 千米处的一个大岛和七个小岛，土地总面积 2040 平方千米，总人口 110 万人。英语、法语（双官方语言），克里奥尔法语，印地语，乌尔都语，客家话，博杰普尔语。Hookoomsing(1986)。

71. 墨西哥： 中美洲最大的国家，土地总面积 1,972,547 平方千米，总人口 8770 万人。西班牙语，许多印第安人语言。Heath(1972), Hidalgo(1994), Patthey(1989), Patthey-Chavez(1994)。

72. 摩洛哥： 位于非洲西北海岸沿线，土地总面积 446,550 平方千米，总人口 2620 万人。阿拉伯语（官方语言）；几种柏柏尔方言；法语是企业、政府、外交和小学之后的教育所用的语言。El Assati(1993), Ennaji(1988), Souaiaia(1990)。

73. 莫桑比克： 位于非洲东海岸沿线，土地总面积 783,073 平方千米，总人口 1600 万人。20 种语言：葡萄牙语（官方语言），马库阿语，聪加语，班图诸语言。Garcez(1995), Lopes(1997)。

74. 缅甸： 原名叫 Burma(缅甸)，位于中南半岛西北部，土地总面积 676,560 平方千米，总人口 14,250 万人。缅甸语（官方语言），少数民族语言。Allott(1985)。

75. 纳米比亚： 位于非洲西南部，土地总面积 824,296 平方千米，总人口 150 万人。英语（官方语言），阿非利堪斯语，德语，几种土著语言。Cluver(1991), Haacke(1994), Harlec-Jones(1993), Phillipson, Skutnabb-Kangas and Africa(1986), Pütz(1992, 1995)。

76. 尼泊尔： 亚洲喜马拉雅山脉的一个内陆国家，土地总面积 141,059 平方千米，总人口 1990 万人。尼泊尔语（官方语言）；尼瓦尔语，菩提亚语，迈蒂利语和 17 种语言。分为许多方言。Dahal and Subba(1986), Sonntag(1980)。

77. 荷兰： 位于西欧，土地总面积 41,548 平方千米，总人口 1530 万人。荷兰语（官方语言）。Anonymous(1991), Deprez and Wynants(1994b), De Rooij and Verhoeven(1988), Extra and Vallen(1988), Kroon and Vallen(1994), Nelde(1988), Van der Plank(1988), van Els(1994), Willemyns(1984)。"弗里斯兰语"：Feitsma(1989), van Langevelde(1993)。

78. 新西兰：位于南太平洋中澳大利亚东南大约 1750 千米处，土地总面积 269,062 平方千米，总人口 340 万人。英语；毛利语（官方语言）。Bell and Holmes（1990），Benton（1996），Holmes（1997），Kaplan（1980，1981，1993a，1994b），Kennedy（1982，1989），Levett and Adams（1987），McGregor and Williams（1991），Peddie（1996）。"毛利语"：N.Benton（1989），R. A. Benton（1975，1980，1981，1986，1989，1991a，1991b），Fishman（1991：230ff），Government of New Zealand（1987），Hirsh（1987），Hohepa（1984），Karetu（1991，1994），Peddie（1991a，1991b，1996），Spolsky（1989，1995），Waite（1992）。

79. 尼日利亚：位于非洲西海岸沿线，土地总面积 923,770 平方千米，总人口 8850 万人（1991 年）。350 种语言，英语，伊博语（又称"伊格博语"），埃多语，伊卓语，埃菲克语，伊多马语（都是官方语言）；豪萨语，约鲁巴语，富尔富尔德语，皮钦英语和卡努里语也广泛使用。Adegbija（1994），Akinnaso（1989，1991），Akninaso and Ogunbiyi（1990），Brann（1994），Fakuade（1989，1994），Goke-Parioia（1987），Oladejo（1991，1992，1993）。

80. 挪威：位于北欧斯堪的纳维亚半岛西北部，土地总面积 323,878 平方千米，总人口 430 万人。挪威语（官方语言），有少数民族讲拉普语和芬兰语。Bull（1991，1993），Bjorge（1989），Collis（1990），Haugen（1966），Jahr（1989），Kahr and Trudgill（1993），Jernsletten（1993），Loman（1988），Magga（1990），Venås（1993），Vikør（1989），Wiggen（1995）。

81. 巴基斯坦：位于南亚，土地总面积 803,936 平方千米，总人口 12,170 万人。乌尔都语（国语）和英语（官方语言）；所用语言中旁遮普语占 64%，信德语占 12%，普什图语占 8%，乌尔都语（官方语言）占 7%，俾路支语和其他语言占 9%；英语是巴基斯坦精英和大多数政府部门的通用语；然而，官方政策是促进用乌尔都语逐步取代英语。Baumgardner（1993），Das Gupta（1971），Huizinga（1994），Hussain（1990），Rahman（1995）。

82. 巴布亚新几内亚：新几内亚岛的东部和大约 6000 个小岛，包括俾斯麦群岛和所罗门群岛的北部，土地总面积 462,840 平方千米，总人口 390 万人。717 种土著语言；讲英语的占 1%—2%，美拉尼西亚皮钦语（托克皮辛语）广泛传播，巴布亚地区讲哈里莫图语。Brennan（1983），Kale（1990b），Nekitel（1989），Romaine（1989），Smith（1990），Swan and Lewis（1990），Taylor（1981），Wurm（1878）。

83. 巴拉圭：南美洲中部的一个内陆国家，土地总面积 406,752 平方千米，总人口 450 万人。西班牙语（官方语言），瓜拉尼语。Corvalan（1981），Englebrecht and Ortiz（1983），Rubin（1968a，1968b）。

84. 秘鲁：位于南美洲西海岸沿线，土地总面积 1,285,216 平方千米，总人口 2250 万人。西班牙语和盖丘亚语（官方语言），艾马拉语。Cerrón-Palomino（1989），Hornberger（1987，1988，1992，1994，1995），von Gleich（1994）。

85. 菲律宾：位于亚洲东南海岸约 2000 千米处的由大约 7100 个岛屿和小岛

组成的群岛;从北到南最长的地方跨度大约2800千米,从西到东最宽的地方宽度大约1684千米;主要岛屿是北部的吕宋岛和南部的棉兰老岛,占全国土地面积的66%。土地总面积30万平方千米,总人口6370万人。菲利皮诺语(以他加禄语为基础)和英语(双官方语言),他加禄语,伊洛干诺语,宿务语,其他语言。Cruz(1986),Gonzalez(1980,1982,1985,1988a,1988b,1989,1990),Gupta(1985),Kaplan(1982),Luzares(1982),McFarland(1981),Nance(1975),Sibayan(1984),Sibayan and Gonzalez(1977),Smolicz(1984),Tucker(1988)。

86. 波兰: 位于东欧,土地总面积312,683平方千米,总人口3840万人。波兰语(官方语言)。Chciuk-Celt(1990)。

87. 葡萄牙: 位于西欧,伊比利亚半岛的大西洋沿岸,还包括大西洋中的两个群岛。土地总面积92,075平方千米,总人口1050万人。葡萄牙语(官方语言)。Cristovao(1989),Garcez(1995),Silva and Gunnewiek(1992)。

88. 波多黎各: 美国的一块领土。位于加勒比海东北部的波多黎各大岛,连同别克斯岛、库莱布拉和许多小岛。土地总面积8959平方千米,总人口352,2037人(1990年人口普查)。西班牙语和英语(双官方语言)。Laguerre(1989),Morris(1996),Resnick(1993),Schweers and Vélez(1993)。

89. 罗马尼亚: 位于欧洲东南部,土地总面积237,500平方千米,总人口22,760,449人(1992年)。罗马尼亚语(官方语言),马扎尔语,德语,罗曼尼语。Bochmann(1992),Petyt(1975),Schmitt(1988)。

90. 俄罗斯: 位于东欧与中亚,土地总面积17,075,400平方千米,总人口149,527,479人(1992年6月)。俄语(官方语言);200多种语言和方言(至少有18种语言的讲话人在100万人以上)。Bugarski(1987),Collis(1990),Comrie(1981),Haarmann(1992a,1992b),Isaev(1979),Kirkwood(1989),Kreindler(1982),Leontiev(1994),Lewis(1982,1983),Marshall(1996),Ozolins(1996),Panzer(1992),Pool(1976),Rannut(1991a,1991b,1994),Shorish(1984),Silver(1985),Taksami(1990),Tollefson(1981a)。

91. 卢旺达: 非洲中部由扎伊尔(刚果民主共和国,旧称扎伊尔。译者注)、乌干达、坦桑尼亚和布隆迪所包围的一个内陆国家,土地总面积10,169平方千米,总人口770万人。基尼亚卢旺达语和法语(双官方语言),斯瓦希里语。Jouannet(1991),Nkusi(1991)。

92. 圣卢西亚: 加勒比海东南部的一个岛,位于法国海外省马提尼克(以南)和圣文森特岛(以北)之间,土地总面积616平方千米,总人口20万人。英语(官方语言),法语方言。Carrington(1990,1994)。

93. 美属萨摩亚: 位于中太平洋南部的7个岛屿(图图伊拉岛、塔乌岛、奥洛塞加岛、奥富岛、奥努乌岛、罗斯岛、斯温斯岛),土地总面积194.8平方千米,总人口39,254人(1988年)。英语,萨摩亚语。Baldauf(1981,1982,1990),Huebner(1986,1989),Schramm et al.(1981),Thomas(1981)。

94. 西萨摩亚：位于中太平洋南部的两个大岛和 7 个小岛，其中 5 个岛有人居住；土地总面积 2831 平方千米，总人口 20 万人。萨摩亚语和英语。Baldauf（1990），Duranti and Ochs（1986），Huebner（1986，1989）。

95. 圣多美与普林西比：位于非洲西海岸海面上的两个大岛圣多美与普林西比，和岩石小岛卡罗索岛、蒂尼奥萨什岩（普林西比附近海面）以及罗拉什岛（圣多美附近海面）。土地总面积 958 平方千米，总人口 10 万人。葡萄牙语（官方语言）。Garcez（1995）。

96. 塞内加尔：位于非洲西北海岸，土地总面积 192,722 平方千米，总人口 790 万人。10 种语言，法语、迪奥拉语、塞雷尔语、索宁凯语（都是官方语言）、阿拉伯语、沃洛夫语、富拉语、马林凯语。Mansour（1980），Calvet（1982）。

97. 塞拉利昂：位于西非大西洋沿岸，土地总面积 71,740 平方千米，总人口 440 万人。英语（官方语言）、门得语、泰姆奈语、克里奥语。Pemagbi（1989）。

98. 新加坡：位于马来西亚半岛（新加坡岛通过一条堤道与其相连接）南端的新加坡岛和 57 个小岛，扼赤道以北大约 124 千米处的印度洋与太平洋之间的通道。土地总面积 639 平方千米，总人口 280 万人。华语（普通话）、马来语、泰米尔语和英语（官方语言）；马来语（国语）。Altehenger-Smith（1990），Anderson（1985），Gupta（1985），Harrison（1980），Jernudd（1994b），Koh Tai Ann（1996），Kuo（1980，1984），Kuo and Jernudd（1993），LePage（1984），Newman（1988），Pakir（1993a，1993b），Platt（1985），Platt and Weber（1980），Talib（1994）。

99. 斯洛伐克共和国：欧洲中部的一个内陆国家，土地总面积 49,035 平方千米，总人口 531 万人。其中讲斯洛伐克语的人占 85.6%，讲匈牙利语的占 10.8%，讲捷克语的占 1%，讲其他语言的占 2.6%。斯洛伐克语（官方语言）、匈牙利语、罗曼尼语、鲁塞尼亚语、捷克语、其他少数民族语言。Hübschmannová and Neustupný（1996），Kontra（1996），Lanstyák and Szabómihály（1996），Neustupný（1989），Skutnab-Kangas and Phillipson（1994）。

100. 斯洛文尼亚：位于中欧南部，与奥地利、匈牙利和克罗地亚接壤，土地总面积 20,251 平方千米，总人口 1,962,000 人。斯洛文尼亚语（官方语言）。大部分人都能讲塞尔维亚语、克罗地亚语、意大利语。Tollefson（1981b）。

101. 所罗门群岛：南太平洋上一个分散的群岛，位于巴布亚新几内亚以东、澳大利亚东北大约 1600 千米处。土地总面积 29,785 平方千米，总人口 40 万人。120 种土著语言；美拉尼西亚皮钦语在该国大部分地区是通用语，1%—2% 的人口讲英语。Keesing（1990），Jourdan（1989，1990），Watson-Gegeo（1987），Watson-Gegeo and Gegeo（1995）。

102. 索马里：位于非洲东海岸沿线，土地总面积 637,655 平方千米，总人口 830 万人。索马里语、阿拉伯语、意大利语、英语（都是官方语言），意大利语。Andezejewski（1980），Biber and Hared（1992），Fellman（1983），Mezei（1989）。

103. 南非：位于非洲大陆南端，土地总面积 1,221,030 平方千米，总人口 4170

万人。阿非利堪斯语、英语、祖鲁语、科萨语、北索托语和南索托语、文达语、聪加语、恩德贝勒语、斯威士语、佩迪语（都是官方语言）。Cluver（1992），Coetzee（1993），Eastman（1990b），Penn and Reagan（1990），Reagan（1986），Reagan and Ntshoe（1987），Ridge（1996），Webb（1994，1996）。

104. 苏联：参见"俄罗斯"。

105. 西班牙：由欧洲西南部五分之四以上的伊比利亚半岛构成，土地总面积504,750平方千米，总人口39,301,000人（1990年）。卡斯蒂利亚西班牙语；第二语言包括17%的加泰罗尼亚语，7%的加利西亚语，2%的巴斯克语。Hoffmann（1995），Mar-Molinero and Stevenson（1991），Sánchez（1992），Vila I Moreno（1990），Wardhaugh（1987：119）。"巴斯克语"：Hualde，Lakarra and Trask（1996），Rotaetxe（1994）。"加泰罗尼亚语"：Barrera i Vidal（1994），Leprêtre i Alemany（1992），Mar-Molinero（1989），Neugaard（1995），Petherbridge-Hernández（1990），Tabouret-Keller（1981），Woolard（1989），Woolard and Gahng（1990）。

106. 斯里兰卡：印度半岛东南大约80千米处印度洋中的一个大岛和几个较小的岛屿，土地总面积65,616平方千米，总人口1760万人。僧伽罗语（官方语言）；僧伽罗语和泰米尔语列为国语。大约74%的人口讲僧伽罗语，约18%的人口讲泰米尔语；英语在政府中常用，并有大约10%的人口使用。Dharmadasa（1977），Gair（1983），James（1985），Schiffman（1993），Sivasegaram（1991）。

107. 苏丹：位于非洲东北部，土地总面积2,505,802平方千米，总人口2650万人。10种语言，阿拉伯语、施卢克语、巴里语、拉图卡语、赞德语、克雷什语、恩多戈语、莫鲁语、法语（都是官方语言）、英语；阿拉伯语化方案正在进行中。Abakar（1989），Cembalo（1993），Hurreiz（1975），Mahmud（1982）。

108. 苏里南：位于南美洲东北海岸沿线，土地总面积163,820平方千米，总人口40万人。荷兰语（官方语言），英语广泛使用，斯拉南通戈语（有时被称为"塔基-塔基语"，是克里奥尔人和许多年轻人的母语，并是他们之间的通用语），印地语，苏里南印度斯坦语，爪哇语。Glock（1983）。

109. 瑞典：位于欧洲西北部，由大约三分之二的斯堪的纳维亚半岛组成，土地总面积449,964平方千米，总人口870万人（1988年）。瑞典语，有少数民族讲萨米语和芬兰语；移民讲母语。Anonymous（1995），Bucher（1981），Clausen（1986），Collis（1990），Eastman（1983：232ff），Helander（1990），Jaakkola（1976），Jernudd（1986，1994b），Loman（1988），Molde（1975），Skutnabb-Kangas（1996）。

110. 瑞士：欧洲中部的一个内陆国家，土地总面积41,288平方千米，总人口690万人。德语、法语、意大利语（都是官方语言），罗曼什语。Andres（1990），Clyne（1995），Darms（1994），Mar-Molinero and Stevenson（1991），Pap（1990），Schiffman（1993），Stotz and Andres（1990），Wardhaugh（1987：211），Watts（1988）。

111. 中国台湾：中国大陆东南沿海大约 160 千米处的一个大岛和几个较小的岛屿，土地总面积 35,988 平方千米，总人口 2080 万人。"国语"（通用语言）；还使用闽南话和客家方言。Kaplan and Tse（1982），Snow（1993b），Tse（1982，1986），Young（1988），Hsiau（1997）。

112. 塔吉克斯坦：位于中亚，由中国、阿富汗、乌兹别克斯坦、吉尔吉斯斯坦环绕，土地总面积 143,100 平方千米，总人口 5,680,242 人（1992 年 7 月）。塔吉克语（官方语言）。Maurais（1992）。

113. 坦桑尼亚：在印度洋上，位于非洲东海岸，包括坦噶尼喀湖和桑给巴尔岛与奔巴岛，离坦噶尼喀湖岸大约 40 千米，土地总面积 945,037 平方千米，总人口 2740 万人。120 种语言，斯瓦希里语（官方语言）；苏库马语，英语是商业、管理与高等教育的主要语言；斯瓦希里语普遍用于族群之间的交流；大多数人的第一语言是当地语言之一；小学教育一般用斯瓦希里语。Barrett（1994），Dunn（1985），Eastman（1983：225ff），Khamisi（1986），Maina（1987），Mekacha（1993），Rumbagumya（1986，1989），Scotton（1982），Whiteley（1971），Woods（1985b）。

114. 泰国：位于东南亚，沿克拉地峡延伸至马来半岛，土地总面积 514,000 平方千米，总人口 5630 万人。泰语（官方语言）；汉语；英语是精英的第二语言；少数民族与地区方言。Aksornkool（1983），Bradley（1985b），Brudhiprabha（1986），Gupta（1985）。

115. 多哥：位于非洲西海岸沿线，土地总面积 56,785 平方千米，总人口 380 万人。15 种语言，法语（既是官方语言也是商业语言），豪萨语；南方用埃维语和米纳语；北方用科托科里语和卡比耶语。Calvet et al.（1992）。

116. 汤加：位于南太平洋，包括 172 个岛屿，土地总面积 751 平方千米，总人口 96,800 人。汤加语，英语。Spolsky et al.（1983）。

117. 特立尼达和多巴哥：位于加勒比海东南部[①]、南美洲东海岸附近的两个岛屿，土地总面积 5128 平方千米，总人口 130 万人。英语（官方语言），印地语，法语，西班牙语。Winer（1990）。

118. 突尼斯：位于非洲东海岸沿线，土地总面积 16,152 平方千米，总人口 840 万人。阿拉伯语（官方语言）；阿拉伯语和法语（商业语言）。Cembalo（1993），Payne（1983），Souaiaia（1990），Stevens（1983）。

119. 土耳其：部分位于欧洲东南部，部分位于西亚，土地总面积 779,452 平方千米，总人口 5920 万人。土耳其语（官方语言），阿拉伯语，库尔德语。Doğançay-Aktuna（1995），Eastman（1983：221ff），Gallagher（1971），Skutnabb-Kangas and

---

① 原文为"SW"（西南部），实际应为"SE"（东南部）。

Bucak（1994）。

120. 土库曼斯坦：位于亚洲中部，西临里海，土地总面积 488,100 平方千米，总人口 390 万人。讲土库曼语的占 72%，讲俄语的占 12%，讲乌兹别克语[①]的占 9%，讲其他语言的占 7%。Pool（1976）。

121. 图瓦卢：南太平洋中一组分散的九个小环礁，从北到南延伸大约 560 千米，土地总面积 26 平方千米，总人口 9300 人。图瓦卢语，英语。Vetter（1991）。

122. 乌干达：非洲东部的一个内陆赤道国家，土地总面积 236,880 平方千米，总人口 1750 万人。30 种语言，英语，卢奥语，鲁尼昂科勒语，卢格巴拉语（都是官方语言）；阿泰索语／阿卡里莫琼语，卢干达语，斯瓦希里语。Ladefoged, Glick and Criper（1972），Scotton（1982）。

123. 乌克兰：位于东欧，土地总面积 603,700 平方千米，总人口 5210 万人。乌克兰语，俄语，罗马尼亚语，波兰语。Maurais（1992），Shamshur（1994）。

124. 英国：位于欧洲西北部，占有英伦三岛的主要部分，土地总面积 244,100 平方千米，总人口 57,533,000 人。英语，威尔士语（威尔士大约 26% 的人口使用），盖尔语的苏格兰形式（苏格兰大约 6 万人使用）。Baugh and Cable（1993），Bourne（1997），Grillo（1989），Hagen（1988, 1992, 1994），Kawes and Thomas（1995），Phillipson（1994），Pointon（1988），Thompson（1994），Thompson et al.（1996），Trudgill（1984），Wardhaugh（1987：64 ff.）。"威尔士语"：Ball（1988），Edwards（1984, 1993），Lewis（1982），Pryce and Williams（1988），Thomas（1987），Williams（1991, 1994）。"苏格兰盖尔语"：Dorian（1981），Withers（1988），Wood（1977）。"爱尔兰语"：Northover and Donnelly（1996），Pritchard（1990）。

125. 美国：占据北美洲大陆的中央部分的大部，包括西北部的阿拉斯加、太平洋盆地西南 2100 海里处的夏威夷和加勒比海中的波多黎各。土地总面积 9,159,123 平方千米，总人口 25,560 万人。英语，西班牙语和其他语言。Adams and Brink（1990），Amorose（1989），Arjona（1983），Baugh and Cable（1993），Bikales（1986），Cloonan and Strine（1991），Crawford（1989, 1992a, 1992b），Cummins（1994），Daniels（1990），Dillard（1992），Ferguson and Heath（1981），Fishman（1988a, 1989），Hernández-Chávez（1988, 1994），Huss（1990），Jernudd and Jo（1986），Judd（1987），Kloss（1977），Marshall（1986），McGroarty（1997），Mckay et al.（1993），Peña（1991），Ricento（1996），Rodriquez（1992），Rubin（1978/1979），Schiffman（1995），Sonntag（1990），Tatalovich（1995），Thomas（1996），Tollefson（1988 1993）。"黑人英语"：Dillard（1977）。"美国印第安人语言"：Boseker（1994），Grenoble and Whaley（1996），Leap（1975, 1983），Shonerd（1990），St Clair and Leap（1982）。"夏威夷语"：Day（1985），Sato（1985）。

126. 乌拉圭：位于南美洲东海岸沿线，巴西的南部，阿根廷的东北，土地总

---

① 中国境内称为"乌孜别克语"。

面积 176,224 平方千米,总人口 310 万人。西班牙语。Behares and Massone(1996)。

127. 乌兹别克斯坦：位于亚洲中部,土地总面积 447,400 平方千米,总人口 2170 万人。讲乌兹别克语的占 85%,讲俄语的占 5%,讲其他语言的占 10%。Fierman(1991),"突厥语族"：Maurais(1992)。

128. 瓦努阿图：南太平洋中由 12 个主要岛屿和大约 60 个较小的岛屿组成的一个岛链,位于斐济以西大约 800 千米、澳大利亚以东 2800 千米处,土地总面积 14,763 平方千米,总人口 20 万人。英语和法语（官方语言）；比斯拉马语（国语）。Crowley(1989a,1989b,1994),Thomas(1990),Topping(1982),Tryon and Charpentier(1989)。

129. 越南：位于东南亚东海岸沿线,土地总面积 329,566 平方千米,总人口 6920 万人。越南语（官方语言）；法语,汉语,英语,高棉语,民族语言（孟高棉语族和马来—波利尼西亚语系）。DeFrancis(1977),Nguyen(1985),Lo Bianco(2012)。

130. 瓦利斯群岛和富图纳群岛：南太平洋中的 23 个岛屿和小岛,其中三分之二位于火奴鲁鲁（檀香山）与新西兰之间的通道上,土地总面积 274 平方千米,总人口 17,095 人（1992 年 6 月）。法语,瓦利斯语。Rensch(1990)。

131. 南斯拉夫：(另见**斯洛文尼亚、克罗地亚、波斯尼亚—黑塞哥维那、马其顿**。) 位于中欧南部,包括塞尔维亚与黑山共和国,土地总面积 69,775 平方千米,总人口 1000 万人。塞尔维亚语,斯洛文尼亚语,马其顿语（都是官方语言）；阿尔巴尼亚语,匈牙利语。Branko(1980),Bugarski(1987),Novak-Lukanivic(1988),Tollefson(1980,1981a)。

132. 扎伊尔：（现为"刚果民主共和国",译者注）非洲中部的一个赤道国家,土地总面积 2,344,885 平方千米,总人口 3790 万人。300 种语言,法语（官方语言）,林加拉语,斯瓦希里语,卢巴语,基刚果语（又称"刚果语"）。Calvet et al.(1992),Goyvaerts et al.(1983),Kamwangamalu(1997),Ndoma(1984),Nyembwe et al.(1992),Polomé(1968)。

133. 计划语言：有数以百计的计划语言/人工语言,其中最著名的就是世界语。Corsetti and La Torre(1995),Dasgupta(1987),Harry(1989),Large(1988),Sakaguchi(1996),Tonkin(1987)。

134. 罗姆语：罗姆人/罗曼尼人/吉普赛人口估计有 900 万人,主要位于欧洲,约 50% 讲罗姆语。有大约 50 种方言。该语言与古梵文有关系。Hübschmannová and Neustupný(1996),Kenrick(1996)。

参考文献

本参考文献清单中包括本书正文没有引用而只在附录中引用到的各种专门的引用。我们的意图是想让这本书提供一个 1980 年之后的广泛数目，以便使一个地方的学生和研究人员能够对现有文献进行一种适度包容性的调查。早期文献的进一步资料可在鲁宾与耶努德（Rubin and Jernudd 1979）的附有说明的参考资料中和在肯尼迪（Kennedy 1984）的参考书目中找到。

Abakar, M. A. (1989) Pour une autre politique des langues au Soudan. *Language Problems & Language Planning* 13, 291–7.

Abbott, G. (1988) Mascaraed and muumuu-ed: the spelling of imported words. *English Today* 4 (2), 43–6.

Adams, K. L. and Brink, D. T. (eds) (1990) *Perspectives on Official English. The Campaign for English as the Official Language of the USA*. Berlin/New York: Mouton de Gruyter.

Adegibija, E. (1994a) *Language Attitudes in Sub-Saharan Africa*. Clevedon: Multilingual Matters.

Adegibija, E. (1994b) The context of language planning in Africa: an illustration with Nigeria. In M. Pütz (ed.) (1994) (pp. 139–63).

Ager, D. (1990) *Sociolinguistics and Contemporary French*. Cambridge: Cambridge University Press.

Aggarwal, K. S. (1988) English and India's three-language formula: an empirical perspective. *World Englishes* 7, 289–98.

Aggarwal, K. S. (1992) To include or not to include: an attempt to study the language conflict in Manipur. *Language Problems & Language Planning* 16, 21–37.

Ahlqvist, A. (1993) Language conflict and language planning in Ireland. In E. H. Jahr (ed.) (1993) (pp. 7–20).

Aikio, M. (1990) The Finnish perspective: language and ethnicity. In D. R. F. Collis (ed.)

(1990) (pp. 366-400).

Aikio, M. (1991) The Sámi language: pressure of change and reification. *Journal of Multilingual and Multicultural Development* 12, 93-103.

Akinnaso, F. N. (1989) One nation, four hundred languages: unity and diversity in Nigeria's language policy. *Language Problems & Language Planning* 13, 133-46.

Akinnaso, F. N. (1991) Toward the development of a multilingual language policy in Nigeria. *Applied Linguistics* 12, 29-61.

Akinnaso, F. N. and Ogunbiyi, I. A. (1990) The place of Arabic in language education and language planning in Nigeria. *Language Problems & Language Planning* 14, 1-19.

Aksornkool, N. (1983) *An Historical Study of Language Planning.* Singapore: Singapore University Press. [RELC Monograph]

Alderson, J. C. and Beretta, A. (eds) (1992) *Evaluating Second Language Education.* Cambridge: Cambridge University Press.

Alisjahbana, S. T. (1976) *Language Planning for Modernization: The Case of Indonesia and Malaysia.* The Hague: Mouton.

Alisjahbana, S. T. (1984) The concept of language standardization and its application to the Indonesian language. In F. Coulmas (ed.) *Linguistic Minorities and Literacy: Language Policy Issues in Developing Countries* (pp. 77-98). Berlin: Walter de Gruyter.

Alloni-Fainberg, Y. (1974) Official Hebrew terms for parts of the car: a study of knowledge, usage and attitudes. In J. A. Fishman (ed.) (1974) (pp. 493-517).

Allott, A. J. (1985) Language policy and planning in Burma. In D. Bradley (ed.) (1985a) (pp. 131-154).

Altehenger-Smith, S. (1990) *Language Change via Language Planning.* Hamburg: Helmut Buske.

Ammon, U. (1991) *Die internationale Stellung der deutschen Sprache.* Berlin/New York: de Gruyter.

Ammon, U. (1992) The Federal Republic of Germany's policy of spreading German. *International Journal of the Sociology of Language* 95, 33-50.

Ammon, U. (1994a) Language-spread policy. Vol. 2: languages of former colonial powers and former colonies. *International Journal of the Sociology of Language* 107.

Ammon, U. (1994b) The present dominance of English in Europe. With an outlook on possible solutions to the European language problems. *Sociolinguistica* 8, 1-14.

Ammon, U. and Kleineidam, H. (1992) Language-spread policy. Vol. 1: languages of former colonial powers. *International Journal of the Sociology of Language* 95.

Ammon, U., Mattheier, K. J. and Nelde, P. H. (1988) Standardisation of European National Languages: Romania, Germania. *Sociolinguistica* 2.

Amonoo, R. F. (1994) La situation linguistique au Ghana et les problèmes de standardisation. In G. Lüdi (ed.) (1994) (pp. 23-32).

Amorose, T. (1989) The official-language movement in the United States: contexts, issues and activities. *Language Problems & Language Planning* 13, 264-79.

Anderson, E. A. (1985) Sociolinguistic surveys in Singapore. *International Journal of the Sociology of Language* 55, 89-114.

Anderson, E. A. (1987) Indonesian language month 1986: tempest at the forum. *New Language Planning Newsletter* 1 (3), 1-3.

Andres, F. (ed.) (1990) Bilingual education in a multilingual society. *Multilingua 9* (1). [Special issue]

Andrzejewski, B. W. (1980) The implementation of language planning in Somalia: a record of achievement. *Language Planning Newsletter* 6 (1), 1, 4-5.

Annamalai, E. (1986) Language rights and language planning. *New Language Planning Newsletter* 1 (2), 1-3.

Annamalai, E., Jernudd, B. H. and Rubin, J. (eds) (1986) *Language Planning: Proceedings of an Institute.* Mysore: Central Institute of Indian Languages.

Annamalai, E. and Rubin, J. (1980) Planning for language code and language use: some considerations in policy-formation and implementation. *Language Planning Newsletter* 6 (3), 1-4.

Anonymous. (1990) New era for Infoterm. *Language International* 2 (4), 30-2.

Anonymous. (1991) The Fryske Akademy. *New Language Planning Newsletter* 6 (2), 5.

Anonymous. (1994a) English comeback. *Language International* 6 (3), 33.

Anonymous. (1994b) Toubon bill watered down. *Language International* 6 (5), 38-9.

Anonymous. (1995) TNC Swedish Centre for technical terminology. *New Language Planning Newsletter* 9 (4), 2-4.

Ansre, G. (1975) Madina: Three polyglots and some implications for Ghana. In S. Ohannessian, C. A. Ferguson and E. C. Polomé (eds) (1975) (pp. 159-77).

Anwar, K. (1979) *Indonesian: The Development and Use of a National Language.* Yogyakarta: Gadjah Mada.

Arends, J., Muysken, P. and Smith, N. (1995) *Pidgins and Creoles: An Introduction.* Amsterdam: John Benjamins.

Arjona, E. (1983) Language planning in the judicial system: a look at the implementation of the US court interpreters act. *Language Planning Newsletter 9* (1), 1-6.

Ashby, W. (1985) The need for an international auxiliary language. *Language Planning Newsletter* 11 (1), 8.

Atkinson, D. (1993) A historical discourse analysis of scientific research writing from 1675 to 1975: the case of the *Philosophical Transactions* of the Royal Society of

London. Los Angeles, CA: University of Southern California. [PhD Dissertation]

Atkinson, D. (1995) The *Philosophical Transactions* of the Royal Society of London, 1675-1975: a sociohistorical discourse analysis (unpublished paper). Auburn, AL: Auburn University.

Augst, G. and Ammon, U. (1993) A new attempt at orthographic reform in the German-speaking countries. *New Language Planning Newsletter* 8 (2), 2-4.

Austin, P. (1991) Australian Aboriginal languages. In M. Clyne (ed.) *Linguistics in Australia: Trends in Research* (pp. 55-74). Canberra: Academy of the Social Sciences in Australia.

Australian Language and Literacy Council (ALLC) (1994) *Speaking of Business: The Needs of Business and Industry for Language Skills.* Canberra: Australian Government Publishing Service.

Australian Language and Literacy Council (ALLC) (1995) *Teacher Education in English Language and Literacy.* Canberra: Australian Government Publishing Service.

Bachman, L. (1990) *Fundamental Considerations in Language Testing.* Oxford: Oxford University Press.

Bachman, L. and Palmer, A. S. (1996) *Language Testing in Practice: Designing and Developing Useful Language Tests.* Oxford: Oxford University Press.

Baetens Beardsmore, H. (1980) Bilingualism in Belgium. *Journal of Multilingual and Multicultural Development* 1, 145-54.

Baetens Beardsmore, H. (1993a) *European Models of Bilingual Education.* Clevedon: Multilingual Matters.

Baetens Beardsmore, H. (1993b) European models of bilingual education: practice, theory and development. *Journal of Multilingual and Multicultural Development* 6, 103-20.

Baetens Beardsmore, H. (1994) Language policy and planning in Western European countries. In W. Grabe *et al.* (eds) *Annual Review of Applied Linguistics, 14* (pp. 93-110). New York: Cambridge University Press.

Baik, M. J. (1992) Language shift and identity in Korea. *Journal of Asian Pacific Communication* 3, 15-31.

Baker, P. and Mühlhäusler, P. (1990) From business to pidgin. *Journal of Asian Pacific Communication* 1, 87-115.

Baldauf, R. B., Jr (1981) Educational television, enculturation and acculturation: a study of change in American Samoa. *International Review of Education* 27, 227-45.

Baldauf, R. B., Jr (1982) The language situation in American Samoa: planners, plans, and planning. *Language Planning Newsletter* 8 (1), 1-6.

Baldauf, R. B., Jr (1985) Linguistic minorities and bilingual communities in Australia. In R. B. Kaplan *et al.* (eds) *Annual Review of Applied Linguistics,* 6 (pp. 100-12). New

York: Cambridge University Press.

Baldauf, R. B., Jr (1990a) Education and language planning in the Samoas. In R. B. Baldauf, Jr and A. Luke (eds) (1990) (pp. 259–76).

Baldauf, R. B., Jr (1990b) Language planning: corpus planning. In R. B. Kaplan *et al.* (eds) *Annual Review of Applied Linguistics,* 10 (pp. 3–12). New York: Cambridge University Press.

Baldauf, R. B., Jr (1993) Fostering bilingualism and national development through school second language study. *Journal of Multilingual and Multicultural Development* 14, 121–34.

Baldauf, R. B., Jr (1994) 'Unplanned' language planning. In W. Grabe *et al.* (eds) *Annual Review of Applied Linguistics, 14* (pp. 82–9). New York: Cambridge University Press.

Baldauf, R. B., Jr (1995a) Back from the brink? Revival, restoration and maintenance of Aboriginal and Torres Strait Islander languages. Paper presented at Symposium on Language Loss and Public Policy, Albuquerque, NM.

Baldauf, R. B., Jr (ed.) (1995b) *Viability of Low Candidature LOTE Courses in Universities.* Canberra: DEET Higher Education Division. [DEET Evaluations and Investigations Program 95/9]

Baldauf, R. B., Jr (1997) Tertiary language, literacy and communication policies: Needs and practice. In Z. Golebiowski (ed.) *Policy and Practice of Tertiary Literacy.* Melbourne: Victoria Institute of Technology.

Baldauf, R. B., Jr and Eggington, W. (1989) Language reform in Australian languages. In I. Fodor and C. Hegégé (eds) (1989) (pp. 29–43).

Baldauf, R. B., Jr and Jernudd, B. H. (1983) Language of publication as a variable in scientific communication. *Australian Review of Applied Linguistics* 6 (1), 97–108.

Baldauf, R. B., Jr and Jernudd, B. H. (1986) Aspects of language use in cross-cultural psychology. *Australian Journal of Psychology* 32, 381–92.

Baldauf, R. B., Jr and Jernudd, B. H. (1987) Academic communication in a foreign language: the example of Scandinavian psychology. *Australian Review of Applied Linguistics* 10 (1), 98–117.

Baldauf, R. B., Jr and Lawrence, H. (1990) Individual characteristics and affective domain effects on LOTE retention rates. *Language and Education* 4, 225–48.

Baldauf, R. B., Jr and Luke, A. (eds) (1990) *Language Planning and Education in Australasia and the South Pacific.* Clevedon: Multilingual Matters.

Ball, M. J. (1988) *The Use of Welsh.* Clevedon: Multilingual Matters.

Bamgboṣe, A. (1989) Issues for a model of language planning. *Language Problems & Language Planning* 13, 24–34.

Barbour, S. and Stevenson, P. (1990) *Variation in German.* Cambridge: Cambridge

University Press.

Barnes, D. (1982) Nationalism and the Mandarin movement: the first half-century. In R. L. Cooper (1982b) (ed.) (pp. 260–90).

Barnes, D. (1983) The implementation of language planning in China. In J. Cobarrubias and J. Fishman (eds) (1983b) (pp. 291–308).

Baron, D. E. (1982) *Grammar and Good Taste: Reforming the American Language.* New Haven and London: Yale University Press.

Barrera i Vidal, A. (1994) La politique de diffusion du catalan. *International Journal of the Sociology of Language* 107, 41–65.

Barrett, J. (1994) Why is English still the medium of education in Tanzanian secondary schools? *Language, Culture and Curriculum* 7, 3–16.

Bartsch, R. (1987) *Norms of Language.* London/New York: Longman.

Battison, R. (1980) Document design: language planning for paperwork. *Language Planning Newsletter* 6 (4), 1–5.

Baugh, A. C. and Cable, T. (1993) *A History of the English Language* (4th edn). London: Routledge.

Bauman, R. and Sherzer, J. (eds) (1974) *Explorations in the Ethnography of Speaking.* New York: Cambridge University Press.

Baumgardner, R. J. (1993) *The English Language in Pakistan.* Karachi: Oxford University Press.

Bayer, J. (1987) Language planning in India: a perspective on the three language formula. *New Language Planning Newsletter* 1 (3), 4–5.

Bazerman, C. (1988) *Shaping Written Knowledge.* Madison, WI: University of Wisconsin Press.

Behares, L. E. and Massone, M. I. (1996) The sociolinguistics of Uruguayan and Argentinian deaf communities as a language conflict situation. *International Journal of the Sociology of Language* 117, 99–113.

Beheydt, L. (1994) The linguistic situation in the new Belgium. *Current Issues in Language and Society* 1, 147–63.

Bélanger, C. H. (1995) La mondialisation et l'apprentissage d'une langue de spécialité. *La Revue Canadienne des Langues Vivantes* 52, 101–14.

Bell, A. and Holmes, J. (eds) (1990) *New Zealand Ways of Speaking English.* Clevedon: Multilingual Matters.

Bell, J. (ed.) (1981) *Language Planning for Australian Aboriginal Languages.* Alice Springs: Institute for Aboriginal Development.

Benko, L. (1992) Sprachliche Standardisierungsprozesse im Ungarischen. *Sociolinguistica* 6, 84–99.

Bentahila, A. and Davies, E. E. (1993) Language revival: restoration or transformation. *Journal of Multilingual and Multicultural Development* 14, 355–74.

Benton, N. (1989) Education, language decline and language revitalization: the case of Maori in New Zealand. *Language and Education* 3 (2), 65–82.

Benton, R. A. (1975) Sociolinguistic survey of Maori language use. *Language Planning Newsletter* 1 (2), 3–4.

Benton, R. A. (1980) Changes in language use in a rural Maori community 1963–1978. *Journal of the Polynesian Society* 89, 455–78.

Benton, R. A. (1981) *The Flight of the Amokura: Oceanic Languages and Formal Education in the South Pacific*. Wellington: New Zealand Council for Educational Research.

Benton, R. A. (1986) Schools as agents for language revival in Ireland and New Zealand. In B. Spolsky (ed.) (1986) (pp. 53–76).

Benton, R. A. (1989) Maori and Pacific Island languages in New Zealand Education. *Ethnies: Droits de l'homme et peuples autochtones* 8/9/10, 7–12.

Benton, R. A. (1991a) Notes on the case for Maori language television. *New Language Planning Newsletter* 5 (4), 1–4.

Benton, R. A. (1991b) 'Tomorrow's schools' and the revitalization of Maori: stimulus or tranquilliser? In O. Garcia (ed.) *Bilingual Education: Focusschrift in Honor of Joshua A Fishman on the Occasion of his 65th Birthday Vol. 1*. (pp. 136–47). Amsterdam: John Benjamins.

Benton, R. A. (1996) Language policy in New Zealand: defining the ineffable. In M. Herriman and B. Burnaby (eds) (pp. 62–98).

Beretta, A. (1992) Evaluation in language education: an overview. In J. C. Alderson and A. Beretta (eds) (1992) (pp. 5–24).

Berlin, B. *et al.* (1973) General principles of classification and nomenclature in folk biology. *American Anthropologist* 75, 214–42.

Berthold, M. (ed.) (1995) *Rising to the Bilingual Challenge*. Canberra: NLLIA.

Besch, W. (1988) Standardisierungsprozesse im deutschen Sprachraum. *Sociolinguistica* 2, 186–208.

Biber, D. (1993) The multi-dimensional approach to linguistic analysis of genre variation: an overview of methodology and findings. *Computers and the Humanities* 26, 331–45.

Biber, D. and Hared, M. (1992) Literacy in Somalia: linguistic consequences. In W. Grabe *et al.* (eds) *Annual Review of Applied Linguistics,* 12 (pp. 260–82). New York: Cambridge University Press.

Bikales, G. (1986) Comment: the other side. *International Journal of the Sociology of Language* 60, 77–85.

Bjorge, A. K. (1989) Norwegian. *Language International* 1 (4), 33–4.

Black, P. (1990) Some competing goals in Aboriginal language planning. In R. B. Baldauf, Jr and A. Luke (eds) (1990) (pp. 80-8).

Bloor, T. and Tamrat, W. (1996) Issues in Ethiopian language policy and education. *Journal of Multilingual and Multicultural Development* 17, 321-38.

Bo Yin and Baldauf, R. B., Jr (1990) Language reform of spoken Chinese. *Journal of Multilingual and Multicultural Development* 11, 279-89.

Bochmann, K. (1992) La formation du roumain standard: conditions sociolinguistiques. *Sociolinguistica* 6, 100-7.

Bokamba, E. G. (1991) French colonial language policies in Africa and their legacies. In D. F. Marshall (ed.) (1991) (pp. 175-215).

Bolton, K, and Luke, K. -k. (1985) The sociolinguistic survey of language in Hong Kong: the background to research and methodological considerations. *International Journal of the Sociology of Language* 55, 41-56.

Boseker, B. J. (1994) The disappearance of American Indian languages. *Journal of Multilingual and Multicultural Development* 15, 147-60.

Boulanger, J. -C. (1986) La néologie et l'aménagement linguistique du Québec. *Language Problems & Language Planning* 10, 14-29.

Boulanger, J. -C. (1989) Développement, aménagement linguistique et terminologie: un mythe? L'exemple de la malgachisation. *Language Problems & Language Planning* 13, 243-63.

Bourdieu, P. (1991) *Language and Symbolic Power.* Cambridge: Harvard University Press.

Bourhis, R. Y. (1984) *Conflict and Language Planning in Quebec.* Clevedon, Avon: Multilingual Matters.

Bourne, J. (1997) The grown-ups know best: language policy making in Britain in the 1990s. In W. Eggington and H. Wren (eds) (1997) (pp. 49-65).

Boyle, J. (1995) Hong Kong's educational system: English or Chinese? *Language, Culture and Curriculum* 8, 291-304.

Bradley, D. (ed.) (1985a) (ed.) *Papers in South-East Asian Linguistics No. 9: Language Policy, Language Planning and Sociolinguistics in South-East Asia* (pp. 87-102). Canberra: Australian National University. [Pacific Linguistics Series A No. 67].

Bradley, D. (1985b) Traditional minorities and language education in Thailand. In D. Bradley (ed.) (1985a) (pp. 87-102).

Branko, F. (1980) Language policy and language planning in Yugoslavia with special reference to Croatian and Macedonian. *Lingua* 51, 55-72.

Brann, C. (1994) A prognosis for language management in the third republic. In M. Pütz (ed.) (1994) (pp. 165-80).

Brennan, P. W. (1983) Issues of language and law in Papua New Guinea. *Language Plan-*

ning Newsletter 9 (2), 1-7.

Brenzinger, M. (ed.) (1992) *Language Death: Factual and Theoretical Explorations with Special Reference to East Africa.* Berlin: Mouton de Gruyter.

Breton, R. (1991) The handicaps of language planning in Africa. In D. F. Marshall (ed.) (1991) (pp. 153-74).

Breton, R. (1996) The dynamics of ethnolinguistic communities as the central factor in language policy and planning. *International Journal of the Sociology of Language* 118, 163-79.

Bright, W. *et al.* (eds) (1992) *International Encyclopedia of Linguistics:* New York: Oxford University Press.

Brown, J. D. (1988) *Understanding Research in Second Language Learning: A Teacher's Guide to Statistics and Research Design.* Cambridge: Cambridge University Press.

Brown, J. D. (1995) Language program evaluation: decisions, problems and solutions. In W. Grabe *et al.* (eds) *Annual Review of Applied Linguistics, 15* (pp. 227-48). New York: Cambridge University Press.

Brudhiprabha, P. (1986) Towards language planning in Thailand: with special reference to regional dialects languages and minority languages. In E. Annamalai, B. H. Jernudd and J. Rubin (1986) (pp. 220-37).

Bruthiaux, P. (1992) Language description, language prescription and language planning. *Language Problems & Language Planning* 16, 221-34.

Bruthiaux, P. (1993) Literacy and development: evidence from the Pacific rim and beyond. *Journal of Asian Pacific Communication* 4, 49-65.

Bruthiaux, P. (1996) *The Discourse of Classified Advertising: Exploring the Nature of Linguistic Simplicity.* New York: Oxford University Press.

Bucher, A. L. (1981) The Swedish Centre for Technical Terminology-40 years old. *Language Planning Newsletter* 7 (2), 1-2.

Bugarski, R. (1987) Unity in diversity: aspects of language policy in the Soviet Union and Yugoslavia. *Sociolinguistica* 1, 1-12.

Bühler, H. (1987) Language and translation: translating and interpreting as a profession. In R. B. Kaplan *et al.* (eds) *Annual Review of Applied Linguistics, 7* (pp. 105-19). New York: Cambridge University Press.

Bull, T. (1991) Current issues in official Norwegian language planning. *New Language Planning Newsletter* 6 (2), 1-3.

Bull, T. (1993) Conflicting ideologies in contemporary Norwegian language planning. In E. H. Jahr (ed.) (1993) (pp. 21-37).

Burnaby, B. (1996) Language policy in Canada. In M. Herriman and B. Burnaby (eds) (pp. 159-219).

Caldwell, G. (1988) Being English in French Québec: on the denial of culture and history in a neo-liberal state. *Language, Culture and Curriculum* 1, 187-96.

Caldwell, J. A. W. (1994) Provision for minority languages in France. *Journal of Multilingual and Multicultural Development* 15, 293-310.

Calvet, L. -J. (1982) The spread of Mandingo: military, commercial and colonial influence on a linguistic datum. In R. L. Cooper (1982b) (ed.) (pp. 184-97).

Calvet, L. -J. et al. (1992) *Les langues des marchés en Afrique.* Paris: Didier Érudition.

Cannon, G. (1990) Sociolinguistic implications of Chinese-language borrowings in English. *International Journal of the Sociology of Language* 86, 41-55.

Carrington, L. D. (1990) The instrumentalization of St Lucian. *International Journal of the Sociology of Language* 85, 71-80.

Carrington, L. D. (1994) Writing and the survival of minor languages: the case of Antillean French-Lexicon Creole. In G. Lüdi (ed.) (1994) (pp. 33-40).

Carroll, T. (1995) NHK and Japanese Language policy. *Language Problems & Language Planning* 19, 271-93.

Cartwright, D. (1988) Language policy and internal geopolitics: the Canadian situation. In C. H. Williams (ed.) (1988) (pp. 238-66).

Cartwright, D. (1993) Sociolinguistic events in an intranational borderland: a nudge to a diverging nation. In E. H. Jahr (ed.) (1993) (p. 39-58).

Cassidy, F. G. (1987) The fallible computer and DARE. *English Today* 9, 27-30.

Cembalo, S. M. (1993) Langage et formation supérieure. *Mélanges CRAPEL* 21, 59-69.

Cerrón-Palomino, R. (1989) Language policy in Peru: a historical overview. *International Journal of the Sociology of language* 77, 11-33.

Chaklader, S. (1987) Panshimbanga Bangala Akademy. *New Language Planning Newsletter* 2 (1), 4-5.

Charrow, V. R. (1982) Language in bureaucracy. In R. DiPietro (ed.) *Linguistics and the Professions: Proceedings of the Second Annual Delaware Symposium on Language Studies* (pp. 173-88). Norwood, NJ: Ablex.

Chaudenson, R. (1989) Langue et économie: l' état des recherches interdisciplinaires. In R. Chaudenson and D. de Robillard (eds) (1989/1991) *Tome 1.* (pp. 23-38).

Chaudenson, R. and Robillard, D. de (eds) (1989/1991) *Langues, Économie et Développement, Tome 1 et 2.* Provence: Diffusion Didier Érudition.

Chciuk-Celt, A. (1990) Polish language and writing. *Language International* 2 (2), 13-14.

Chidambaram, M. (1986) The politics of language planning in Tamil Nadu. In E. Annamalai, B. H. Jernudd and J. Rubin (1986) (pp. 338-59).

Chomsky, N. (1980) *Rules and Representations.* New York: Columbia University Press.

Clausen, U. (1986) Principles in Swedish language cultivation. *Språbruk.* 2. 9-14.

Cloonan, J. D. and Strine, J. M. (1991) Federalism and the development of language policy: preliminary investigations. *Language Problems & Language Planning* 15, 268–81.

Cluver, A. D. de V. (1991) A systems approach to language planning: the case of Namibia. *Language Problems & Language Planning* 15, 43–64.

Cluver, A. D. de V. (1992) Language planning models for a post-apartheid South Africa. *Language Problems & Language Planning* 16, 105–36.

Clyne, M. (1981) Foreigner talk. *International Journal of the Sociology of Language* 28. [Special issue]

Clyne, M. (1982) *Multilingual Australia*. 1st edn. Melbourne: River Seine.

Clyne, M. (ed.) (1985) *Australia, Meeting Place of Languages*. Canberra: Australian National University. [Pacific Linguistics, C-92]

Clyne, M. (1988a) A *Tendenzwende* in the codification of Austrian German. *Multilingua* 7, 335–41.

Clyne, M. (1988b) Community languages in the home: a first progress report. *Vox* 1, 22–7. [Journal of AACLAME]

Clyne, M. (1988c) Language planning in multilingual Australia. *New Language Planning Newsletter* 2 (4), 1–5.

Clyne, M. (1994) *Intercultural Communication at Work: Cultural Values in Discourse*. Cambridge: Cambridge University Press.

Clyne, M. (1995) *The German Language in a Changing Europe*. Cambridge: Cambridge University Press.

Clyne, M., Ball, M. and Neil, D. (1991) Inter-cultural communication at work in Australia: complaints and apologies in turns. *Multilingua* 10, 251–73.

Clyne, M., Jenkins, C., Chen, I. Y., Tsokalidou, R., Wallner, T. (1994) *Developing Second Language from Primary School: Models and Outcomes*. Canberra: National Languages and Literacy Institute of Australia.

Cobarrubias, J. (1983a) Ethical issues in status planning. In J. Cobarrubias and J. A. Fishman (eds) (1983b) (pp. 41–85).

Cobarrubias, J. and Fishman, J. A. (eds) (1983b) *Progress in Language Planning*. Berlin: Mouton.

Coetzee, A. E. (1993) The maintenance of Afrikaans in a new South Africa. *AILA Review* 10, 37–51.

Cojnska, R. (1992) Zur Charakteristik der bulgarischen Schriftsprache in der vornationalen Epoche. *Sociolinguistica* 6, 151–62.

Collins, C. (1996) *Authority Figures: Metaphors of Mastery from the Illiad to the Apocalypse*. Lanham, MD: Rowman and Littlefield.

Collis, D. R. F. (1990) *Arctic Languages: An Awakening.* Paris: UNESCO.

Collis, D. R. F. (1992) The use of distributed language translation in language management. *Language Problems & Language Planning* 16, 53-71.

Comber, L. (1983) *13 May 1969: A Historical Survey of Sino-Malay Relations.* Kuala Lumpur: Heinemann Asia.

Combs, M. and Jernudd, B. H. (1981) Kumision I Fino' Chamorro (Guam). *Language Planning Newsletter* 7 (3/4), 1-2.

Commins, P. (1988) Socioeconomic development and language maintenance in the Gaeltacht. *International Journal of the Sociology of Language* 70, 11-28.

Communities for Accountable Reinvestment (CAR) (1993) Communities for Accountable Reinvestment.

Comrie, B. (1981) *The Languages of the Soviet Union.* Cambridge: Cambridge University Press.

Comrie, B. (ed.) (1987) *The World's Major Languages.* New York: Oxford University Press.

Cooper, R. L. (1976) The spread of Amharic. In M. L. Bender, J. D. Bowen, R. L. Cooper and C. A. Ferguson (eds) *Language in Ethiopia* (pp. 287-301). London: Oxford University Press.

Cooper, R. L. (1982a) A framework for the study of language spread. In R. L. Cooper (ed.) (1982b) (pp. 5-36).

Cooper, R. L. (1982b) (ed.) *Language Spread: Studies in Diffusion and Social Change.* Bloomington: Indiana University Press and Washington, DC: Center for Applied Linguistics.

Cooper, R. L. (1988) Planning language acquisition. In P. H. Lowenberg (ed.) (1988) (pp. 140-51).

Cooper, R. L. (1989) *Language Planning and Social Change.* Cambridge: Cambridge University Press.

Corsetti, R. and La Torre, M. (1995) Quale lingua prima? Per un experimento CEE che utilizzi l'esperanto. *Language Problems and Language Planning* 19, 26-46.

Corson, D. (1993) *Language, Minority Education and Gender: Linking Social Justice and Power.* Clevedon: Multilingual Matters.

Corvalan, G. (1981) Bilingualism in education in Paraguay: is it creative or oppressive? *Revista Paraguaya de Sociologia* 18 (52), 179-200.

Coulmas, F. (1989a) The surge of Japanese. *International Journal of the Sociology of Language* 80, 115-31.

Coulmas, F. (1989b) *The Writing Systems of the World.* Oxford: Blackwell.

Coulmas, F. (1991a) *A Language Policy for the European Community: Prospects and*

Quandaries. Berlin: Mouton de Gruyter.

Coulmas, F. (ed.) (1991b) The economics of language in the Asian Pacific. *Journal of Asian Pacific Communication 2.* [Special Issue]

Coulmas, F. (1991c) The language trade in the Asian Pacific. *Journal of Asian Pacific Communication* 2, 1–27.

Coulombe, P. A. (1993) Language rights, individual and communal. *Language Problems & Language Planning* 17, 140–52.

Cowie, A. P. (1990) Pedagogical descriptions of language: lexis. In R. B. Kaplan *et al.* (eds) *Annual Review of Applied Linguistics, 10* (pp. 196–209). Cambridge: Cambridge University Press.

Crampton, D. (1986) Language policy in Kenya. *Rassegna Italiana di Linguistica* 18 (3), 109–22.

Crawford, J. (1989) *Bilingual Education: History, Politics, Theory and Practice.* Trenton, NJ: Crane Publishing Co.

Crawford, J. (1992a) *Hold your Tongue: Bilingualism and the Politics of 'English Only'.* Reading, MA: Addison-Wesley.

Crawford, J. (1992b) *Language Loyalties: A Source Book on the Official English Controversy.* Chicago: University of Chicago Press.

Cressy, D. (1980) *Literacy and the Social Order: Reading and Writing in Tudor and Stuart England.* Cambridge: Cambridge University Press.

Cristovao, F. (1989) The Portuguese language in the world. *Language International* 1 (5), 10–11.

Crocombe, R. G. (1989) *The South Pacific: An Introduction.* Christchurch: Institute of Pacific Studies.

Crooks, T. and Crewes, G. (eds) (1995) *Language and Development.* Jakarta: Indonesian Australian Language Foundation.

Crowley, T. (1989a) English in Vanuatu. *World Englishes* 8, 37–46.

Crowley, T. (1989b) Language issues and national development in Vanuatu. In I. Fodor and C. Hagège (eds) (1989) (pp. 111–39).

Crowley, T. (1994) Linguistic demography: interpreting the 1989 census results in Vanuatu. *Journal of Multilingual and Multicultural Development* 15, 1–16.

Cruz, I. R. (1986) English and Tagalog in Philippine literature: a study of literary bilingualism. *World Englishes* 5 (2/3), 163–76.

Crystal, D. (1987) *The Cambridge Encyclopedia of Language.* Cambridge: Cambridge University Press.

Crystal, D. (1996) Swimming with the tide in a sea of language change. *Australian Language Matters* 4 (2), 19–20.

Cumming, A. (1997) English language-in-education policies in Canada. In W. Eggington and H. Wren (eds) (1997) (pp. 91–105).

Cummins, J. (1989) Language and literacy acquisition in bilingual contexts. *Journal of Multilingual and Multicultural Development* 10, 17–31.

Cummins, J. (1994) The discourse of disinformation: the debate on bilingual education and language rights in the United States. In T. Skutnabb-Kangas *et al.* (eds) (1994) (pp. 159–77).

Dagut, M. (1985) The revival of Hebrew and language planning. In J. D. Woods (ed.) (1985) (pp. 65–75).

Dahal, B. M. and Subba, S. (1986) Language policies and indigenous languages of Nepal. In E. Annamalai, B. H. Jernudd and J. Rubin (1986) (pp. 238–51).

Dahl, O. C. (1993) Language conflict in Madagascar around AD 700. In E. H. Jahr (ed.) (1993) (p. 59–68).

d'Anglejan, A. (1984) Language planning in Quebec: an historical overview and future trends. In R. Y. Bourhis (ed.) (1984) (pp. 29–52).

Daniels, H. A. (ed.) (1990) *Not Only English: Affirming America's Multilingual Heritage.* Urbana, Illinois: National Council of the Teachers of English.

Daoust, D. (1991) Terminological change within a language planning framework. In D. F. Marshall (ed.) (1991) (pp. 281–309).

Darms, G. (1994) Zur Schaffung und Entwicklung der Standardschriftsprache Rumantsch grischun. In G. Lüdi (ed.) (1994) (pp. 3–21).

Das, B. K. (ed.) (1987) *Language Education in Human Resource Development.* Singapore: RELC.

Dasgupta, P. (1987) Toward a dialogue between sociolinguistic sciences and Esperanto culture. *Language Problems & Language Planning* 11, 305–34.

Das Gupta, J. (1971) Religion, language, and political mobilization. In J. Rubin and B. H. Jernudd (eds) (1971a) (pp. 53–62).

Davies, A. (1990) *Principles of Language Testing.* Oxford: Blackwell.

Davies, A. (1996) Review article: ironising the myth of linguicism. *Journal of Multilingual and Multicultural Development* 17, 485–496.

Davis, K. A. (1990) Language legislation, class and schooling in multilingual contexts: the case of Luxembourg. *Language, Culture and Education* 3, 125–40.

Davis, K. A. (1994) *Language Planning in Multilingual Contexts: Policies, Communities, and Schools in Luxembourg.* Amsterdam: John Benjamins.

Davis, K. A. (1995) Qualitative theory and methods in applied linguistics research. *TESOL Quarterly* 29, 427–53.

Day, R. R. (1985) The ultimate inequality: linguistic genocide. In N. Wolfson and J.

Manes (eds) (1985) (pp. 165-81).
Dear, P. (1985) Totius in verba: rhetoric and authority in the early Royal Society. *Isis* 76, 144-61.
DeChicchis, J. (1995) The current state of the Ainu language. In J. C. Maher and K. Yashiro (1995) (pp. 103-24).
de Cillia, R. (1996) Linguistic policy aspects of Austria's accession to the European Union. *New Language Planning Newsletter* 10 (3), 1-3.
DeFrancis, J. (1975) Language planning in China. *Language Planning Newsletter 1* (2), 1, 5.
DeFrancis, J. (1977) *Colonialism and Language Policy in Viet Nam.* The Hague. Mouton.
Delbridge, A. (1985) Australian English. In J. D. Woods (ed.) (1985) (pp. 58-64).
De Mauro, T. and Vedovelli, M. (1994) La diffusione dell'italiano nel mondo: problemi istituzionali e sociolinguistici. *International Journal of the Sociology of Language* 107, 25-39.
Department of Finance. (1992) *Introduction to Cost-benefit Analysis for Program Managers.* Canberra: Australian Government Publishing Service.
Deprez, K. and Wynants, A. (1994a) La Flandre nationaliste face à l'Europe. *Language Problems & Language Planning* 18, 113-27.
Deprez, K. and Wynants, A. (1994b) Les Flamands et leur (s) langue (s). In G. Lüdi (ed.) (1994) (pp. 41-63).
de Rooij, J. and Verhoeven, G. (1988) Orthography reform and language planning for Dutch. *International Journal of the Sociology of Language* 73, 65-84.
Devlin, B., Harris, S., Black, P. and Enemburu, I. G. (eds) (1995) Australian Aborigines and Torres Strait Islanders: sociolinguistic and educational perspectives. *International Journal of the Sociology of Language* 113.
De Vries, J. W. (1988) Dutch loanwords in Indonesian. *International Journal of the Sociology of Language* 73, 121-36.
Dharmadasa, K. (1977) Nativism, diglossia and the Singhalese identity in the language problem in Sri Lanka. *International Journal of the Sociology of Language* 13, 21-31.
Dillard, J. L. (1977) *Black English.* Englewood Cliffs, NJ: Prentice Hall.
Dillard, J. L. (1992) *A History of American English.* London: Longman
Dines, E. (1994) The public face of linguistics. In P. Mühlhäusler (ed.) *The Public Face of Linguistics* (pp. 12-15). Adelaide: Centre for Language teaching and Research.
Dion, de S. and Lamy, G. (1990) La francisation de la langue de travail au Québec: constraintes et réalisations. *Language Problems & Language Planning* 14, 119-41.
Dixon, R. M. W. (1989) The original languages of Australia *Vox* 3, 26-33.
Djité, P. G. (1988a) Correcting errors in language classification: monolingual nuclei and

multilingual satellites. *Language Problems & Language Planning* 12, 1-14.

Djité, P. G. (1988b) The spread of Dyula and popular French in Côte d'Ivoire: implications for language policy. *Language Problems & Language Planning* 12, 213-25.

Djité, P. G. (1990) Les langues africaines dans la nouvelle francophonie. *Language Problems & Language Planning* 14, 20-32.

Djité, P. G. (1991) Langues et développement en Afrique. *Language Problems & Language Planning* 15, 121-38.

Djité, P. G. (1992) The French revolution and the French language: a paradox? *Language Problems & Language Planning* 16, 163-77.

Djité, P. G. (1994) *From Language Policy to Language Planning: An Overview of Languages Other than English in Australian Education.* Canberra: NLLIA.

Dogançay-Aktuna, S. (1995) An evaluation of the Turkish language reform after 60 years. *Language Problems & Language Planning* 19, 221-49.

Dominguez, F. and López, N. (1995) *Language International World Directory of Sociolinguistic and Language Planning Organisations.* Philadelphia, PA: John Benjamins.

Donaldson, B. (1983) *Dutch: A Linguistic History of Holland and Belgium.* Leiden: Martinus Nijhoff.

Dorais, L. -J. (1990) The Canadian Inuit and their language. In D. R. F. Collis (ed.) (1990) (pp. 185-289).

Dorian, N. C. (1981) The evaluation of Gaelic by different mother-tongue groups resident in the Highlands. *Scottish Gaelic Studies* 13 (2), 169-82.

Dorian, N. C. (1989a) *Investigating Obsolescence: Studies in Language Contraction and Death.* New York: Cambridge University Press.

Dorian, N. C. (1989b) Small languages and small language communities: news, notes, and comments 3. *International Journal of the Sociology of Language* 80, 139-41.

Draisma, K., Gluck, R., Hancock, J., Kanitz, R., Knell, W., Price, G. and Squires, J. (1994) Tutorials in chemistry for Aboriginal nursing students. In *Best Practice in Aboriginal and Torres Strait Islander Education.* Canberra: NLLIA.

Druviete, I. (1992) Language policy in the Baltic States: a Latvian Case. In K. Sagatavojis (ed.) *Language Policy in the Baltic States Valodas Politika Baltijas Valstis.* Riga: Official Language Bureau of Latvia.

Druviete, I. (1995) *The Language Situation in Latvia. Sociolinguistic Survey. Part 1. Language Use and Attitudes among Minorities in Latvia.* Riga: Latvian Language Institute.

Dua, H. R. (1991) Language planning in India: problems, approaches and prospects. In D. F. Marshall (ed.) (1991) (pp. 105-33).

Dua, H. R. (1994) Hindi language spread policy and its implementation: achievements and prospects. *International Journal of the Sociology of Language* 107, 115–43.

Dua, H. R. (1996) The politics of language conflict: implications for language planning and political theory. *Language Problems & Language Planning* 20, 1–17.

Dunn, A. S. (1985) Swahili policy implementation in Tanzania: the role of the National Swahili Council (BAKITA). *Studies in Linguistic Sciences* 15 (1), 31–47.

Duranti, A. and Ochs, E. (1996) Literary instruction in a Samoan village. In B. B. Schieffelin and P. Gilmore (eds) *The Acquisition of Literacy: Ethnographic Perspectives*. Norwood, NJ: Ablex.

East Asia Analytical Unit (1992) *Australia's Business Challenge: South-East Asia in the 1990's*. Canberra: Australian Government Publishing Service.

Eastman, C. (1983) *Language Planning: An Introduction*. San Francisco: Chandler and Sharp.

Eastman, C. (1990a) Disassociation: a unified language policy outcome for Kenya. *International Journal of the Sociology of Language* 86, 67–85.

Eastman, C. (1990b) What is the role of language planning in post-apartheid South Africa? *TESOL Quarterly* 24, 9–21.

Eckert, P. (1983) The paradox of national language movements. *Journal of Multilingual and Multicultural Development* 4, 289–300.

Education Commission. (1996) Enhancing language proficiency: a comparative strategy. *New Language Planning Newsletter* 10 (3), 3–6.

Edwards, D. G. (1984) Welsh-medium education. *Journal of Multilingual and Multicultural Development* 5, 25–44.

Edwards, D. G. (1993) Education and Welsh language planning. *Language, Culture and Curriculum* 6, 257–73.

Edwards, J. (1985) *Language, Society and Identity*. Oxford: Basil Blackwell.

Edwards, J. (1993) Implementing bilingualism: Brunei in perspective. *Journal of Multilingual and Multicultural Development* 14, 25–38.

Edwards, J. (1994) Language policy and planning in Canada. In W. Grabe et al. (eds) *Annual Review of Applied Linguistics, 14* (pp. 126–36). New York: Cambridge University Press.

Edwards, J. (1995) Monolingualism, bilingualism, multiculturalism and identity: lessons and insights from recent Canadian experience. *Current Issues in Language and Society* 2, 5–37.

Eggington, W. (1987) Written academic discourse in Korean: implications for effective communication. In U. Connor and R. B. Kaplan (eds) *Writing Across Languages: Analysis of L2 Text* (pp. 153–68). Reading, MA: Addison-Wesley.

Eggington, W. (1992) From oral to literate culture: an Australian Aboriginal experience. In F. Dubin and N. Kuhlman (eds) *Cross-Cultural Literacy: Global Perspectives on Reading and Writing* (pp. 81-98). Englewood Cliffs, NJ: Prentice Hall.

Eggington, W. (1994) Language policy and planning in Australia. In W. Grabe *et al.* (eds) *Annual Review of Applied Linguistics, 14* (pp. 137-55). New York: Cambridge University Press.

Eggington, W. and Baldauf, R. B., Jr (1990) Towards evaluating the Aboriginal bilingual education program in the Northern Territory. In R. B. Baldauf, Jr and A. Luke (1990) (pp. 89-105).

Eggington, W. and Wren, H. (1997) *Language Policy: Dominant English, Pluralist Challenges.* Amsterdam/Canberra: Benjamins/NLLIA.

Eisemon, T. O., Prouty, R. and Schwille, J. (1989) What language should be used for teaching? Language policy and school reform in Burundi. *Journal of Multilingual and Multicultural Development* 10, 473-97.

El Aissati, A. (1993) Berber in Morocco and Algeria: revival or decay? *AILA Review* 10, 88-109.

Englebrecht, G. and Ortiz, L. (1983) Guarani literacy in Paraguay. *International Journal of the Sociology of Language* 42, 53-67.

Ennaji, M. (1988) Language planning in Morocco and changes in Arabic. *International Journal of the Sociology of Language* 74, 9-39.

Extra, G. and Vallen, T. (1988) Language and ethnic minorities in the Netherlands. *International Journal of the Sociology of Language* 73, 85-110.

Fairclough, N. (1989) *Language and Power.* London: Longman.

Fakuade, G. (1989) A three language formula for Nigeria: problems of implementation. *Language Problems & Language Planning* 13, 54-9.

Fakuade, G. (1994) Lingua franca from African sources in Nigeria: the journey so far. *Language Problems & Language Planning* 18, 38-46.

Falch, J. (1973) *Contribution à l'etude du statut des langues en Europe.* Québec: Presses de l'Université Laval.

Farrar, F. W. (1899) *Language and Languages.* London: Longman, Green.

Fasold, R. (1984) *The Sociolinguistics of Society.* Oxford: Basil Blackwell.

Fasold, R. (1988) Language policy and change: sexist language in the periodical news media. In P. H. Lowenberg (ed.) (1988) (pp. 187-206).

Federal Reserve Bank of San Francisco (1991) *Community Reinvestment Act PerformanceEvaluation, California Central Bank.* San Francisco: Federal Reserve Bank.

Fédération Internationale des Professeurs de Langues Vivantes. (1992) Human language rights. *FIPLV World News* 58, 1-2.

Feitsma, A. (1989) The history of the Frisian linguistic norm. In I. Fodor and C. Hagège (eds) (1989) (pp. 247-72)

Fellman, J. (1976) Language planning in Israel: the Academy of the Hebrew Language. *Language Planning Newsletter* 2 (2), 1, 6.

Fellman, J. (1983) The Academy of Ethiopian Languages. *Language Planning Newsletter* 9 (3), 1. Fellman, J. (1993) Some thoughts on the Hebrew revival. *Language Problems & Language Planning* 17, 62-5.

Ferguson, C. A. (1971) The role of Arabic in Ethiopia: a sociolinguistic perspective. In A. S. Dil (ed.) *Language Structure and Language Use* (pp. 293-312). Stanford: Stanford University Press.

Ferguson, C. A. (1982) Religious factors in language spread. In R. L. Cooper (ed.) (1982b) (pp. 95-106).

Ferguson, C. A. (1988) Standardization as a form of language spread. In P. H. Lowenberg (ed.) (1988) (pp. 119-32).

Ferguson, C. A. (1992/1981) Foreword to the First Edition. In B. B. Kachru (ed.) (1992) (pp. xiiixvii).

Ferguson, C. A. and Heath, S. B. (eds) (1981) *Language in the USA*. Cambridge: Cambridge University Press.

Fesl, E. (1982) Australian Aboriginal languages. *Australian Review of Applied Linguistics* 5 (2), 100-15.

Fesl, E. (1987) Language death among Australian languages. *Australian Review of AppliedLinguistics* 10 (2), 12-22.

Field, T. T. (1981) Language survival in a European context: the future of Occitan. *LanguageProblems & Language Planning* 5, 251-63.

Fierman, W. (1991) *Language Planning and National Development: The Uzbek Experience*. Berlin/New York: Mouton de Gruyter.

Fiore, K. and Elasser, N. (1988) Strangers no more. In E. R. Kintgen, B. M. Kroll and M. Rose (eds) *Perspectives on Literacy*. Carbondale: Southern Illinois University Press.

Fisherman, H. (1990) Attitudes toward foreign words in contemporary Hebrew. *International Journal of the Sociology of Language* 86, 5-40.

Fishman, J. A. (1972) *Language and Nationalism*. Rowley, MA: Newbury House.

Fishman, J. A. (ed.) (1974) *Advances in Language Planning*. The Hague: Mouton.

Fishman, J. A. (1981) Theoretical issues and problems in the sociolinguistic enterprise. In R. B. Kaplan *et al.* (eds) *Annual Review of Applied Linguistics, 1* (pp. 161-67). Rowley, MA: Newbury House.

Fishman, J. A. (1983) Modeling rationales in corpus planning: modernity and tradition in images of the good corpus. In J. Cobarrubias and J. A. Fishman (eds) (1983b) (pp. 355

107-18).

Fishman, J. A. (1988a) 'English only' : its ghosts, myths, and dangers. *International Journal of the Sociology of Language* 74, 125-40.

Fishman, J. A. (1988b) Language spread and language policy for endangered languages. In P. H. Lowenberg (ed.) (1988) (pp. 1-15).

Fishman, J. A. (1989) Language policy in the USA past, present, and future. In J. A. Fishman (ed.) *Language and Ethnicity in Minority Sociolinguistic Perspective*. Clevedon: Multilingual Matters. pp. 403-17.

Fishman, J. A. (1991) *Reversing Language Shift: The Theoretical and Empirical Foundations of Assistance to Threatened Languages.* Clevedon: Multilingual Matters.

Fishman, J. A. (1994) Critiques of language planning: a minority languages perspective. *Journal of Multilingual and Multicultural Development* 15, 91-9.

Fishman, J. A., Ferguson, C. and Das Gupta, J. (eds) (1968) *Language Problems of Developing Nations*. New York: John Wiley & Sons.

Fodor, I. and Hagège, C. (eds) (1983a) *Language Reform: History and Future*. Vol. I. Hamburg: Helmut Buske.

Fodor, I. and Hagège, C. (eds) (1983b) *Language Reform: History and Future*. Vol. II. Hamburg: Helmut Buske.

Fodor, I. and Hagège, C. (eds) (1984) *Language Reform: History and Future*. Vol. III. Hamburg: Helmut Buske.

Fodor, I. and Hagège, C. (eds) (1989) *Language Reform: History and Future*. Vol. IV. Hamburg: Helmut Buske.

Fodor, I. and Hagège, C. (eds) (1990) *Language Reform: History and Future*. Vol. V. Hamburg: Helmut Buske.

Follett, W. (1966) *Modern American Usage: A Guide* (ed. and completed by J. Barzun). New York: Hill and Wang.

Fortier, D. (1994) Official languages policies in Canada: a quiet revolution. *International Journal of the Sociology of Language* 105/106, 69-97.

Fowler, H. W. (1965) *A Dictionary of Modern English Usage* (2nd edn rev. by E. Gowers). London: Oxford University Press.

Frangoudaki, A. (1992) Diglossia and the present language situation in Greece: a sociolinguistic approach to the interpretation of diglossia and some hypotheses on today's linguistic reality. *Language in Society* 21, 365-81.

French, P. and Coulthard, M. (1994-) (eds) *Forensic Linguistics: The International Journal of Speech, Language, and the Law*. London: Routledge.

Friere, P. (1970) *Pedagogy of the Oppressed*. New York: Seabury.

Friere, P. (1985) *The Politics of Education*. South Hadley, MA: Bergin and Garvey.

Friere, P. and Macedo, D. (1987) *Literacy: Reading the Word and the World.* South Hadley, MA: Bergin and Garvey.

Gair, J. (1983) Sinhala and English: the effects of a language act. *Language Problems & Language Planning* 7, 43-59.

Gallagher, C. F. (1971) Language reform and social modernization in Turkey. In J. Rubin and B. H. Jernudd (eds) (1971) (pp. 159-78).

Garcez, P. M. (1995) The debatable 1990 Luso-Brazilian orthographic accord. *Language Problems & Language Planning* 19, 151-78.

Gaudart, H. (1992) *Bilingual Education in Malaysia.* Townsville: Centre for South-East Asian Studies.

Gee, J. (1990) *Social Linguistics and Literacies: Ideologies in Discourse.* London: Falmer.

Gee, J. (1992) Socio-cultural approaches to literacy (literacies). In W. Grabe *et al.* (eds) *Annual Review of Applied Linguistics, 12* (pp. 31-48). New York: Cambridge University Press.

Genesee, F. (1994) *Integrating Language and Content: Lessons from Immersion.* University of California at Santa Cruz: National Centre for Research on Cultural Diversity and Second Language Learning. [Educational Practice Report: 11, 1-15]

Geraghty, P. (1989a) Language reform: history and future of Fijian. In I. Fodor and C. Hagège (eds) (1989) (pp. 377-95).

Geraghty, P. (1989b) The reawakening of the Fijian language. *Ethnies: Droits de l'homme et peuples autochtones* 8/9/10, 91-95.

Gibbons, J. (1982) The issue of the language of instruction in the lower forms of Hong Kong secondary schools. *Journal of Multilingual and Multicultural Development* 3, 117-28.

Gibbons, J. (1994) Depth or breadth? Some issues in LOTE teaching. *Australian Review of Applied Linguistics* 17 (1), 1-22.

Glinert, L. G. (1991) The 'Back to the Future' syndrome in language planning: the case of modern Hebrew. In D. F. Marshall (ed.) (1991) (pp. 215-43).

Glinert, L. G. (1995) Inside the language planner's head: tactical responses to a mass immigration. *Journal of Multilingual and Multicultural Development* 16, 351-71.

Glock, N. (1983) Extending the use of Saramaccan in Suriname. *Journal of Multilingual and Multicultural Development* 4, 349-60.

Goke-Pariola, B. (1987) Language transfer and the Nigerian writer of English. *World Englishes* 6, 127-36.

Gold, D. L. (1989) A sketch of the linguistic situation in Israel today. *Language in Society* 18, 361-88.

Gomes de Matos, F. (1985) The linguistic rights of language learners. *Language Planning*

Newsletter 11 (3), 1-2.

Gomes de Matos, F. and Bortoni, S. M. (1991) Sociolinguistics in Brazil. *International Journal of the Sociology of Language* 89. [Special issue]

Gomes de Matos, F. (1994) A plea for language planning plus: using languages positively. *New Language Planning Newsletter* 9 (1) ; 3-4.

Gonzalez, A. FSC (1980) *Language and Nationalism: The Philippine Experience Thus Far.* Manila: Ateneo de Manila University Press.

Gonzalez, A. FSC (1982) Language policy and language-in-education policy in the Philippines. In R. B. Kaplan *et al.* (eds) *Annual Review of Applied Linguistics, 2* (pp. 48-59). Rowley, MA: Newbury House.

Gonzalez, A. FSC (ed.) (1984) *Panagani: Essays in Honor of Bonifacio P. Sibayan on his Sixty-Seventh Birthday.* Manila: Linguistic Society of the Philippines.

Gonzalez, A. FSC (1985) Language use surveys in the Philippines (1968-1983). *International Journal of the Sociology of Language* 55, 57-77.

Gonzalez, A. FSC (1988a) The 1987 policy on bilingual education. *New Language Planning Newsletter* 2 (3), 3-5.

Gonzalez, A. FSC (1988b) Philippine language policy today. *New Language Planning Newsletter* 2 (3), 1-3.

Gonzalez, A. FSC (1989) Language and nationalism in the Philippines: an update. *New Language Planning Newsletter* 4 (2), 1-3.

Gonzalez, A. FSC (1990) Evaluating bilingual education in the Philippines: towards a multidimensional model of evaluation in language planning. In R. B. Baldauf, Jr and A. Luke (eds) (pp. 319-334).

Görlich, M. (1988) 'Sprachliche Standardisierungsprozesse im englishsprachigen Bereich'. *Sociolinguistica* 2, 131-85.

Government of New Zealand (1987) *The Maori Language Act.* Wellington: Government Printer.

Goyvaerts, D., Semikenke, M. and Naeyaert, D. (1983) Language and education policy in the multilingual city of Bukavu. *Journal of Multilingual and Multicultural Development* 4, 47-62.

Grabe, W. (1992) Applied linguistics and linguistics. In W. Grabe and R. B. Kaplan (eds) (1992) (pp. 33-58).

Grabe, W. and Kaplan, R. B. (1986) Science, technology, language and information: implications for language-and language-in-education planning. *International Journal of* the Sociology of Language 59, 47-71.

Grabe, W. and Kaplan, R. B. (eds) (1992) *Introduction to Applied Linguistics.* Reading, MA: Addison-Wesley.

Green, B., Hodgens, J. and Luke, A. (1994) *Debating Literacy in Australia: A Documentary History, 1945-1994.* Melbourne. Australian Literacy Foundation. [Published on diskette in computer readable format]

Greenbaum, S. (1986) English and a grammarian's responsibility: the present and the future. *World Englishes* 5, 189-95.

Greenbaum, S. (1988) Language spread and the writing of grammars. In P. H. Lowenberg (ed.) (1988) (pp. 133-39).

Greenberg, J. H. (1963) The languages of Africa. *International Journal of American Linguistics* 29 (1). [Special supplementary issue]

Grenoble, L. A. and Whaley, L. J. (1996) Endangered languages: current issues and future prospects. *International Journal of the Sociology of Language* 118, 209-23.

Grillo, R. D. (1989) *Dominant Languages: Language and Heirarchy in Britain and France.* Cambridge: Cambridge University Press.

Grin, F. (1991) The Estonian language law: presentation with comments. *Language Problems & Language Planning* 15, 191-201.

Grin, F. (1993) European economic integration and the fate of lesser-used languages. *Language Problems & Language Planning* 17, 101-16.

Grin, F. (1994a) Combining immigrant and autochthonous language rights: a territorial approach to multilingualism. In T. Skutnabb-Kangas *et al.* (eds) (1994) (pp. 31-48).

Grin, F. (1994b) The bilingual advertising decision. *Journal of Multilingual and Multicultural Development* 15, 269-92.

Grin, F. (1994c) The economics of language: match or mismatch? *International Political Science Review* 15, 27-44.

Grin, F. (1995) The economics of foreign language competence: a research project of the Swiss national science foundation. *Journal of Multilingual and Multicultural Development* 16, 227-31.

Grin, F. (1996) Economic approaches to language and language planning. *International Journal of the Sociology of Language* 121.

Grin, F. and Vaillancourt, F. (1997) The economics of multilingualism: Overview and analytical framework. In W. Grabe *et al.* (eds) *Annual Review of Applied Linguistics*, 17 (pp. 1-23). New York: Cambridge University Press.

Gumperz, J. J. and Hymes, D. (eds) (1964) The ethnography of communication. *American Anthropologist* 66 (6), Part 2. [Special issue]

Gumperz, J. J. and Hymes, D. (eds) (1972) *Directions in Sociolinguistics: The Ethnography of Communication.* New York: Holt, Rinehart & Winston.

Gupta, A. F. (1985) Language status planning in the ASEAN countries. In D. Bradley (ed.) (1985a) (pp. 1-14).

Haacke, W. (1994) Language policy and planning in independent Namibia. In W. Grabe et al. (eds), *Annual Review of Applied Linguistics, 14* (pp. 240−53). New York: Cambridge University Press.

Haarmann, H. (1974) *Die finnisch-ugrischen Sprachen-Soziale und politische Aspekte ihrer Entwicklung* (in Kooperation mit A. -L. Värri Haarmann). Hamburg: Buske.

Haarmann, H. (1990) Language planning in the light of a general theory of language: a methodological framework. *International Journal of the Sociology* 86, 103−26.

Haarmann, H. (1992a) Historical trends of cultural evolution among the non-Russian languages in the European part of the former Soviet Union. *Sociolinguistica* 6, 11−41.

Haarmann, H. (1992b) Measures to increase the importance of Russian within and outside the Soviet Union—a case study of covert language-spread policy (A historical outline). *International Journal of the Sociology of Language* 95, 109−29.

Haas, W. (ed.) (1982) *Standard Languages: Spoken and Written.* Manchester: Manchester University Press. [Mont Follick Series 5.]

Hagen, S. (ed.) (1988) *Languages in British Business—An Analysis of Current Needs.* Newcastle on Tyne: Centre for English Language Teaching and Research.

Hagen, S. (1992) Foreign language needs in the European workplace. *Australian Review of Applied Linguistics* 15 (1), 107−24.

Hagen, S. (1994) Language policy and planning for business in Great Britain. In R. D. Lambert (ed.) (1994) (pp. 111−29).

Hagström, B. (1989) Language reforms in the Faroe Islands. In I. Fodor and C. Hagège (eds) (1989) (pp. 431−57).

Hakuta, K., Ferdman, B. M. and Diaz, R. M. (1987) Bilingualism and cognitive development: three perspectives. In S. Rosenberg (ed.) *Advances in Applied Linguistics* Vol. 2 (pp. 284−319). Cambridge: Cambridge University Press.

Halemane, L. (1992) Language policy of the national literacy mission in India. *New Language Planning Newsletter* 6 (4), 2−3.

Hallel, M. and Spolsky, B. (1993) The teaching of additional languages in Israel. In W. Grabe *et al.* (eds) *Annual Review of Applied Linguistics, 13* (pp. 37−49). New York: Cambridge University Press.

Halliday, M. A. K. (1978) *Language as a Social Semiotic.* London: Edward Arnold.

Hamel, R. E. (1994) Linguistic rights for Ameridian peoples in Latin America. In T. Skutnabb-Kangas *et al.* (1994) (pp. 289−303).

Hamers, J. F. and Hummel, K. M. (1994) The francophones of Quebec: language policies and language use. *International Journal of the Sociology of Language* 105/106, 127−52.

Hannas, W. C. (1995) Korea's attempts to eliminate Chinese characters and the implications for romanizing Chinese. *Language Problems & Language Planning* 19, 250-70.

Hansen, S. -E. (1991) Word and world in mother tongue teaching in Finland: curriculum policy in a bilingual society. *Language, Culture and Curriculum* 4, 107-17.

Harlec-Jones, B. (1993) Conflict or resolution? Aspects of language politics in Namibia. *New Language Planning Newsletter* 7 (3), 1-6.

Harrell, S. (1993) Linguistics and hegemony in China. *International Journal of the Sociology of Language* 103, 97-114.

Harrison, G. (1980) Mandarin and the mandarins: language policy and the media in Singapore. *Journal of Multilingual and Multicultural Development* 1, 175-180.

Harrison, W., Prator, C. H. and Tucker, R. G. (1975) *English Language Policy Survey of Jordan: A Case Study of Language Planning*. Arlington, VA: Center for Applied Linguistics.

Harry, R. L. (1989) Development of a language for international law: the experience of Esperanto. *Language Problems & Language Planning* 13, 35-44.

Hasan, R. (1996) On teaching literature across cultural distances. In J. E. James (ed.) (1996) (pp. 34-63).

Hatch, E. and Lazaraton, A. (1991) *The Research Manual: Design and Statistics for Applied Linguistics*. New York: Newbury House.

Haugen, E. (1966) *Language Planning and Language Conflict. The Case of Modern Norwegian*. Cambridge, MA: Harvard University Press.

Haugen, E. (1983) The implementation of corpus planning: theory and practice. In J. Cobarrubias and J. A. Fishman (eds) (1983b) (pp. 269-89).

Havelock, E. (1976) *Origins of Western Literacy*. Toronto: Ontario Institute for Studies In Education.

Hawes, T. and Thomas, S. (1995) Language bias against women in British and Malaysian newspapers. *Australian Review of Applied Linguistics* 18 (2), 1-18.

Heah Lee Hsia, C. (1989) *The Influence of English on Lexical Expansion of Bahasa Malaysia*. Kuala Lumpur: Dewan Bahasa dan Pustaka.

Healey, A. (ed.) (1975) *Language Learner's Field Guide*. Ukarumpa, PNG: Summer Institute of Linguistics.

Heath, S. B. (1972) *Telling Tongues—Language Policy in Mexico: Colony to Nation*. New York: Teachers College Press.

Heath, S. B. (1983) *Ways with Words: Language, Life, and Work in Communities and Classrooms*. New York: Cambridge University Press.

Heather, M. A. and Rossiter, B. N. (1988) Specialist dictionaries in electronic form. *Literary and Linguistic Computing* 3, 109-21.

Heidelberger Forschungsprojekt 'Pidgin-Deutsch' (Heidelberg Research Project) (1975) *Sprache und Kommunikation ausländisher Arbeiter*. Kronberg/Ts. : Scriptor.

Heidelberger Forschungsprojekt 'Pidgin-Deutsch' (Heidelberg Research Project) (1976) *Untersuchengen zur Erlernung des Deutschen durch ausländische Arbieter*. (Arbeitsbrecht III), Germanistches Seminar der Universität Heidelberg.

Heidelberger Forschungsprojekt 'Pidgin-Deutsch' (Heidelberg Research Project) (1977) *Die ungesteuerte Erlernung des Deutschen durch spanische und italienische Arbeiter*. Osnsbrücker Beiträge zur Sprachtheorie, Beiheft 2.

Heidelberger Forschungsprojekt 'Pidgin-Deutsch' (Heidelberg Research Project) (1979) *Studien zum Spracherwerb ausländischer Arbeiter*. (Arbeitsbericht V), Germanistisches Seminar der Universität Heidelberg.

Helander, E. (1990) Situation of the Sámi language in Sweden. In D. R. F. Collis (ed.) (1990) (pp. 401–17).

Henning, G. (1987) *A Guide to Language Testing: Development, Evaluation, Research*. Cambridge, MA: Newbury House.

Hermans, T., Vos, L. and Wils, L. (eds) (1992) *The Flemish Movement: A Documentary History 1780–1990*. London/Atlantic Highlands, NJ: Althone Press.

Hernández-Chávez, E. (1988) Language policy and language rights in the United States: issues in bilingualism. In T. Skutnabb-Kangas and J. Cummins (eds) (1988) (pp. 45–56).

Hernndez-Chávez, E. (1994) Language policy in the United States: a history of cultural genocide. In T. Skutnabb-Kangas *et al.* (eds) (1994) (pp. 141–58).

Herriman, M. (1996) Language policy in Australia. In M. Herriman and B. Burnaby (eds) (1996) (pp. 35–61).

Herriman, M. and Burnaby, B. (eds) (1996) *Language Policy in English-Dominant Countries: Six Case Studies*. Clevedon: Multilingual Matters.

Hidalgo, M. (ed.) (1994) Mexico's language policy and diversity. *Language Problems & Language Planning* 18 (3). [Special issue]

Hill, J. H. (1992) Anthropological linguistics: an overview. In W. Bright *et al.* (eds) (1992) (pp. 65–9).

Hill, P. (1992) Language standardization in the South Slavonic area. *Sociolinguistica* 6, 108–50.

Hindley, R. (1990) *The Death of the Irish Language*. London: Routledge.

Hirataka, F. (1992) Language-spread policy of Japan. *International Journal of the Sociology of Language* 95, 93–108.

Hirsh, W. (ed.) (1987) *Living Languages: Bilingualism and Community Languages in New Zealand*. Auckland: Heinemann.

Hoffmann, C. (1995) Monolingualism, bilingualism, cultural pluralism and national identity: twenty years of language planning in contemporary Spain. *Current Issues in Language and Society* 2, 59-90.

Hohepa, P. (1984) Current issues in promoting Maori language use. *Language Planning Newsletter* 10 (3), 1-4.

Holden, N. J. (1990) Language learning in Japanese corporations: the wider sociolinguistic ontext. *Multilingua* 9, 257-69.

Holgate, A. (1991) Survey of demand for engineers with foreign language skills: summary responses and initial analyses. Melbourne: Monash University. [Mimeograph]

Holm, E. (1993) Language values and practices of students in the Faroe Islands: a survey report. *AILA Review* 10, 23-36.

Holmes, J. (1997) Keeping tabs on language shift in New Zealand: some methodological considerations. *Journal of Multilingual and Multicultural Development* 18, 17-39.

Holvoet, A. (1992) Language policies in Belgium. In K. Sagatavojis (ed.) *Language Policy in the Baltic States Valodas Politika Baltijas Valstis*. Riga: Official Language Bureau of Latvia.

Hookoomsing, V. Y. (1986) Creole and the language situation in Mauritius. In E. Annamalai, B. H. Jernudd and J. Rubin (1986) (pp. 309-37).

Hornberger, N. H. (1987) Bilingual education success, but policy failure. *Language in Society* 16, 205-26.

Hornberger, N. H. (1988) Language planning orientations and bilingual education in Peru. *Language Problems & Language Planning* 12, 14-29.

Hornberger, N. H. (1992) Literacy in South America. In W. Grabe *et al.* (eds) *Annual Review of Applied Linguistics, 12* (pp. 190-215). New York: Cambridge University Press.

Hornberger, N. H. (1993) The first workshop on Quechua and Aymara writing. In J. A. Fishman (ed.) *The Earliest Stage of Language Planning: The 'First Congress' Phenomenon* (pp. 233-56). New York: Mouton de Gruyter.

Hornberger, N. H. (1994) Language policy and planning in South America. In W. Grabe *et al.* (eds) *Annual Review of Applied Linguistics, 14* (pp. 220-39). New York: Cambridge University Press.

Hornberger, N. H. (1995a) Ethnography in linguistic perspective: understanding school processes. *Language and Education* 9, 233-48.

Hornberger, N. H. (1995b) Five vowels or three? Linguistics and politics in Quechua language planning in Peru. In J. W. Tollefson (1995) (pp. 187-205).

Hornberger, N. H. and King, K. (1996) Language revitalization in the Andes: can the schools reverse language shift? *Journal of Multilingual and Multicultural Develop-*

ment 17 (6), 427−41.

Horvath, B. M. and Vaughan, P. (1991) *Community Languages: A Handbook.* Clevedon: Multilingual Matters.

Hsiau, A-Chin (1997) Language ideology in Taiwan: the KMT's language policy, the Tai-yü language movement and ethnic politics. Unpublished manuscript submitted to *Journal of Multilingual and Multicultural Development.*

Hualde, J. I., Lakarra, J. A. and Trask, R. L. (1996) *Towards a History of the Basque Language.* Philadelphia, PA: John Benjamins.

Hübschamannová, M. and Neustupny, J. (1996) The Slovak-and-Czech dialect of Romani and its standardisation. *International Journal of the Sociology of Language* 120, 85−109.

Huebner, T. (1986) Vernacular literacy, English as a language of wider communication and language shift in American Samoa. *Journal of Multilingual and Multicultural Development* 7, 393−411.

Huebner, T. (1989) Language and schooling in Western and American Samoa. *World Englishes* 8, 59−72.

Huizinga, M. W. M. (1994) Multilanguage policy and education in Balochistan (Pakistan). *Language Problems & Language Planning* 18, 47−57.

Hurreiz, S. H. (1975) Arabic in the Sudan. *Language Planning Newsletter* 1 (4), 1, 3−4.

Huss, S. (1990) The education requirement of the US Immigration Reform and Control Act of 1986: a case study of ineffective language planning. *Language Problems & Language Planning* 14, 142−61.

Hussain, S. (1990) Language planning in Pakistan (1947−1960). Townsville: James Cook University. [Unpublished MEd dissertation.]

Hymes, D. (1974) *Foundations in Sociolinguistics: An Ethnographic Approach.* Philadelphia: University of Pennsylvania Press.

Ibrahim, M. H. (1979) The Arabic language academy of Jordan. *Language Planning Newsletter* 5 (4), 1−3.

Ingram, D. E. (1987). Language policy and economic and social development. In B. K. Das (ed.) (1987) (pp. 23−57).

Ingram, D. E. (1990) Language-in-education planning. In R. B. Kaplan *et al.* (eds) *Annual Review of Applied Linguistics, 10* (pp. 53−78). New York: Cambridge University Press.

Ingram, D. E. (1994) Language policy in Australia in the 1990s. In R. D. Lambert, (ed.) (1994) (pp. 69−105).

Isaev, M. I. (1979) Jazykovoe stroitel'stvo v SSSR (Processy sozdanija pis'mennostej narodov SSSR). Moscow: Nauka.

Jacob, J. M. (1986) The deliberate use of foreign vocabulary by the Khmer: changing fashions, methods and sources. In M. Hobart and R. H. Taylor (eds) *Context Meaning and Power in Southeast Asia* (pp. 115–29). Ithaca, NY: Cornell Southeast Asian Program.

Jahr, E. H. (1989) Limits of Language planning? Norwegian language planning revisited. *International Journal of the Sociology of Language* 80, 33–9.

Jahr, E. H. (ed.) (1993) *Language Conflict and Language Planning*. Berlin: Mouton de Gruyter.

Jahr, E. H. and Trudgill, P. (1993) Parallels and differences in linguistic development of modern Greece and modern Norway. In E. H. Jahr (ed.) (1993) (p. 83–98).

James, G. C. A. (1985) The Tamil script reform: a case study in folk linguistic standardization. In J. D. Woods (ed.) (1985) (pp. 102–39).

James, J. E. (ed.) (1996) *The Language-Culture Connection*. Singapore: SEAMEO Regional Language Centre.

Janhunen, J. et al. (eds) (1975–80) *Ndytteit uralilaisista kielist. The Uralic Languages: Examples of Contemporary Usage*. 5 Vols. Helsinki: Suomalaisen Kirjallisuuden Seura.

Janik, J. (1996) Polish language maintenance of the Polish students at Princes Hill Saturday school in Melbourne. *Journal of Multilingual and Multicultural Development* 17, 3–15.

Jarvad, P. (1990) Danish words of the 1980s. *Language International* 2 (4), 27–8.

Jenkins, H. M. (ed.) (1983) *Educating Students from Other Countries*, San Francisco: Jossey Bass.

Jernsletten, N. (1993) Sami language communities and the conflict between Sami and Norwegian. In E. H. Jahr (ed.) (1993) (p. 115–32).

Jernudd, B. H. (1971) Social change and Aboriginal speech variation in Australia. *Anthropological Linguistics* 13, 16–32.

Jernudd, B. H. (1977) Linguistic sources for terminological innovation: policy and opinion. In J. Rubin, B. H. Jernudd, J. Das Gupta, J. A. Fishman, and C. A. Ferguson (eds) (1977) (pp. 215–36).

Jernudd, B. H. (1981) Planning language treatment: linguistics for the third world. *Language in Society* 10, 43–52.

Jernudd, B. H. (1982) Language planning as a focus for language correction. *Language Planning Newsletter* 8 (4), 1–3.

Jernudd, B. H. (1986) Language heterogeneity also in Sweden. In E. Annamalai, B. H. Jernudd and J. Rubin (1986) (pp. 252–58).

Jernudd, B. H. (1988) Essai sur les problèmes linguistique. In J. Maurais (ed.) *Politique etAménagement Linguistique* (pp. 495-552). Paris: Le Robert.

Jernudd, B. H. (1992) Scientific nomenclature. In W. Bright *et al.* (eds) (1992) (Vol. 3, pp. 383-384).

Jernudd, B. H. (1993) Language planning from a management perspective: an interpretation of findings. In E. H. Jahr (ed.) (1993) (p. 133-42).

Jernudd, B. H. (1994a) Improving tertiary learners' professional writing skills. *Journal of English and Foreign Languages* 12, 34-9.

Jernudd, B. H. (1994b) Personal names and human rights. In T. Skutnabb-Kangas *et al.* (eds) (1994) (pp. 121-32).

Jernudd, B. H. and Baldauf, R. B., Jr (1987) Planning science communication for human resource development. In B. K. Das (ed.) (1987) (pp. 144-89).

Jernudd, B. H. and Jo, S. -H. (1985) Bilingualism as a resource in the United States. In R. B. Kaplan *et al.* (eds) *Annual Review of Applied Linguistics, 6* (pp. 10-18). New York: Cambridge University Press.

Jernudd, B. H. and Neustupny, J. V. (1987) Language planning: for whom? In L. Laforge (ed.) *Proceedings of the International Colloquium on Language Planning* (pp. 71-84). Québec: Les Presses de l'Université Laval.

Jernudd, B. H. and Shapiro, M. J. (eds) (1989) *The Politics of Language Purism*. Berlin: Mouton de Gruyter.

Jernudd, B. H. and Thuan, E. (1984) Naming fish: a problem exploration. *Language in Society* 13, 235-44.

Jesperson, O. (1933/1964) *Essentials of English Grammar.* University, AL: University of Alabama Press. [Alabama Linguistic and Philological Series, 1]

Johansson, S. (1995) ICAME-Quo vadis? Reflections on the use of computer corpora in linguistics. *Computers and the Humanities* 28, 243-52.

Johnson, E. (1994) Policespeak. *New Language Planning Newsletter* 8 (3), 1-5.

Johnson, R. K. (1994) Language policy and planning in Hong Kong. In W. Grabe *et al.* (eds) *Annual Review of Applied Linguistics, 14* (pp. 177-99). New York: Cambridge University Press.

Johnson, S. (1987) The philosophy and politics of Aboriginal language maintenance. *Australian Aboriginal Studies* 2, 54-8.

Jones, G. (1990) How bilingualism is being integrated in Negara Brunei Darussalam. In R. B. Baldauf, Jr and A. Luke (eds) (1990) (pp. 295-304).

Jones, G., Martin, P. W. and Ozóg, A. C. K. (1993) Multilingualism and bilingual education in Brunei Darussalam. *Journal of Multilingual and Multicultural Development* 14, 39-58.

Joseph, J. E. (1987) *Eloquence and Power: The Rise of Language Standards and Standard*

Languages. London: Frances Pinter.

Jouannet, F. (1991) Préalables à l'aménagement linguistique: le cas du Rwanda. In R. Chaudenson and D. de Robillard (eds) (1989/1991) *Tome 2*. (pp. 201–45)

Jourdan, C. (1989) Nativization and anglization in Solomons Islands Pijin. *World Englishes* 8, 25–35.

Jourdan, C. (1990) Solomons Pijin: an unrecognized national language. In R. B. Baldauf, Jr and A. Luke (eds) (1990) (pp. 166–81).

Judd, E. L. (1987) The English language amendment: a case study on language and politics. *TESOL Quarterly* 21, 113–35.

Kachru, B. B. (1982) *The Indianization of English*. New Delhi: Oxford University Press.

Kachru, B. B. (1983) The bilingual's creativity: discoursal and stylistic strategies in contact literatures in English. *Studies in the Linguistic Sciences* 13 (2), 37–56.

Kachru, B. B. (1988) The spread of English and sacred linguistic cows. In P. H. Lowenberg (ed.) (1988) (pp. 207–28).

Kachru, B. B. (ed.) (1992) *The Other Tongue: English Across Cultures* (2nd edn). Urbana: University of Illinois Press.

Kachru, B. B. (1996) World Englishes: agony and ecstasy. *Journal of Aesthetic Education* 30, 135–55.

Kahane, H. and Kahane, R. (1988) Language spread and language policy: the prototype of Greek and Latin. In P. H. Lowenberg (ed.) (1988) (pp. 16–24).

Kale, J. (1990a) Controllers or victims: language and education in the Torres Strait. In R. B. Baldauf, Jr and Allan Luke (eds) (1990) (pp. 106–26).

Kale, J. (1990b) Language planning and the language of education in Papua New Guinea. In R. B. Baldauf, Jr and Allan Luke (eds) (1990) (pp. 182–96).

Kallen, J. L. (1988) The English language in Ireland. *International Journal of the Sociology of Language* 70, 127–42.

Kamwangamalu, N. M. (1997) The colonial legacy and language planning in sub-Saharan Africa: the case of Zaire. *Applied Linguistics* 18, 69–85.

Kane, K. (1991) *A Banker's Guide to the Community Reinvestment Act: Case Studies of 33 Institutions*. Washington, DC: The Bureau of National Affairs.

Kaplan, R. B. (1979) The language situation in Australia. *The Linguistic Reporter* 22 (5), 2–3.

Kaplan, R. B. (1980) *The Language Needs of Migrant Workers*. Wellington: New Zealand Council for Educational Research.

Kaplan, R. B. (1981) The language situation in New Zealand. *Linguistic Reporter* 23 (9), 1–3.

Kaplan, R. B. (1982) The language situation in the Philippines. *Linguistic Reporter* 24, 5.

Kaplan, R. B. (1983) Language and science policies in new nations. *Science* 221, 4614. [Guest editorial]

Kaplan, R. B. (1987) English in the language policy of the Pacific rim. *World Englishes* 6, 137-48.

Kaplan, R. B. (1989) Language planning vs. planning language. In C. H. Candlin and T. F. McNamara (eds) *Language, Learning and Community* (pp. 193-203). Sydney: NCELTR.

Kaplan, R. B. (1990a) Foreword: language planning in theory and practice. In R. B. Baldauf, Jr and A. Luke (eds) (1990) (pp. 3-12).

Kaplan, R. B. (1990b) Literacy and language planning. *Lenguas Modernas* 17, 81-91.

Kaplan, R. B. (1991) Literacy, language planning and pedagogy. In M. Travis (ed.) *Equity: Report of the 17th Annual Bilingual Multicultural Education Equity Conference*. Fairbanks: Alaska State Department of Education. [Also in ERIC ED 338 451]

Kaplan, R. B. (1993a) Conquest of paradise-Language planning in New Zealand. In M. Hoey and G. Fox (eds) *Data, Description, Discourse: Papers on the English Language in Honour of John McH Sinclair on his 60th Birthday* (pp. 151-75). London: HarperCollins.

Kaplan, R. B. (1993b) Review of '*A Matter of Language: Where English Fails*'. *Journal of Language and Social Psychology* 12, 369-72.

Kaplan, R. B. (1993c) TESOL and applied linguistics in North America. In S. Silberstein (ed.) *State of the Art TESOL Essays: Celebrating 25 Years of the Discipline* (pp. 373-81). Alexandria, VA: TESOL, Inc.

Kaplan, R. B. (1993d) The hegemony of English in science and technology. *Journal of Multilingual and Multicultural Development* 14, 151-72.

Kaplan, R. B. (1994a) Language-in-education policy: relevance for developing nations. *LenguasModernas* 21, 39-58.

Kaplan, R. B. (1994b) Language policy and planning in New Zealand. In W. Grabe *et al.* (eds) *Annual Review of Applied Linguistics, 14* (pp. 156-76). New York: Cambridge University Press.

Kaplan, R. B. (1995a) Applied linguistics, AAAL, and the political scene. *AAALetter* 17 (2): 2-3. [Editorial]

Kaplan, R. B., Touchstone, E. E. and Hagstrom, C. L. (1995) Image and reality: banking in Los Angeles (pp. 427-56). In J. M. Ulijn and D. E. Murray (eds) *Intercultural Discourse in Business and Technology*. [Special issue of *TEXT* 15 (4)]

Kaplan, R. B. (ed.) (1995b) The teaching of writing in the Pacific basin. *Journal of Asian andPacific Communication* 6 (1/2). [Special issue]

Kaplan, R. B. and Tse, J. K. -P. (1982) The language situation in Taiwan. *Linguistic Re-*

porter 25 (2), 1–5.

Karam, F. X. (1974) Toward a definition of language planning. In J. A. Fishman (ed.) (1974) (pp. 103–24).

Karetu, T. S. (1991) Te Ngahurutanga: a decade of protest, 1980–1990. In G. McGregor and M. Williams (eds) *Dirty Silence: Aspects of Language and Literature in New Zealand.* Auckland: Oxford University Press.

Karetu, T. S. (1994) Maori language rights in New Zealand. In T. Skutnabb-Kangas *et al.* (eds) (1994) (pp. 209–18).

Karimi-Hakkak, A. (1989) Language reform movement and its language: the case of Persian. In B. H. Jernudd and M. J. Shapiro (1989) (pp. 81–104).

Katzner, K. (1986) *The Languages of the World.* London/New York: Routledge & Kegan Paul.

Kay, G. S. (1986) The English in Japan. *English Today* 6, 25–7.

Keesing, R. M. (1990) Solomons Pijin: colonial ideologies. In R. B. Baldauf, Jr and A. Luke (eds) (1990) (pp. 149–65).

Kelkar, A. R. (1986) Language planning in Maharashtra. In E. Annamalai, B. H. Jernudd and J. Rubin (1986) (pp. 360–84).

Kennedy, C. (ed.) (1984) *Language Planning and Language Education.* London: George Allen & Unwin.

Kennedy, C. (ed.) (1989) *Language Planning and English Language Teaching.* New York: Prentice Hall.

Kennedy, G. D. (1982) Language teaching in New Zealand. In R. B. Kaplan *et al.* (eds) *Annual Review of Applied Linguistics, 2* (pp. 189–202). Rowley, MA: Newbury House.

Kennedy, G. D. (1989) The learning of English in New Zealand by speakers of other languages. *New Language Planning Newsletter* 4 (1), 1–5.

Kenny, B. and Savage, W. (1997) *Language and Development: Teachers in a Changing World.* London: Longman.

Kenrick, D. (1996) Romani literacy at the crossroads. *International Journal of the Sociology of Language* 119, 109–23.

Kentjono, D. (1986) Indonesian experiences in language development. In E. Annamalai, B. H. Jernudd and J. Rubin (1986) (pp. 279–308).

Khamisi, A. M. (1986) Language planning processes in Tanzania. In E. Annamalai, B. H. Jernudd and J. Rubin (1986) (pp. 259–78).

Khong C. P. and Khong K. H. (1984) Language planning and national unity: 1956–67. *Negara* VII (2), 28–35.

Khubchandani, L. M. (1975) Language planning in modern India. *Language Planning*

Newsletter 1 (1), 1, 3-4.
Khubchandani, L. M. (1983) *Plural Languages, Plural Cultures*. Honolulu: University of Hawaii Press.
Khubchandani, L. M. (1994) 'Minority' cultures and their communication rights. In T. Skutnabb-Kangas *et al.* (eds) (1994) (pp. 305-15).
Kinnaird, B. (1992) *Tourism 2000: Key Directions for Human Resource Development*. Sydney: Tourism Training Authority.
Kipp, S., Clyne, M. and Pauwels, A. (1995) *Immigration and Australia's Language Resources*. Canberra: Australian Government Publishing Service. [Bureau of Immigration, Multicultural and Population Research]
Kirkness, A. (1975) *Zur Sprachreinigung im Deutschen 1789-1871-Eine historischeDokumentation*, 2 Vols. Tübingen: Narr. [Tübinger Beiträge zur Linguistik 26. 1 and 26. 2]
Kirkwood, M. (ed.) (1989) *Language Planning in the Soviet Union*. London: Macmillan.
Kitis, E. (1990) Hellas: dialect and school. *Language International* 2 (1), 15-17.
Klarberg, M. (1992) Georgia in transition. *New Language Planning Newsletter* 6 (4), 3-4.
Kleineidam, H. (1992) Politique de diffusion linguistique et francophonie: l'action linguistique menée par la France. *International Journal of the Sociology of Language* 95, 11-31.
Klersey, G. F., Jr (1989) Representing auditors' propositions about the collectibility of trade accounts receivable with evidence acquired from discourse. Los Angeles, CA: University of Southern California. [PhD dissertation]
Kloss, H. (1977) *The American Bilingual Tradition*. Rowley, MA: Newbury House.
Kontra, M. (1996) The wars over names in Slovakia. *Language Problems & Language Planning* 20, 160-67.
Koh Tai Ann (1996) Literature, the beloved of language. In J. E. James (ed.) (1996) (pp. 17-33).
Koslow, S., Shandansani, P. N. and Touchstone, E. E. (1994) Exploring language effects in ethnic advertising: a sociolinguistic perspective. *Journal of Consumer Research* 20, 575-85.
Kostallari, A. (1989) La base populaire de la langue littéraire albanaise et la diaspora albanaise contemporaine. *International Journal of the Sociology of Language* 80, 61-7.
Krauss, M. (1992) The world's languages in crisis. *Language* 68, 4-10.
Kreindler, I. (1982) The changing status of Russian in the Soviet Union. *International Journal of the Sociology of Language* 33, 7-39.
Kremnitz, G. (1974) *Versuche zur Kodifizierung des Okzitanischen seit dem 19. Jahrhundert und ihre Annahme durch die Sprecher*. Tübingen: Narr. [Tübinger Beiträge zur

Linguistik 48]

Krishnamurti, B. (1985) A survey of Telugu dialect vocabulary used in native occupations. *International Journal of the Sociology of Language* 55, 7-21.

Krishnamurti, B. (1986) A fresh look at language in school education in India. *International Journal of the Sociology of Language* 62, 105-18.

Kristinsson, A. P. (1994) Language planning in Iceland. *New Language Planning Newsletter* 9 (2), 1-3.

Kroon, S. and Vallen, T. (1994) Multilingualism and education: an overview of language and education policies for ethnic minorities in the Netherlands. *Current Issues in Language and Society* 1, 103-29.

Kuo, E. C. Y. (1980) Language planning in Singapore. *Language Planning Newsletter* 6 (2), 1-5.

Kuo, E. C. Y. (1984) Mass media and language planning: Singapore's 'Speak Mandarin' campaign. *Journal of Communication* 34 (2), 24-35.

Kuo, E. C. Y. and Jernudd, B. H. (1993) Balancing macro-and micro-sociolinguistic perspectives in language management: the case of Singapore. *Language Problems & Language Planning* 17, 1-21.

Kwo, O. and Bray, M. (1987) Language and education in Hong Kong: new policies but unresolved problems. *RELC Journal* 18 (1), 98-108.

Ladefoged, P. (1964) *A Phonetic Study of West African Languages*. Cambridge: Cambridge University Press.

Ladefoged, P., Glick, R. and Criper, C. (1972) *Language in Uganda*. London: Oxford University Press.

Laguerre, M. L. (1989) *Bilingüismo en Puerto Rico*. Rio Piedras, Puerto Rico: the author.

Laitin, D. D. (1993) Migration and language shift in urban India. *International Journal of the Sociology of Language* 103, 57-72.

Laitin, D. D. (1996) Language planning in the former Soviet Union: the case of Estonia. *International Journal of the Sociology of Language* 118, 43-61.

Laitin, D. D. and Mensah, E. (1991) Language choice among Ghanaians. *Language Problems & Language Planning* 15, 139-61.

Lambert, R. D. (ed.) (1994) *Language Planning Around the World: Contexts and Systemic Change*. Washington, DC: National Foreign Language Center.

Lang, K. (1993) Language and economists' theories of discrimination. *International Journal of the Sociology of Language* 103, 165-83.

Lanstyák, I. and Szabómihály, J. (1996) Contact varieties of Hungarian in Slovakia: a contribution to their description. *International Journal of the Sociology of Language* 120, 111-30.

Laponce, J. A. (1987) *Languages and Their Territories.* Toronto: University of Toronto Press.

Laponce, J. A. (1993) Do languages behave like animals? *International Journal of the Sociology of Language* 103, 19–30.

Large, A. (1988) *The Artificial Language Movement.* Oxford: Basil Blackwell.

Lavondès, H. (1974) Language policy, language engineering and literacy in French Polynesia. In J. A. Fishman (ed.) (1974) (pp. 255–76).

Lazaraton, A. (1995) Qualitative research in applied linguistics: a progress report. *TESOL Quarterly* 29, 455–72.

Leap, W. L. (1975) Stories from Iseta: an Indian language reading project. In G. Harvey and F. M. Heiser (eds) *Southwest Languages and Linguistics in Educational Perspective* (pp. 295–311). San Diego: Institute for Cultural Pluralism.

Leap, W. L. (1983) Linguistics and written discourse in particular languages: contrastive studies: English and American Indian languages. In R. Kaplan *et al.* (eds) *Annual Review of Applied Linguistics, 3* (pp. 24–37). Rowley, MA: Newbury House.

Lee, P. W. (1995) The inception, development and prospects for independent Chinese secondary schools in Malaysia. *Journal of Asian Pacific Communication 6,* 167–82.

Lee, W. O. (1993) Social reactions towards education proposals: opting against the mother tongue as the medium of instruction in Hong Kong. *Journal of Multilingual and Multicultural Development* 14, 203–16.

Leech, G. and Fligelstone, S. (1992) Computers and corpus analysis. In C. S. Butler (ed.) *Computers and Written Texts.* Oxford: Blackwell.

Lehmann, W. (1975) *Language and Linguistics in the People's Republic of China.* Austin: University of Texas.

Leitner, G. (1991) Europe 1992 a language perspective. *Language Problems & Language Planning* 15, 282–96.

Leontiev, A. A. (1994) Linguistic human rights and educational policy in Russia. In T. Skutnabb-Kangas *et al.* (eds) (1994) (pp. 63–70).

LePage, R. B. (1984) Retrospect and prognosis in Malaysia and Singapore. *International Journal of the Sociology of Language* 45, 113–26.

LePage, R. B. (1988) Some premises concerning the standardization of languages, with special reference to Caribbean Creole English. *International Journal of the Sociology of Language* 71, 25–36.

Leprêtre i Alemany, M. J. (1992) Language planning in Catalonia: theoretical survey, aims and achievements. *New Language Planning Newsletter* 6 (3), 1–6.

Levett, A. and Adams, A. (1987) *Catching Up with Our Future: The Demand for Japanese Skills in New Zealand.* Wellington: New Zealand Japan Foundation.

Lewis, E. G. (1982) Movements and agencies of language spread: Wales and the Soviet Union compared. In R. L. Cooper (1982b) (ed.) (pp. 214-59).

Lewis, E. G. (1983) Implementation of language planning in the Soviet Union. In J. Cobarrubias and J. Fishman (eds) (1983b) (pp. 309-26).

Lewis, M. P. (1993) Real men don't speak Quiché: Quiché ethnicity, Ki-che ethnic movement, K'iche' nationalism. *Language Problems & Language Planning* 17, 37-54.

Liddicoat, A. (1991) *Language Planning in Australia.* Canberra: Applied Linguistics Association of Australia. [*ARAL* S/11]

Liddicoat, A. (1992) The use of the active and passive in French scientific prose: some examples from the biological sciences. *Rassegna Italiana di Linguistica Applicata* 24, 105-21.

Liddicoat, A. (1993) Choosing a liturgical language: language policy and the Catholic mass. *Australian Review of Applied Linguistics* 16 (2), 123-41.

Light, T. (1980) Bilingualism and standard language in the People's Republic of China. In J. Alatis (ed.) *Current Issues in Bilingual Education.* Washington, DC: Georgetown University Press.

Lihani, J. (ed.) (1988) *Global Demands on Language and the Mission of the Language Academies.* Lexington: University of Kentucky Press.

Lo Bianco, J. (1987a) *National Policy on Languages.* Canberra: Australian Government Publishing Service.

Lo Bianco, J. (1987b) The national policy on languages. *Australian Review of AppliedLinguistics* 10 (2), 23-32.

Lo Bianco, J. (1990) Making language policy: Australia's experience. In R. B. Baldauf, Jr and A. Luke (eds) (1990) (pp. 47-79).

Lo Bianco, J. (1995) Playing with languages: the Sydney Olympic Games. *Australian Language Matters* 3 (2), 1.

Lo Bianco, J. (1997) English and pluralistic policies: the case of Australia. In W. Eggington and H. Wren (eds) (1997) (pp. 107-119).

Lo Bianco, J. (forthcoming) Viet Nam: *Quoc Ngu,* colonialism and language policy. In N. R. Gottlieb and P. Chen (eds) *Language Policy in East Asia: A Reader.* Honolulu: University of Hawaii Press.

Lo Bianco, J. and Monteil, A. (1990) *French in Australia: New Prospects.* Canberra: Centre d'Etudes et d'Echanges Francophones en Australie and Australian Federation of Modern Language Teachers' Associations.

Logan, H. M. (1991) Electronic lexicography. *Computers and the Humanities* 25, 351-61.

Loman, B. (1988) Sprachliche Standardisierungsprozesse in Skandinavien. *Sociolinguisti-*

ca 2, 209-31.

Lopes, A. J. (1997) *Language Policy: Principles and Problems*. Maputo: Livraria Universitària, Universidade Eduardo Mondlane.

Lowenberg, P. H. (1986) Sociolinguistic context and second language acquisition: acculturation and creativity in Malaysian English. *World Englishes* 5, 71-83.

Lowenberg, P. H. (ed.) (1988) *Language Spread and Language Policy: Issues, Implications and Case Studies*. Washington, DC: Georgetown University Press.

Lowenberg, P. H. (1992) Language policy and language identity in Indonesia. *Journal of Asian Pacific Communication* 3, 59-77.

Lüdi, G. (ed.) (1994) *Sprachstandardisierung*. Schweiz: Universitätsverlag Freiburg.

Luke, A. (1992) Literacy and work in 'new times'. *Open Letter* 3 (1), 3-15.

Luke, A. and Baldauf, R. B., Jr (1990) Language planning and education: a critical rereading. In R. B. Baldauf, Jr and A. Luke (eds) (1990) (pp. 349-56).

Luke, A., McHoul, A. and Mey, J. L. (1990) On the limits of language planning: class, state and power. In R. B. Baldauf, Jr and A. Luke (eds) (1990) (pp. 25-44).

Lundin, R. and Sandery, P. (1993) Open learning for teachers' professional development: consultancy report. Canberra: National Open Learning Policy Unit, Department of Employment, Education and Training. [Unpublished report]

Luzares, C. (1982) Languages-in-education in the Philippines. In R. B. Kaplan *et al.* (eds) *Annual Review of Applied Linguistics, 2* (pp. 122-28). Rowley, MA: Newbury House.

Mackerras, C. (1995) A policy initiative in Asian languages. *Australian Review of Applied Linguistics* S/12, 1-16.

Magga, O. H. (1990) The Sámi language in Norway. In D. R. F. Collis (ed.) (1990) (pp. 418-36).

Magga, O. H. (1994) The Sami Language Act. In T. Skutnabb-Kangas *et al.* (eds) (1994) (pp. 219-33).

Maher, J. C. and Yashiro, K. (eds) (1995) Multilingual Japan. *Journal of Multilingual and Multicultural Development* 16 (1 & 2). [Special issue]

Mahmud, U. A. (1982) Language spread as a wavelike diffusion process: Arabic in the southern Sudan. In R. L. Cooper (1982b) (ed.) (pp. 158-83).

Mahmud, U. A. (1986) Sociolinguistic determinants in terminology planning: the case of Mauritania. In C. Rondeau and J. C. Sager (eds) *TERMIA 84. Terminology and International Cooperation* (pp. 66-75). Canada: GIRSTERM.

Maina, S. J. (1987) Principles adopted for the enrichment of Kiswahili language. *New Language Planning Newsletter* 2 (2), 1-3.

Malischewshi, E. -A. (1987) Kai Fàng: loan words to the middle kingdom. *English Today* 12, 40-1.

Mangubhai, F. (1987) Literacy in Fiji: its origins and its development. *Interchange* 18, 124-35.

Mann, C. (1992) Universities and LOTE proficiency. In C. Mann and R. B. Baldauf, Jr (eds) *Language Teaching and Learning in Australia* (pp. 49-68). Canberra: Applied Linguistics Association of Australia. [*ARAL* S/9]

Mansour, G. (1980) The dynamics of multilingualism: the case of Senegal. *Journal of Multilingual and Multicultural Development* 1, 273-93.

Mar-Molinero, C. (1989) The teaching of Catalan in Catalonia. *Journal of Multilingual & Multicultural Development* 10, 307-26.

Mar-Molinero, C. (1994) Linguistic nationalism and minority language groups in the 'new' Europe. *Journal of Multilingual and Multicultural Development* 15, 319-28.

Mar-Molinero, C. and Stevenson, P. (1991) Language, geography and politics: the 'territorial imperative' debate in the European context. *Language Problems & Language Planning* 15, 162-76.

Markkanen, R. and Schröder, H. I. (eds) (In press) *Hedging and Discourse: Approaches to the Analysis of a Pragmatic Phenomenon*. Munich: Iudicium Verlag.

Marriott, H. E. (1990) Intercultural business negotiations: the problem of norm discrepancy. *Australian Review of Applied Linguistics* Series S/7, 33-65.

Marshall, D. F. (1986) The question of an official language: language rights and the English language amendment. *International Journal of the Sociology of Language* 60, 7-75.

Marshall, D. F. (ed.) (1991) *Language Planning: Focusschrift in Honour of Joshua A. Fishman on the Occasion of his 65th Birthday. Vol. 3.* Amsterdam/ Philadelphia: John Benjamins.

Marshall, D. F. (1996) A politics of language: language as a sympol in the dissolution of the Soviet Union and its aftermath. *International Journal of the Sociology of Language* 118, 7-41.

Martin, J. (1990) Language and control: fighting with words. In C. Walton and W. Eggington (eds) *Language: Maintenance, Power and Education in Australian Aboriginal Contexts* (pp. 12-43). Darwin: NTU Press.

Masagara, N. (1991) Oath-taking in Kirundi: the impact of religion on language change. Los Angeles, CA: University of Southern California. [PhD Dissertation]

Mattheier, K. J. and Panzer, B. (eds) (1992) The rise of national languages in Eastern Europe. *Sociolinguistica 6.*

Maurais, de J. (1992) Redéfinition du statut des langues en Union Soviétique. *Language Problems & Language Planning* 16, 1-20.

Maurais, J. (ed.) (1996) *Quebec's Aboriginal Languages: History, Planning and Develop-*

ment. Clevedon: Multilingual Matters.

Mauranen, A. (1993) *Cultural Differences in Academic Rhetoric*. Frankfurt am Main: Peter Lang.〔Scandinavian University Studies in the Humanities and Social Sciences, Vol. 4〕

Mazrui, A. A. (1996a) Language planning and gender planning: some African perspectives. *International Journal of the Sociology Language* 118, 125-38.

Mazrui, A. M. (1996b) Language policy and the foundations of democracy: an African perspective. *International Journal of the Sociology of Language* 118, 107-24.

McConnell, G. D. (1977) Language treatment and language planning in Canada. *Language Planning Newsletter* 3 (3), 1, 3-6; 3 (4), 1-6.

McCrum, R., Cran, W. and MacNeil, R. (1986) *The Story of English*. New York: Viking.

McDonald, H. (1993) Identity and the acquisition of academic literacy: a case study. *Open Letter* 4 (1), 3-14.

McDonald, M. (1989) *We are not French: Language, Culture and Identity in Brittany*. London: Routledge.

McFarland, C. D. (1981) *A Linguistic Atlas of the Philippines*. Manila: Linguistic Society of the Philippines.

McGregor, G. and Williams, M. (eds) (1991) *Dirty Silence: Aspects of Language and Literature in New Zealand*. Auckland, New Zealand: Oxford University Press.

McGroarty, M. (1997) Language policy in the USA: national values, local loyalties, pragmatic pressures. In W. Eggington and H. Wren (eds) (1997) (pp. 67-90).

McKay, G. (1996) *The Land Still Speaks: Review of Aboriginal and Torres Strait Islander- Maintenance and Development Needs and Activities*. Canberra: Australian Government Printing Service.〔NBEET Report No. 44〕

McKay, S. L. and Weinstein-Shr, G. (1993) English literacy in the US: national policies, personal consequences. *TESOL Quarterly* 27, 399-419.

McNamara, T. F. (1996) *Second Language Performance Assessment: Theory and Research*. London: Longman.

Medgyes, P. and Kaplan, R. B. (1992) Discourse in a foreign language: the example of Hungarian scholars. *International Journal of the Sociology of Language* 98, 67-100.

Mehrotra, R. R. (1985) Sociolinguistic surveys in South Asia: an overview. *International Journal of the Sociology of Language* 55, 115-24.

Meijs, W. (1992) Computers and dictionaries. In C. S. Butler (ed.) *Computers and Written Texts*. Oxford: Blackwell.

Meijs, W. (1996) Linguistic corpora and lexicography. In W. Grabe *et al.* (eds) *Annual Review of Applied Linguistics, 16* (pp. 99-114). New York: Cambridge University Press.

Mekacha, R. D. K. (1993) Is Tanzania diglossic? The status and role of ethnic community languages. *Journal of Multilingual and Multicultural Development* 14, 307-20.

Messineo, C. and Wright, P. (1989) De la oralidad a la ecritura: el caso Toba. *Lenguas modernas* 16, 115-26.

Mey, J. L. (1985) *Whose Language? A Study in Linguistic Pragmatics.* Amsterdam: JohnBenjamins.

Mey, J. L. (1989) 'Saying it don't make it so' : 'Una Grande Libre' of language politics. *Multilingua* 8, 333-55.

Mezei, R. (1989) Somali language and literacy. *Language Problems & Language Planning* 13, 211-23.

Milroy, J. and Milroy, L. (1991) *Authority in Language: Investigating Language Prescription and Standardisation* (2nd edn). London: Routledge.

Mitchell, T. F. (1985) Sociolinguistic and stylistic dimensions of the educated spoken Arabic of Egypt and the Levant. In J. D. Woods (ed.) (1985) (pp. 42-57).

Modarresi, Y. (1990) Language problems and language planning in Iran. *New Language Planning Newsletter* 5 (1), 1-6.

Moeliono, A. M. (1994) Standardisation and modernisation in Indonesian language planning. In G. Lüdi (ed.) (1994) (pp. 117-30).

Molde, B. (1975) Language planning in Sweden. *Language Planning Newsletter* 1 (3), 1, 3-4.

Moller, A. (1988) Language policy and language planning after the establishment of the home rule in Greenland. *Journal of Multilingual and Multicultural Development* 9, 177-9.

Moller, A. (1990) Language policy and planning under the home rule administration. In D. R. F. Collis (ed.) (1990) (pp. 361-4).

Moniruzzaman, M. (1979) Language planning in Bangladesh. *Language Planning Newsletter* 5 (3), 1, 3-4.

Moore, H. (1991) Enchantment and displacements: multiculturalism, language policy andDawkins-speak. *Melbourne Studies of Education* (pp. 45-85). Melbourne: University of Melbourne.

Moore, H. (1996) Language policies as virtual realities: two Australian examples. *TESOL-Quarterly* 30, 473-97.

Morren, R. C. (1988) Bilingual education curriculum development in Guatemala. *Journal of Multilingual and Multicultural Development* 9, 353-70.

Morris, N. (1996) Language and identity in twentieth century Puerto Rico. *Journal ofMultilingual and Multicultural Development* 17, 17-32.

Morrow, P. R. (1987) The users and uses of English in Japan. *World Englishes* 6, 49-62.

Mühlhäusler, P. (1994a) Language planning and small languages-the case of the Pacific area. In G. Lüdi (ed.) (1994) (pp. 131-53).

Mühlhäusler, P. (1994b) Language teaching = linguistic imperialism? *Australian Review of Applied Linguistics* 17 (2), 121-30.

Mühlhäusler, P. (1994c) What is the use of language diversity? In P. Mühlhäusler (ed.) *The Public Face of Linguistics*. Adelaide: Centre for Language teaching and Research, University of Adelaide.

Mühlhiusler, P. (1995a) Ecological perspectives on low candidature languages. In R. B. Baldauf, Jr (ed.) (1995b) (pp. 39-50).

Mühlhäusler, P. (1995b) *Linguistic Ecology: Language Change and Linguistic Imperialism in the Pacific Region*. London: Routledge.

Mühlhäusler, P. (1995c) The ecology of small languages (pp. 1-14). In R. B. Baldauf, Jr (ed.) *Backing Australian Languages: Review of the Aboriginal and Torres Strait Islander Languages Initiatives Program*. Canberra: National Languages and Literacy Institute of Australia.

Murison-Bowie, S. (1996) Linguistic corpora and language teaching. In W. Grabe *et al.* (eds) *Annual Review of Applied Linguistics, 16* (pp. 182-99). New York: Cambridge University Press.

Musa, M. (1984) Issues of term planning for Bengali. *Language Planning Newsletter* 10 (2), 1-5.

Musa, M. (1985) The ekuske: a ritual of language and liberty. *Language Problems & Language Planning* 9, 200-14.

Musa, M. (1989) Purism and correctness in the Bengali speech community. In B. H. Jernudd and M. J. Shapiro (eds) (1989) (pp. 105-12).

Musa, M. (1996) Politics of language planning in Pakistan and the birth of a new state. *International Journal of the Sociology of Language* 118, 63-80.

Nahir, M. (1984) Language planning goals: a classification. *Language Problems & Language Planning* 8, 294-327.

Nahir, M. (1988) Language planning and language acquisition: the 'great leap' in the Hebrew revival. In C. B. Paulston (ed.) *International Handbook of Bilingualism and Bilingual Education* (pp. 273-95). New York: Greenwood Press.

Nance, J. (1975) *The Gentle Tasaday: A Stone Age People in the Philippine Rain Forest*. New York: Harcourt Brace Jovanovich.

Ndoma, U. (1984) National language policy in education in Zaire. *Language Problems & Language Planning* 8, 172-84.

Nekitel, O. (1989) What is happening to vernaculars in Papua New Guinea? *Ethnies: Droits de l'homme et peuples autochtones* 8/9/10, 18-23.

Nelde, P. H. (1988) Dutch as a language in contact. *International Journal of the Sociology of Language* 73, 111-19.

Nelde, P. H. (1994) Languages in contact and conflict: the Belgian experience and the European Union. *Current Issues in Language and Society* 1, 165-82.

Neugaard, E. J. (1995) The continuing Valencian language controversy. *Language Problems & Language Planning* 19, 60-6.

Neustupný, J. V. (1976) Language correction in contemporary Japan. *Language Planning Newsletter* 2 (3), 1, 3-5.

Neustupný, J. V. (1978) *Post-structural Approaches to Language: Language Theory in a Japanese Context.* Tokyo: University of Tokyo Press.

Neustupný, J. V. (1984) Language planning and human rights. In A. Gonzalez (ed.) (1984) 372 (pp. 66-74).

Neustupný, J. V. (1986) A review of Japanese kana spelling. *New Language Planning Newsletter* 1 (1), 2-3.

Neustupný, J. V. (1987) Towards a paradigm in language planning. In U. N. Singh and R. N. Srivastava (eds) (1987) (pp. 1-10).

Neustupný, J. V. (1989) Czech diglossia and language management. *New Language Planning Newsletter* 3 (4), 1-2.

Newman, J. (1988) Singapore's speak Mandarin campaign. *Journal of Multilingual and Multicultural Development* 9, 437-48.

Newton, G. (ed.) (1996) *Luxembourg and Lëtzebuergesch.* Oxford: Oxford University Press.

Nguyen D. -H. (1985) Terminology work in Vietnam. In D. Bradley (ed.) (1985a) (pp. 119-30).

Nichols, P. C. (1988) Language policy and social power: gender and ethnic issues. In P. H. Lowenberg (ed.) (1988) (pp. 175-86).

Nik Safiah, K. (1987) Language cultivation, the school system and national development: the case of Bahasa Malaysia. In B. K. Das (ed.) (1987) (pp. 58-69).

Nkusi, L. (1991) Situations sociolinguistiques des payes faisant usage de la langue française: la cas du Rwanda. In R. Chaudenson and D. de Robillard (eds) (1989/1991) *Tome 2* (pp. 247-62).

Norberg, M. (1994) The Sorbs between support and suppression. *International Journal of the Sociology of Language* 107, 149-58.

Northover, M. and Donnelly, S. (1996) A future for English/Irish bilingualism in Northern Ireland. *Journal of Multilingual and Multicultural Development* 17, 33-48.

Noss, R. B. (1985) The evaluation of language planning in education. *South East Asian Journal of Social Science* 13, 82-105.

Novak-Lukanivic, S. (1988) Bilingual education in Yugoslavia: some experiences in the field ofeducation for national minorities/nationalities in Yugoslavia. *Journal of Multilingual and Multicultural Development* 9, 169-76.

Nunan, D. (1992) *Research Methods in Language Learning.* Cambridge: Cambridge University Press.

Nyembwe, N., Makokila, N. and Mundeke, O. (1992) Enquête sur les marchés: la cas de Kinshasa. In L. -J. Calvet *et al.* (eds) (1992) (pp. 291-341).

Ó Baoill, D. P. (1988) Language planning in Ireland: the standardization of Irish. *International Journal of the Sociology of Language* 70, 109-26.

Ó Buachalla, S. (1984) Educational policy and the role of the Irish language from 1831 to 1981. *European Journal of Education* 19, 75-90.

Ó Ciosáin, S. (1988) Language planning and Irish: 1965-74. *Language, Culture and Curriculum* 1, 263-79.

O'Donoghue, T. A. (1995) Bilingual education at the beginning of the twentieth century: the bilingual programme of instruction in Ireland 1904-1922. *Journal of Multilingual and Multicultural Development* 15, 491-505.

Ó Gadhra, M. (1988) Irish government policy and political development of the Gaeltacht. *Language, Culture and Curriculum* 1, 251-61.

Ogino, T., Misono, Y. and Fukushima, C. (1985) Diversity of honorific usage in Tokyo: a sociolinguistic approach based on a field survey. *International Journal of the Sociology of Language* 55, 23-39.

Ó Gliasáin, M. (1988) Bilingual secondary schools in Dublin 1960-1980. *International Journal of the Sociology of Language* 70, 89-108.

Ó hAilin, T. (1969) Irish revival movements. In B. O Cuiv (ed.) *A View of the Irish Language* (pp. 91-100). Dublin: Stationery Office.

Ohannessian, S., Ferguson, C. A. and Polomé, E. C. (eds) (1975) *Language Survey in Developing Nations: Papers and Reports on Sociolinguistic Surveys.* Arlington, VA: Centre for Applied Linguistics.

Ohannessian, S. and Ansre, G. (1975) Some reflections on the educational use of sociolinguistic surveys. In S. Ohannessian, C. A. Ferguson and E. C. Polomé (eds) (1975) (pp. 51-69).

Oladejo, J. (1991) The national language question in Nigeria: is there an answer? *Language Problems & Language Planning* 15, 255-67.

Oladejo, J. (1992) The national language question in Nigeria: a place for pidgin? *New Language Planning Newsletter* 7 (1), 1-4.

Oladejo, J. (1993) How not to embark on a bilingual education policy in a developing nation: the case of Nigeria. *Journal of Multilingual and Multicultural Development* 14, 91-102.

O Laoire, M. (1995) an historical perspective on the revival of Irish outside the Gaeltacht, 1880–1930, with reference to the revitalization of Hebrew. *Current Issues in Language and Society* 2, 223–235.

Omar, A. H. (1975) Supranational standardization of spelling system: the case of Malaysia and Indonesia. *International Journal of the Sociology of Language* 5, 77–92.

Omar, A. H. (1982) Language spread and recession in Malaysia and the Malay archipelago. In R. L. Cooper (ed.) (1982b) (pp. 198–213).

Omar, A. H. (1983) *The Malay Peoples of Malaysia and Their Languages.* Kuala Lumpur: Dewan Bahasa dan Pustaka, Kementerian Pelajaran Malaysia.

Omar, A. H. (1984) The development of the national language of Malaysia. In A. Gonzalez (ed.) (1984) (pp. 7–23).

Omar, A. H. (1985) The language policy of Malaysia: a formula for balanced pluralism. In D. Bradley (ed.) (1985a) (pp. 39–49).

Omar, A. H. (1992) *The Linguistic Scenery in Malaysia.* Kuala Lumpur: Dewan Bahasa dan Pustaka.

Omar, A. H. (1995) Language policy and management in Malaysia. *Journal of Asian Pacific Communication* 6, 157–65.

Ó Murchú, H. (1990) A language policy for Irish schools. *Teangeolas* 27, 15–20.

Onions, C. T. (ed.) (1966) *The Oxford Dictionary of English Etymology.* New York: Oxford University Press.

Ó Riagáin, P. (1988) Bilingualism in Ireland 1973–1983: an overview of national sociolinguistic surveys. *International Journal of the Sociology of Language* 70, 29–51.

Ó Riagáin, P., Paulston, C. B., Peillon, M., Verdoodt, A. and Fréine, S. de (1989) Reviewsymposium of *The Irish Language in a Changing Society: Shaping the Future. Language, Culture and Curriculum* 2, 135–52.

Ożóg, C. K. (1990) English language in Malaysia and its relationship with the national language. In R. B. Baldauf, Jr and A. Luke (eds) (1990) (pp. 305–18).

Ożóg, C. K. (1993) Bilingualism and national development in Malaysia. *Journal of Multilingual and Multicultural Development* 14 (1 & 2), 59–72.

Ozolins, U. (1984) Language planning in Australia: the Senate inquiry into language policy. *Language Planning Newsletter* 10 (1), 1–7.

Ozolins, U. (1988) Government language policy initiatives and the future of ethnic languages in Australia. *International Journal of the Sociology of Language* 72, 113–29.

Ozolins, U. (1991) *Interpreting, Translating and Language Policy.* Melbourne: National Languages and Literacy Institute of Australia.

Ozolins, U. (1993) *The Politics of Language in Australia.* Melbourne: Cambridge

University Press.

Ozolins, U. (1994) Upwardly mobile languages: the politics of languages in the Baltic states. *Journal of Multilingual and Multicultural Development* 15, 161-69.

Ozolins, U. (1996) Language policy and political reality. *International Journal of the Sociology of Language* 118, 181-200.

Pachori, S. S. (1990) The language policy of the East India Company and the Asiatic Society of Bengal. *Language Problems & Language Planning* 14, 104-18.

Pakir, A. (1993a) Making bilingualism work: developments in Bilingual Education in ASEAN. *Language, Culture and Curriculum* 6, 209-23.

Pakir, A. (1993b) Two tongue tied: bilingualism in Singapore. *Journal of Multilingual and Multicultural Development* 14, 73-90.

Panzer, B. (1992) Zur Geschichte der russischen Standardsprache. Identität, Kontinuität, Entwicklung. *Sociolinguistica* 6, 1-10.

Pap, L. (1990) The language situation in Switzerland: an updated survey. *Lingua 80* (2/3), 109-48.

Park, N. -S. (1989) Language purism in Korea today. In B. H. Jernudd and M. J. Shapiro (eds) (1989) (pp. 113-40).

Pattanayak, D. P. (1986) Language and the new education policy of India. *New Language-Planning Newsletter* 1 (1), 1-2.

Patthey, G. G. (1989) Mexican language policy. *New Language Planning Newsletter* 3 (3), 1-6.

Patthey-Chavez, G. G. (1994) Language policy and planning in Mexico: indigenous language policy. In W. Grabe *et al.* (eds) *Annual Review of Applied Linguistics, 14* (pp. 200-19). New York: Cambridge University Press.

Paulston, C. B., Pow C. C., and Connerty, M. C. (1993) Language regenesis: a conceptualoverview of language revival, revitalisation and reversal. *Journal of Multilingual and Multicultural Development* 14, 275-86.

Paulston, C. B. and McLaughlin, S. (1994) Language-in-education policy and planning. In W. Grabe *et al.* (eds) *Annual Review of Applied Linguistics, 14*. New York: Cambridge University Press.

Pauwels, A. (1985) Australia as a multilingual nation. In R. B. Kaplan *et al.* (eds) *Annual Review of Applied Linguistics, 6* (pp. 78-99). New York: Cambridge University Press.

Pauwels, A. (1991) *Cross-cultural Communication in Medical Encounters*. Clayton, Victoria, Australia: Monash University. National Centre for Community Language in the Professions.

Pauwels, A. (1992) *Cross-cultural Communication in Legal Encounters*. Clayton, Victoria, Australia: Monash University. National Centre for Community Language in the Professions.

Pauwels, A. (1993) Language planning, language reform and the sexes in Australia. In J. Winter and G. Wigglesworth (eds) *Language and Gender in the Australian Context* (pp. 13-34). Canberra: Applied Linguistics Association of Australia. [ARAL S/10]

Pauwels, A. (in press) *Language Planning and the Sexes*. London/New York: Longman.

Payne, R. M. (1983) *Language in Tunisia*. Tunis: Bourguiba Institute of Modern Languages.

Peddie, R. A. (1991a) Coming-ready or not? Language policy development in New Zealand. *Language Problems & Language Planning* 15, 25-42.

Peddie, R. A. (1991b) *One, Two, or Many? The Development and Implementation of Languages Policy in New Zealand*. Auckland: University of Auckland.

Peddie, R. A. (1997) Why are we waiting? Languages policy development in New Zealand. In W. Eggington and H. Wren (eds) (1997) (pp. 121-146)

Pemagbi, J. (1989) Still a deficient language? *English Today* 5 (1), 20-4.

Peña, F. de la (1991) *Democracy or Babel? The Case for Official English in the United States*. Washington, DC: US English.

Penn, C. and Reagan, T. (1990) How do you sign 'apartheid'? The politics of South African sign language. *Language Problems & Language Planning* 14, 91-103.

Petersen, R. (1990) The Greenlandic language: its nature and situation. In D. R. F. Collis (ed.) (1990) (pp. 293-308).

Petherbridge-Hernández, P. (1990) The recatalanisation of Catalonia's schools. *Language, Culture and Curriculum* 3, 97-108.

Petyt, K. (1975) Romania, a multilingual nation. *International Journal of the Sociology of Language* 4, 75-101.

Phillipson, R. (1988) Linguicism: structures and ideologies in linguistic imperialism. In T. Skutnabb-Kangas and J. Cummins (eds) (1988) (pp. 339-58).

Phillipson, R. (1992) *Linguistic Imperialism*. Oxford. Oxford University Press.

Phillipson, R. (1994) English language spread policy. *International Journal of the Sociology of Language* 107, 7-24.

Phillipson, R. and Skutnabb-Kangas, T. (1994) Language rights in post-colonial Africa. In T. Skutnabb-Kangas *et al.* (eds) (1994) (pp. 335-45).

Phillipson, R., Skutnabb-Kangas, T. and Africa, H. (1986) Namibian educational language planning: English for liberation or neo-colonialism? In B. Spolsky (ed.) (1986) (pp. 77-95).

Pine, P. and Savage, W. (1989) Marshallese and English: evidence for an immersion model of education in the Republic of the Marshall Islands. *World Englishes* 8, 83-94.

Platt, J. T. (1985) Bilingual policies in a multilingual society: reflections of the Singaporian Mandarin campaign in the English language press. In D. Bradley (ed.)

(1985a) (pp. 15-30).

Platt, J. T. and Weber, H. (1980) *English in Singapore and Malaysia: Status, Features, Functions.* Kuala Lumpur: Oxford University Press.

Pointon, G. (1988) The BBC and English pronunciation. *English Today* 4 (3), 8-12.

Pool, J. (1976) Some observations on language planning in Azerbaijan and Turkmenistan. *Language Planning Newsletter* 2 (2), 3-4, 6.

Poole, D. (1991) Discourse analysis in ethnographic research. In W. Grabe *et al.* (eds) *Annual Review of Applied Linguistics, 11* (pp. 42-56). New York: Cambridge University Press.

Postile, G. (1995) *Equity, Diversity and Excellence: Advancing the National Equity Framework.* Canberra: NBEET.[Higher Education Council Discussion Paper]

Pou, J. C. (1993) Le trilingualism au Luxembourg. *Language Problems & Language Planning* 17, 55-61.

Pride, J. B. and Liu R. -S. (1988) Some aspects of the spread of English in China since 1949. *International Journal of the Sociology of Language* 74, 41-70.

Pritchard, R. M. O. (1990) Language policy in Northern Ireland. *Teangolas* 27, 26-35.

Pryce, W. T. R. and Williams, C. H. (1988) Sources and methods in the study of language areas: a case study of Wales. In C. H. Williams (ed.) (1988) (pp. 167-237).

Pütz, M. (1992) The present and future maintenance of German in the context of Namibia's official language policy. *Multilingua* 11, 293-323.

Pütz, M. (1994) (ed.) *Language Contact and Language Conflict.* Amsterdam/ Philadelphia: John Benjamins.

Pütz, M. (ed.) (1995) *Discrimination Through Language in Africa: Perspectives on the Namibian Experience.* Berlin: de Gruyter.

Quirk, R., Greenbaum, S., Leech, G. and Svartvik, J. (1985) *A Comprehensive Grammar of English.* New York: Longman.

Raban-Bisby, B. (1995) Early childhood years-problem or resource? Inaugural Professorial Lecture, 27 July, University of Melbourne, Australia.

Rabin, C. (1971) Spelling reform-Israel 1968. In J. Rubin and B. H. Jernudd (eds) (1971) (pp. 95-121).

Rabin, C. (1976) Language treatment in Israel: especially the development and spread of Hebrew. *Language Planning Newsletter* 2 (4), 1, 3-4, 6.

Raby, G. *et al.* (1992) *Australia and North-east Asia in the 1990s: Accelerating Change.* Canberra: Australian Government Publishing Service.

Radnai, A. (1994) The educational effects of language policy. *Current Issues in Language and Society* 1, 65-87.

Rahman, T. (1995) The Siraiki movement in Pakistan. *Language Problems & Language*

Planning 19, 1-25.

Rahman, T. (1996) British language policies and imperialsim in India. *Language Problems & Language Planning* 20, 91-115.

Rambelo, M. (1991a) Langue nationale, français et développement. Éléments pour une politique d'aménagement linguistique à Madagascar. In R. Chaudenson and D. de Robillard (eds) (1989/1991) *Tome 2* (pp. 5-73).

Rambelo, M. (1991b) Madagascar: la politique de relance du français et ses effets sur la situation linguistique. In R. Chaudenson and D. de Robillard (eds) (1989/1991) *Tome 2* (pp. 75-121).

Rannut, M. (1991a) Influence of ideology in the linguistic policy of the Soviet Union. *Journal of Multilingual and Multicultural Development* 12, 105-110.

Rannut, M. (1991b) Linguistic policy in the Soviet Union. *Multilingua* 10, 241-50.

Rannut, M. (1994) Beyond linguistic policy: the Soviet Union vs Estonia. In T. Skutnabb-Kangas *et al.* (eds) (1994) (pp. 179-208).

Reagan, T. (1986) The role of language policy in South African education. *Language Problems & Language Planning* 10, 1-13.

Reagan, T. (1995) Neither easy to understand nor pleasing to see: the development of manual sign codes as language planning activity. *Language Problems & Language Planning* 19, 133-50.

Reagan, T. and Ntshoe, I. (1987) Language policy and black education in South Africa. *Journal of Research and Development in Education* 20 (2), 1-8.

Reid, 1. (1995) Student literacy in a cross-cultural perspective. *Australian Language Matters* 3 (2), 4.

Rensch, K. H. (1990) The delayed impact: post colonial language problems in the French overseas territory of Wallis and Futuna (Central Polynesia). *Language Problems & Language Planning* 14, 224-36.

Resnick, M. C. (1993) ESL and language planning in Puerto Rican education. *TESOL Quarterly* 27, 259-75.

Reyburn, W. D. (1975) Assessing multilingualism: an abridgment of 'Problems and Procedures in Ethnolinguistic Surveys'. In S. Ohannessian, C. A. Ferguson and E. C. Polomé (eds) (1971) (pp. 87-114).

Rhee, M. J. (1992) Language planning in Korea under the Japanese colonial administration, 1910-1945. *Language, Culture and Curriculum* 5, 87-97.

Ricento, T. (1996) Language policy in the United States: an overview. In M. Herriman and B. Burnaby (eds) (1996) (pp. 122-58).

Richards, J. B. (1989) Mayan language planning for bilingual education in Guatemala. *International Journal of the Sociology of Language* 77, 93-115.

Ridge, S. M. G. (1996) Language policy in a democratic South Africa. In M. Herriman and B. Burnaby (eds) (1996) (pp. 15-34).

Ridler, N. B. and Pons-Ridler, S. (1986) An economic analysis of Canadian language policies: a model and its implications. *Language Problems & Language Planning* 10, 42-58.

Riley, G. (1975) Language loyalty and ethnocentrism in the Guamanian speech community. *Anthropological Linguistics* 17, 286-92.

Riley, G. (1980) Language loyalty and ethnocentrism in the Guamanian speech community: seven years later. *Anthropological Linguistics* 22, 329-33.

Riley-Mundine, L. and Roberts, B. (1990) *Review of National Aboriginal Languages Program*. Perth: Pitman Roberts and Partners. (AACLAME Occasional Paper No. 5)

Roberts, R. P. (1992) Translation and interpretation. In W. Bright *et al.* (eds) (1992) (Vol. 4, pp. 177-80)

Robins, R. H. and Uhlenbeck, E. M. (eds) (1991) *Endangered Languages*. Oxford/New York: Berg.

Robinson, C. D. W. (1993) Where linguistic minorities are in the majority: language dynamics amidst high linguistic diversity. *AILA Review* 10, 52-70.

Robinson, C. D. W. (1994) Is sauce for the goose sauce for the gander? Some comparative reflections on minority language planning in North and South. *Journal of Multilingual and Multicultural Development* 15, 129-45.

Rodriquez, C. (1992) Informal language planning for elementary school language development: the case of Arizona. In C. Mann and R. B. Baldauf, Jr (eds) *Language Teaching and Learning in Australia* (pp. 6-18). Canberra: Applied Linguistics Association of Australia. [ARAL S/9]

Romaine, S. (1989) English and Tok Pisin (New Guinea Pidgin English) in Papua New Guinea. *World Englishes* 8, 5-23.

Romaine, S. (1991) *Language in Australia*. Cambridge: Cambridge University Press.

Rotaetxe, K. (1994) Normativisation et normalisation d'une langue: l'expérence basque. In G. Lüdi (ed.) (1994) (pp. 77-99).

Rubagumya, C. M. (1986) Language planning in the Tanzanian educational system: problems and prospects. *Journal of Multilingual and Multicultural Development* 7, 283-300.

Rubagumya, C. M. (1989) *Language in Education in Africa: A Tanzanian Perspective*. Clevedon: Multilingual Matters.

Rubin, J. (1968a) Language education in Paraguay. In J. Fishman, C. Ferguson, and J. Das Gupta (eds) *Language Problems of Developing Nations* (pp. 477-88). New York: Wiley.

Rubin, J. (1968b) *National Bilingualism in Paraguay.* The Hague: Mouton.
Rubin, J. (1971) Evaluation and language planning. In J. Rubin and B. H. Jernudd (eds) (1971) (pp. 217-52).
Rubin, J. (1977a) Language problems and educational systems in Indonesia. In B. P. Sabayan and A. B. Gonzalez FSC (eds) *Language Planning and the Building of a National Language* (pp. 155-69). Manila: Philippine Normal College.
Rubin, J. (1977b) Language standardization in Indonesia. In J. Rubin, B. H. Jernudd, J. Das Gupta, J. A. Fishman, and C. A. Ferguson (eds) (1977) (pp. 157-79).
Rubin, J. (1978/1979) The approach to language planning within the United States. *Language Planning Newsletter* 4 (4), 1, 3-6; 5 (1), 1, 3-6.
Rubin, J. (1979) *Directory of Language Planning Organizations.* Honolulu: East-West Center.
Rubin, J. (1983) Evaluating status planning: what has the past decade accomplished? In J. Cobarrubias and J. A. Fishman (eds) (1983b) (pp. 329-43).
Rubin, J. and Jernudd, B. H. (1979) *References for Students of Language Planning.* Honululu: East-West Center.
Rubin, J. and Jernudd, B. H. (1971a) (eds) *Can Language be Planned?* Honolulu: East-West Center and University of Hawaii Press.
Rubin, J. and Jernudd, B. H. (1971b) Introduction: language planning as an element in modernization. In J. Rubin and B. H. Jernudd (eds) (1971a) (pp. xii-xxiv).
Rubin, J., Jernudd, B. H., Das Gupta, J., Fishman, J. A. and Ferguson, C. A. (eds) (1977) *Language Planning Processes.* The Hague: Mouton.
Rusch, P. (1989) National vs. regional models of language variation: the case of Austrian German. *Language, Culture and Curriculum* 2, 1-16.
Russo, C. P. (1983) Developing educational policies for traditionally oriented Aborigines. *Interchange* 14, 1-13.
Russo, C. P. and Baldauf, R. B. Jr (1986) Language development without planning: a case study of tribal Aborigines in the northern territory, Australia. *Journal of Multilingual and Multicultural Development* 7, 301-17.
Safire, W. (1984) *I Stand Corrected: More on Language.* New York: New York Times Books.
Sager, J. C. (ed.) (1975) Standardization of nomenclature. *International Journal of the Sociology of Language* 23.
Sager, J. C. (1990) *A Practical Course in Terminology Processing.* Amsterdam: John Benjamins.
Sakaguchi, A. (1996) Die Dichotomie 'künstlich' vs. 'natürlich' und das historische Phänomen einer funktionieren den Plansprache. *Language Problems & Language*

Planning 20, 18-38.

Sánchez, A. (1992) Politica de difusión del español. *International Journal of the Sociology of Language* 95, 51-69.

Sandefur, J. R. (1977) Bilingual education for Aboriginal Australians. *Language Planning Newsletter* 3 (2), 1, 6.

Sandefur, J. R. (1985) Language planning and the development of an Australian Aboriginal creole. *Language Planning Newsletter* 11 (1), 1-4.

Sato, C. J. (1985) Linguistic inequality in Hawaii: the post-creole dilemma. In N. Wolfson and J. Manes (eds) (1985) (pp. 255-72).

Saussure, F. de (1916/1959) *Cours de Linguistique Générale.* New York: McGraw-Hill. [C. Bailey *et al.* (eds) ; trs. Wade Baskin]

Scaglione, A. (ed.) (1984) *The Emergence of National Languages.* Ravenna: Longo Editore.

Schiffman, H. F. (1992) 'Resisting arrest' in status planning: structural and covert impediments to status change. *Language and Communication* 12, 1-15.

Schiffman, H. F. (1993) The balance of power in multiglossic languages: implications for language shift. *International Journal of the Sociology of Language* 103, 115-48.

Schiffman, H. F. (1995) *Linguistic Culture and Language Policy.* London: Routledge.

Schlossmacher, M. (1995) Official languages and working languages in the political bodies of the European Union. *New Language Planning Newsletter* 9 (4), 1-2.

Schmitt, C. (1988) Typen der Ausbildung und Durchsetzung von Nationalsprachen in der Romania. *Sociolinguistica* 2, 73-116.

Scholfield, P. (1994) *Quantifying Language: A Researcher's and Teacher's Guide to Gathering Language Data and Reducing it to Figures.* Clevedon: Multilingual Matters.

Schramm, W., Nelson, L. M. and Betham, M. T. (1981) *Bold Experiment: The Story of Educational Television in American Samoa.* Stanford: Stanford University Press.

Schuster-Sewe, H. (1992) Zur schriftsprachlichen Entwicklung im Bereich des Sorbischen. *Sociolinguistica* 6, 65-83.

Scollon, R. and Scollon, S. B. K. (1979) *Linguistic Convergence: An Ethnography of Speaking at Fort Chipewyan, Alberta.* New York: Academic Press.

Scotton, C. M. (1982) The linguistic situation and language policy in eastern Africa. R. B. Kaplan *et al.* (eds) *Annual Review of Applied Linguistics,* 2 (pp. 8-20). Rowley, MA: Newbury House.

Scotton, C. M. (1993) Elite closure as a powerful language strategy: the African case. *International Journal of the Sociology of Language* 103, 149-63.

Seliger, H. W. and Shohamy, E. (1989) *Second Language Research Methods.* Oxford: Oxford University Press.

Senate Standing Committee on Foreign Affairs, Defence and Trade (SSCFADT) (1992). *Australia and Latin America.* Canberra: Senate Printing Unit.

Shamshur, O. (1994) Multilingual education as a factor of inter-ethnic relations: the case of the Ukraine. *Current Issues in Language and Society* 1, 29–39.

Shapin, S. (1984) Pump and circumstances: Robert Boyle's literary technology. *Social Studies of Science* 14, 481–520.

Shapin, S. (1991) 'A scholar and a gentleman' : the problematic identity of the scientific practitioner in early modern England. *History of Science* 29, 279–327.

Shapin, S. (1994) *A Social History of Truth: Civility and Science in Seventeenth Century England.* Chicago: University of Chicago Press.

Shohamy, E. (1994) Issues in language planning in Israel: language and ideology. In R. D. Lambert (ed.) (1994) (pp. 131–42).

Shonerd, H. G. (1990) Domesticating the barbarous tongue: language policy for the Navajo in historical perspective. *Language Problems & Language Planning* 14, 193–208.

Shorish, M. M. (1984) Planning by decree: the Soviet language policy in central Asia. *Language Problems & Language Planning* 8, 35–49.

Short, D. and Gómez, E. L. (1996) TESOL develops ESL standards for pre-K-12 students. *ERIC/CLL News Bulletin* 19 (2), 4–5.

Shuy, R. (1993) *Language Crimes.* Cambridge, MA: Blackwell.

Sibayan, B. (1984) Some Philippine sociolinguistic concerns: 1967–1992. *International Journal of the Sociology of Language* 45, 127–37.

Sibayan, B. and Gonzalez, A. (eds) (1977) *Language Planning and the Building of a National Language.* Manila: Linguistic Society of the Philippines.

Siegel, J. (1989) English in Fiji. *World Englishes* 8, 47–58.

Siegel, J. (1992) Indian languages and identity in Fiji. *Journal of Asian Pacific Communication* 3, 115–32.

Silva, J. F. da and Gunnewiek, L. K. (1992) Portuguese and Brazilian efforts to spread Portuguese. *International Journal of the Sociology of Language* 95, 71–92.

Silver, B. D. (1985) Language policy and practice in the Soviet Union. *Social Education* 49, 107–10.

Sinclair, J. McH. (ed.) (1987) *Looking Up: An Account of the COBUILD Project in Lexical Computing.* London: Collins ELT.

Sinclair, J. McH., Hanks, P., Fox, G., Moon, R. and Stock, P. (eds) (1987) *Collins CO-BUILD English Language Dictionary.* London: Collins.

Sinclair, J. McH. *et al.* (eds) (1992) *BBC English Dictionary.* London: HarperCollins.

Singh, F. B. (1987) Power and politics in the content of grammar books: the example of

India. *World Englishes* 6, 253-61.

Singh, U. N. and Srivastava, R. N. (eds) (1987) *Perspectives in Language Planning.* Calcutta: Mithila Darshan.

Sivasegaram, S. (1991) Language and the politics of nationalism in Sri Lanka. *New Language Planning Newsletter* 6 (1), 1-3.

Skutnabb-Kangas, T. (1996) The colonial legacy in educational language planning in Scandinavia: from migrant labor to a national ethnic minority. *International Journal of the Sociology of Language* 118, 81-106.

Skutnabb-Kangas, T. and Bucak, S. (1994) Killing a mother tongue-how the Kurds are deprived of linguistic human rights. In T. Skutnabb-Kangas *et al.* (eds) (1994) (pp. 347-370).

Skutnabb-Kangas, T. and Cummins, J. (1988) *Minority Education: From Shame to Struggle.* Clevedon: Multilingual Matters.

Skutnabb-Kangas, T. and Phillipson, R. (1994) Linguistic human rights, past and present. In T. Skutnabb-Kangas *et al.* (eds) (1994) (pp. 71-110).

Skutnabb-Kangas, T. and Phillipson, R. with Rannut, M. (eds) (1994) *Linguistic Human Rights: Overcoming Linguistic Discrimination.* New York/Berlin: Mouton de Gruyter.

Skyum-Nielsen, P. (1978) Language problems and language treatment in the Danish speech community. *Language Planning Newsletter* 4 (1), 1, 3-5.

Sless, D. (1995) The plain English problem. *Australian Language Matters* 3 (4), 3.

Slone, G. T. (1989) Language revival in France: the regional idioms. *Language Problems & Language Planning* 13, 224-42.

Smith, L. E. (1987) *Discourse Across Cultures: Strategies in World Englishes.* London: Prentice Hall.

Smolicz, J. J. (1984) National language policy in the Philippines: a comparative study of the educational status of colonial and indigenous languages with special reference to minority tongues. *South East Asian Journal of Social Science* 12, 51-67. Reprinted in Spolsky (ed.) (1986) (pp. 96-116).

Smolicz, J. J. (1994) Australia's language policies and minority rights: a core value perspective. In T. Skutnabb-Kangas *et al.* (eds) (1994) (pp. 235-52).

Snow, D. B. (1993a) A short history of published Cantonese: what is a dialect literature? *Journal of Asian Pacific Communication* 4 (3), 127-48.

Snow, D. B. (1993b) Chinese dialect as written language: the cases of Taiwanese and Cantonese. *Journal of Asian Pacific Communication* 4 (1), 15-30.

Soh, J. -C. (1985) Social changes and their impact on speech levels in Korean. In J. D. Woods (ed.) (1985) (pp. 29-41).

Sommer, B. (1991) Yesterday's experts: the bureaucratic impact on language planning for

Aboriginal bilingual education. In A. Liddicoat (ed.) (1991) (pp. 109-34).

Sonntag, S. (1980) Language planning and policy in Nepal. *ITL: Review of Applied Linguistics* 48, 71-92.

Sonntag, S. K. (1989) The school as a bargaining point in language politics: the Belgian Language Law of 1932. *Language, Culture and Curriculum* 2, 17-29.

Sonntag, S. K. (1990) The US National Defense Education Act: failure of supply-side language legislation. *Language, Culture and Curriculum* 3, 153-71.

Sotiropoulos, D. (1992) The standardization of modern Greek. *Sociolinguistica* 6, 163-83.

Souaiaia, M. (1990) Language, education and politics in the Maghreb. *Language, Culture and Curriculum* 3, 109-23.

Sounkalo, J. (1995) Code-switching as indexical of native language lexical deficiency inMauritania. *Journal of Multilingual and Multicultural Development* 16, 403-21.

Spolsky, B. (ed.) (1986) *Language and Education in Multilingual Settings.* Clevedon: Multilingual Matters.

Spolsky, B. (1989) Maori bilingual education and language revitalisation. *Journal of Multilingual and Multicultural Development* 10, 89-106.

Spolsky, B., Englebrecht, G, and Ortiz, L. (1983) Religious, political and educational factors in the development of biliteracy in the Kingdom of Tonga. *Journal Multilingual and Multicultural Development* 4, 459-69.

Spolsky, B. (1995) Conditions for language revitalization: A comparison of the cases of Hebrew and Maori. *Current Issues in Language and Society* 2, 177-201.

Språk i Norden (1986) *Årsskrift for Nordisk språksekretariat og språknemndene i Norden.* 381 Gyldendal.

Sreedhar, M. V., Dua, H. R. and Rajyashree, K. S. (eds) (1984) *Questionnaire Bank for Sociolinguistic Surveys in India.* Mysore: Central Institute for Indian Languages.

Sridhar, S. N. (1988) Language variation, attitudes and rivalry: the spread of Hindi in India. In P. H. Lowenberg (ed.) (1988) (pp. 300-19).

Sridhar, S. N. (1990) What are applied linguistics? *Studies in the Linguistic Sciences.* 20 (2), 165-76.

St. Clair, R. and Leap, W. (1982) *American Indian Language Renewal.* Rosslyn, VA: National Clearinghouse for Bilingual Education.

Stanlaw, J. (1987) Japanese and English: borrowing and contact. *World Englishes* 6, 93-109.

Stanley, J., Ingram, D. E., and Chittick, G. (1990) *The Relationship Between International Trade and Linguistic Competence.* Canberra: Australian Government Publishing Service.

Stanton, P. J., Aislabie, C. J. and Lee, J. (1992) The economics of a multicultural Australia: a literature review. *Journal of Multilingual and Multicultural Development* 13, 407-21.

Stanton, P. J. and Lee, J. (1995) Australian cultural diversity and export growth. *Journal of Multilingual and Multicultural Development* 16, 497-511.

Stedman, J. B. (1986) *Malaysia*. Washington, DC: American Association of Collegiate Registrars and Admission Officers. [World Education Series]

Stevens, P. (1983) Ambivalence, modernisation and language attitudes: French and Arabic in Tunisia. *Journal of Multilingual and Multicultural Development* 4, 101-14.

Stewart, S. O. (1984) Language planning and education in Guatemala. *International Education Journal* 1, 21-37.

Stoberski, Z. (1990) Terminology: Warsaw agreements. *Language International* 2 (2), 26.

Stotz, D. and Andres, F. (1990) Problems in developing bilingual education programs in Switzerland. *Multilingua* 9, 113-36.

Strevens, P. and Weeks, F. (1985) The creation of a regularized subset of English for mandatory use in maritime communications: SEASPEAK. *Language Planning Newsletter* 11 (2), 1-6.

Sun H. -K. (1988/1989) Minorities and language planning in China: an outline. *New Language Planning Newsletter* 3 (1), 1-5; 3 (2), 1-6; 3 (4), 2-6.

Swales, J. (1985) ESP-the heart of the matter or the end of an affair? In R. Quirk and H. G. Widdowson (eds) *English in the World: Teaching and Learning the Language and Literature* (pp. 212-23). Cambridge: Cambridge University Press.

Swan, J. and Lewis, D. L. (1990) Tok Pisin at university: an educational and language planning dilemma in Papua New Guinea. In R. B. Baldauf, Jr and A. Luke (eds) (1990) (pp. 210-33).

Szépe, G. (1994) Central and Eastern European language policies in transition (with special reference to Hungary). *Current Issues in Language and Society* 1, 41-64.

Tabouret-Keller, A. (1981) Introduction: regional languages in France. *International Journal of the Sociology of Language* 29, 5-14.

Takahashi, H. (1995) Pluricentric codification of the German standard pronunciation. *NewLanguage Planning Newsletter* 9 (3), 1-2.

Takashi, K. (1992) Language and desired identity in contemporary Japan. *Journal of Asian Pacific Communication* 3, 133-44.

Taksami, C. (1990) Ethnic groups of the Soviet North: a general historical and ethnographical description. In D. R. F. Collis (ed.) (1990) (pp. 22-38).

Talib, I. S. (1994) The development of Singaporean Literature in English. *Journal of Multilingual and Multicultural Development* 15, 419-29.

Tatalovich, R. (1995) Voting on official English language referenda in five states: what kind of backlash against Spanish-speakers? *Languages Problems & Language Planning* 19, 47-59.

Tauli, V. (1984) The failure of language planning research. In A. Gonzalez (ed.) (1984) (pp. 85-92).

Taylor, A. (1981) Language policy in Papua New Guinea. *Linguistic Reporter* 24, 1.

Tchitchi, T. Y. (1989) Littérature en langues Africaines ou littérature de minorité? La situation en République Populaire du Bénin. *International Journal of the Sociology* 80, 69-81.

The New London Group (1996) A pedagogy of multiliteracies: designing social futures. *Harvard Educational Review* 66, 60-92.

Thody, P. (1995) *Le Franglais: Forbidden English, Forbidden American.* New York: Athlone Press.

Thomas, A. (1990) Language planning in Vanautu. In R. B. Baldauf, Jr. and A. Luke (eds) (1990) (pp. 234-58).

Thomas, A. R. (1987) A spoken standard for Welsh: description and pedagogy. *International Journal of the Sociology of Language* 66, 99-113.

Thomas, L. (1996) Language as power: a linguistic critique of US English. *The Modern Language Journal* 80, 129-40.

Thomas, R. M. (1981) Evaluation consequences of unreasonable goals-the plight of education in American Samoa. *Educational Evaluation and Policy Analysis* 3 (2), 41-99.

Thompson, L. (1994) A response to Kroon and Vallen: a parallel overview of the education policy for bilingual children in Britain. *Current Issues in Language and Society* 1, 131-42.

Thompson, L., Fleming, M. and Byram, M. (1996) Languages and language policy in Britain. In M. Herriman and B. Burnaby (eds) (1996) (pp. 99-121)

Thong, T. (1985) Language planning and language policy of Cambodia. In D. Bradley (ed.) (1985a) (pp. 103-17).

Thorburn, T. (1971) Cost-benefit analysis in language planning. In J. Rubin and B. H. Jernudd (eds) (1991) (pp. 253-62).

Thumboo, E. (1986) Language as power: Gabriel Okara's *The Voice* as a paradigm. *World Englishes* 5 (2/3), 249-64.

Tickoo, M. L. (1994) Kashmiri, a majority-minority language: an exploratory essay. In T. Skutnabb-Kangas *et al.* (eds) (1994) (pp. 317-33).

Tinio, R. (1990) *A Matter of Language: Where English Fails.* Quezon City: University of the Philippines Press.

Todd, L. (1984) *Modern Englishes: Pidgins & Creoles*. Oxford: Blackwell.

Tollefson, J. W. (1980) The language planning process and language rights in Yugoslavia. *Language Problems & Language Planning* 4, 141-56.

Tollefson, J. W. (1981a) Centralized and decentralized language planning. *Language Problems & Language Planning* 5, 175-88.

Tollefson, J. W. (1981b) *The Language Situation and Language Policy in Slovenia*. Washington, DC: University Press of America.

Tollefson, J. W. (1988) Covert policy in the United States refugee program in Southeast Asia. *Language Problems & Language Planning* 12, 30-43.

Tollefson, J. W. (1991) *Planning Language, Planning Inequality*. London: Longman.

Tollefson, J. W. (1993) Language policy and power: Yugoslavia, the Philippines and southeast Asian refugees in the United States. *International Journal of the Sociology of Language* 103, 73-95.

Tollefson, J. W. (ed.) (1995) *Power and Inequality in Language Education*. Cambridge: Cambridge University Press.

Tonkin, H. (1987) One hundred years of Esperanto: a survey. *Language Problems & Language Planning* 11, 264-82.

Topping, D. M. (1982) Language planning issues in Vanuatu. *Language Planning Newsletter* 8 (2), 1-3, 6.

Touchstone, E. E. (1996) Language services planning in the banking industry: an example of unplanned language policy. Los Angeles: University of Southern California. [PhD Dissertation]

Touchstone, E. E., Kaplan, R. B., and Hagstrom, C. L. (1996) Home, sweet casa: access to home loans in Los Angeles (A critique of English and Spanish home loan brochures). *Multilingua* 15, 329-48.

Tovey, H. (1988) The state and the Irish language: the role of Bord na Gaeilge. *International Journal of the Sociology of Language* 70, 53-68.

Tribble, C. and Jones, G. (1990) *Concordances in the Classroom: A Resource Book for Teachers*. Essex: Longman.

Trim, J. L. M. (1987) Planning the development of multilingualism as a human resource. In B. K. Das (ed.) (1987) (pp. 1-22).

Trim, J. L. M. (1994) Some factors influencing national foreign language policy making in Europe. In R. D. Lambert (ed.) (1994) (pp. 1-15).

Trimm, L. A. (1980) Bilingualism, diglossia and language shift in Brittany. *International Journal of the Sociology of Language* 25, 29-41.

Trimm, L. A. (1982) Language treatment in Brittany. *Language Planning Newsletter* 8 (3), 1-6.

Truchot, C. (1991) Towards a language planning policy for the European Community. In D. F. Marshall (ed.) (1991) (pp. 87–104).

Trudgill, P. (1984) *Language in the British Isles.* Cambridge: Cambridge University Press.

Tryon, D. T. and Charpentier, J-M. (1989) Linguistic problems in Vanuatu. *Ethnies: Droits de l' homme et peuples autochtones* 8/9/10, 13–17.

Tse, J. K. (1980) Language planning and English as a foreign language in middle-school education in the Republic of China [Taiwan]. Los Angeles, CA: University of Southern California. [PhD Dissertation]

Tse, J. K. (1982) Language policy in the Republic of China. In R. B. Kaplan *et al.* (eds) *Annual Review of Applied Linguistics, 2* (pp. 33–47). Rowley, MA: Newbury House.

Tse, J. K. (1986) Standardization of Chinese in Taiwan. *International Journal of the Sociology of Language* 59, 25–32.

Tucker, A. N. and Bryan, M. A. (1966) *Linguistic Analysis: The Non-Bantu Languages of North-Eastern Africa.* London: Oxford University Press.

Tucker, G. R. (1988) Educational language policy in the Philippines: a case study. In P. H. Lowenberg (ed.) (1988) (pp. 331–41).

Turcotte, D. (1984) *Politique linguistique et modalitiés d'application en polynésie française.* B-109. Quebec: Centre International de Recherche Sur Le Bilingualisme.

Twine, N. (1991) *Language and the Modern State: The Reform of Written Japanese.* London: Routledge.

Ulijn, J. M. and Strother, J. B. (1995) *Communicating in Business and Technology: From Psycholinguistic Theory to International Practice.* Frankfurt am Main: Peter Lang.

Underwood, R. A. (1989a) Education and Chamorro identity in Guam. *Ethnies: Droits del' homme et peuples autochtones* 8/9/10, 36–40.

Underwood, R. A. (1989b) English and Chamorro on Guam. *World Englishes* 8, 73–82.

Ureland, P. S. (1993) Conflict between Irish and English in the secondary schools of the Connemara Gaeltacht 1986–1988. In E. H. Jahr (ed.) (1993) (pp. 193–261).

Vaillancourt, F. (1983) The economics of language and language planning. *Language Problems & Language Planning* 7, 162–78.

Vaillancourt, F. (1991) The economics of language: theory, empiricism and application to the Asian Pacific. *Journal of Asian Pacific Communication* 2, 29–44.

Valdman, A. (1986) Emploi du créole comme langue d'enseignement et décréolisation en Haiti. *Language Problems & Language Planning* 10, 116–39.

Valverde, E. (1992) *Language for Export: A Study of the Use of Language and Language Related Skills in Australian Export Companies.* Canberra: Office of the Prime Minister and Cabinet.

Van de Craen, P. and Willemyns, R. (1988) The standardization of Dutch in Flanders. *In-*

ternational Journal of the Sociology of Language 73, 45-64.
Van der Plank, P. H. (1988) Growth and decline of the Dutch standard language across the state borders. *International Journal of the Sociology of Language* 73, 9-28.
van Els, T. J. M. (1994) Foreign language planning in the Netherlands. In R. D. Lambert (ed.) (1994) (pp. 47-68).
van Els, T. J. M. and van Hest, E. W. C. M. (1990) Foreign language teaching policies and European unity: the Dutch national action programme. *Language, Culture and Curriculum* 3, 199-211.
van Langevelde, A. (1993) Migration and language in Friesland. *Journal of Multilingual and Multicultural Development* 14, 393-409.
Varennes, F. de (1996) *Language, Minorities and Human Rights*. Leiden: Martinus Nijhoff.
Varro, G. (1992) Les 'langues immigrées' face à l'école française. *Language Problems & Language Planning* 16, 137-62.
Vélez, J. A. and Schweers, C. W. (1993) A US colony at a linguistic crossroads: the decision to make Spanish the official language of Puerto Rico. *Language Problems & Language Planning* 17, 117-39.
Veltman, C. and Denis, M. N. (1988) Usages linguistique en Alsace: présentation d'un enquête et premiers résultats. *International Journal of the Sociology of Language* 74, 71-89.
Venås, K. (1993) On the choice between two written standards in Norway. In E. H. Jahr (ed.) (1993) (p. 263-78).
Verma, S. K. (1991) The three language formula: its sociopolitical and pedagogical implications. *ITL* 91/2, 49-60.
Vetter, R. (1991) Discourses across literacies: personal letter writing in a Tuvaluan context. *Language and Education* 5, 125-45.
Vikor, L. S. (1988) *Språkplanlegging. Prinsipp og Praksis*. Oslo: Novus. [Language Planning: Principles and Practice]
Vikor, L. S. (1989) The position of standardized vs. dialectal speech in Norway. *International Journal of the Sociology of Language* 80, 41-59.
Vikor, L. S. (1993) Principles of corpus planning–as applied to the spelling reforms of Indonesia and Malaysia. In E. H. Jahr (ed.) (1993) (p. 279-98).
Vila i Moreno, F. X. (1990) Language planning in Spain. *New Language Planning Newsletter* 5 (2), 1-6.
Vilfan, S. in conjunction with Sandvik, G. and Wils, L. (1993) *Ethnic Groups and Language Rights (Comparative Studies on Governments and Non-dominant Ethnic Groups in Europe, 1850-1940, Vol. 3*. Aldershot: Dartmouth Publishing Company.

von Gleich, U. (1994) Language spread policy: the case of Quechua in the Andean republics of Bolivia, Ecuador, and Peru. *International Journal of the Sociology of Language* 107, 77–113.

Wabenhorst, H. (1989) The potential and the importance of the German language for Australian Business. (Mimeograph).

Waite, J. (1992) *Aoteareo: Speaking for Ourselves: Issues for the Development of a New Zealand Languages Policy*, 2 Vols. Wellington: New Zealand Ministry of Education.

Wales (Prince of) (1990) The importance of foreign languages to business success in the 1990s. *Europe 2000* II (5), 1–4.

Walker, R. (1993) Language shift in Europe and Irian Jaya, Indonesia: toward the heart of the matter. *AILA Review* 10, 71–87.

Wardhaugh, R. (1987) *Languages in Competition: Dominance, Diversity and Decline*. Oxford: Basil Blackwell.

Watanabe, O. (1989) Internationalisierung und die zweite Fremdsprache. In H. L. Bauer (ed.) *Deutsch al zweite Fremdsprache in der gegenwärtigen japanischen Gesellschaft* (pp. 44–55). München: Iudicium Verlag.

Watson, J. K. P. (1980) Cultural pluralism nation-building and educational policies in peninsular Malaysia. *Journal of Multilingual and Multicultural Development* 1, 155–74.

Watson-Gegeo, K. A. (1987) English in the Solomon Islands. *World Englishes* 6, 21–32.

Watson-Gegeo, K. A. and Gegeo, D. W. (1995) Understanding language and power in the Solomon Islands: methodological lessons for educational intervention. In J. W. Tollefson (ed.) (pp. 59–72).

Watts, R. J. (1988) Language, dialect and national identity in Switzerland. *Multilingua* 7, 313–34.

Weasenforth, D. (1995) *A Rhetorical Abstraction as a Facet of Expected Response: A Structurural Equation Modeling Analysis*. Los Angeles: University of Southern California. [PhD dissertation]

Webb, V. (1994a) Language policy and planning in South Africa. In W. Grabe *et al.* (eds.) *Annual Review of Applied Linguistics*, 14 (pp. 254–73). New York: Cambridge University Press.

Webb, V. (1994b) Revalorizing the autochthonous languages of Africa. In M. Pütz (ed.) (1994) (pp. 181–203).

Webb, V. (1996) Language planning and politics in South Africa. *International Journal of the Sociology of Language* 118, 139–62.

Weber, G. (1990) Kartulis Ena-the Georgian language. *Language International* 2 (4), 5–9.

Weeks, F., Glover, A., Johnson, E. and Strevens, P. (1988) *Seaspeak Training Manual*.

Oxford: Pergamon Press.

Weiner, E. (1987) The new OED and world English. *English Today* 11, 31–4.

Weinstein, B. (1989) Francophonie: purism at the international level. In B. H. Jernudd and M. J. Shapiro (eds.) (1989) (pp. 53–80).

Wertheim, M. (1995) *Pythagoras' Trousers: God, Physics and the Gender Wars*. New York: Times Books, Random House.

Wexler, P. (1991) Yiddish: The fifteenth Slavic language. *International Journal of the Sociology of Language* 91, 9–150

Wexler, P. (1992) '*Diglossia et schizoglosia perpetua*-the fate of the Belorussian language'. *Sociolinguistica* 6, 42–51.

Whiteley, W. H. (1971) Some factors influencing language policies in eastern Africa. In J. Rubin and B. H. Jernudd (eds) (1971) (pp. 141–58).

Whiteley, W. H. (ed.) (1974) *Language in Kenya*. Nairobi: Oxford University Press.

Widdowson, H. G. 1988. Language spread in modes of use. In P. H. Lowenberg (ed.) (1988) (pp. 342–60).

Wierzbicka, A. (1993) Intercultural communication in Australia. In G. Shulz (ed.) *The Languages of Australia* (pp. 83–103). Canberra: Australian Academy of the Humanities.

Wiggen, G (1995) Norway in the 1990s: a sociolinguistic profile. *International Journal of the Sociology of Language* 115, 47–83.

Wijst, van der, P. and Ulijn, J. M. (1991) Netherlanders en Fransen in zakelijke onderhandelingen: Beinvloedt beleefdheid het resultaat? *Negotiation Magazine* 4 (1), 31–43.

Willemyns, R. (1984) The treaty of linguistic union in the Dutch language area. *LanguagePlanning Newsletter* 10 (3), 5–7.

Willemyns, R. (1993) The 'Nederlandse Taaluneie' as an innovating instance of official language planning. *New Language Planning Newsletter* 8 (2), 1–2.

Willemyns, R. and van de Craen, P. (1988) Growth and development of standard Dutch in Belgium. *Sociolinguistica* 2, 117–30.

Williams, C. H. (ed.) (1988a) *Language in Geographic Context*. Clevedon: Multilingual Matters.

Williams, C. H. (1988b) Language planning and regional development. Lessons from the Irish Gaeltacht. In C. H. Williams (ed.) (1990) (pp. 267–301).

Williams, C. H. (1991) Language planning and social change: ecological speculations. In D. F. Marshall (ed.) (1991) (pp. 53–74).

Williams, C. H. (1994) Development, dependency and the democratic deficit. *Journal of Multilingual and Multicultural Development* 15, 101–27.

Williams, T. R. (1966) *The Dusan: A North Borneo Society.* New York: Holt, Rinehart and Winston.

Williams, T. R. (1967) *Field Methods in the Study of Culture.* New York: Holt, Rinehart and Winston.

Williams, T. R. (1969) *A Borneo Childhood: Enculturation in Dusan Society.* New York: Holt, Rinehart and Winston.

Willis, D. (1990) *The Lexical Syllabus: A New Approach to Language Teaching.* London and Glasgow: Collins ELT.

Willis, J. R. and Willis, J. D. (1988) *Collins COBUILD English Course.* London and Glasgow: Collins ELT.

Winer, L. (1990) Orthographic standardization for Trinidad and Tobago: linguistic and sociopolitical considerations in an English creole community. *Language Problems & Language Planning* 14, 237–68.

Winkelmann, C. L. (1995) Electronic literacy, critical pedagogy, and collaboration: a case for cyborg writing. *Computers and the Humanities* 29, 431–48.

Winter, W. (1993) Some conditions for the survival of small languages. In E. H. Jahr (ed.) (1993) (p. 299–314).

Withers, C. W. J. (1988) The geographical history of Gaelic in Scotland. In C. H. Williams (ed.) (1988) (pp. 136–166).

Wolfson, N. and Manes, J. (eds) (1985) *Language of Inequality.* Berlin: Mouton.

Wood, R. E. (1977) Potential issues for language planning in Scotland. *Language Planning Newsletter* 3 (1), 1–4, 6.

Woods, J. D. (ed.) (1985a) *Language Standards and their Codification: Process and Application.* Exeter: University of Exeter.

Woods, J. D. (1985b) Swahili as a lingua franca. In J. D. Woods (ed.) (1985a) (pp. 76–101).

Woolard, K. A. (1989) *Double Talk: Bilingualism and the Politics of Ethnicity in Catalonia.* Stanford: Stanford University Press.

Woolard, K. A. and Gahng, T. -J. (1990) Changing language policies and attitudes in autonomous Catalonia. *Language in Society* 19, 311–30.

Wright, S. (1995) Language planning and policy making in Europe. *Language Teaching* 28, 148–59.

Wurm, S. A. (1978) Towards language planning in Papua New Guinea. *Language Planning Newsletter* 4 (3), 1, 4–6.

Wurm, S. A. (1994a) Graphisation and standardisation of languages. In G. Lüdi (ed.) (1994) (pp. 255–72).

Wurm, S. A. (1994b) The red book of languages in danger of disappearing. *New Language*

Planning Newsletter 8 (4), 1-4; 9 (1), 1-3.

Wurm, S. A., Mühlhäusler, P. and Tryon, D. T. (1996) *Atlas of Languages of InterculturalCommunication in the Pacific, Asia and the Americas.* Berlin/New York: Mouton de Gruyter.

Wynne-Edwards, V. C. (1962) *Animal Dispersion in Relation to Social Behavior.* London: Oliver and Boyd.

Yau, M. -S. (1989) The controversy over teaching medium in Hong Kong-An analysis of language policy. *Journal of Multilingual and Multicultural Development* 10, 279-95.

Yin, B. (1987) The language planning of Chinese minor-nationalities. *New Language Planning Newsletter* 2 (1), 2-4.

Youmans, M. N. (1995) Communicative rights and responsibilities in an East Los Angeles barrio: an analysis of epistemic modal use. Los Angeles: University of Southern California. [PhD Dissertation]

Young, R. L. (1988) Language maintenance and shift in Taiwan. *Journal of Multilingual and Multicultural Development* 9, 323-38.

Yule, V. (1988) English spelling and pidgin. *English Today* 4 (3), 29-35.

Zawiah Yahya. (1996) Literature in English and nation building. In J. E. James (ed.) (1996) (pp. 9-16).

Zhou Z. P. and Feng W. C. (1987) The two faces of English in China: Englishization of Chinese and nativization of English. *World Englishes* 6, 111-25.

Zhu W. and Chen J. (1991) Some economic aspects of the language situation in China. *Journal of Asian Pacific Communication* 2, 91-101.

索 引

（本索引后的页码为原著页码，即本书边码）

A

Abakar, M. A. 阿巴卡尔 337，341

Abbott, G. 阿博特 41，341

Aboriginal languages, Australian 澳大利亚土著语言 20，41，43，45，46，51，56，62，64，68，79，119，147，148，212，225，236，237，258-262，272，279，322，325

accounting scheme 解释方案 1，27，52，54，60，87，193，285

acquisition planning (*see* language-in-education planning) 习得规划（参见"教育语言规划"）

actors 参与者 1，5，13，54，55，59

Adams, A. 亚当斯，A. 334，366

Adams, K. L. 亚当斯，K. L. 11，339，341

Adegibija, E. 阿德杰比亚，E. 325，334，341

Afrikaans 阿非利堪斯语（亦称"南非荷兰语"）30，225，226，300，333，337

agencies 机构

— education 教育机构 Ⅻ，ⅩⅣ，5，6，8，9，135，142，311，312，314-318

— government 政府机构 ⅫⅤ，5-8，74，153，182，183，311，314-318

— quasi-government 准政府机构（半政府机构）5，6，9-12

— non-government 非政府机构 5，9-12，26，200，311，314-318

Ager, D. 阿格，D. 328，341

Aggarwal, K. S. 阿加沃尔，K. S. 154，330，341

Ahlqvist, A. 阿尔奎斯特，A. 331，341

Aikio, M. 艾基奥，M. 226，328，341

Ainu 阿伊努语、阿伊努人 63，331

Aislabie, C. J. 艾斯拉比，C. J. 380

Akinnaso, F. N. 阿金纳索，F. N. 7，334，341

Aksornkool, N. 阿颂科尔，N. 88，338，341

Alatis, J. 阿拉蒂斯，J. 367

Albania 阿尔巴尼亚 248，325

Albanian 阿尔巴尼亚语、阿尔巴尼亚人 325，340

Alderson, J. C. 奥尔德森，J. C. 91，93，342，345

Alemannic German 阿勒曼尼德语 199，289

Algeria 阿尔及利亚 220，240，325

Alisjahbana, S. T. 阿利斯亚巴纳，S. T. 51，60，65，67，73，76，201，283，331，342

ALLC (see Australian Language and Literacy Council)(见澳大利亚语言与读写委员会)
Alliance Française 法语联盟 6, 9, 250
allocation of norms 规范的配置 29, 34-36, 49
Alloni-Fainberg, Y. 阿洛尼-芬伯格, Y. 63, 331, 342
Allott, A. J. 阿洛特, A. J. 333, 342
Alsacian 阿尔萨斯语 328, 329
Altehenger-Smith, S. 阿尔特亨格-史密斯, S. 336, 342
Amerindian languages 美洲印第安人语言 325-327, 339
Ammon, U. 安蒙, U. 9, 39, 41, 238, 285, 328, 329, 343
Amonoo, R. F. 阿莫努, R. F. 329, 342
Amorose, T. 阿莫罗斯, T. 11, 342
Anderson, E. A. 安德森, E. A. 45, 102, 331, 336, 342
Andres, F. 安德烈斯, F. 338, 342, 391
Andrzejewski, B. W. 安杰耶夫斯基, B. W. 337, 342
Angola 安哥拉 249, 275, 300, 325
Anglo-Saxon 盎格鲁-撒克逊语、盎格鲁-撒克逊人 21, 24, 218, 285
Annamalai, E. 安纳马莱, E. 59, 61, 80, 211, 342, 347, 348, 350, 360, 361, 364
Anonymous 匿名作者 198, 249, 250, 269, 293, 329, 333, 334, 337, 342
Ansre, G. 安斯雷, G. 102-104, 329, 343, 372
anthropological linguistics 人类语言学 100-101, 120, 100
Anwar, K. 安瓦尔, K. 331, 343
applied linguistics 应用语言学 94, 303, 304-308
Arabic 阿拉伯语 IX, 11, 17, 18, 21, 34, 47, 48, 67, 72, 145, 151, 154, 159, 173, 178, 197, 205, 228, 233, 325, 328, 331, 333, 335, 337-339
Arends, J. 阿伦兹, J. 286, 343
Argentina 阿根廷 79, 146, 232, 325
Arjona, E. 阿霍纳, E. 339, 343
Armenian 亚美尼亚语、亚美尼亚人 12, 224, 326, 329
Ashby, W. 阿什比, W. 49, 76, 343
Atkinson, D. 阿特金森, D. 242, 243, 302, 343
Augst, G. 奥格斯特, G. 41, 329, 343
Austin, P. 奥斯汀, P. 325, 343, 321
Australia 澳大利亚 XIV, 8, 20, 22, 51, 56, 62, 63, 68, 75, 77-79, 89, 103, 118, 119, 126, 130, 138, 139, 147, 152, 155, 156, 159, 160, 168, 171-180, 186, 189, 199, 212, 213, 221, 227, 228, 230, 252-254, 256-263, 272, 274, 279, 289, 298, 301, 312-314, 322, 325, 326
Australian Language and Literacy Council 澳大利亚语言与读写委员会 151, 158, 168, 169, 178, 190, 325, 343
Austria 奥地利 221, 326
authochthonous language 原生语言 30, 31
auxiliary code standardization 辅助语码标准化 56, 61, 78, 79, 82
Aymara 艾马拉语 326, 335
Azerbaijan 阿塞拜疆 326
Azeri 阿泽里语 326, 329

B

Bachman, L. 巴克曼, L. 91, 343
Baetens Beardsmore, H. 贝腾斯·比尔兹莫尔, H. 152, 220, 223, 230, 326, 328, 332, 343
Baik, M. J. 鲍伊克, M. J. 332, 343
Baker, P. 贝克, P. 88, 343

Baldauf, R. B., Jr 巴尔道夫, R. B., Jr XIV, 10, 43, 51, 55, 58, 63, 65, 67, 68, 73, 90, 91, 95, 100, 119, 125, 129-131, 154, 172, 186, 196, 198, 236, 245, 257, 261, 278, 297, 298, 322, 324-327, 336, 343-345, 353, 356, 362-364, 367, 368, 370, 373, 376, 377, 381

Ball, M. 鲍尔, M. 64, 348

Ball, M. J. 鲍尔, M. J. 339, 344

Bamgbose, A. 班格博斯, A. 38, 344

Bamileke 巴米累克语 327

Bangladesh 孟加拉国 10, 34, 205, 326

Barbour, S. 巴伯, S. 329, 334

Bank of America 美国银行 192

Bantu languages 班图诸语言 325, 333

Barnes, D. 巴恩斯, D. 327, 344

Baron, D. E. 巴伦, D. E. 10, 344

Barrera i Vidal, A. 巴雷拉·伊·维达尔, A. 337, 343

Barrett, J. 巴雷特, J. 338, 344

Bartsch, R. 巴奇, R. 123, 344

Basque 巴斯克语 8, 155, 199, 224, 282, 328, 337

Battison, R. 巴蒂森, R. 74, 344

Bauer, H. L. 鲍尔, H. L. 384

Baugh, A. C. 鲍, A. C. 66, 339, 344

Bauman, R. 鲍曼, R. 102, 345

Baumgardner, R. J. 鲍姆加德纳, R. J. 205, 334, 345

Bayer, J. 拜尔, J. 330, 345

Bazerman, C. 巴泽曼, C. 302, 345

Behares, L. E. 贝哈雷斯, L. E. 76, 340, 325, 345,

Beheydt, L. 贝海特, L. 326, 345

Bélanger, C. H. 贝朗热, C. H. 329, 345

Belarus 白俄罗斯 273, 326

Begium 比利时 8, 51, 76, 223, 271, 326, 328

Bell, A. 贝尔, A. 334, 345

Bell, J. 贝尔, J. 325, 345

Belorusian 白俄罗斯语、白俄罗斯人 326, 332

Bender, M. L. 本德, M. L. 349

Bengali (Bengala) 孟加拉语、孟加拉国人 17, 34, 40, 204, 205, 326, 330

Benin 贝宁 224, 326

Benkő, L. 本克, L. 330, 345

Bentahila, A. 本·塔希拉, A. 59, 61, 62, 64, 282, 345

Benton, N. 本顿, N. 334, 345

Benton, R. A. 本顿, R. A. 64, 103, 229, 274, 334, 345

Berber 柏柏尔语言 325, 333

Beretta, A. 贝雷塔, A. 91, 342, 345

Berlin, B. 伯林, B. 250, 341

Berthold, M. 伯特霍尔德, M. 152, 345

Besch, W. 贝施, W. 329, 345

Betham, M. T. 贝瑟姆, M. T. 378

Biber, D. 比贝尔, D. 99, 328, 337, 345, 346

Bikales, G. 比卡尔斯, G. 11, 339, 346

bilingual education 双语教育 119, 141, 163, 197, 203, 219, 231

bilingualism 双语、双语制、双语现象、双语主义 11, 12, 20, 37, 38, 53, 133, 136-138, 163, 169, 170, 186, 190, 193, 197, 198, 209, 213, 216-220, 222, 237, 238

Bislama 比斯拉马语 51, 68, 89, 340

Bjorge, A. K. 比约格, A. K. 334, 346

Black, P. 布莱克, P. 41, 123, 322, 325, 346, 351

Black English 黑人英语 23, 68, 287, 311, 339

Bloor, T. 布卢尔, T. 328, 346

Bo Yin 博贤 65, 67, 130, 327, 346

Bochmann, K. 博赫曼, K. 335, 346

Bokamba, E. G. 博坎巴，E. G. 7，329，346
Bolivia 玻利维亚 326
Bolton, K. 博尔顿，K. 102，330，346
Bortoni, S. M. 博尔托尼，S. M. 326，356
Boseker, B. J. 博斯克，B. J. 63，339，346
bottom-up 自下而上 45，196-199，209，258
Boulanger, J. -C. 布朗热，J. -C. 73，327，332，346
Bourdieu, P. 布尔迪厄（亦译"布迪厄"），P. 201，206，346
Bourhis, R. Y. 布里，R. Y. 204，209，327，346，350
Bourne, J. 伯恩，J. 339，346
Bowen, J. D. 鲍恩，J. D. 349
Boyle, J. 博伊尔，J. 330，346
Bradly, D. 布拉德利，D. 338，342，346，357，371，373，375，382
Branko, F. 布兰科，F. 327，332，340，346
Brann, C. 布兰，C. 334，346
Bray, M. 布雷，M. 330，365
Brazil 巴西 10，52，190，239，249，272，284，326
Brennan, P. W. 布伦南，P. W. 334，346
Brenzinger, M. 布伦青格尔，M. 293，346
Breton 布列塔尼语 64，155，224，328，329
Breton, R. 布雷顿，R. 7，211，223，292，346
Bright, W. 布赖特，W. 26，325，347，362，331，359
Brink, D. T. 布林克，D. T. 11，339，341
Britain 英国 Ⅸ，10，22，27，180，181，185，214，220，241，242，246，249，274，271，275，289，330
British Council 英国文化委员会 6，9，151，250
Brown, J. D. 布朗，J. D. 91-93，347
Brudhiprabha, P. 布鲁迪普拉巴，P. 338，347
Brunei Darussalam 文莱达鲁萨兰国（简称"文莱"） 16，17，320，326
Bruthiaux, P. 布吕蒂奥，P. 117，155，162，195，302，347
Bryan, M. A. 布赖恩，M. A. 7，383
Bucak, S. 布贾克，S. 202，339，379
Bucher, A. L. 布赫，A. L. 73，337，347
Bugarski, R. 布加尔斯基，R. 335，340，347
Bühler, H. 比勒，H. 77，347
Bulgaria 保加利亚 326
Bulgarian 保加利亚语、保加利亚人 326
Bull, T. 布尔，T. 334，347
Burma (see Myanmar) 缅甸
Burmese 缅甸语、缅甸人 333
Burnaby, B. 伯纳比，B. 327，345，347，359，376，382
Burundi 布隆迪 228，300，326
Butler, C. S. 巴特勒，C. S. 369
Byram, M. 拜拉姆，M. 382

C

Cable, T. 凯布尔，T. 66，339，344
Caldwell, G. 考德威尔，G. 327，347
Caldwell, J. A. W. 考德威尔，J. A. W. 329，347
Calvet, L. -J. 卡尔韦特，L. -J. 103，326，327，329，333，336，338，340，347，372
Cambodia 柬埔寨 164，327
Cameroon 喀麦隆 16，17，140，199，219，273，300，327
Canada 加拿大 8，20，37，79，133，169，170，207，209，221-223，227，237，271，272，274，282，289，300，327
Candlin, C. H. 坎德林，C. H. 363
Cannon, G. 坎农，G. 45，327，347
Cantonese 广东话、粤方言 18，35，236，286，312，320，330
Cape Verde 佛得角 249，287，327
Carrington, L. D. 卡林顿，L. D. 287，336，347

Carroll, T. 卡罗尔，T. 331，347
Cartwright, D. 卡特赖特，D. 327，347
Cassidy, F. G. 卡西迪，F. G. 43，347
Catalan 加泰罗尼亚语 8，64，155，224，282，328，337
Cebuano 宿务语 33，103，335
Cembalo, S. M. 琴巴洛，S. M. 327，330，332，337，339，347
Cerrón-Palomino, R. 塞龙-帕洛米诺，R. 335，347
Chad 乍得 237
Chaklader, S. 恰克拉德，S. 40，326，348
Chamorro 夏莫罗语（亦译"查莫罗语""昌莫罗语"）12，23，202，329
change, planned versus unplanned 变化，规划的与无规划的 297–299
Charpentier, J. M. 沙尔庞捷，J. M. 340，383
Charrow, V. R. 查罗，V. R. 74，348
Chaudenson, R. 肖登森，R. 155，206–208，348，362，371，375
Chciuk-Celt, A. 舒丘克-策尔特，A. 335，348
Chen, I. Y. 陈，I. Y. 348
Chen, J. 陈建民 170，327，387
Chidambaram, M. 奇丹巴拉姆，M. 330，348
Chile 智利 232
China 中国 Ⅸ，34，35，44，51，52，65，67，73，126，130，131，170，173，178，185，202，203，214，220，236，240，244，246，256，288，320，327
Chinese (Mandarin) 汉语（华语、国语）12，17，19，20，23，34，35，41，45，48，68，65，69，71，119，126，141，149，151，154，159，172–174，178，179，181，186，188，191，197–199，202，203，214，220，221，235–237，244，247，256，312，319，320，326，327，330，332，336，338，340
Chittick, G. 奇蒂克，G. 380
Chomsky, N. 乔姆斯基，N. 305，348
classical language 古典语言 15，21，24，132，218，237，270，271，294
Clausen, U. 克劳森，U. 338，348
clipping 缩略 70
Cloonan, J. D. 克卢南，J. D. 8，299，339，348
Cluver, A. D. de V. 德·克卢弗，A. D. V. 333，337，348
Clyne, M. 克莱因，M. 25，75，103，151，152，251，281，325，329，332，338，343，348，364
Cobarrubias, J. 科瓦鲁维亚斯，J. 164，344，348，354，358，377
code-switching 语码转换 232–236
codification 编典 29，39–44，60
Coetzee, A. E. 库切，A. E. 337，348
Cojnska, R. 措尹斯卡，R. 326，348
Collins CoBuild 柯林斯合作 43，66，99，100
Collins, C. 柯林斯，C. 206，341
Collis, D. R. F. 科利斯，D. R. F. 327，334，335，338，341，349，352，359，368，370，374，381
Comber, L. 库默，L. 197，332，349
Combs, M. 库姆斯，M. 329，349
Commins, P. 康敏斯，P. 170，331，349
communities of speakers 讲话人社群 311，314–318
community language 社群语言 15，21，23，40，77，130，200，325
community policy 社群政策 124，134–135，150
Comrie, B. 科姆里，B. 224，325，335，349
Connerty, M. C. 康纳蒂，M. C. 59，373
Connor, U. 康纳，U. 353
contrastive rhetoric 对比修辞学 102
Cooper, R. L. 库珀，R. L. 1，13，27，28，50，52，54，56，60，87，103，120，122，162，193，285，328，344，347，349，354，366，368，372
corpus analysis 语料分析 99，100

corpus planning 本体规划 28, 29, 32, 37–51, 57, 65, 72, 99, 100, 193, 207, 214, 249, 271, 302, 322, 307
correction procedures 矫正的程序 29, 37
Corsetti, R. 科尔塞蒂, R. 76, 328, 340, 349
Corsican 科西嘉语 328
Corson, D. 科森, D. 214, 349
Corvalan, G. 科尔巴兰, G. 335, 349
cost-analysis evaluation 成本分析评价 94–99, 120, 139, 150, 167–171, 189, 204
cost-benefit analysis 成本效益分析 94–96, 116, 139, 140, 153, 167, 168, 170
cost-effectiveness analysis 成本效果分析 94
cost-utility (outcomes) analysis 成本效用（结果）分析 94, 96–98
cost-feasibility analysis 成本可行性分析 94
cost-partitioning analysis 成本分割分析 94
Côte d'Ivoire 科特迪瓦 322, 327
Coulmas, F. 库尔马斯, F. 41, 63, 155, 164, 328, 331, 342, 349
Coulombe, P. A. 库隆布, P. A. 211, 212, 327, 349
Coulthard, M. 库尔撒德, M. 74, 355
Cowie, A. P. 考伊, A. P. 66, 349
Crampton, D. 克兰普顿, D. 332, 349
Cran, W. 克兰, W. 369
Crawford, J. 克劳福德, J. 11, 231, 339, 350
creole 克里奥尔语 15, 19, 26, 68, 207, 239, 267, 272, 286, 287, 296, 308
Creole 克里奥尔法语 330, 333
Cressy, D. 克雷西, D. 144, 350
Crewes, G. 克鲁斯, G. 151, 350
Crioulo 克里欧罗语（非洲化克里奥尔葡萄牙语）327, 329
Criper, C. 克里珀, C. 339, 365
Cristovao, F. 克里斯托旺, F. 335, 350
Croatia 克罗地亚 327
Crocombe, R. G. 克罗科姆, R. G. 63, 225, 350
Crooks, T. 克鲁克斯, T. 151, 350
Crowley, T. 克劳利, T. 340, 350
Cruz, I. R. 克鲁兹, I. R. 46, 47, 68, 335, 350
Crystal, D. 克里斯特尔, D. 26, 350
Cuba 古巴 246
Cumming, A. 卡明, A. 327, 350
Cummins, J. 卡明斯, J. 133, 339, 350, 359, 374, 379
curriculum planning 课程规划 127–130
Czech 捷克语、捷克人 327, 336
Czech Republic 捷克共和国 203, 327

D

D'Anglejan, A. 德·安格勒让, A. 67, 169, 327, 350
Dagut, M. 达古特, M. 63, 67, 331, 350
Dahal, B. M. 达哈尔, B. M. 334, 350
Dahal, O. C. 达哈尔, O. C. 332, 350
Daniels, H. A. 丹尼尔斯, H. A. 11, 339, 350
Danish 丹麦语、丹麦人 224, 238, 327, 328, 329
Daoust, D. 达乌, D. 45, 274, 327, 350
Darms, G. 达姆斯, G. 338, 350
Das Gupta, J. 达斯·古普塔, J. 34, 164, 204, 330, 334, 350, 355, 361, 377
Das, B. K. 达斯, B. K. 303, 350, 361, 362, 371, 382
Dasgupta, P. 达斯古普塔, P. 49, 340, 350
Davies, A. 戴维斯, A. 91, 269, 350
Davies, E. E. 戴维斯, E. E. 59, 61, 62, 64, 282, 345
Davis, K. A. 戴维斯, K. A. 93, 332, 351
Day, R. R. 戴, R. R. 202, 272, 329, 339, 351
De Mauro, T. 德莫罗, T. 331, 351
de Rooij, J. 德罗伊, J. 41, 334, 351
De Vries, J. W. 德弗里斯, J. W. 45, 331,

351

Dear, P. 迪尔，P. 242，302，351

DeChicchis, J. 德基基斯，J. 63，331，351

de Cillia, R. 德奇利亚，R. 221，326，348

DeFrancis, J. 德范克，J. 149，327，340，351

Delbridge, A. 德尔布里奇，A. X，325，351

Denis, M. N. 丹尼斯，M. N. 103，104，329，384

Denmark 丹麦 75，249，327-328

Deprez, K. 德普雷，K. 326，328，334，351

description versus prescription 描写与规定 301-303，308

Devlin, B. 德夫林，B. 325，351

Dharmadasa, K. 达马达萨，K. 337，351

Diaz, R. M. 迪亚斯，R. M. 358

diglossic situation 双言情况、双语体情况 35，137，199，219，222，298

Dillard, J. L. 迪拉德，J. L. 68，71，339，351

Dines, E. 丹斯，E. 262，351

Dion, de S. 德·迪翁，S. 170，327，351

DiPietro, R. 迪彼得罗，R. 348

Dixon, R. M. W. 狄克逊，R. M. W. 63，225，272，325，351

Djité, P. G. 吉泰，P. G. 7，172，212，322，325，327，329，351，352

Doğançay-Aktuna, S. 多安恰伊-阿克图纳，S. 65，90，339，352

Domínguez, F. 多明格斯，F. 40，249，352

Dominican Republic 多米尼加共和国 185，287

Donaldson, B. 唐纳森，B. 326，352

Donnelly, S. 唐纳利，S. 339，371

Dorian, N. C. 多里安，N. C. 64，293，328，339，352

Dorias, L. -J. 多里亚斯，L.-J. 221，222，327，352

Draisma, K. 德雷斯马，K. 259，352

Druviete, I. 德鲁维特，I. 332，352

Dua, H. R. 杜瓦，H. R. 9，164，330，352，380

Dubin, F. 迪宾，F. 353

Dunn, A. S. 邓恩，A. S. 338，352

Duranti, A. 杜兰蒂，A. 336，352

Dutch 荷兰语、荷兰人 33，41，46，51，76，123-125，172，173，181，186，223，238，239，250，284，290，331，334，337

E

Eastman, C. 伊斯门，C. 59，61，65，329，331，332，337-339，353

Eckert, P. 埃克特，P. 81，203，329，353

economic planning 经济规划 153

-Australia 澳大利亚经济规划 171-180

-New Zealand 新西兰经济规划 180-184

-United States 美国经济规划 185-189

Ecuador 厄瓜多尔 328

educational language 教育语言 18，116，205

Edwards, D. G. 爱德华兹，D. G. 339，353，341

Edwards, J. 爱德华兹，J. 95，237，326，327，341，353

Eggington, W. 埃金顿，W. 43，46，64，76，90，91，95，119，125，147，212，235，325，332，344，346，350，353，367-369，374

Egypt 埃及 10，139，328

Eisemon, T. O. 艾斯蒙，T. O. 327，353

Elasser, N. 伊拉瑟，N. 259，354

El Aissati, A. 艾萨蒂，A. 325，333，353

elaboration 细化（亦译"精制""扩展"）7，29，39，44-49，51，60，193

elite closure 精英圈子 199，200

endogenous language 内源性的语言 217

Enemburu, I. G. 埃尼姆布鲁，I. G. 351

Englebrecht, G. 恩格尔布雷希特，G. 335，353，380

English 英语 X, 9–14, 16–25, 27, 30–36, 41–43, 45, 47–49, 51, 55, 56, 58, 60, 62–72, 74–78, 83, 90, 99, 103, 123, 130, 140, 141, 144, 146, 147, 151–152, 154, 158, 159, 165, 166, 169–173, 177, 178, 180, 183–186, 188–191, 197, 198, 200, 202, 204, 205, 209, 212, 213, 217–224, 226, 228–241, 243–248, 250, 251, 253–256, 260, 263–265, 274, 275, 277, 278, 282–290, 293, 294, 298, 301, 311, 313, 320, 324–340

English only 唯英语、只用英语 10, 11, 27, 36, 231

English Speaking Union 英语口语联盟 6, 9, 250

Ennaji, M. 恩纳吉, M. 45, 333, 353

Estonia 爱沙尼亚 224, 328

Esperanto 世界语 76, 340

Ethiopia 埃塞俄比亚 237, 248, 328

ethnic model 民族模型 221–224, 237

ethnic revival 民族复兴 232, 281, 282

ethnography 民族志 80, 101, 102

ethnography of communication 交际民族志 101, 102, 120

European Union (Community) 欧盟（共同体） 16, 185, 224, 225, 230, 238, 328

evaluation 评估、评价 XI, 29, 37, 38, 54, 87, 89, 90–94, 116, 117, 120, 124, 125, 135–139, 142, 150, 167, 191, 192, 209, 210, 227

exoglossic language 外层语言 64

Extra, G. 埃克斯特拉, G. 334, 353

F

Faroese 法罗语 224, 327, 328

Fairclough, N. 费尔克拉夫, N. 206, 353

Fakuade, G. 法库阿德, G. 334, 353

Falch, J. 法尔奇, J. 51, 326, 353

Faroe Islands 法罗群岛 328

Farrar, F. W. 法勒, F. W. 227, 354

Farsi 法尔西语 233, 331

Fasold, R. 法佐尔德, R. 94, 95, 103, 214, 354

Feitsma, A. 费茨玛, A. 334, 354

Fellman, J. 费尔曼, J. 63, 328, 331, 335, 337, 354

Feng, W. C. 冯文驰 48, 327, 387

Ferdman, B. M. 费尔德曼, B. M. 358

Ferguson, C. A. 弗格森, C. A. 19, 40, 227, 328, 339, 343, 349, 354, 355, 361, 372, 376, 377

Fesl, E. 费斯尔, E. 63, 325, 354

Field, T. T. 菲尔德, T. T. 329, 354

Fierman, W. 费尔曼, W. 340, 354

Fiji 斐济 328

Fijian 斐济语、斐济人 328

Filipino 菲利皮诺语 16, 36, 47, 71, 72, 173, 199, 335

Finland 芬兰 226, 227, 249, 328

Finnish 芬兰语、芬兰人 24, 47, 51, 64, 202, 226, 227, 328, 337

Fiore, K. 菲奥里, K. 259, 354

Fisherman, H. 费希尔曼, H. 45, 63, 354

Fishman, J. A. 费什曼, J. A. XII, 11, 27, 40, 49, 80–82, 88, 120, 206, 207, 220, 275, 282, 334, 339, 342, 344, 348, 354, 355, 358, 360, 361, 364, 366, 377

Flemming, M. 弗莱明, M. 382

Flemish 佛兰芒语（亦译"弗莱芒语"）223, 326, 328

Fligelstone, S. 弗里热尔斯通, S. 99, 366

Fodor, I. 福多尔, I. 39, 325, 344, 350, 354, 355, 358

Follett, W. 福利特, W. 10, 355

Fon-Ewe 丰语–埃维语 326

Fortier, D. 福捷, D. 327, 355

foreigner language 外国人的语言 15, 25

Fox, G. 福克斯, G. 363, 379

Fowler, H. W. 福勒，H. W. 10，355
France 法国 10，25，65，166，191，201，220，238，241，244，270，271，275，277，328
Francophonie 全球法语社区 222，250，269，329
francisation process 法语化过程 170
Frangoudaki, A. 弗兰古达基，A. 329，355
Fréine, S. De 德·弗雷内，S. 373
French, P. 弗伦奇，P. 74，355
French 法语、法国人 9，14，19，20，22，24，25，31，32，34，37，40，45，48-51，59-61，66-68，70，71，77，123，130，151，158，166，169，170，178，179，186，199，201，204，209，214，217，220-224，227，233，238-241，243，244，249，250，252，255，256，263，265，269，271，274，275，277，284，285，290，293，320，325-333，335-340
French Polynesia 法属波利尼西亚 271，329
Friere, P. 弗里埃，P. 81，355
Frisian 弗里斯兰语、弗里斯兰人 155，224，329，334
Fukushima, C. 福岛，C. 372
Fulfulde 富尔富尔德语 327，333，334

G

Gahng, T.-J. 加亨，T.-J. 337，386
Gair, J. 盖尔，J. 337，355
Galician 加利西亚语、加利西亚人 224，337
Galilean systematization 伽利略系统化 306
Gallagher, C. F. 加勒格尔，C. F. 65，339，355
Garcez, P. M. 加尔塞斯，P. M. 325-327，329，333，335，336，355
García, O. 加西亚，O. 345
Gaudart, H. 戈达尔，H. 196，197，206，332，355
Gee, J. 吉，J. 45，206，262，355
Gegeo, D. W. 格杰奥，D. W. 55，337，384
Genesee, F. 杰尼斯，F. 138，152，355
Genre analysis 体裁分析 102
Georgia 格鲁吉亚 224，287，329
Geraghty, P. 杰拉蒂，P. 328，355
German 德语、德国人 9，20，22-25，30，31，41，42，48，51，63，68，70，77，130，141，151，158，159，165，167，172，173，178，179，186，199，214，217，218，220-224，233，238，244，251，263，282，284，285，290，320，325，326，328-333，335，338
Germany 德国 25，51，156，164-166，173，214，220，221，244，250，271，328，329
Ghana 加纳 103，329
Gibbons, J. 吉本斯，J. 152，330，355，356
Glick, R. 格利克，R. 339，365
Glinert, L. G. 格利纳特，L. G. 331，356
Glock, N. 格洛克，N. 337，356
Glover, A. 格洛弗，A. 385
Gluck, R. 格鲁克，R. 352
Goethe Institute 歌德学院 6，9，250
Goke-Pariola, B. 戈科-帕里奥拉，B. 48，334，356
Golebiowski, Z. 戈文比奥夫斯基，Z. 344
Gold, D. L. 戈尔德，D. L. 331，356
Gomes de Matos, F. 戈梅斯·德·马拓思，F. 211，213，326，356
Gómez, E. L. 戈麦斯，E. L. 141，378
Gonzalez, A, FSC. 冈萨雷斯，A, FSC. 45，46，71，72，90，91，102，120，200，335，356，372，377，379，381
Görlich, M. 格利希，M. 47，356
Goyvaerts, D. 戈伊韦尔茨，D. 340，356
Grabe, W. 格拉贝，W. 246，307，343，344，346，347，353，355-358，360，362，363，369，370，373-375，385

grammatication 语法化 29,41,42,43,49
graphisation 文字化 29,40,41,43
Greece 希腊语、希腊人 173,328,329
Greek 希腊 Ⅸ,11,21,24,43,70,71,132,173,181,186,218,224,238,251,294,325,329
Green, B. 格林, B. 89,145,213,257,357
Greenbaum 戈林鲍姆,48,357,330
Greenberg, J. H. 格林伯格, J. H. 7,18,357
Greenland 格陵兰岛 329
Grenoble, L. A. 格雷诺布尔, L. A. 64,292,339,357
Grillo, R. D. 格里洛, R. D. 201,329,339,357
Grin, F. 格林, F. 120,155,160,189,212,328,357
Guam 关岛 329
Guarani 瓜拉尼语、瓜拉尼人 335
Guatemala 危地马拉 329
Guinea-Bissau 几内亚比绍 249,300,329
Gumperez, J. J. 吉姆佩雷斯, J. J. 102,357
Gunnewiek, L. K. 贡内维克, L. K. 9,41,326,335,379
Gupta, A. F. 古普塔, A. F. 14,332,335,336,338,357
Guyana 圭亚那 239

H

Haacke, W. 哈克, W. 30,333,357
Haarmann, H. 哈尔曼, H. 1,13,27,28,32,50,51,56,59,60,193,312,328,335,357
Haas, W. 哈斯, W. 39,358
Hagège, C. 阿热日, C. 39,325,344,350,354,355,358
Hagen, S. 哈根, S. 158,160,165,339,358
Hagström, B. 哈格斯特伦, B. 188,189,327,358,382

Haiti 海地 19,287,330
Hakuta, K. 白田贤治, K. 219,358
Hakka 客家话 35,202,214,312,320,327,332,333,338
Halemane, L. 哈勒马内, L. 330,358
Hallel, M. 哈莱尔, M. 331,358
Halliday, M. A. K. 哈利迪(亦译"哈里迪"), M. A. K.(韩礼德) 149,358
Hamel, R. E. 哈梅尔, R. E. 202,358
Hamers, J. F. 阿梅尔, J. F. 327,358
Hancock, J. 汉考克, J. 352
Hanks, P. 汉克斯, P. 379
Hannas, W. C. 汉纳斯, W. C. 41,332,358
Hansén, S. -E. 汉森, S. -E. 328,358
Hared, M. 哈雷德, M. 328,337,346
Harlec-Jones, B. 哈莱克-琼斯, B. 333,358
Harrel, S. 哈勒尔, S. 17,51,214,221,327,358
Harris, S. 哈里斯, S. 351
Harrison, G. 哈里森, G. 331,336,358
Harrison, W. 哈里森, W. 358
Harry, R. L. 哈里, R. L. 49,76,340,358
Harvey, G. 哈维, G. 366
Hasan, R. 哈桑, R. 48,358
Hatch, E. 哈奇, E. 91,358
Haugen, E. 豪根, E. 1,27-30,40,43,44,49-52,57,59,82,121,122,139,193,321,334,358
Hausa 豪萨语 224,329,334,338
Havelock, E. 哈夫洛克, E. 143,358
Hawaiian 夏威夷语、夏威夷人 202,286,339
Hawes, T. 霍斯, T. 214,332,339,359
Heah Lee Hsia 李霞 43,332,359
Healey, A. 希利, A. 100,359
Heath, S. B. 希思, S. B. 64,102,232,262,333,339,354,359
Heather, M. A. 希瑟, M. A. 43,359
Hebrew 希伯来语、希伯来人 21,24,26,

45，61，63，64，67，73，132，282，294
Heidelberger　海德尔堡　359
Heiser, F. M.　海泽，F. M.　366
heritage language　祖语（亦译"传承语言""祖裔语言""家传语言"）15，24
Helander, E.　赫兰德，E.　338，359
Henning, G.　亨宁，G.　91，359
Hermans, T.　赫尔曼斯，T.　326，359
hermeneutic philosophy　解释哲学（亦译"哲学诠释学"）306
Herriman, M.　赫里曼，M.　212，325，345，347，359，376，382
Hernández-Chávez, E.　埃尔南德斯-查韦斯，E.　202，275，339，359
Hidalgo, M.　伊达尔戈，M.　333，359
High（H）variety　高变体　35，219，222，275，287
Hill, J. H.　希尔，J. H.　101，359
Hill, P.　希尔，P.　326，327，332，359
Hindi　印地语、印地人　9，17，34，152，154，159，239，326，330，333，337，338
Hindley, R.　欣德利，R.　282，331，359
Hindustani　印度斯坦语（亦译"兴都斯坦语"）、印度斯坦人　328，330，337
Hirataka, F.　平高，F.　9，331，359
Hirsh, W.　赫什，W.　334，359
Hispanization　西班牙语化　232
historical analysis　历史的分析　88–90，120，256
Hobart, M.　霍巴特，M.　361
Hodgens, J.　霍金斯，J.　357
Hoey, M.　霍伊，M.　363
Hoffmann, C.　霍夫曼，C.　337，359
Hohepa, P.　霍伊帕，P.　334，360
Holden, N. J.　霍尔登，N. J.　11，165，265，331，360
Holgate, A.　霍尔盖特，A.　177，360
Holm, E.　霍尔姆，E.　328，360
Holmes, J.　霍姆斯，J.　334，345，360
Honduras　洪都拉斯　103，330

Hong Kong　香港　18，32，34，35，65，102，173，178，236，330
Holvoet, A.　霍尔弗特，A.　326，360
Hookoomsing, V. Y.　胡库姆辛，V. Y.　333，360
Hornberger, N. H.　霍恩伯格，N. H.　41，64，102，142，232，309，326，328，335，360
Horvath, B. M.　霍瓦特，B. M.　325，360
Hsiau, A. -Chin　萧阿勤（A. -Chin）203，227，338，360
Hübschamannová, M.　许布施曼诺娃，M.　327，336，340，360
Hualde, J. J.　瓦尔德，J. J.　337，360
Huebner, T.　许布纳，T.　278，336，360
Huizinga, M. W. M.　赫伊津哈，M. W. M.　205，334，360
Hummel, K. M.　赫梅尔，K. M.　327，358
Hungary　匈牙利　203，224，330
Hurreiz, S. H.　赫雷斯，S. H.　337，360
Husserl　胡塞尔　306
Huss, S.　赫斯，S.　339，360
Hussain, S.　侯赛因，S.　205，334，361
Hymes, D.　海姆斯，D.　101，102，357，361

I

Ibeahim, M. H.　伊贝阿希姆，M. H.　331，361
Iceland　冰岛　249，330
Icelandic　冰岛语　69，330
India　印度　Ⅸ，16，17，34，40，41，103，154，185，237，330
Indonesia　印度尼西亚　10，16，32，33，65，67，71，72，76，79，126，186，223，237，249，300，330
Indonesian（Bahasa Indonesia）印度尼西亚语、印度尼西亚人　16，20，33，39，45，51，59，65，67，69，71，73，119，126，130，159，176，178，179，186，283，

284，320，322，330
Ingram, D. E. 英格拉姆，D. E. 121，122，325，361，380
international communication 国际交流 56，61，76，77，82
internationalisation 国际化 Ⅸ，29，44，47-49
interpreting 口译 76，77，162，188，252-254，263，299
Inuit 因纽特语、因纽特人（亦译"伊努伊特语""伊努伊特人"）221，227，327
Iran 伊朗 185，331
Ireland 爱尔兰 10，102，133，170，178，274，328，331
Irish (Gaelic) 爱尔兰语（盖尔语、盖立语）、爱尔兰人 24，40，51，64，155，170，224，281，282，331，339
Isaev, M. I. 伊萨耶夫，M. I. 51，335，361
isiXhosa 科萨语 226，337
isiZulu 祖鲁语 226，337
Israel 以色列 8，10，25，26，62，63，67，73，247，282，331
Italian 意大利语、意大利人 23，70，77，151，172，173，181，186，191，223，224，233，238，300，325，328，331，336，337，338
Italy 意大利 10，173，250，328，331

J

Jacob, J. M. 雅各布，J. M. 45，327，361
Jahr, E. H. 雅尔，E. H. 59，60，329，334，341，347，350，361，362，383，384，386
Jamaica 牙买加 185
James, G. C. A. 詹姆斯，G. C. A. 41，65，330，337，342，361
James, J. E. 詹姆斯，J. E. 361，365，387
Janhunen, J. 扬胡宁，J. 226，328，361
Janik, J. 雅尼克，J. 123，298，325，361
Japan 日本 9，10，12，15，20，25，41，62，63，72，103，126，130，138，156，164，165，179，190，227，246，272，275，277，279，284，287，331
Japan Foundation 日本国际交流基金会 6，9
Japanese 日语 9，12，19，20，23，25，32，45，60，63，70，72，73，77，119，126，130，138，141，151，159，164，165，175-179，183，184，186，188-191，202，217，233，235，246，265，272，273，275，277，282-287，294，326，331
Jarvad, P. 贾瓦德，P. 328，361
Javanese 爪哇语、爪哇人 33，239，330，337
Jenkins, C. 詹金斯，C. 348
Jenkins, H. M. 詹金斯，H. M. 245，361
Jernsletten, N. 耶恩斯莱特，N. 334，361
Jernudd, B. H. 耶努德（亦译"颜诺"），B. H. ⅩⅢ，3，10，27，28，38，41，45，52，55，60，69，73，79，100，153，154，196，198，207，209-211，245，251，259，261，292，324-326，329-331，336，338，339，341，342，344，347-350，355，360-362，364，365，371，373，375，377，382，385
Jesperson, O. 叶斯柏森，O. 307，362
Jo, S.-H. 乔，S.-H. 153，154，339，362
Johansson, S. 约翰松，S. 362
Johnson, E. 约翰逊，E. 10，73，158，362，385
Johnson, R. K. 约翰逊，R. K. 8，330，362
Johnson, S. 约翰逊，S. 325，362
Jones, G. 琼斯，G. 100，326，362，382
Jordan 约旦 240，331
Joseph, J. E. 约瑟夫，J. E. 9，10，39，65，123，329，330，362
Jouannet, F. 茹阿内，F. 335，362
Jourdan, C. 乔丹，C. 199，337，362
Judd, E. L. 贾德，E. L. 339，362

K

Kachru, B. B. 卡克鲁, B. B. 34, 48, 68, 248, 330, 354, 362, 363
Kadazan 卡达桑语 198, 314, 320, 332
Kahane, H. 卡亨, H. Ⅸ, 363
Kahane, R. 卡亨, R. Ⅸ, 363
Kale, J. 卡莱, J. 31, 199, 325, 334, 363
Kallen, J. L. 卡伦, J. L. 331, 363
Kamwangamulu, N. H. 卡姆旺噶姆鲁, N. H. 363
Kane, K. 凯恩, K. 191, 363
Kanitz, R. 卡尼茨, R. 352
Kaplan 卡普兰 ⅪⅤ, 47, 50, 55, 59, 63, 73, 103, 121, 136, 139, 146, 147, 159, 180, 182, 188-190, 196, 209, 211, 215, 216, 224, 229, 245, 246, 250, 251, 263, 293, 300, 307, 325, 330, 334, 335, 338, 343, 344, 347, 349, 353, 354, 356, 360, 364, 366, 368, 369, 374, 378, 382, 383
Karam, F. X. 卡拉姆, F. X. 59, 364
Karetu, T. S. 卡雷图, T. S. 202, 334, 364
Karimi-Hakkak, A. 卡里米-哈卡卡, A. 331, 364
Katzner, K. 卡茨纳, K. 325, 364
Kay, G. S. 凯, G. S. 45, 331, 364
Kazakhstan 哈萨克斯坦 332
Keesing, R. 基辛, R. 88-90, 199, 200, 337, 364
Kelkar, A. R. 凯尔卡, A. R. 330, 364
Kennedy, C. 肯尼迪, C. 122, 325, 341, 364
Kennedy, G. D. 肯尼迪, G. D. 334, 364
Kenrick, D. 肯里克, D. 340, 364
Kentjono, D. 肯特约诺, D. 331, 364
Kenya 肯尼亚 103, 332
Khamisi, A. M. 哈米西, A. M. 338, 364
Khmer 高棉语、高棉人 45, 327, 340
Khong, C. P. 孔, C. P. 332, 364
Khong, K. H. 孔, K. H. 332, 364

Khubchandani, L. M. 库布钱达尼, L. M. 330, 364
King, K. 金, K. 64, 142, 309, 326, 328, 360
Kinnaird, J. 金奈尔德, J. 175, 365
Kintgen, E. R. 金特根, E. R. 354
Kipp, S. 基普, S. 171-173, 213, 325, 364
Kirkness, A. 柯克内斯, A. 51, 329, 364
Kirkwood, M. 柯克伍德, M. 335, 364
Kirundi 基隆迪语 42, 326
Kitis, E. 基蒂斯, E. 329, 364
Klarberg, M. 克拉贝里, M. 329, 364
Kleineidam, H. 克莱奈丹, H. 9, 285, 329, 342, 365
Klersey, G. F. Jr 小克勒西, G. F. 117, 365
Kloss, H. 克洛斯, H. 238, 339, 365
Knell, W. 内尔, W. 352
Koh Tai Ann 许黛安 48, 336, 365
Kontra, M. 孔特劳, M. 204, 336, 365
Korea 朝鲜、韩国 42, 126, 159, 176, 185, 190, 288, 332
Korea Foundation 韩国国际交流财团（亦译"韩国基金会"）6, 9
Korean 朝鲜语、韩国语、朝鲜人、韩国人 9, 12, 20, 41, 119, 126, 151, 178, 179, 186, 192, 235, 286, 331, 332
Koslow, S. 科斯洛夫, S. 174, 189, 365
Kostallari, A. 科斯塔拉里, A. 325, 365
Krauss, M. 克劳斯, M. 292, 365
Kreindler, I. 克莱恩德勒, I. 335, 365
Kremnitz, G. 克雷姆尼茨, G. 51, 329, 365
Krishnamurti, B. 克里希纳穆尔蒂, B. 43, 103, 330, 365
Kristinsson, A. P. 克里斯廷松, A. P. 330, 365
Kroll, B. M. 克罗尔, B. M. 354
Kroon, S. 科龙, S. 334, 365
Kuhlman, N. 库尔曼, N. 353
Kuo, E. C. Y. 郭振羽 52, 312, 336, 365

Kurdish 库尔德语 202，272，331，339
Kuwaitt 科威特 288，300
Kwo, O. 权欧拉 330，365
Kyrgyzstan 吉尔吉斯斯坦 332

L

La Torre, M. 拉托尔，M. 76，328，340，349
Ladefoged, P. 拉迪福吉德，P. 339，365
Laforge, L. 拉福热，L. 362
Laguerre, M. L. 拉格雷，M. L. 335，365
Laitin, D. D. 莱廷，D. D. 328，329，330，365，366
Lakarra, J. A. 拉卡拉，J. A. 337，360
Lambert, R. D. 兰伯特，R. D. 358，361，366，382，383
Lamy, G. 拉米，G. 170，327，351
Lang, K. 兰，K. 366
language-in-education planning 教育语言规划 XIII，23，37，38，46，59，85，87，91，95，113-117，121，122-142，150，151，196，213，214，295，298
language academies 语言学院 9，10，36，66，67，70，232，235，248-250，263，277，278，284，285
language amalgamation 语言融合 267，272，285，286，290，296，308，311，313-318
language change 语言变化 X，XI，14，37，44，52，55，82，89，101，120，122，139，150，195，227，236，237，249，267，271，276-278，289，290，291，293，296-299，301，306，308，311，313-316，318
language contact 语言接触 68，161，267，272，276，282，286-288，296，308，311，313-318
language correction 语言矫正 XIV，37，292
language death 语言死亡 62，63，151，267，271-274，278，289，290，292，293，296，308，311，313-317
language development 语言发展、语言开发 29，46，151，197，205，236，272
language drift 语言漂移 78
language ecology 语言生态、语言生态学 13，14，230，236，237，267，297
language implementation 语言实施 30，36-68
language maintenance 语言保持、语言维护、语言维持 56，59，61，77，78，82，170
language management 语言管理 27，28，170，207-209
language modernisation 语言现代化 4，31，69，198
language of wider communication 广泛沟通的语言 14，15，17，76，95，313-317
language planning, definition of 语言规划的定义 XI，3，27
language proficiency 语言能力、语言熟练程度、语言水平 93，131，151，159，166，167，175，184
language purification 语言净化 56，60，61，82
language reform 语言改革 56，61，64，65，77，82，214
language regenesis 语言再生 56，61，62
language registers 语域 274
language restoration 语言恢复 62，63
language reversal 语言逆转 61-64
language revitalization 语言复兴 61-64
language revival 语言复活 51，61-64，77，82，237，267，270，271，278-282，290，296，308，311，313-316，318
language rights 语言权利 59，61，80，193，196，199，204，210-213，238
language selection 语言选择 29-36，38，195，201，299
language shift 语言转用 67，77，81，199，267，271，282-285，292，296，308，311，313-318

language spread 语言传播 37，40，47，56，59，61，67，68，82，227，267，271，282-285，296

language standardisation 语言标准化、语言规范化 4，56，61，65-68，77，82，204，251，325

language survival 语言生存 267，271，274-276，296，308，311，313-316，318

language transformation 语言转换 61，62，282

Lanstyák, I. 兰斯贾克，I. 204，336，366

Laos 老挝 185，248

LaPonce, J. A. 拉蓬斯，J. A. 201，212，216，224，325，366

Large, A. 拉奇，A. 49，76，340，366

Latin 拉丁语 Ⅸ，11，21，32，43，67，70，71，132，218，219，228，237，251，294

Latvia 拉脱维亚 224，332

Latvian 拉脱维亚语、拉脱维亚人 328，332

Lavondès, H. 拉翁代斯，H. 227，329，366

Lawrence, H. 劳伦斯，H. 129，344

Lazaraton, A. 拉扎拉顿，A. 91，93，358，366

Leap, W. L. 莱亚，W. L. 64，339，366

Lebanon 黎巴嫩 173

lectal 方语的 197

Lee, J. 李，J. 174，325，380

Lee, P. W. 李，P. W. 332，366，380

Lee, W. O. 李，W. O. 330，366

Leech, G. 利奇，G. 99，366，375

Lehmann, W. 莱曼，W. 327，366

Leitner, G. 莱特纳，G. 366

Leontiev, A. A. 列昂季耶夫，A. A. 328，335，366

LePage, R. 勒佩奇，R. 40，332，336，366

Leprêtre i Alemany, M. J. 勒普雷特·伊·阿勒马尼，M. J. 337，366

Lëtzeburgesch（Luxemburger）卢森堡语 199，223，224，332

Levett, A. 莱韦特，A. 334，366

Lewis, D. L. 刘易斯，D. L. 103，104，298，334，381

Lewis, E. G. 刘易斯，E. G. 335，339，366，367

Lewis, M. P. 刘易斯，M. P. 329，367

lexical development 词汇发展 10，43，56，57，69，248，250-252，263，294

lexical modernisation 词汇现代化 61，68-73，82，249

lexication 词汇化 29，41，43，44，49

lexicography 词典编纂、词典编纂学 99，302

Liddicoat, A. 利迪科特，A. 228，243，367，380

Light, T. 莱特，T. 327，367

Lihani, J. 里哈尼，J. 249，367

linguacide 语言灭绝 105，201，202，272

linguicism 语言主义、语言歧视 196

linguistic ecology 语言生态、语言生态学 63，230，287，293，296，297

linguistic imperialism 语言帝国主义 229，287，296

linguistics 语言学
— autonomous 自主语言学 102，305
— formal 形式语言学 305
— general 普通语言学 305

literacy development 读写能力的发展、识字发展 41，267，272，288，289，296，308，311，313-318

literacy planning 识字规划、扫盲规划、读写能力规划 ⅩⅢ，23，46，59，122，142-150，260

Lithuania 立陶宛 224，332

Lithuanian 立陶宛语、立陶宛人 328，332

Liu, R. -S. 刘汝山 327，375

Lo Bianco, J. 洛比安科，J. 65，103，119，126，154，155，163，171，186，191，212，325，340，367

Logan, H. M. 洛根，H. M. 367
logical positivism 逻辑实证主义 306
loi Toubon《图邦法》（亦译《杜邦法》）51，269，270，290，293
Loman, B. 洛曼，B. 46，328，334，338，367
Lopes, A. J. 洛佩斯，A. J. 9，239，333，367
Lópes, N. 洛佩斯，N. 40，249，352
Low（L）variety 低变体 35
Lowenberg, P. H. 洛温伯格，P. H. 48，331，333，349，353，354，357，362，363，367，371，380，383，385
Lüdi, G. 吕迪，G. 39，342，347，350，351，367，370，377，386
Luke, A. 卢克，A. XⅢ，38，41，55，68，80，120，195，196，199，206，257，297，343，344，346，353，356，357，362-364，367，373，381
Luke, K. -k 卢克，K. -k 102，330，346
Lundin, R. 伦丁，R. 94，367
Luxembourg 卢森堡 199，223，328，332
Luzares, C. 卢扎雷斯，C. 335，368

M

MacDonald 麦克唐纳 324
Macedo, D. 马塞多，D. 81，355
Macedonian 马其顿语、马其顿人 326，332，340
Mackerras, C. 麦克拉斯，C. 119，368
MacNeil, R. 麦克尼尔，R. 369
macro language planning 宏观语言规划 XⅡ，1，4，52，53，81，88，89，92，117，120，240，321
Madagascar 马达加斯加 332
Magga, O. H. 马加，O. H. 226，334，368
Maghreb 马格里布 299
Magyar（Hungarian）马扎尔语（匈牙利语）、马扎尔人 330，335，336，340
Maher, J. C. 马厄，J. C. 227，331，351，368

Mahmud, U. A. 马哈茂德，U. A. 333，337，368
Maina, S. J. 马伊纳，S. J. 338，368
majority language 多数人语言、多数民族语言 15，18-21，23，26，62，155，212，218，224-227
Makokila, N. 马科基拉，N. 372
Malagasy 马达加斯加语、马达加斯加人 332
Malay（Bahasa Malaysia）马来语（马来语）、马来人 16，19，33，39，45，51，65，67，72，159，176，186，197，198，200，233，237，247，283，284，298，312，314，319，320，322，326，330，332，336
Malaysia 马来西亚 8，10，16，19，32，33，37，43，48，56，62，64，65，67，72，73，76，79，196-198，200，214，237，240，247，248，249，283，284，298，312，314，315，320，332
Mali 马里 333
Malischewski, E. -A. 马里舍夫斯基，E. -A. 327，368
Malta 马耳他 173
Manes, J. 马内斯，J. 378，386
Mangubhai, F. 曼古巴伊，F. 328，368
Mann, C. 曼，C. 22，186，368
Mansour, G. 曼苏尔，G. 336，368
Maori 毛利语、毛利人 20，49，51，56，64，103，181，190，229，272，274，277-279，282，289，290，334
Marathi 马拉地语（亦译"马拉提语""摩剌托语"）17，330
Mar-Molinero, C. 马尔-莫利内罗，C. 328，337，368
Markkanen, R. 马尔卡宁，R. 248，368
Marriott, H. 马里奥特，H. 75，368
Marshall, D. F. 马歇尔，D. F. 11，335，339，341，346，350，352，356，368，383，385

Marshall Islands 马绍尔群岛 333
Martin, J. 马丁，J. 46，147，148，260，325，368
Martin, P. W. 马丁，P. W. 362
Masagara, N. 马萨加拉，N. 42，148，228，272，327，369
Massone, M. I. 马索内，M. I. 79，325，340，345
materials policy 材料政策 133-134，150
Mattheier, K. J. 马泰尔，K. J. 39，342，369
Maurais, J. 莫赖斯，J. 326-328，332，338-340，362，369
Mauritania 毛里塔尼亚 333
Mauritius 毛里求斯 333
Mauranen, A. 毛拉宁，A. 47，369
Mazrui, A. A. 马兹鲁伊，A. A. 214，369
Mazrui, A. M. 马兹鲁伊，A. M. 7，369
McConnel, G. D. 麦康奈尔，G. D. 327，369
McCrum, R. 麦克拉姆，R. 58，369
McDonald, H. 麦克唐纳，H. 259，369
MaDonald, M. 麦克唐纳，M. 201，202，369
McFarland, C. D. 麦克法兰，C. D. 71，335，369
McGregor, G. 麦格雷戈，G. 334，364，369
McGroarty, M. 麦克格罗蒂，M. 339，369
McHoul, A. 麦克霍尔，A. 367
McKay, G. 麦凯，G. 51，63，325，369
McKay, S. L. 麦凯，S. L. 339，369
McLaughlin, S. 麦克劳克林，S. 121，122，374
McNamara, T. F. 麦克纳马拉，T. F. 91，363，369
Medgyes, P. 迈杰什，P. 73，224，245，330，369
Mehrotra, R. R. 梅赫罗特拉，R. R. 102，369
Meijs, W. 麦斯，W. 99，369
Mekacha, R. D. K. 梅卡查，R. D. K. 338，369
Mensah, E. 门萨，E. 366

Messineo, C. 梅西尼奥，C. 146，232，325，369
meso-level planning 中观层面规划 52，53，61，80，240，249，252，254，263
Mexico 墨西哥 8，10，40，57，64，67，185，190，232，274，284，312，315，333
Mey, J. L. 梅伊，J. L. 55，199，367，369，370
Mezei, R. 梅泽伊，R. 336，370
micro language planning 微观语言规划 XII，1，4，52，53，88，117，120，299
Milroy, J. 米尔罗伊，J. 123，370
Milroy, L. 米尔罗伊，L. 123，370
Ministry of Education 教育部 37，182，183，215
minority language 少数人的语言、少数民族语言 21，40，61，62，80，81，118，151，154，155，163，189，191，192，195，201-204，211，212，224-227，230，231，237，238，252，270，271，275，276，279，311-317
Misono, Y. 三园，Y. 372
Mitchell, T. F. 米切尔，T. F. 47，328，370
Modarresi, Y. 莫达雷西，Y. 331，370
Moeliono, A. M. 穆尔约诺，A. M. 331，370
Molde, B. 莫尔戴，B. 76，338，370
Møller, A. 默勒，A. 329，370
Moniruzzaman, M. 莫尼鲁扎曼，M. 326，370
Monteil, A. 蒙泰尔，A. 191，325，367
Morocco 摩洛哥 220，333
Moon, R. 穆恩，R. 379
Moore, H. 穆尔，H. 213，325，370
Morren, R. C. 莫伦，R. C. 329，370
Morris, N. 莫里斯，N. 335，370
Morrow, P. R. 莫罗，P. R. 45，331，370
mother tongue 母语 15，19，23，26，47，51，159，204，211，224，237
Mozambique 莫桑比克 10，249，300，333
Mühlhäusler, P. 米尔霍伊斯勒，P. 15，62，

63，88，155，190，220，222，224，227-230，252，262，287，289，291-293，309，310，312，325，343，351，370，386
Mundeke, O. 芒德克，O. 372
Murison-Bowie, S. 缪里森-鲍伊，S. 99，302，370
Murray, D. E. 默里，D. E. 382
Musa, M. 穆萨，M. 205，326，370，371
Muysken, P. 迈思肯，P. 343
Myanmar（Burma）缅甸 333

N

Naeyaert, D. 奈亚尔特，D. 356
Nahir, M. 纳希尔，M. 59-61，67-69，76，78，79，331，371
Namibia 纳米比亚 30，52，333
Nance, J. 南斯，J. 295，335，371
Navajo 纳瓦霍语（亦译"那伐鹤语""纳瓦荷语""拿瓦侯语"）20，41，64，218，281
Ndoma, U. 恩多玛，U. 340，371
negative language planning 消极语言规划 230-232，237，299
Neil, D. 尼尔，D. 348
Nekitel, O. 奈基特尔，O. 334，371
Nelde, P. H. 内尔德，P. H. 39，46，326，334，342，371
Nelson, L. M. 纳尔逊，L. M. 378
Nepal 尼泊尔 333
Netherlands 荷兰 76，173，223，328，334
Neugaard, E. J. 诺伊加德，E. J. 64，337，371
Neustupný, J. V. 内乌斯图普尼，J. V. XⅢ，27，28，40，41，79，207，211，327，331，336，340，360，362，371
New Zealand 新西兰 8，20，22，49，50，56，57，64，103，178，180-184，189，190，215，217，221，227，229，240，272，277-279，289，290，334
Newman, J. 纽曼，J. 312，336，371
Newton, G. 牛顿，G. 332，371
Nguyen, D. -H. 阮，D. -H. 340，371
Nichols, P. C. 尼科尔斯，P. C. 43，371
Niger 尼日尔 224
Nigeria 尼日利亚 224，237，334
Nik Safiah Karim 尼克·萨菲亚·卡里姆 45，200，333，371
non-standard variety 非标准变体 270，311
Nkusi, L. 恩库斯，L. 335，371
Norberg, M. 诺伯格，M. 202，214，329，371
Northover, M. 诺索夫，M. 339，371
Norway 挪威 51，121，226，227，249，334
Norwegian 挪威语、挪威人 24，224，226，293，334
Noss, R. B. 诺斯，R. B. 90，91，372
Novak-Lukanivič, S. 诺瓦克-卢卡尼维奇，S. 340，372
Ntshoe, I. 恩丘，I. 337，376
Nunan, D. 努南，D. 91，372
Nyembwe, N. 尼延布维，N. 104，340，372

O

Ó Baoill, D. P. 奥鲍伊尔，D. P. 40，64，331，372
Ó Bauchalla 奥鲍沙拉 331，372
Occitan 奥克西坦语（亦译"奥克语"）51，155，329
Ochs, E. 奥克斯，E. 336，352
Ó Ciosáin, S. 奥西奥塞恩，S. 331，372
Ó Cuiv, B. 奥库伊夫，B. 372
O'Donoghue 奥多诺休 331，372
Ó Gadhra, M. 奥加达拉，M. 331，372
Ogino, T. 荻野，T. 103，331，372
Ó Gliasáin, M. 奥里亚塞恩，M. 331，372

索　引　451

Ogunbiyi, L. A.　奥贡比伊，L. A.　334，341
Ó hAilin, T.　奥海林，T.　51，331，372
Ohannessian, S.　奥哈内西安，S.　102，372，376
Oladejo, J.　奥拉德戈，J.　224，334，372
Ó Laoire, M.　奥拉艾尔，M.　64，331，372
Omar, Asmah Haji　奥马尔，阿斯马·哈吉　51，60，65，67，76，196-198，200，248，283，333，372，373
Ó Murchú, H.　奥默丘，H.　331，373
Onion, C. T.　奥尼恩，C. T.　71，373
Ó Riagáin, P.　奥里亚盖恩，P.　102，331，373
orthographic innovation　拼写法创新、正字法革新　38
Ortiz, L.　奥尔蒂斯，L.　335，353，380
Ożóg, A. C. K.　奥茹格，A. C. K.　196-198，298，314，333，362，373
Ozolins, U.　奥索林斯，U.　89，171，210，224，252-254，265，325，328，332，335，373

P

Pachori, S. S.　帕乔里，S. S.　326，373
Pakir, A.　帕基尔，A.　326，333，336，373
Pakistan　巴基斯坦　34，202，204，205，334
Panzer, B.　潘泽尔，B.　39，335，369，373
Pan-regional languages　泛区域语言　14，15
Pap, L.　帕普，L.　338，373
Papua New Guinea　巴布亚新几内亚　8，68，89，103，178，199，228，237，298，334
Paraguay　巴拉圭　334
Park, N. -S.　帕克，N. -S.　332，374
Pattanayak, D. P.　帕塔纳亚克，D. P.　330，373
Patthey-Chavez, G. G.（Patthey）(帕泰）帕泰-查维斯，G. G.　41，57，64，232，315，333，373
Paulston, C. B.　保尔斯顿，C. B.　59，61，62，64，72，121，122，328，371，373，374
Pauwels, A.　保韦尔斯，A.　55，75，214，261，325，364，374
Payne, R. M.　佩恩，R. M.　339，374
Peddie, R. A.　佩迪，R. A.　Ⅺ，50，334，374
Peillon, M.　佩永，M.　373
Pemagbi, J.　佩马戈碧，J.　48，336，374
Peña, F. de la　德拉培尼亚，F.　11，339，374
Penn, C.　佩恩，C.　79，337，374
personnel policy　人事政策　124，130-133，150
Peru　秘鲁　335
Petersen, R.　彼得森，R.　329，374
Petherbridge-Hernández, P.　佩瑟布里奇-埃尔南德斯，P.　337，374
Petyt, K.　佩蒂，K.　335，374
Philippines　菲律宾　8，15，16，32，33，36，45，47，71-73，103，120，159，173，185，189，200，237，240，279，300，335
Phillipson, R.　菲利普森，R.　9，196，211，212，275，285，296，333，336，339，374，379
pidgin　皮钦语、洋泾浜　15，16，19，25，68，90，195，199，236，267，272，286-288，296，308，334，337
Pilipino　皮里皮诺语　16，36，43，46，69，71，72，235，284
Pine, P.　派因，P.　333，374
Platt, J. T.　普拉特，J. T.　336，374，375
planned language　计划语言、规划的语言　48，76，340
Pointon, G.　波因顿，G.　40，339，375
Poland　波兰　62，173，335
policespeak　警通语　73，158
Polish　波兰语、波兰人　24，172，173，335，339
Polomé, E. C.　波洛梅，E. C.　340，343，372
Pons-Ridler, S.　庞斯-里德勒，S.　169，170，327，376

Pool, J. 普尔，J. 326，335，339，375
Poole, D. 普尔，D. 102，375
Portugal 葡萄牙 9，249，328，335
Portuguese 葡萄牙语、葡萄牙人 9，41，48，141，159，179，217，224，232，237-239，249，286，287，300，326，327，329，333，335，336
Postile, G. 波斯蒂勒，G. 265，375
Pou, J. C. 波，J. C. 332，375
Pow, C. -C. 鲍，C. -C. 373
Prator, C. H. 普拉托尔，C. H. 358
prestige planning 声望规划 1，13，50-52，56，193
Price, G. 普赖斯，G. 352
Pride, J. B. 普赖德，J. B. 327，375
Pritchard, R. M. O. 普里查德，R. M. O. 339，375
problem identification 问题识别 29，31-36，209
Prouty, R. 普劳蒂，R. 353
Provençal 普罗旺斯语、普罗旺斯人 328
Pryce, W. T. R. 普赖斯，W. T. R. 339，375
Puerto Rico 波多黎各 335
Punjabi 旁遮普语、旁遮普人 330，334
Pütz, M. 皮茨，M. 330，333，341，346，375，385

Q

Québec 魁北克市、魁北克省 37，45，59，67，73，159，169，170，177，204，207，209，212，221，222，248，250，254-256，282，299
Quechua 盖丘亚语（亦译"凯楚亚语"）40，64，270，326，328，375
Quirk, R. 夸克，R. 66，375，381

R

Raban-Bisby, B. 拉班-比斯比，B. 169，375
Rabin, C. 雷宾，C. 63，65，331，375
Raby, G. 雷比，G. 176，325，375
Radnai, A. 劳德瑙伊，A. 330，375
Rahman, T. 拉赫曼，T. 205，330，334，375
Rajyashree, K. S. 拉吉雅什里，K. S. 380
Rambelo, M. 兰贝罗，M. 332，375
Rannut, M. 兰纳特，M. 328，335，375，376，379
Razinkina 拉津基纳 46
Reagan, T. 里根，T. 79，337，374，376
regional language 区域语言、地方性语言、地区语言 15，17，65，66，176，205
Reid, I. 里德，I. 265，376
religious language 宗教语言 11，15，17，24，26，67，152，227-230，270，277，278，313-316，318
Rensch, K. H. 伦施，K. H. 340，376
Resnick, M. C. 雷斯尼克，M. C. 335，376
Revival 复兴
——economic 经济复兴 280，281
——educational 教育复兴 280
Reyburn, W. D. 雷伯恩，W. D. 102，104，330，376
Rhee, M. J. 李，M. J. 332，376
Ricento, T. 李圣托，T. 231，339，376
Richards, J. B. 理查兹，J. B. 329，376
Ridge, S. M. G. 里奇，S. M. G. 30，226，337，376
Ridler, N. B. 里德勒，N. B. 169，170，327，376
Riley, G. 赖利，G. 329，376
Riley-Mundine, L. 赖利-蒙戴恩，L. 90，325，376
Roberts, B. 罗伯茨，B. 326，376
Roberts, R. P. 罗伯茨，R. P. 76，376
Robillard, D. de 德·罗比亚尔，D. 155，348，362，371，375
Robins, R. H. 罗宾斯，R. H. 325，376

Robinson, C. D. W. 鲁滨孙，C. D. W. 18，200，237，273，327，376
Rodriquez, C. 罗德里格斯，C. 299，339，376
Romaine, S. 罗曼，S. 325，334，376
Romani (Romany, Gypsy) 罗曼尼语（罗姆语、吉卜赛语）224，325，326，330，335，336，340
Romania 罗马尼亚 335
Romanian 罗马尼亚语、罗马尼亚人 331，335，339
Romansh 罗曼什语 219，224，338
Rose, M. 罗斯，M. 354
Rosenberg, S. 罗森堡，S. 358
Rossiter, B. N. 罗西特，B. N. 43，359
Rotaetxe, K. 罗泰特，K. 337，377
Rubin, J. 鲁宾，J. 3，40，55，59，80，90，196，249，325，331，335，339，341，342，347，348，350，355，360，361，364，375，377，382，385
Rubagumya, C. M. 鲁巴古穆亚，C. M. 338，377
Rusch, P. 鲁施，P. 326，377
Russia 俄罗斯 26，52，220，226，227，235，284，294，335
Russian 俄罗斯语、俄罗斯人 20，26，31，46，130，141，154，217，220，224，226，227，233-235，238，240，241，244，263，284，285，294，326，328，329，331，332，335，339
Russo, C. P. 拉索，C. P. 100，119，125，236，322，326，377
Rwanda 卢旺达 228，229，288，300，335

S

Sabah 沙巴州 79，100，198
Safire, W. 萨菲尔，W. 10，66，377
Sagatavojis, K. 萨加塔沃伊斯，K. 352，360
Sakaguchi, A. 坂口，A. 340，377
Sager, J. C. 塞杰，J. C. 73，368，377
Saint Lucia 圣露西亚 335
Sami (Saami) 萨米语 8，224，226，227，328，337
Samoa 萨摩亚（群岛）131，181，278，290，336
Samoan 萨摩亚语、萨摩亚人 12，182-184，278，290，336
Sánchez, A. 桑切斯，A. 9，337，377
Sandefur, J. R. 桑德富尔，J. R. 326，377，378
Sandery, P. 桑德里，P. 94，367
Sandvik, G. 桑维克，G. 384
Sanskrit 梵语 21，24，34，72，132，218，294，330
São Tomé and Príncipé 圣多美与普林西比 249，336
Sato, C. J. 萨托，C. J. 339，378
Saudi Arabia 沙特阿拉伯 17，156，246-248，288，301
Saussure, F. de 费尔迪南·德·索绪尔 XⅢ，378
Savage, W. 萨维奇，W. 374
Scaglione, A. 斯卡廖内，A. 39，378
Schiffman, H. F. 希夫曼，H. F. 13，199，329，330，332，337-339，378
Schlossmacher, M. 施洛斯马赫，M. 238，328，378
Schmitt, C. 施米特，C. 335，378
Scholfield, P. 斯科菲尔德，P. 91，378
Schramm, W. 施拉姆，W. 278，336，378
Schröder, H. I. 施罗德，H. I. 248，368
Schuster-Šewe, H. 舒斯特-泽韦，H. 329，378
Schweers, C. W. 施韦尔，C. W. 335，339
Schwille, J. 施维勒，J. 353
science and technology 科学与技术、科学技术、科技 241-249，293，294
scientific realism 科学现实主义、科学实在论、科学实在主义 306

Scollon, R. 斯科隆，R. 102，378
Scollon, S. B. K. 斯科隆，S. B. K. 102，378
Scotton, C. M. 斯科顿，C. M. 199，332，338，339，378
Scotland 苏格兰 274，282，339
Scots Gaelic 苏格兰盖尔语 24，155，282，339
seaspeak 海通语 158
selection 选择 59
Seliger, H. W. 塞利格，H. W. 91，378
semantic differential 语义鉴别法、语义差别 109
Semikenke, M. 谢米肯克，M. 356
Senegal 塞内加尔 336
Serbian 塞尔维亚语、塞尔维亚人 336，340
Seychelles 塞舌尔（群岛）207
Shamshur, O. 沙姆舒尔，O. 339，378
Shandangani, P. N. 尚达加尼，P. N. 189，365
Shapin, S. 沙平，S. 242，243，378
Shapiro, M. J. 夏皮罗，M. J. 60，362，364，371，373，385
Sherzer, J. 舍泽，J. 102，345
Shohamy, E. 肖哈米，E. 91，331，378
Shonerd, H. G. 肖纳德，H. G. 63，339，378
Shorish, M. M. 肖利什，M. M. 335，378
Short, D. 肖特，D. 141，378
Shultz, G. 舒尔茨，G. 385
Shuy, R. 舒伊，R. 74，379
Sibayan, B. 西巴彦，B. 71，335，377，379
Siegel, J. 西格尔，J. 328，379
Sierra Leone 谢拉·莱昂内 336
sign language 手语 79
Silberstein, S. 西尔伯斯坦，S. 363
Silva, J. F. da 达席尔瓦，J. F. 9，41，249，327，335，379
Silver, B. D. 西尔弗，B. D. 335，379
Sinclair, J. McH. 辛克莱，J. McH. 40，43，99，379
Sindhi 信德语、信德人 205，330，334

Singapore 新加坡 8，16，32，52，64，72，103，126，214，303，312，320，336
Singh, F. B. 辛格，F. B. 41，330，379
Singh, U. N. 辛格，U. N. 371，379
Sinhala 僧伽罗语 337
Sivasegaram, S. 西瓦斯加拉姆，S. 337，379
Skutnabb-Kangas, T. 斯库特纳布-康加斯，T. 202，211，212，275，333，336，338，339，350，357，358，359，362，364，366，366，374，376，379，382
Skyum-Nielson, P. 斯科尤姆-尼尔森，P. 75，328，379
Sless, D. 斯莱斯，D. 75，379
Slone, G. T. 斯洛内，G. T. 329，379
Slovak Republic 斯洛伐克共和国 202，203，204，336
Slovenia 斯洛文尼亚 336
Slovenian (Slovene) 斯洛文尼亚语、斯洛文尼亚人 336，340
Smith, L. E. 史密斯，L. E. 47，379
Smith, N. 史密斯，N. 334，343
Smolicz, J. J. 斯莫利茨，J. J. 212，325，335，379
Snow, D. B. 斯诺，D. B. 236，327，338，379，380
social class 社会阶层 212，254
sociolinguistic surveys 社会语言学调查 33，87，102–118，216
Soh, J. -C. 索，J. -C. 41，332，380
Solomon Islands 所罗门群岛 89，199，336，337
Somalia 索马里 288，300，337
Sommer, B. 萨默，B. 8，38，100，119，299，326，380
Sonntag, S. K. 桑塔格，S. K. 326，334，339，380
Sorbian 索布语、索布人 202，329
Sotiropoulos, D. 索蒂罗普洛斯，D. 329，380

索 引 455

Souaiaia, M. 苏亚亚，M. 299，325，333，339，380
Sounkalo, J. 桑卡洛，J. 333，380
South Africa 南非 16，17，30，31，79，200，225，226，300，312，315，316，337
Soviet Union（also see Russia）苏联（也参见"俄罗斯"）51，200，223，224，240，241，244，246，273，284，335，337
Spain 西班牙 10，72，191，250，271，282，328，337
Spanish 西班牙语、西班牙人 9，12，20，22-24，41，48，67，68，70，72，76，77，79，141，146，154，159，160，177-179，184，189，191，217，218，221，224，228，232，233，238，263，275，284，287，300，315，317，325，326，328-330，333，335，337-340，
Spolsky 斯波尔斯基（亦译"斯波斯基"）63，64，329，331，334，338，345，358，380
Sreedhar, M. V. 斯里达尔，M. V. 104，330，380
Sri Lanka 斯里兰卡 65，337
Sridhar, S. N. 斯里达尔，S. N. 305，330，380
Srivastava, R. N. 斯里瓦斯塔瓦，R. N. 371，379
St. Clair, R. 圣克莱尔，R. 339，380
Stanlaw, J. 斯坦劳，J. 45，48，331，380
Stanley, J. 斯坦利，J. 172，178，325，380
Stanton, P. J. 斯坦顿，P. J. 174，325，380
state 国家、州、邦 201
-Pakistan 巴基斯坦 204，205
-Slovakia 斯洛伐克 203，204
Status planning 地位规划 14，28，29，30-38，44，49，50-52，57，72，121，193，209，271，302，320
Stedman, J. B. 斯特德曼，J. B. 330，383
Stevens, P. 史蒂文斯，P. 339，381
Stevenson, P. 史蒂文森，P. 329，337，338，344，368
Stewart, S. O. 斯图尔特，S. O. 329，381
Stock, P. 斯托克，P. 379
Stoberski, Z. 斯托贝尔斯基，Z. 73，381
Stotz, D. 斯托茨，D. 338，381
Strevens, P. 斯特雷文斯，P. 10，73，158，381，385
Strine, J. M. 斯特莱因，J. M. 8，299，339，348
Strother, J. B. 斯特罗瑟，J. B. 117，166，248，338，383
stylistic development 风格发展、文体（语体）发展 29，44-46，48
stylistic simplification 风格简化、文体（语体）简化 56，61，73-76，82
Subba, S. 苏巴，S. 334，350
Sudan 苏丹 248，337
Summer Institute of Linguistics（SIL）（Wycliffe Bible Translators）暑期语言学院（威克里夫圣经翻译会）11，40，100，140，315
Sun, H. -K. 孙宏开 221，327，381
Suriname 苏里南 337
Svartvik, J. 斯瓦特维克，J. 375
Swahili（Kiswahili）斯瓦希里语 14，61，67，73，76，154，326，332，335，338-340
Swales, J. 斯韦尔斯，J. 154，381
Swan, J. 斯旺，J. 103，104，298，334，381
Sweden 瑞典 62，73，202，224，226，227，238，249，312，316，317，337
Swedish 瑞典语、瑞典人 24，61，73，226，293，328
Switzerland 瑞士 199，219，221，271，338
Szabómiháły, J. 绍博米哈伊，J. 336，366
Szépe, G. 塞佩，G. 330，381

T

Tabouret-Keller, A. 塔布雷-凯勒，A. 329，337，381
Tagalog 他加禄语 12，16，17，33，36，

71，72，103，284
Tahitian 塔希提语、塔希提人 227
Taiwan 台湾 32，44，63，65，126，139，176，185，189，199，202，203，214，225，227，238，247，272，273，279，320
Tajikistan 塔吉克斯坦 338
Takahashi, H. 高桥，H. 221，329，381
Takashi, K. 隆，K. 45，331，381
Taksami, C. 塔克萨米，C. 335，381
Talib, I. S. 塔利布，I. S. 336，381
Tamil 泰米尔语 17，19，65，199，312，330，332，336，337
Tamrat, W. 塔姆拉特，W. 328，346
Tanzania 坦桑尼亚 30，67，237，338
Tatalovich, R. 塔塔洛维奇，R. 339，381
Tauli, V. 陶里，V. XII，381
Taylor, A. 泰勒，A. 334，381
Taylor, R. H. 泰勒，R. H. 361
Tchitchi, T. Y. 奇奇，T. Y. 326，381
term planning 术语规划 61，69
terminological definitions 术语定义 14-26
terminological moderisation 术语现代化 44，45，51，77
terminological unification 术语统一 56，61，69，73，82
Thailand 泰国 159，178，338
Thai 泰国语、泰国人 338
Thody, P. 索迪，P. 60，70，293，329，381
Thomas, A. 托马斯，A. 51，60，340，381
Thomas, A. R. 托马斯，A. R. 41，339，381
Thomas, L. 托马斯，L. 232，339，381
Thomas, R. M. 托马斯，R. M. 90，138，336，381
Thomas, S. 托马斯，S. 214，332，339，359，381
Thompson, L. 汤普森，L. 27，339，382
Thorburn, T. 索伯恩，T. 94，95，382
Thong, T. 颂，T. 327，382
Thuan, E. 图安，E. 10，73，251，362

Thumboo, E. 苏布，E. 48，68，382
time, the element of 时间因素 299-301，308
Tickoo, M. L. 蒂库，M. L. 202，330，382
Tinio, R. 蒂尼奥，R. 47，382
Todd, L. 托德，L. 327，382
Togo 多哥 224，338
Tok Pisin 托克皮辛语 68，89，103，199，298，334
Tollefson, J. W. 托尔夫森，J. W. 80，120，202，210，224，272，296，335，336，339，340，360，382，385
Tonga 汤加 181，338
Tonkin, H. 汤金，H. 49，76，340，382
top-down 自上而下 196-199，215，258，304，322
Topping, D. M. 托平，D. M. 340，382
Torres Strait Broken 托雷斯海峡克里奥尔语 68，199，313
Torres Strait Islander language 托雷斯海峡岛民语言 51，212，259
Touchstone, E. E. 塔奇斯通，E. E. 117，174，188，189，272，260，321，365，382
Tovey, H. 托维，H. 40，331，382
translating 笔译、翻译 45，76，77，162，178，252，263，299
Trask, R. I. 特拉斯科，R. I. 337，360
Travis, M. 特拉维斯，M. 363
Tribble, C. 特里布尔，C. 382
Trim, J. L. M. 特里姆，J. L. M. 303，304，320，328，382
Trimm, L. A. 特里姆，L. A. 64，329，383
Trinidad and Togabo 特立尼达和多巴哥 338
Truchot, C. 特吕绍，C. 328，383
Trudgill, P. 特鲁吉尔，P. 329，334，339，361，383
Tryon, D. T. 特赖恩，D. T. 325，340，383
Tse, J. K. 谢国平（Tse John Kwock Ping）44，63，65，67，120，180，199，202，

203，214，247，327，338，364，383

Tsokalidou, R. 措卡利多，R. 348

Tsonga 聪加语（亦译"宗加语"）226，333

Tucker, A. N. 塔克，A. N. 7，335，383

Tucker, G. R. 塔克，G. R. 358，383

Tunisia 突尼斯 338

Turcotte, D. 特科特，D. 329，383

Turkey 土耳其 65，339

Turkish 土耳其语、土耳其人 61，326，331，339

Turkmenistan 土库曼斯坦 339

Tuvalu 图瓦卢 339

Twine, N. 特瓦恩，N. 331，383

U

Uganda 乌干达 30，32，339

Uhlenbeck, E. M. 于伦贝克，E. M. 325，376

Ukraine 乌克兰 273，339

Ukrainian 乌克兰语、乌克兰人 332，339

Ulijn, J. M. 乌林，J. M. 117，166，248，382，383，385

ultimate oath 终极誓言、最终的誓言 148，228，229

Underwood, R. A. 安德伍德，R. A. 329，383

United Kingdom 英国 168，178，328，339

United States（US）美国 8，10，11-13，14-20，22-25，27，35，36，51，56，62，64，68，70-72，74，75，79，103，126，130，139-142，146，156，164，168，178，180，181，185，189-191，204，215-218，220，221，227，230，231，238，240，241，244-247，255，263，264，274，275，287-289，312，317，318，339

unplanned language planning 无规划的语言规划、未经规划的语言规划 67，254，297-299，308

Urdu 乌尔都语 34，204，205，326，333，334

Ureland, P. S. 乌雷兰德，P. S. 331，383

Uruguay 乌拉圭 79，339

Uzbekistan 乌兹别克斯坦 340

V

Vaillancourt, F. 瓦扬古，F. 95，155-157，164，357，383

Valdman, A. 瓦尔德曼，A. 330，383

Vallen, T. 瓦伦，T. 334，353，365

Valverde, E. 瓦尔韦德，E. 178，325，383

Van de Craen, P. 范德克雷恩，P. 76，326，338，383，385

Van der Plank, P. H. 范德普兰克，P. H. 76，326，334，383

Van Els, T. J. M. 范埃尔斯，T. J. M. 328，334，383

Van Hest, E. W. C. M. 范赫斯特，E. W. C. M. 328，383

Van Langevelde, A. 范兰格维尔德，A. 334，384

Vanuatu 瓦努阿图 25，51，68，89，237，340

Varennes, F. de 德·瓦雷纳，F. 212，202，384

Varro, G. 瓦罗，G. 329，384

Vaughan, P. 沃恩，P. 325，360

Vedovelli, M. 韦多韦利，M. 331，351

Vélez, J. A. 贝莱斯，J. A. 335，384

Veltman, C. 韦尔特曼，C. 103，104，329，384

Verhoeven, G. 费尔赫芬，G. 41，334，351

Venås, K. 维纳斯，K. 334，384

Verdoodt, A. 菲尔多特，A. 373

Verma, S. K. 弗马，S. K. 330，384

vernacular language 本地话、本地语言 20，21，31，47，197

Vetter, R. 维特尔，R. 339，384

Vietnam 越南 159，172，173，185，240，

246，288，340

Vietnamese 越南语、越南人 41，65，173，183，290，327

Vikør, L. S. 维科尔，L. S. 39，51，65，283，333，334，384

Vila i Moreno, F. X. 维拉·伊·莫雷诺，F. X. 337，384

Vifan, S. 维凡，S. 212，384

Von Gleich, U. 冯·格莱克，U. 326，328，335，384

Vos, L. 沃斯，L. 326，359

W

Wabenhorst, H. 瓦本霍斯特，H. 166，384
Waite, J. 韦特，J. 50，183，215，334，384
Wales 威尔士 52，53，56，133，274，282
Walker, R. 沃克，R. 329，331，385
Wallis and Futuna 瓦利斯群岛和富图纳群岛 340
Wallner, T. 沃尔纳，T. 348
Walton, C. 沃尔顿，C. 368
Wardhaugh, R. 沃德豪，R. 67，164，216，326，327，329，337，338，339，384
Watanabe, O. 瓦塔纳贝，O. 165，385
Watson, J. K. P. 沃森，J. K. P. 333，384
Watson-Gegeo, K. A. 沃森-格杰奥，K. A. 55，337，384
Watts, R. J. 沃茨，R. J. 338，385
Weasenforth, D. 维森福思，D. 323，385
Webb, V. 韦布，V. 30，315，337，385
Weber, G. 韦伯，G. 329，336，385
Weber, H. 韦伯，H. 385
Weeks, F. 威克斯，F. 10，73，158，248，381，385
Weiner, E. 韦纳，E. 43，385
Weinstein, B. 温斯坦，B. 329，385
Weinstein-Shr, G. 温斯坦-佘，G. 370
Welsh 威尔士语、威尔士人 56，64，70，133，155，199，224，227，237，238，

282，339
Wertheim, M. 沃特海姆，M. 252，385
Wexler, P. 韦克斯勒，P. 26，326，385
Whaley, L. J. 惠利，L. J. 64，292，339，357
Whiteley, W. H. 怀特利，W. H. 67，103，332，338，385
Widdowson, H. G. 威多森，H. G. 48，385
Wierzbicka, A. 维日茨比卡，A. 75，325，385
Wiggen, G. 维根，G. 334，385
Wigglesworth, G. 威格尔斯沃斯，G. 374
Wijst, P. van der 范德维斯特，P. 117，385
Willemyns, R. 维勒明斯，R. 76，326，334，383，385
Williams, C. H. 威廉斯，C. H. 52，53，331，339，347，375，385，386
Williams, M. 威廉斯，M. 334，364，369
Williams, T. R. 威廉斯，T. R. 100，333，386
Willis, D. 威利斯，D. 100，386
Willis, J. R. 威利斯，J. R. 100，386
Wils, L. 威尔斯，L. 326，359，384
Winer, L. 维纳，L. 338，386
Winkelmann, C. L. 温克尔曼，C. L. 261，386
Winter, J. 温特，J. 275，374
Winter, W. 温特，W. 386
Withers, C. W. J. 威瑟斯，C. W. J. 64，274，339，386
Wolfson, N. 沃尔夫森，N. 386，378
Wolof 沃洛夫语 333，336
Wood, R. E. 伍德，R. E. 339，386
Woods, J. D. 伍兹，J. D. 39，338，350，351，361，370，380，386
Woolard, K. A. 伍拉德，K. A. 337，386
Wren, H. 雷恩，H. 76，346，350，353，367，369，374
Wright, P. 赖特，P. 146，232，325，369
Wright, S. 赖特，S. 328，386
writing 文字 143
Wurm, S. A. 武尔姆，S. A. 40，155，334，386

Wynants, A. 韦南茨，A. 326，328，334，351
Wynne-Edwards, V. C. 温-爱德华兹，V. C. 307，386

Young, R. L. 杨，R. L. 63，202，214，338，387
Yugoslavia 南斯拉夫 272，340
Yule, V. 尤尔，V. 41，387

Y

Yashiro 八代 227，331，351，368
Yau, M. -S. 尤敏韶 330，386
Yiddish 依地语（亦译"意第绪语"）24，26，331
Yin, B. 尹斌庸 327，387
Yoruba 约鲁巴语 224，326，334
Youmans, M. N. 尤曼斯，M. N. 42，117，386

Z

Zaire 扎伊尔（现为"刚果民主共和国"，简称"刚果［金］"）220，237，340
Zawiah Yahya 扎维亚·叶海亚 48，320，333，387
Zhou, Z. P. 周志培 48，327，387
Zhu, W. 祝畹瑾 327，387

中译本补记[1]

罗伯特·卡普兰　理查德·巴尔道夫

欧洲的政治分化

盖尔和欧文（Gal and Irvine 1995：968）认为："我们理解语言差异的概念性的工具依然来自于建立欧洲政治分化的大量的学术尝试。"西方的人类学与语言学发轫于19世纪末期。20世纪初，当不同的民族国家的合法化成为具有广泛认为的重要性并同样有巨大现实影响的知识工程时，于是，这就与民族国家的出现和一个民族／一种语言的理论相吻合了。在同一时期，中国在1912年革命之后，也对语言特别是汉字及其简化产生了极大的兴趣（Zhao & Baldauf 2008）。因此，虽然在语言规划文献中也许并不广为人知，但中国学者在该学科的某些方面特别是在作为本体规划一部分的文字化及其简化的有关问题方面已经走在了第一线（见表1）。

---

[1] 原书出版于20年前，为了让中译本的读者对这一领域的最新发展有所了解，两位作者特此为中译本撰写了这一补记。（审订者注）

然而，语言规划学科本身是学术研究的一个分支，第二次世界大战之后才出现。这一时期，欧洲的殖民帝国开始瓦解，特别是非洲和亚洲的新国家开始出现。从20世纪50年代到60年代（Kaplan 2003），并一直持续到20世纪70年代到80年代（Nekvapil 2011），出现了一系列重大变化和事件。这些重要的活动中有些是受到了福特基金会（代替美国联邦政府做事的一个慈善组织）的慷慨资助，然后专注于其他的问题，基本上忽略了语言传播活动，而这些语言传播活动在传播英语和让世界上最贫困地区的新兴政体把美国看成是朋友这一方面具有重要意义（Fox 1975）。福特基金会还支持在华盛顿特区创建了应用语言学中心（CAL）。据信，英国文化协会（1934年成立之初叫"英国与其他国家关系委员会"）为许多国家的语言规划活动的开展做出了贡献。大约从20世纪50年代开始，英国文化协会与应用语言学中心合作，将英语作为一种资源向所谓的发展中国家传播，使他们的公民能够有更多的接受教育和解决社会问题的机会，从而过上更加幸福和更富有成效的生活（Kaplan 2010）。

发展与现代化

在新独立的"发展中国家"中，语言规划是作为创建一种解决"语言问题"方法的计划而出现的，最初叫"语言工程"。从客观上、思想上与技术上保持中立（即根本不考虑规划者的身份，只要他们拥有所需要的技术技能即可）的角度来看，语言规划被认为是使用广泛的基于团队的方法来实现的（例如，Fox 1975；Jernudd & Baldauf 1987；Kaplan & Baldauf 1997：87）。语言规划与现代化/发展之间的历史联系保证了语言规划中隐含的假设反映的是社会科学的假设，随后要进行重新评估与修订。事后看来，尤其引人注目的是早期语言规划的乐观主义，传递了一种基本的"发展"与"现代化"的思想信念。在早期的语言规划研究中，人们认为从业者拥有专业知识能够详细说明导致想要的社会与政治变革（即支持社会文化系统的统一发展，减少经济上的不平等，提供受教育的机会）的语言现状的变化方式。经济与社会进步的信念也许在伊斯门（Eastman）对语言规划的介绍中得到了最好的表达，其中将语言规划者描绘成走在全球社会组织根本性转变最前沿的人：

> 现代化与保护工作似乎无处不在，通过技术复杂的语言为所有人提供接触现代世界的机会，并通过鼓励使用他们的第一语言而增强认同感（Eastman 1983：31）。

在当代研究中，在技术与通俗文献中常交替或连续使用术语"语言规划"和"语言政策"。不过，实际上它们代表了系统语言变化过程中完全不同的两个方面。"语言规划"是最显而易见但又不总是由政府承担（Kaplan 2011）的一种活动（就是因为它可能涉及到社会中的巨大变化），旨在促进不同语言社区的一些系统的语言变化。这些变化的原因在于政府发展的网状结构模式，为了维护社会秩序与交流，并推进整个社会向着政府认为是"好的"或"有用的"方向发展。

政策→规划

语言规划的实施会使政府（或其他权威机构或个人）颁布语言政策，或受其所颁布语言政策的指导。"语言政策"则是旨在实现社会、团体或系统中语言规划的一系列思想、法律、法规、规章和做法。只有当这样的政策存在时，才会出现那种认真的规划评估（Rubin 1971），也就是说，没有政策就不会出现可调整的规划。"语言政策"可在多个层面得到实现，可以是很正式的语言规划文件和声明，也可以是第一眼看上去可能根本就不像语言政策的那些非正式的意向性声明（即语言、政治和社会的话语）。佩迪（Peddie 1991）认为，政策的表述一般分为两种类型："象征性的"与"实质性的"。前者阐明了面对变化的好心情（也许是由于太玄乎了而难于理解其中用了什么样的具体语言概念），后者则明确了应采取的具体步骤。现代国家中包括复杂的动机、方法与庞大的人口，而语言政策制定者和规划者通常就是在这样的"宏观"环境中工作的。

在语言规划发展的早期（传统）阶段，新出现的专家认为他们对社会语言的新认识可以在对"发展中社会"[1]具有重要利益的"现代化"和"发展"的实际方案中得到实现。这一早期阶段的特点表现为有限的作者（例如，Fishman 1968，1971，1972，1974；Rubin & Jernudd 1971；Rubin & Shuy 1973）研究的大规模增长，因为该领域在社会学和政治科学中被认为是只对于那些新独立（尤其是非洲和东南亚）的后殖民国家具有实际意义，在提供"……新的机会以解决一系列……新的理论问题……"方面具有理论价值（Fishman, Ferguson & Das Gupta 1968：x），因为"……在跨学科关注方面很少领域富有成效或很迫切……"（1968：x-xi）。早期的从业者认为，语言规划在实现政治/行政一体化和社会文化统一的目标过程中可以发挥重要的作用（Das Gupta 1970：3）。因此，早期的研究主要集中在新独立国家的语言规划需求上，特别是民族主义过程中的语言选择与读写能力，以及民族主义过程中的语言维持、编典（亦译标准的制定）与细化（亦译标准的扩建）（Fishman 1968）。语言规划与发展和现代化之间的联系（这在该领域出现初期是极为重要的）受到了现代化理论的影响（例如，Rostow 1960）。对于准确的规划者是谁和他们的观点会对解决语言问题的目标产生什么影响这些问题的思考只是在最近才被他们（Baldauf 1982；Baldauf & Kaplan 2003；Zhao 2011；Zhao & Baldauf 2012）以及其他人提出来。到20世纪70年代，很显然，语言问题已经不再只是发展中国家所独有的问题，同时也成为全世界政体的"宏观"的语言问题了。尽管早期比较乐观，但在不到20年的时间之内，到20世纪80年代中期，受多种因素的影响，语言规划幻灭的观念已广为流传了（Blommaert 1996；Williams 1992）。自20世纪90年代后期以来，语言政策与规划原则也被越来越多地应用到"微观"情况当中（例如，关系到社区、组织和公司的语言问题；如，Canagarajah 2005；Chua & Baldauf 2011；Liddicoat & Baldauf 2008）。

不只是发展

李圣托（Ricento）在对该领域的评论（2000：196）中认为，语言政策与规划的研究可以分成三个历史阶段：

（1）非殖民化、结构主义与实用主义（20世纪五六十年代）；
（2）现代化的失败、批判社会语言学（20世纪八九十年代）；
（3）一种新的世界秩序、后现代主义、语言人权（21世纪）。

20世纪80年代以来，语言规划中的一个重要变化就是认识到语言规划不一定是发展的一个方面，而是涉及范围广泛的社会过程，至少包括在欧洲和中亚地区的移民与民族主义的兴起。移民成为世界范围内学习语言者数量增加的原因，并因此成为人们对教育语言规划的关注显著增加的原因。全球难民有1000多万，在本国内背井离乡的人有2000多万人，还有无数的经济移民（例如，德国的波斯尼亚人和土耳其人，香港的菲律宾人，英国的南亚人和美国的拉丁美洲人），语言教育计划已经在全世界产生了显著的影响。在许多国家，教育语言规划在应对这种大规模人口流动（Paulston & McLaughlin 1994）所做的努力中变得很关键，并产生了一系列值得注意的新问题。例如：

（1）移民语言在教育和其他正式应用领域中的作用是什么？
（2）当地语言是怎样受移民影响的？
（3）英语和其他"通用语"的新变体的地位应该是什么样子的？
（4）怎样才能最有效地实施习得规划？
（5）哪些因素制约了习得规划？

重新划定政治边界

苏联的解体和欧洲与中亚政治边界的调整，导致一些新的国家出现，产生了第二个值得关注的问题，其中语言问题与思想和政治冲突紧密相连（少数民族问题，包括语言规划，成为像亚美尼亚与阿塞拜疆，格鲁吉亚与南奥塞梯，匈牙利与斯洛伐克［2009年2月9日的BBC新闻］，俄罗斯与车臣，俄罗斯与乌克兰，斯洛文尼亚与奥地利，土耳其及其库尔德少数民族，以及该地区其他地方之间冲突的核心）。此外，这些问题也成为新的或重新出现的国家（例如，爱沙尼亚、拉脱维亚和立陶宛。见Hogan-Brun *et al.* 2007）建立有效地方机构努力的核心。例如，在斯洛伐克共和国，语言政策一直是政府领导人所关心的一个关键问题（Kaplan & Baldauf 2001），而斯洛伐克共和国集中关注的是欧洲与中亚的一个基本政治问题——少数民族与民族国家的关系。由国家规划者、立法机构和公民所做出的语言规划选择，在这些国家未来数十年的政治冲突管理中将不可避免地发挥重要的作用。

解构单语意识形态

目前研究的第三个领域就是在许多语言规划研究中所表现出来的解构单语意识形态运动（Williams 1992），这是因为人们一直在关注着单一语言的国家——一个政体／一种语言／一种文化。新的研究中还包括对有关多语制成本和单语制好处这些传统观念的重新审视。基于多语制是民族复兴的标志，坚持在宪法中宣称11种官方语言是为了加强民主化进程（Blommaert 1996）这样的意识形态，后种族隔离时代的南非的创新性语言政策（Webb & du Plessis 2006）引发了范围更广的语言规划的新问题。多语政策与民主化（Deprez & du Plessis 2000）的衔接也成为其他地方政治辩论的一个重要组成部分（例如，在危地马拉，官方对本国土著语言的认可成为结束该国内战的和平协定的重要组成部分）。

我们知道，语言规划和与语言有关的问题是中国过去一百年发展的重要方面。因此，我们同意斯波斯基（Spolsky）在其2004年著作的中译本前言中所表达的愿望。他表示，他希望他的著作的翻译能够成为扩大语言政策与规划研究的一个有价值的台阶，通过向中国学者展示他的思想并因此允许和鼓励中国学者通过与中国思想和学术的整合过程而将这些想法应用到错综复杂的中国语言规划的复杂性中以完善和挑战这些想法。科学知识的发展在很大程度上取决于对跨越学术与地理界限的国际合作与学术思想自由流动的促进。我们也很荣幸能够参与到这一过程中来。约吉·贝拉（Yogi Berra）被普遍认为是美国棒球历史上最伟大的接球手之一，但是他在读完八年级之后就放弃了他的学业，因而在使用英语时常会出现一些荒唐的用词错误或破碎的用法。他曾经说过："作出预测是艰难的，尤其是关于未来。"我们赞同他的有所保留。我们希望我们的贡献确实能够在未来的语言发展中发挥一定的作用。

注释

1. 重要的是要记住这个时期一些重要著作的名称：
   Fishman, J. A. (Ed.) (1974) *Advances in language planning.* The Hague: Mouton.
   Fishman, J. A. (Ed.) (1971) *Advances in the sociology of language.* 2 vols. The Hague: Mouton.
   Fishman, J. A., C. A. Ferguson, and J. Das Gupta (Eds) (1968) *Language Problems of Developing Nations.* New York: Wiley.
   Rubin J. and B. H. Jernudd (Eds) (1971) *Can Language be Planned? Sociolinguistic Theory and Practice for Developing Nations.* Honolulu: University Press of Hawaii.

参考文献

Baldauf, R. B., Jr. (1982). The language situation in American Samoa: Planners, plans and planning. *Language Planning Newsletter* 8 (1), 1–6.
Baldauf, R. B. Jr. & R. B. Kaplan (2003). Language policy decisions and power: Who are the actors? P. M. Ryan & R. Terborg, eds. *Language: Issues of Inequality* (pp. 19–40). México, D. F.: Universidad National Autónoma de México.
BBC News (2009). (http: //news. bbc. co. uk/go/pr/fr/-/2/hi/europe/8232878. stm).
Blommaert, J. (1996). Language planning as a discourse on language and society: The linguistic ideology of a scholarly tradition. *Language Problems & Language Planning*

20, 199-222.

Canagarajah, A. S. (2005) *Reclaiming the Local in Language Policy and Practice.* Mahwah, NJ: Erlbaum.

Chua, C. & R. B. Baldauf, Jr. (2011). Micro language planning. In E. Hinkel (Ed.) *Handbook of Research in Second Language Teaching and Learning: Volume II* (pp. 936-951). New York & London: Routledge.

Das Gupta, J. (1970) *Language Conflict and National Development.* Berkeley, CA: University of California Press.

Deprez, K & T. du Plessis (Eds) (2000). *Multilingualism and Government: Belgium, Luxembourg, Switzerland, former Yugoslavia, South Africa.* Pretoria: Van Schaik.

Eastman, C. A. (1983). *Language Planning: An Introduction.* San Francisco: Chandler and Sharp.

Fishman, J. A. (Ed.). (1974). *Advances in Language Planning.* The Hague: Mouton.

Fishman, J. A. (1972.). *The Sociology of Language.* Rowley, MA: Newbury House.

Fishman, J. A. (Ed.). (1971). *Advances in the Sociology of Language.* 2 vols. The Hague: Mouton.

Fishman, J. A. (1968). The sociology of language. In J. A. Fishman (Ed.) *Readings in the Sociology of Language.* (vol. 1, pp. 5-13) The Hague: Mouton.

Fishman, J. A., C. A. Ferguson & J. Das Gupta (Eds) (1968). *Language Problems of Developing Nations.* New York: Wiley.

Fox, M. J. (1975). *Language and Development: A Retrospective Survey of Ford Foundation Language Projects 1952-1974.* New York: Ford Foundation.

Gal, S. & J. T. Irvine (1995). The boundaries of languages and disciplines: How ideologies construct difference. *Social Research* 62, 967-1001.

Grabe, W. & R. B. Kaplan (1985). Science, technology, language and information: Implications for language and language-in-education planning. *International Journal of the Sociology of Language.* 59, 47-71.

Hogan-Brun, G., U. Ozolins, M. Ramonienè & M. Rannut (2007). Language politics and practice in the Baltic States. In R. B. Kaplan & R. B. Baldauf, Jr. (Eds) *Europe, Vol. 3: The Baltic States. Ireland and Italy* (pp. 31-19). Clevedon, Avon, UK: Multilingual Matters.

Jernudd, B. H. (1986). Chinese language planning: Perspectives from China and abroad. *International Journal of the Sociology of Language 59.*

Jernudd, B. H. & R. B. Baldauf, Jr. (1987). Planning science communication for human resource development. In B. K. Das (Ed.) *Language Education in Human Resource Development* (pp. 144-189). Singapore: Regional English Language Centre [RELC].

Kaplan, R. B. (2011). Macro Language planning. In E. Hinkle (Ed.) *Handbook of Research in Second Language Teaching and Learning: Volume II* (pp. 924-935). New York & London: Routledge.

Kaplan, R. B. (2010). Whence applied linguistics? In R. B. Kaplan (Ed.) *The Oxford Handbook of Applied Linguistics, 2nd ed.* (pp. 3-33). New York: Oxford University Press.

Kaplan, R. B. (2003). CATESOL, Yesterday and Today-Tomorrow is left to Younger Hands. *The CATESOL Journal* 15 (1), 7-18.

Kaplan, R. B. & R. B. Baldauf, Jr. (2003). *Language and Language in Education Planning in the Pacific Basin.* Dordrecht: Kluwer Academic.

Kaplan, R. B. & R. B. Baldauf, Jr. (2001). Not only English: "English only" and the world. In R. D. Gonzalez & I. Melis (Eds) *Language Ideologies: Critical Perspectives on the Official English Movement. Volume. II : History, Theory and Politics* (pp. 293-315). Urbana, IL: National Council of Teachers of English.

Kaplan, R. B. & R. B. Baldauf, Jr. (1997). *Language Planning From Practice to Theory.* Clevedon: Multilingual Matters.

Liddicoat, A. J. & R. B. Baldauf, Jr. (2008). *Language Planning and Policy: Language Planning in Local Contexts.* Clevedon, UK: Multilingual Matters.

Nekvapil, J. (2011). The history and theory of language policy and planning. In E. Hinkel (Ed.) *Handbook of Research in Second Language Teaching and Learning,* Vol. 2. (pp. 871-887). New York: Routledge.

Paulston, C. B. & S. McLaughlin (1994). Language-in-education planning. In W. Grabe, et al. (Eds) *Annual Review of Applied Linguistics, 14: Foundations of Language Policy and Planning.* (pp. 53-81). New York: Cambridge University Press.

Peddie, R. A. (1991). *One, Two, or Many? The Development and Implementation of Language Policy in New Zealand.* Auckland, NZ: University of Auckland.

Ricento, T. (2000). Historical and theoretical perspectives in language policy and planning. *Journal of Sociolinguistics* 4, 196-213.

Rostow, W. W. (1960). *The Stages of Economic Growth.* Cambridge: Cambridge University Press.

Rubin, J. (1971). Evaluation and language planning. In J. Rubin & B. H. Jernudd (Eds) *Can Language be Planned? Sociolinguistic Theory and Practice for Developing Nations* (pp. 217-252). Honolulu: University of Hawai'i Press.

Rubin, J., & B. H. Jernudd (Eds) (1971). Can Language be Planned? Sociolinguistic Theory and Practice for Developing Nations. Honolulu: University of Hawaii Press.

Rubin, J. & R. Shuy (Eds) (1973). *Language Planning: Current Issues and Research.* Washington, DC: Georgetown University School of Languages and Linguistics.

Spolsky, B. (2004). *Language Policy (Key Topics in Sociolinguistics).* Cambridge: Cambridge University Press.

Tollefson, J. W. (1991). *Planning Language: Planning Inequality: Language Policy in the Community.* Harlow, UK: Longman.

Webb, V. & T. du Plessis (Eds) (2006). *The Politics of Language in South Africa.* Pretoria: Van Schaik.

Williams, G. (1992). *Sociolinguistics: A Sociological Critique.* London: Routledge.

Zhao, S. (2011). Actors in language planning. In E. Hinkel (Ed.) *Handbook of Research in Second Language Teaching and Learning,* Vol. 2. (pp. 905–923.) New York: Routledge.

Zhao, S. & R. B. Baldauf, Jr. (2008). *Planning Chinese Characters: Reaction, Evolution or Revolution?* Dordrecht: Springer.

Zhao, S. & R. B. Baldauf, Jr. (2012). Individual agency in language planning: Chinese Script reform as a case study. *Language Problems & Language Planning* 36 (1), 1–24.

表1 语言规划目标的理论框架（Kaplan & Baldauf 2003：202）

方法 类型（显性—隐性）	1. 政策规划 （形式）目标	2. 培育规划 （功能）目标
1. 地位规划（关于社会的）	地位标准化 官方化 国有化 禁止	地位规划 复活 恢复 复兴 逆转 维持 语际交流 国际 国内 传播
2. 本体规划（关于语言的）	标准化 语料 　文字化 　语法化 　词汇化	语料细化 词汇现代化 风格现代化 革新 净化

续表

	辅助语码	改革
	文字化	风格简化
	语法化	术语统一
	词汇化	国际化
3. 教育语言规划（关于学习的）习得规划	**政策发展** 访问策略 人事政策 课程政策 方法与材料政策 资源政策 社区政策 评估政策	**习得规划** 重新习得 维持 外语 / 第二语言 转用
4. 声望规划（关于形象的）	**语言推广** 官员 / 政府 机构 压力集团 个人	**知识化** 科学语言 专业语言 高雅文化语言

图书在版编目(CIP)数据

语言规划:从实践到理论/(美)罗伯特·卡普兰,(美)理查德·巴尔道夫著;郭龙生译. —北京:商务印书馆,2019

(应用语言学译丛)
ISBN 978-7-100-17241-7

Ⅰ.①语… Ⅱ.①罗…②理…③郭… Ⅲ.①语言规划—研究 Ⅳ.①H002

中国版本图书馆 CIP 数据核字(2019)第 058523 号

权利保留,侵权必究。

语言规划
—— 从实践到理论

〔美〕 罗伯特·卡普兰 著
理查德·巴尔道夫
郭龙生 译

商 务 印 书 馆 出 版
(北京王府井大街36号 邮政编码100710)
商 务 印 书 馆 发 行
北京市十月印刷有限公司印刷
ISBN 978-7-100-17241-7

2019年12月第1版   开本 787×960 1/16
2019年12月北京第1次印刷   印张 31½
定价:88.00元